云南省普通高等学校"十二五"

高等学校经济管理类专业
应用型本科系列规划教材

GAODENG XUEXIAO JINGJI GUANLILEI ZHUANYE
YINGYONGXING BENKE XILIE GUIHUA JIAOCAI

管理理论与实践

GUANLI LILUN
YU SHIJIAN

主 编 李聪媛

Economics and management

重庆大学出版社

内容提要

本书是云南省"十二五"规划教材,是为普通本科院校培养应用型经济管理人才而编写的一本通用教材。本书采用深入浅出的写作方式,将管理学的相关理论和方法进行了全面、系统的阐述。全书共分10章,在对管理理论的形成与发展、管理系统、管理者必备的技能和方法进行阐述的基础上,详细阐述了管理过程中计划、组织、人员配备、领导、沟通、激励、控制、创新等基本原理、工具和方法。本书以实践能力培养为主线,以相关知识为支撑,在充分考虑学习者的认知规律的基础上,以项目为课程主体,注重与实际工作流程的结合,尽可能地吸取其他教材之所长,具有较强的实践性和可操作性。

本书资料丰富,实用性强,方便开展教学活动,可作为普通本科院校经济管理类专业或相关专业的学生用书,也可作为企业管理者或相关从业人士培训的参考用书。

图书在版编目(CIP)数据

管理理论与实践/李聪媛主编. —重庆:重庆大
学出版社,2016.8(2024.7 重印)
高等学校经济管理类专业应用型本科系列规划教材
ISBN 978-7-5689-0079-9

Ⅰ.①管… Ⅱ.①李… Ⅲ.①管理学—高等学校—教
材 Ⅳ.①C93

中国版本图书馆 CIP 数据核字(2016)第 194194 号

高等学校经济管理类专业应用型本科系列规划教材
管理理论与实践
主 编 李聪媛
责任编辑:顾丽萍 王 波 版式设计:顾丽萍
责任校对:邬小梅 责任印制:张 策

*

重庆大学出版社出版发行
出版人:陈晓阳
社址:重庆市沙坪坝区大学城西路 21 号
邮编:401331
电话:(023)88617190 88617185(中小学)
传真:(023)88617186 88617166
网址:http://www.cqup.com.cn
邮箱:fxk@cqup.com.cn(营销中心)
全国新华书店经销
POD:重庆新生代彩印技术有限公司

*

开本:787mm×1092mm 1/16 印张:21.75 字数:516 千
2016 年 8 月第 1 版 2024 年 7 月第 3 次印刷
ISBN 978-7-5689-0079-9 定价:49.00 元

前　言

　　管理学是一门系统研究管理活动的基本理论、基本规律和基本方法的科学,是经济管理类专业的一门重要专业基础课,也是其他专业的公共基础课或通识教育课。本书旨在树立学习者现代管理的思想观念,培养学习者的管理素质,使学习者懂得运用管理学的基本原理、工具、方法和过程进行管理实践。在传统管理学基础上,本书力求既能提供一个完整的框架体系,具有一定理论深度,又能大大增强实践性,突出动手能力培养;既提供贴近现实的案例和练习,又有相关实用性讲解。本书为学习者学习其他相关专业课程、从事经营管理工作、成为一名优秀的管理者奠定扎实的理论基础。

　　本书以实践能力培养为主线,以相关知识为支撑,在充分考虑学习者认知规律的基础上,以项目为课程主体,注重与实际工作流程的结合,尽可能地吸取其他教材之所长,具有较强的实践性和可操作性。本书具有以下3个特色:一是,内容上,注重实务、注重技能、注重一线;二是,结构上,体现职能、技能导向;三是,方法上,突出以学习者为中心,坚持以学习者为主体。本书共分为10章,主要内容为:管理导论、决策理论与实践、计划理论与实践、组织理论与实践、人员配备理论与实践、领导理论与实践、激励理论与实践、沟通理论与实践、控制理论与实践、创新理论与实践等。

　　本书由昆明理工大学李聪媛担任主编,负责组织设计编写大纲以及全书的通稿和修改,并最后进行定稿。本书的第1章、第2章、第3章、第4章由昆明理工大学李聪媛编写,第5章、第8章由昆明理工大学童茜编写,第6章由云南师范大学赵一伟编写,第7章由云南民族大学陈永涛编写,第9章由云南民族大学和丽春编写,第10章由昆明理工大学龚映梅编写。

　　在本书的编写过程中,我们参阅了国内外大量的论著和教材,书中引用的地方没有完全进行标注,而是采用了书后列出参考书目的方式。在此,向这些编著者表示感谢。由于时间和水平有限,书中错漏在所难免,敬请广大读者批评指正。

编　者

2016 年 7 月

目 录

第 10 章 创新理论与实践

参考文献

第1章

管理导论

学习目标

1. 掌握管理的含义和职能。
2. 理解管理的作用和性质。
3. 理解管理学的特性。
4. 掌握管理系统。
5. 了解西方早期管理思想。
6. 掌握科学管理理论的主要内容。
7. 掌握行为科学理论的起源与发展。
8. 掌握现代管理理论的主要学派及其观点。
9. 掌握管理者应具备的技能和管理方法。

引例

自我颠覆，不断创新

海尔是自我颠覆的典范。为了适应互联网去中心化、去中介化的特点，海尔 CEO 张瑞敏从 2005 年即开始面对互联网挑战进行内部变革。海尔构建了扁平化、无中心化的组织，提出了"人单合一"的管理模式，从而化挑战为机遇，在互联网时代率先走出了一条转型之路。海尔的实践告诉我们，面对"失控"的世界，用复杂组织系统动态响应复杂市场环境的管理模式将能够做到更灵活、更快速，而这恰恰是互联网时代的要求。传统企业与互联网相结合产生出来的海尔经验，是继简单组织应对简单环境的管理 1.0（美国经验）、以简单组织应对复杂环境的管理 2.0（日本经验）之后的管理变革，是复杂组织应对复杂环境的管理 3.0（中国经验）。"管理 3.0"超越"管理 2.0"主要在于，修正了组织范式，加强了组织神经末梢的反应能力，使组织变得全员灵活，而不光是中心和上层灵活。从这个意义上来说，海尔经验对于中国的广大企业来说意味着宝贵的财富，也是中国企业在互联网时代借势全球崛起的机会所在。

经过短短十几年的发展，海尔从一家濒临倒闭的小企业迅速成长为具有世界声誉的国家特大型家电企业，它的成功并不是偶然的。海尔的管理模式和管理方法已被作为成功的案例，写进哈佛大学、洛桑国际管理学院、欧洲工商管理学院的案例库，成为全球通用的教材，这在中国企业界是前所未有的。这标志着海尔已经从最初的学习借鉴国外先进管理方法发展到以自己的创新管理进入国际管理界的前沿。从上述案例中可以看到,管理是组织为了达到一定的目标所进行的一系列动态性活动。这种活动要求组织对环境变化具有敏锐的洞察能力,能够及时应用恰当的管理方法来及时应对、及时调整,从而提高组织效率,提升组织的竞争力。

1.1　管理概述

管理活动是人类为了战胜恶劣的自然环境、抵御凶险的内外势力、克服自身的弱点、维护自我生存与发展而产生的一种特有的"群聚"现象。我国战国时期思想家荀子在《荀子·王制》中,精辟地解释道:人类成为"最为天下贵",能驾驭比自己力量强大的牛马,主要在于人能够"群"。马克思在其《资本论》中谈道:"一般来说,人们不结合在一起就不能共同劳动。他们集结在一起就是他们进行协作的条件。"美国著名管理学家切斯特·巴纳德在其《经理人员的职能》说道:"协作存在的理由就是克服个人能力的限制。"人类为其"共同劳动""克服个人能力的限制"而产生的"群""结合"和"协作"形式就是人们熟知的组织。

1.1.1　管理的含义

综观国内外历史,无论是公元前 2800 年古埃及建造金字塔,还是公元前 214 年秦始皇建造万里长城;无论是美国历时 8 年、投资 360 亿美元和 400 多万科研人员参加,实施迄今为止世界上最大的"阿波罗登月计划"工程,还是制造出世界上第一颗原子弹的"美国曼哈顿工程",都得有统一的组织管理。可以说,管理活动是伴随着人类的诞生而产生的一种活动,是人类为追求自我的生存和发展需要而产生的一种社会活动。但把人类的管理活动上升为一门科学进行研究,构建较为完善的科学理论体系,却出现在 20 世纪初期。那么究竟什么是管理呢? 对这个问题的回答可以说是众说纷纭,仁者见仁,智者见智。以下是几种有代表性的观点:

①《世界百科全书》的解释是:管理就是对工商企业、政府机关、人民团体以及其他各种组织的一切活动的指导。管理的目的是使每一行为或决策有助于实现既定的目标。

②重视管理职能的管理学家认为:管理就是对被管理对象实施一系列管理职能的过程。

③重视决策作用的管理学家认为:组织中任何工作都是通过一系列决策完成的,管理就是决策。

④重视工作效果的管理学家认为:管理就是由一个或更多的人来协调他人,以便得到个人单独活动不能达到的效果而进行的各种活动。

⑤重视协调工作的管理学家认为:管理就是在某一组织中,为完成目标而从事的对人与物质资料进行协调的活动。

⑥重视管理者个人领导艺术的管理学家认为:组织中一切有目的的活动都是在不同层次的领导者的领导下进行的,管理就是领导。

⑦重视系统管理的管理学家认为:管理就是对整个系统运动、发展和变化进行的有目

的、有意义的控制行为。

⑧重视信息论的管理学家认为:管理就是信息不断输入、输出和反馈的过程。

上述概念从不同的角度对管理进行了描述。综合各种观点,可以对管理作如下概括:

管理是指组织或个人为了实现组织或个人的目标,通过决策、计划、组织、领导、沟通、激励、控制和创新等工作,对组织或个人所拥有的资源进行合理配置和有效使用,以实现组织或个人预定目标的过程。对管理含义的理解,应把握好以下几个方面的内容:

①管理是一项有目标的活动,其核心是实现组织或个人的目标。

②管理是一个过程,是实施决策、计划、组织、领导、沟通、激励、控制和创新职能的过程。

③实现管理目标的手段是合理配置和使用资源。

【管理链接1.1】

著名管理学者的管理定义

·科学管理之父弗雷德里克·温斯洛·泰勒(Frederick Winslow Taylor)认为管理就是确切地了解你希望别人干些什么,然后设法使他们用最好、最节约的方法去干。

·管理过程理论之父亨利·法约尔(Henry Fayol)认为管理就是实行计划、组织、指挥、协调和控制。管理者经常没有充裕的时间去收集或寻找什么最佳方案。

·管理学家哈罗德·孔茨(Harold Koontz)在与西里尔·奥唐奈(Cyril O. Donnell)合著的《管理学》中认为:"管理就是设计并保持一种良好的环境,使人在群体里高效率地完成既定目标的过程。这个定义需要展开为:作为管理人员,需完成计划、组织、人事、领导、控制等管理职能;管理适合于任何一个组织机构;管理适用于各级组织的管理人员;所有管理人员都有一个共同的目标,即创造盈余;管理关系到生产率,即效益和效率"。

·诺贝尔经济学奖获得者、管理学家赫伯特·西蒙(Herbert A. Simon)认为:"管理就是决策。"在西蒙看来,管理者所做的一切工作,归根结底就是在面对未来、面对环境与员工时,不断作出各种决策,直至实现令人满意的目标,获得满意的结果。

1.1.2 管理的特点

通过对管理含义的理解,可以看出管理具有以下特点:

1)目的性

管理是人类有意识、有目的的活动,具有明显的目的性。管理的这一特征,是区别于自然界和人类社会中的那些非管理活动的重要标志。凡是盲目的、没有明确目的的活动,都不能称为管理活动;由生理功能驱使的、无意识的本能活动,如动物的群体活动,也不能称为管理活动。在实际工作中,管理的目的往往表现为组织的目标,可以说,组织的目标是任何一个组织管理的出发点和归宿点,是评价管理活动的基本依据。只要有了既定目标,即使没有实现或没有全部实现目标,这样的活动也是管理。当然,管理的目标并不是一成不变的,而是一个根据实际情况有所调整的动态的概念。

2)二重性

管理具有二重性。这种特性是由管理活动自身的特性所决定的。马克思认为管理的二重性表现在:①任何社会的管理都具有二重性,即管理的自然属性和管理的社会属性;

②管理的二重性表现为合理组织生产力和维护生产关系两种管理职能;③"指挥劳动"是同生产力直接相联系的,是由共同劳动的社会化性质产生的,是进行社会化大生产的一般要求和组织劳动协作过程的必要条件,它体现了管理的自然属性;④"监督劳动"是同生产关系直接相联系的,是由共同劳动所采取的社会结合方式的性质产生的,是维护社会生产关系和实现社会生产目的的重要手段,它体现了管理的社会属性。管理二重性的分析如图1.1所示。

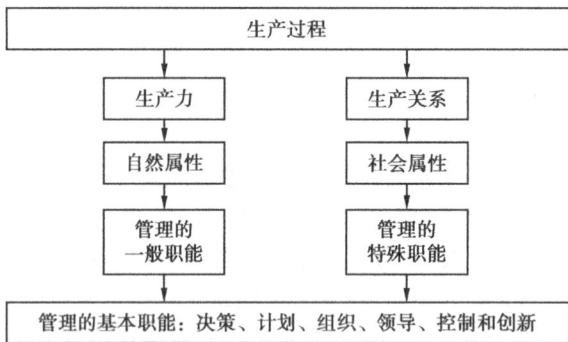

```
                    ┌──────────────┐
                    │   生产过程    │
                    └──────────────┘
              ┌──────────┐    ┌──────────┐
              │  生产力   │    │  生产关系  │
              └──────────┘    └──────────┘
              ┌──────────┐    ┌──────────┐
              │  自然属性  │    │  社会属性  │
              └──────────┘    └──────────┘
              ┌──────────┐    ┌──────────┐
              │  管理的   │    │  管理的   │
              │  一般职能  │    │  特殊职能  │
              └──────────┘    └──────────┘
         ┌──────────────────────────────────┐
         │ 管理的基本职能:决策、计划、组织、领导、控制和创新 │
         └──────────────────────────────────┘
```

图1.1 管理二重性示意图

在实际工作中,管理工作一方面会涉及各种经济资源的安排和各个管理活动、环节的协调,另一方面,且是更为重要的方面,即管理工作会涉及人员间的安置、所有者与经营者、管理者与雇员、上级与下级、命令与服从等体现人与人之间关系等方面的内容。管理工作的这个特点要求管理人员要按社会制度、文化传统的要求和习惯,确立组织中正确的管理模式,有效地开展管理工作;要懂得和了解组织是由人组成的,正确处理好人与人之间的关系十分重要,尤其是管理者与被管理者之间的关系是管理工作中最需要注意的问题。

3)科学性和艺术性

管理既是一门科学,又是一门艺术,是科学与艺术有机结合的产物。管理的科学性,是对管理理论普适性存在的描述。管理是一种维系组织正常运行和实现发展的活动,管理工作基本概念、理论、原理和方法的理论体系是在此基础上建立的,是一种包含组织特性、组织发展规律性的探讨,有着完整的、独立于其他学科分析问题、解决问题的科学方法。管理的艺术性是对管理实践性的描述。由于管理对象分别处于不同环境、不同行业、不同的产出要求、不同的资源供给条件等状况下,这就导致了对每一个具体管理对象的管理没有一个唯一的完全有章可循的模式,特别是对那些非程序性的、全新的管理对象,则更是如此。管理人员在工作中除了要掌握适用于自我组织类型的管理理论和方法外,还必须结合实际,灵活地运用这些理论和方法,在工作中创造性地运用管理原理,使组织经营顺应环境的发展和变化,从而取得成功。事实上,管理人员对这种管理技巧的运用与发挥,体现了管理人员设计和开展管理活动的艺术性。

【管理链接1.2】

管理是一门科学还是一种艺术

"管理是一门科学还是一种艺术"是人们经常提出的问题。确实,管理工作像所有其他艺术(不管是医学、作曲、工程学、棒球运动还是会计工作)一样,利用了系统化的基础知识——科学，并根据现实情况加以运用以获得预期的实际结果。这样做时，实践必然要求设计一种行得通的，即能取得某种预期结果的解决办法。这时，艺术就是达到某种所需要的具体结果的"诀窍(know-how)"。切斯特·I.巴纳德把它称为"行为知识"。那些"靠书本"来诊断，完全靠公式来设计，或试图靠背诵原理来管理的人，几乎一定会忽视现实。除了系统地阐述科学本身以外，艺术可能是人类追求的所有对象中最富有创造性的了。

最富有成效的艺术总是以对它所依据的科学的理解为基础的。因此科学与艺术不是相互排斥的，而是相互补充的。随着科学的进步，艺术也就发展起来，正如在物理学和生物学中所出现的那样。没有科学知识的医生就成了巫医，而有了科学，他们可能成为精明的外科医生。主管人员没有理论，没有以理论构成的知识，他们想要进行管理就必然是靠运气、靠直觉，或靠过去的经验办事，而有了系统化的知识，他们就有很大可能对管理上存在的问题设想出可行的、正确的解决办法。然而，仅有原理或理论知识还不能保证实践的成功，因为人们还必须懂得如何利用它，所以科学不可能是行家们解决各种问题的万能工具。无论是诊断病症，设计桥梁，还是管理公司都是这样的。

(资料来源：哈罗德·孔茨，西里尔·奥唐奈.管理学[M].贵阳：贵州人民出版社,1982.)

4）动态性

管理活动需要在变动的环境与组织中进行，需要消除资源配置过程中的不断变化的障碍。管理学家德鲁克在其《公司的概念》中指出："显然，公司是人为建立的机构，因而它不可能长存不衰。对一个人为建立的机构而言，即使是维持50年或一个世纪的短暂时光，又谈何容易。"管理工作主要是组织中的人（管理人员）对人（员工）开展工作，是人在制定、执行管理的原则、制度和方法。这必然就会使得管理工作中出现人的个性特征，难有"放之四海而皆准"的绝对真理和统一的管理方法。加上每个组织都拥有自己的独特资源，都会面临不同的运行环境，都会根据自身的价值观念看待组织所拥有、所面对的内外部环境和资源，这必然就会使得每个组织呈现出个性化特征。正如法约尔在其《工业管理与一般管理》中提到的"在管理方面，没有死板和绝对的东西，这里全部是尺度问题。我们在同样的条件下，几乎从不两次使用同一原则，因为应当注意到各种可变的条件，同样也应注意到人的不同和注意许多其他可变的因素。"

5）效益性

一个组织的效益与管理水平的高低密切相关，通常管理水平越高，组织的效益越大。管理在社会经济中，实际上能够增加各要素之间的效应，起到放大组织中人力、物力、财力等要素的作用，从而增加组织的效益。管理的效益性可以比作一个三极管：三极管的基极就是管理；三极管的发射极，即输入极为各种资源以及科学技术等的投入；三极管的集电极，即输出极为组织创造的经济效益，如图1.2所示。有效的管理可以使组织充分发挥资源潜力，为组织创造更多的经济效益；反之，无效的管理会给组织带来损失，甚至使企业破产。

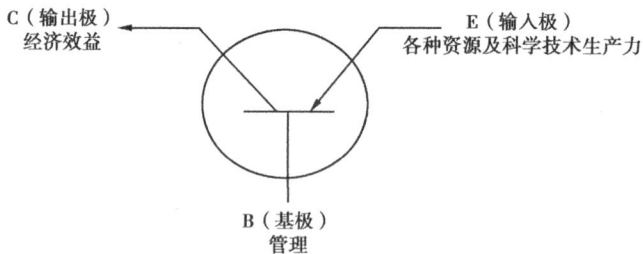

图 1.2　管理效益性示意图

1.1.3　管理的职能

管理活动究竟具有哪些具体职能？至今,这还是一个众说纷纭的问题。按照马克思关于管理二重性的学说,管理具有合理组织生产力和维护生产关系两个基本职能。基本职能是通过若干具体职能体现的。

法约尔在其《一般管理与工业管理》一书中首次提出了管理具有计划、组织、指挥、协调和控制等 5 种基本职能。在法约尔之后,许多管理学者都对管理的具体职能进行了探讨,并出现了不同的学派。其中,1925 年梅奥等人进行了著名的"霍桑试验",行为学派出现,提出了正确处理人群关系的问题,人们从重视管理中的"技术"因素转向重视管理中的"人"的因素,把"人"的管理提高到比较重要的位置,从而提出了人事、用人、领导、激励等职能。随着市场经济的发展和科学技术的突飞猛进,20 世纪 60 年代之后,决策问题在管理中的作用更加突出,出现了许多科学的决策方法和决策手段,从而逐渐将决策职能从计划职能中分离出来。

事实上,随着管理理论、管理实践活动的发展,直到今天,关于管理职能的提法仍各有不同。有人认为管理有两三种职能,有人认为管理有四五种职能,有人甚至认为管理有八九种职能。管理的基本职能在不断适应新的形势并有所变化。当前,管理的基本职能可以总结为决策、计划、组织、领导、沟通、激励、控制和创新。有关管理职能的古典提法、常见提法以及本书提法如表 1.1 所示。

表 1.1　管理职能一览表

管理职能	古典提法	常见提法	本书提法
决策(decision making)			√
计划(planning)	√	√	√
组织(organizing)	√	√	√
用人(staffing)			√
指导(directing)			
指挥(commanding)	√		
领导(leading)		√	√

续表

管理职能	古典提法	常见提法	本书提法
协调(coordinating)	√		
沟通(communication)			√
激励(motivating)			√
代表(representing)			
监督(supervising)			
检查(checking)			
控制(controlling)	√	√	√
创新(innovating)			√

1)决策

决策是指组织或个人为了实现某种目标而对未来一定时期内有关活动的方向、内容及方式的选择或调整过程。市场是一个开放的系统,市场需求的迅速变化和竞争的加剧,使决策成为管理的核心和首要职能。决策是针对未来行动制定的,未来的行动往往受到行动者所处的内部环境和外部环境的影响。因此,分析组织所处的内外部环境,并在此基础上采用一定的科学方法进行预测,对事物今后的发展趋势作出描述,是在进行决策之前首先要做的重要工作。

一方面,任何组织的管理活动都具有决策职能。决策职能分布在各项管理活动中,贯穿于一个组织管理活动的始终。另一方面,任何组织的管理者也都具有决策职能,从基层管理者到高层管理者,每一个管理者的管理活动始终都贯穿着决策职能。基层管理工作者的决策一般是业务性的、程序化的决策,难度较小;高层管理者的决策一般是战略性的、非程序化的决策,难度较大。

2)计划

计划是指将实施决策所需完成的活动任务进行时间和空间上的分解,以便将决策任务具体落实到组织中的不同部门和个人的过程。计划是对未来行动方案的一种说明,它告诉管理者和执行者未来的目标是什么,要采取什么样的活动来达到目标,要在什么时间内达到目标,以及由谁来进行这种活动等。为了保证决策的实施,必须要有相应的计划以及实现计划的措施,从而把组织的一切活动纳入统一的预定目标和统一的工作程序上来。可以说,计划职能实际上是决策职能的展开和具体化。计划职能是一个非常重要的职能,它不仅是管理活动的依据,也是组织合理配置资源的手段,还是降低风险、掌握主动的依据以及实施控制的依据。

3)组织

组织就是根据工作的要求、人员的特点设计岗位,通过授权和分工,将适当的人员安排在适当的岗位上,并用制度规定各个成员的职务、责任和权力,以及各成员之间的相互关系,形成一个有机的组织结构,使整个组织协调运转的过程。任何决策的实施都需要人与人之间的合作,组织职能实施的目的就是为了提供给实施决策的人们一个良好的合作保证,发挥整体大于部分之和的优势,使有限的人力资源形成最佳的综合效果。组织职能实质上就是要设计和维持一套职位系统,使人们在从事集体活动时合理分工与合作,从而完成预定的决策目标。

组织职能和决策、计划职能之间存在着相互联系。一方面,任何一项决策和计划的实施,都需要做大量的组织工作,组织职能在很大程度上决定着决策目标的实现和管理活动的成败。组织职能是管理活动的根本保证。另一方面,决策目标对组织结构的形式又起一定的决定作用。由于决策目标不同,组织结构的形式亦不同,组织也会显示出不同的特点。

4）领导

领导是对组织为确立目标和实现目标所进行的活动施加影响的过程。领导的本质是一种影响力。组织目标的实现要依靠全体成员的共同努力。然而,由于位于不同岗位上人员的人生目标、价值观、需求等各不相同,决策、计划、组织工作做好了,并不能保证组织目标的实现。在组织目标实现的过程中,矛盾和冲突必然会产生。这就需要有权威的领导者来进行领导。

当然,领导和领导者是两个不同的概念。领导是一种影响并感召人们和群体去追求某些目标的行为与过程,其实质体现在感召和追随上。领导者是实施领导的人,是利用影响力带领群体实现组织目标的人。领导不仅仅是一种权力,更是一种艺术。在领导的过程中,除了运用权力、影响、愿景、说服力和沟通等方式外,更需要领导者与被领导者之间的相互理解,换位思考尤为重要。有效的领导表现为组织成员的高度积极性和对组织的高度忠诚度。

5）沟通

沟通是指信息在两个或两个以上的人之间传播或交换。沟通有语言沟通和非语言沟通,语言更擅长沟通的是信息。非语言最主要的是肢体语言,则更善于沟通的是人与人之间的思想和情感。语言的沟通包括口头语言、书面语言、图片或者图形。口头语言包括面对面的谈话、开会等。书面语言包括信函、广告和传真,甚至用得很多的电子邮件等。图片包括一些幻灯片和电影等。非语言,即动作、表情、眼神、音色、音调、断句的方式等。沟通不仅可以协调各成员之间的关系,使组织成为一个有机的整体,而且是领导者激励下属、实现领导职能的基本途径。

6）激励

激励指的是创设满足组织成员各种需要的条件,激发组织成员的工作动机,使之产生实现组织目标的特定行为的过程。因为人的行为是由动机决定的,而动机是由需要支配的。有效的激励会点燃组织成员的激情,促使他们的工作动机更加强烈,让他们产生超越自我和他人的欲望,并将潜在的巨大的内驱力释放出来。组织需要塑造能够激发组织成员创造力的环境和机制。首先,组织应创造一个鼓励组织成员开拓创新精神和冒险精神的宽松环境,创造思想活跃和倡导自由探索的氛围;其次,组织应建立正确的评价和激励机制,重奖、重用有突出业绩的开拓创新者;第三,组织应强化组织内的竞争机制,激励组织成员去研究新动向、新问题,并明确规定适应时代要求的技术创新和管理创新的具体目标;第四,应组织其成员不断学习以更新知识,并好好地引导他们面对现实去研究技术的新动向;第五,组织应该让员工知道工作行为的实际效果,从而进行改进,提高工作绩效。

7）控制

控制就是按照预定的决策目标、计划和标准,对管理活动的各个方面的实际情况进行检查,发现差距,分析原因,采取措施,予以纠正,使管理活动能按计划进行,保证预定决策目标的实现的过程。由于受到各种内外部因素的影响,人们在管理活动执行的过程中,常常会偏离预定的决策目标和计划。为了保证预定的决策目标以及所制订的计划得以实现,就需要控制职能。控制的实质就是使组织进行的各项工作尽可能地符合和按照计划运转,并完成计划中所制定的各项指标。

控制职能与决策和计划职能是密不可分的,决策和计划是控制的前提。决策和计划为控制职能提供目标和标准,管理者必须及时取得决策和计划执行情况的信息,并将有关信息与决策目标和计划进行比较,发现实践活动中存在的问题,分析原因并采取措施。因此,没有决策、没有在决策基础上制订的计划就不存在控制;同时,控制又是实现决策目标和计划的手段。

8）创新

创新职能不同于其他职能的表现形式,决策、计划、组织、领导、沟通、激励和控制等职能都是通过自身特有的表现形式行使职能的。决策职能是通过方案的形式表现的;计划职能是通过计划的形式表现的;组织职能是通过组织结构的设计和人员的配备表现的;领导职能是通过领导者和被领导者的关系表现的;沟通职能是通过信息传递的方式来表现的;激励职能是通过调动人的积极性来表现的;控制职能是通过信息反馈和纠正措施表现出来的。而创新职能却是通过其他管理职能的活动表现出自身的存在和价值。创新体现在方案的制订中,体现在计划的表现形式中,体现在组织结构的设计和人员的配备中,体现在领导者和被领导者的关系中,体现在信息传递的方式中,体现在人的积极性的调动过程中,体现在信息反馈和纠正措施过程中。可以说,创新无处不在(见图1.3)。

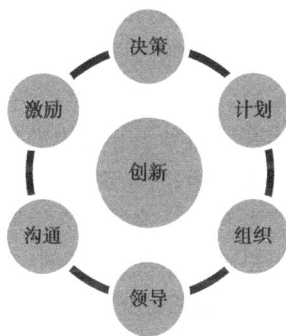

图1.3　管理职能关系图

1.2　管理理论的产生与发展

管理活动源远流长。在人类历史上,自从有了组织活动,就有了管理活动。人类所进行的有效的管理实践已经超过6 000年的历史,管理思想的产生可以追溯到人类起源之时。早期的一些著名的管理实践和管理思想大都散见于古代中国、古埃及、古印度、古巴比伦等国的史籍和宗教文献中。然而,管理实践和思想形成一套较为完整的理论,则经历了漫长的历程,直至20世纪初才建立了比较系统的理论。管理理论的产生与发展可以分为5个阶段:

管理理论形成之前分为 2 个阶段,即早期管理实践与管理思想阶段和管理理论产生的萌芽阶段;管理理论形成之后分为 3 个阶段,即古典管理理论阶段、现代管理理论阶段和当代管理理论阶段。

1.2.1 早期管理实践与管理思想阶段

根据管理理论产生和发展的脉络,管理学形成之前分为两个阶段,即早期管理实践与管理思想阶段和管理理论产生的萌芽阶段。虽然,科学管理的思想,特别是管理理论体系的构建是 20 世纪的伟大事件,但是,正如英国学者斯图尔特·克雷纳(Stuart Crainer)在其《百年管理》一书中所说:"尽管管理是在 20 世纪成熟起来的,但如果认为在 1900 年之前不存在管理,则是十分愚蠢的想法。文明的曙光初现时,人类就已经开始了管理的实践。但只有在过去的 100 年里,管理才得到认识、分析、监控和传授,才有一定的形式。20 世纪是管理的世纪。"

在人类的历史上,自从有了人类集体劳动,就有了管理实践与管理思想。管理思想是随着生产力的发展而发展起来的。早期管理实践与管理思想阶段一直持续到 18 世纪。这一阶段中,人们仅凭借经验来管理,对经验尚未进行科学的抽象和概括,没有形成科学的管理理论。人类组织形式和管理活动主要体现在宗教活动、军队管理和国家施政上,主要以经验传授的方法为主,且形式上表现为师父带徒弟这样的"人传人""手把手"的传授方式。世界上一些文明古国如古代中国、古埃及、古巴比伦、古希腊等都对管理思想有突出的贡献。

古老的中国在治国、治军方面有巨大的建树。雷恩在其《管理思想的演变》中谈道:"在孔子之前很久,中国的官僚机构早在公元前一千多年就发展成为一个分等级层次的体制。孔子的哲学的确同当时的'法家'主张有矛盾,法家试图通过法制,利用奖惩的办法保证任务的完成,而孔子则主张培养和提高人民的道德品质,以实现合作……中国人早在公元元年就已通晓劳动分工和组织的部门化。刻在一只饭碗上的文字表明,它是一家官办工场制造的,在这家工场,各个工匠之间的劳动有着高度的专业化分工。这家工场分三个部门:会计、安全与生产。从这样的人工制品中我们能够了解到古老的管理实践。"当时的中国国家政府在很早就开始了"车同轨,书同文,行同伦"的制度建设,并举全国之力修长城、铸兵器、开运河,捍卫国家安全,促进经济发展。在治军的谋略中,孙子就在《孙子兵法》中说道:"故经之以五事,校之以计而索其情:一曰道,二曰天,三曰地,四曰将,五曰法。"即,军事战争要从政治、天时、地利、将帅、法制五个基本要素来进行全面的谋划。这里便可见全面的计划思想、战略理念。正是这些思想和卓越的管理活动铸就了迄今都让人为之称道的中华文明。

古埃及人于公元前 2800 年所建造、被誉为世界七大奇迹之一的金字塔,就是大量的组织管理工作的结晶;公元前 2000 年,古巴比伦国王汉穆拉比所颁布的、共有 280 条的汉穆拉比法典,对人的活动作了许多规定,这包含了许多管理思想,就是一种将管理思想付诸实践的具体体现;公元前 370 年,古希腊学者瑟诺芬(Xenophon)对劳动分工作了详细的论述,这些阐述与科学管理时期的泰勒的思想非常接近,尽管两者之间相差了 2000 多年。公元 15 世纪,意大利著名的思想家和历史学家尼克罗·马基雅维利(Niccolo Machiavelli)提出了四项领导原理,即领导者必须得到群众的拥护,领导者必须维持组织的内聚力,领导者必须具有坚强的精神意志,领导者必须具有崇高的品德和非凡的能力。虽然这些组织管理依据的原则与当今企业的管理存在较大的差异,但这些组织管理活动所体现的思想、方法依然还是当今管理理论研讨和管理实践活动中不可或缺的瑰宝。

1.2.2 管理理论产生的萌芽阶段

1）管理学逐步形成

18世纪下半叶,英国首先出现了工业革命。蒸汽机、内燃机、电动机的广泛使用,从根本上改变了工业的生产模式和生产组织形式。机器的广泛使用,不仅大大提高了生产效率,而且使传统的工业生产组织形态——作坊,一跃成为适应大规模机器生产的组织形式——工厂。科学作为生产力,推动着各行业迅猛发展。以现代工业大机器生产为特征的工厂管理和以谋求利润作为生存重要条件的经济类组织工厂的运行等,都对传统的管理方法提出了挑战。如何在成千上万的人们聚集的工厂中有效地进行分工、调度和实施管理;如何在高速的生产过程中保证生产的连续性、节奏性和均衡性;如何在产量越来越大的情况下保证产品的质量;如何通过良好的经营和管理使工厂在市场竞争中胜出,获得利润,给予投资者以回报等一系列问题出现在工厂管理者面前。这些问题与以往的问题不同,正如美国学者丹尼尔·雷恩(Daniel Wren)在其《管理思想的演变》中所说:"正在兴起的工厂制度所提出的管理问题同以前所碰到的问题完全不同。天主教会能够按照教义和信徒的虔诚来组织和管理它的财产;军队能够通过严格的等级纪律和权力结构管理大批的官兵;政府机构可以不必对付竞争或获取利润而展开工作。可是,新工厂制度下的管理人员却不能使用上述任何一种办法来确保各种资源的合理使用。"18世纪到19世纪的工业革命,使得以机器为主的现代意义上的工厂(随后也就称为企业)成为现实,工厂以及公司的管理越来越突出,管理方面的问题越来越多地被涉及,管理学开始逐步形成。对西方早期管理思想贡献最大的是英国经济学家亚当·斯密、英国空想社会主义者罗伯特·欧文和英国数学家、科学家查尔斯·巴贝奇。

2）亚当·斯密的管理思想

英国经济学家亚当·斯密(Adam Smith,1723—1790年)在其著名的《国富论》(又译为《国民财富的性质和原因》)中指出"劳动生产力上最大的增进,以及运用劳动时所表现的更大的熟练、技巧和判断力,似乎都是分工的结果",并系统地阐述了劳动价值论和劳动分工理论。亚当·斯密关注机器生产方式给英国工厂带来的积极成果,推崇工厂中的分工。在分析增进劳动生产力的因素时,以制针为例(如果不进行分工协作,一个工人每天最多只能生产20枚针,进行分工协作后,平均每天可以生产48 000枚针),特别强调了劳动分工的作用:

①劳动分工可以使工人重复完成单项操作,从而提高劳动熟练程度,提高劳动效率。

②劳动分工可以减少由于变换工作而损失的时间。

③劳动分工可以使劳动简化,使劳动者的注意力集中在一种特定的对象上,有利于改进机器和创造新工具。

亚当·斯密在经济学的研究过程中,将人类利己主义本性作为经济学研究的前提,把经济现象看成是具有利己主义本性的经济人活动的结果,创立了对科学管理思想阶段有着重要影响的"经济人"假设,认为人都是要追求自己的经济利益的,其中,资本家追求最大利润,工人追求最高工资。每个人的经济利益都会受到其他人经济利益的制约,社会利益正是以个人利益为基础的。这种认为人都要追求自己的经济利益的"经济人"的观点,正是以"看不见的手"为标志的资本主义生产关系的反映,也是早期管理思想的重要表现。

3）罗伯特·欧文的管理思想

英国著名的空想社会主义者罗伯特·欧文（Robert Owen,1771—1858 年）是 19 世纪颇有成就的实业家之一，是杰出的管理学先驱者。欧文首先提出了人的因素在工业生产中的重要作用，认为在工厂中要重视人的因素，要缩短工人工作的时间，提高工资，改善工人的居住条件。欧文懂得理解人的重要性，认为把钱用于改善劳动，会得到更大的回报。欧文在其经营的一家大型纺织厂里进行了一系列人事管理方面的实验。例如，停止雇佣 10 岁以下的童工，工人每天工作时间不超过 10 小时，为工厂里的工人提供膳食，为工人建造住宅，等等。通过这些实验，欧文证明：重视人的作用、尊重人的地位可以使工厂获得更多的利润。欧文也在办企业时，用 4 种不同的颜色作为对职工工作评价的标志，并把这些标志分别挂在工人工作的机器上，用以鼓励先进，批评落后。由于在人事管理方面的卓越贡献，罗伯特·欧文被认为是人事管理的创始人，被称为"人事管理之父"。

4）查尔斯·巴贝奇的管理思想

英国数学家、科学家查尔斯·巴贝奇（Charles Babbage,1792—1871 年）是工业革命后期对西方早期管理思想贡献最大的人。查尔斯·巴贝奇十分推崇工厂中分工的作用，并在亚当·斯密的管理思想基础上，对劳动分工和专业化问题进行了更为系统的研究，认为劳动分工可以提高生产效率的原因是：

①劳动分工节省了胜任工作所需要的学习时间。

②劳动分工节省了从一道工序转移到下一道工序所需要的时间。

③劳动分工节省了改变工具、调整工具所需要的时间。

④劳动分工使人们经常从事某一工作，肌肉能够得到锻炼，不易引起疲劳。

⑤劳动分工使人们重复同一操作，技术熟练，工作速度加快。

⑥劳动分工节省了学习期间所耗费的材料。

⑦劳动分工使工人的注意力集中于单项作业，便于改进工具和机器。

查尔斯·巴贝奇认为，劳动分工会大大提高生产效率，有减少支付工资的好处；企业规模扩大会有利于资源的利用。为了调动劳动者的积极性，他还提出了一种工资利润分享制。在这种制度下，工人除了工资外，还应按工厂所创造利润的百分比额外地得到一部分奖金作为报酬。这一制度具有以下优点：

①将每个工人的利益都同工厂的发展及其所创造的利润多少直接联系起来，工人同雇主的利益一致，可以消除隔阂，共求企业的发展。

②每个工人都会关心浪费和管理不善等问题，能促使每个部门改进工作。

③有助于激励工人提高技术和品德。

查尔斯·巴贝奇的这些管理思想无论在深度上还是在广度上，都较前人甚至同代人有较大的进步。1832 年查尔斯·巴贝奇出版了《机器与制造业经济学》，阐述了他的主要思想。

1.2.3　古典管理理论阶段

1）科学管理理论

科学管理理论着重研究如何提高单个工人的劳动生产率，其核心代表人物是美国著名的发明家和管理工程师弗雷德里克·温斯洛·泰勒(Frederick Winslow Taylor,1856—1915年)。泰勒既有从事科学研究和发明的才能,又有从事社会活动和领导工作的才能,注重将理论知识运用于管理的实践中,将以前的纯理论而不实用的管理学发展成为切合实际的管理学,将管理学发展成为一门新兴的独立学科。泰勒的管理理论和方法被称为"泰勒制",是管理学发展史上的一个里程碑式的理论。泰勒是管理学的先驱,他在管理学上的作用是任何人都无法替代的,泰勒被称为"科学管理之父"。泰勒的代表作有1895年在全美机械工程师协会上发表的第一篇论文《计件工资制》,1903年出版的代表作之一《工场管理》,1911年出版的另一代表作品《科学管理原理》,1912年发表的《在美国国会听证会上的证词》等。此外,美国管理学家、机械工程师甘特创造了用线条表示的计划图表——"甘特图",提出了"计件奖励工资制";美国的吉尔布雷斯夫妇进行了更加细致、广泛的泰勒动作研究,并将其研究成果呈现在1911年出版的《动作研究》中。美国著名的企业家亨利·福特创立的能够提高生产效率、降低生产成本的"福特制",即在推行标准化的基础上进行大批量生产,并使所有工序实现了机械化和自动化的流水作业法。这些研究都为科学管理作出了贡献。

【管理链接1.3】

弗雷德里克·温斯洛·泰勒

弗雷德里克·温斯洛·泰勒(Frederick Winslow Taylor,1856—1915年)于1856年3月20日出生在美国宾夕法尼亚州杰曼顿的一个富有的律师家庭,父亲是律师,母亲是清教徒。泰勒自幼受到了不寻常的教育,这为他今后成为美国著名的发明家和管理工程师奠定了基础。

1872年,泰勒被送入新罕布什尔的埃塞克特中学学习,随后考上了哈佛大学法律系。但由于他十分刻苦,以致得了眼疾而不得不辍学。1875年,泰勒放弃了学习法律的计划,离开哈佛大学,进入费城恩特普赖斯水压工厂的金工车间当模型工及机工学徒工。1878年,三年学徒期满后,泰勒进入费城的米德维尔钢铁公司当一名普通工人,由于工作努力、表现突出,很快升为职员,后又被提拔为机工、机工班长、车间工长、厂总技师。1883年,泰勒通过业余学习班的学习获得了新泽西州斯蒂芬斯理工学院的机械工程学学士学位。1884年,泰勒升任米德维尔钢铁公司的总工程师。

1890年,泰勒辞去了米德维尔钢铁公司中的职务,开始担任一家机械制造投资公司的总经理。1893年,泰勒又辞去机械制造投资公司总经理的职务,开始从事管理咨询顾问工作。1898年开始,泰勒受雇于宾夕法尼亚的贝瑟利恩钢铁公司,继续从事管理方面的工作,并进行了著名的"生铁搬运试验"和"铲运标准化试验"。1901年,泰勒从贝瑟利恩钢铁公司退休,转而通过撰写文章和发表演讲来宣传他的科学管理制度。1903年开始,泰勒每周都去哈佛大学讲课,一直到1914年为止,为推进科学管理而无偿地工作。1910年,美国东部铁路公司因亏损申请提高运费,这促使当局举行了一系列的意见听证会,由于泰勒的科学管理方法能在不提高运费的情况下大大地提高生产率,使泰勒的名字和科学管理方法大为盛行,引起了社会公众的广泛关注。1915年,泰勒在外出发表演讲途中,由于着凉而患了肺炎,于同年3月21日在费城医院去世,时年59岁。

(资料来源:刘秋华.管理学[M].北京:高等教育出版社,2013.)

科学管理理论主要包括以下内容：

（1）科学的工作定额

泰勒认为，管理的基本问题就是效率，科学管理的目的就是提高效率。泰勒在试验中发现，工人们认为劳动的总量是有限的，如果加快工作速度，就可能会造成自己和其他工人失去工作；为了保护自身利益，工人就有意拖延工作，即通常所讲的"磨洋工"。泰勒认为，以经验为主的管理制度造成了工作效率低的局面，进而造成资源的浪费。因此，提高劳动效率的潜力是很大的。为了提高工作效率，首先应制定出具有科学根据的工作定额。泰勒指出，要制定出科学的工作定额，即有科学依据的工人"合理的日工作量"，就必须进行时间研究和动作研究。具体方法是选择合适且技术熟练的工人，把他们的每一项动作、每一道工序所使用的时间记录下来，加上必要的休息时间和其他可能的延误时间，就得出完成该项工作所需要的总时间，据此给出每一个工人的"合理的日工作量"。这就是工作定额原理。泰勒认为，工作效率的高低除与时间因素有关外，还与工人在工作时身体各部位的动作有关，合理的动作不但可以提高工作效率，而且可以减少工人的体力消耗和不必要的身体损害。

（2）标准化管理

科学管理是以提高工作效率为中心的。标准化管理就是工人在工作时，不仅要采用劳动定额，还要采用标准的操作方法、规定和条例，而且工人所使用的工具、机器、材料和所在工作现场环境等都应该标准化，以利于提高劳动生产率。劳动定额的制定是科学管理的基础，劳动定额中的时间研究和动作研究实际上就是劳动时间和操作动作的标准化，实际上也属于标准化的范畴。标准化可以大幅度提高生产效率和工作效率，因此，标准化管理是泰勒研究的一个重要方面。

（3）差别工资制

在当时的企业中，普遍存在着令人头疼的"磨洋工"现象。泰勒认为，造成工人"磨洋工"现象的原因是缺乏科学的作业方法和采用的分配制度不合理。长期以来，各大企业实行的是计时工资和计件工资制。计时工资是按照工作的时间来确认职工业绩的付酬方式，计件工资制即按产品数量来确认职工业绩的付酬方式。计时工资不能体现按劳付酬，干多干少在报酬上无法确切地体现出来；计件工资虽然表面上是按工人的劳动数量支付报酬，但工人发现了一个事实，只要干得多，工厂主就会降低每件的报酬单价。于是，工人们只要干到一定的数量就不再多干，同时一些工人还会向多干的工人施加压力，迫使他向其他人看齐。为了发掘工人们提高劳动生产率的潜力，提高工人工作的积极性，泰勒在工作定额研究的基础上，采用差别工资制，对工作水平高的工人所付报酬就高；反之，对工作水平低的工人所付报酬就低。具体方法是，如果工人完成或超额完成定额，按比正常单价高出25%计酬。如果工人完不成定额，按比正常单价低20%计酬。

（4）科学选择和培训工人

在选择工人方面，当时的做法是只考虑数量问题，哪儿缺人，缺多少，补充多少，即一个工作岗位究竟需要什么样的工人，很少考虑工作性质问题。这种做法常常使工人与工作不相适应，这不仅造成人力资源的浪费，而且还降低了工作效率。泰勒认为，每个人的能力各不相同，因此，他们所适合的岗位也各不相同，应使工人的工作能力与工作岗位相适应。因此，泰勒改变过去工人挑选工作的传统做法，坚持以岗位挑选工人，每一个岗位都挑选最合适的工人,以确保较高的工作效率。泰勒认为,即使工人的工作能力适合工作岗位,但如果工人不愿意做,同样不会提高工作效率。因此,除了考虑工作能力外,在选择工人时,泰勒还主张考虑工人的工作态度,泰勒的这种选择工人的做法,使人的能力、态度与工作岗位得到了合理的配合。

(5)管理和执行相分离

当时,企业是没有专门的管理部门的,诸如计划、统计、质量检验、控制等管理工作都混杂在执行工作中。泰勒认为,应该对企业中各项工作的性质进行认真仔细的研究,应该把管理工作和执行工作分开,建立专门的管理部门,配备专门的管理人员,用科学的工作方法取代经验工作方法。泰勒认为管理职能应包括三方面的内容:时间和动作研究;制定劳动定额和标准的操作方法,并选用标准工具;比较标准和实际执行情况,并进行控制。管理工作与执行工作的分离不仅促进了劳动分工的发展,实现了管理工作的专门化,而且为科学管理理论的形成奠定了基础,在管理史上具有重要的意义。

【管理链接1.4】

泰勒科学管理的三大实验

泰勒被誉为现代科学管理之父,他通过对三次实验的总结,提出了科学管理的理论,从而引发了一场管理界的革命,也是成就美国经济繁荣的一大原因。那么他的三次实验具体的内容是什么呢?

·生铁搬运实验

1898年,泰勒从伯利恒钢铁厂开始他的实验。这个工厂的原材料是由一组计日工搬运的,工人每天挣1.15美元,这在当时是标准工资,每天搬运的铁块重量有12~13吨,对工人的奖励和惩罚的方法就是找工人谈话或者开除,有时也可以选拔一些较好的工人到车间里做等级工,并且可得到略高的工资。后来泰勒观察研究了75名工人,从中挑出了4个,又对这4个人进行了研究,调查了他们的背景习惯和抱负,最后挑了一个叫施密特的人,这个人非常爱财并且很小气。泰勒要求这个人按照新的要求工作,每天给他1.85美元的报酬。通过仔细地研究,他使其转换各种工作因素,来观察它们对生产效率的影响。例如,有时工人弯腰搬运,有时他们又直腰搬运,后来他又观察了行走的速度、持握的位置和其他的变量。通过长时间的观察实验,并把劳动时间和休息时间很好地搭配起来,工人每天的工作量可以提高到47吨,同时并不会感到太疲劳。他也采用了计件工资制,工人每天搬运量达到47吨后,工资也升到1.85美元。这样施密特开始工作后,第一天很早就搬完了47.5吨,拿到了1.85美元的工资。于是其他工人也渐渐按照这种方法来搬运了,劳动生产率提高了很多。这是科学选择动作和培训工人的典型事例。

·铲具实验

1898年,泰勒在伯利恒钢铁公司发现以下现象。当时,不管铲取铁石还是搬运煤炭,都使用铁锹进行人工搬运,雇佣的搬运工动不动达五六百名。优秀的搬运工一般不愿使用公司发放的铁锹,宁愿使用个人拥有的铁锹。同时一个基层干部要管理五六十名搬运工,且所涉及的作业范围又相当广泛。在一次调查中,泰勒发现搬运工一次可铲起3.5磅(约1.6千克)的煤粉,而铲铁矿石则可铲起38磅(约17千克)。为了获得一天最大的搬运量,泰勒开始着手研究每一锹最合理的铲取量。泰勒找了两名优秀的搬运工用不同大小的铁锹做实验,每次都使用秒表记录时间。最后发现:一锹铲取量为21.5磅(约10千克)时,一天的材料搬运量最大。同时也得出一个结论,在搬运铁矿石和煤粉时,最好使用不同的铁锹。此外,泰勒还展开生产计划,以改善基层管理干部的管理范围。进一步地,还设定了一天的标准工作量,对超过标准的员工,给予薪资以外的补贴,达不到标准的员工,则要进行作业分析,指导他们的作业方式,使他们也能达到标准。结果,在三年以后,原本要五六百名员工才能完成的作业,只要140名就可以完成,材料浪费也大大降低。这是工具标准化的典型事例。

·金属切削实验(工作效率)

在米德维尔公司时,为了解决工人的怠工问题,泰勒进行了金属切削实验。他自己具备一些金属切削的作业知识,于是他对车床的效率问题进行了研究,开始了预期6个月的实验。在用车床、钻床、刨床等工作时,要决定用什么样的刀具、多大的速度等来获得最佳的加工效率。这项实验非常复杂和困难,原来预定为6个月实际却用了26个年头,花费了巨额资金,耗费了80多万吨钢材。最后在巴斯和怀特等十几名专家的帮助下,他取得了重大的进展。这项实验还获得了一个重要的副产品——高速钢的发明,并取得了专利。1906年,他向美国机械师协会递交了题为《金属切割艺术》的论文,这是他进行了26年实验的结果。他的实验用工具将重达80万磅的钢和生铁切割成片,实验记录为3万~5万次,写出报告300多份,费用高达15万~25万美元。同时,他还积极参加"工程教育促进会"的活动,强烈支持钢铁大王卡内基所倡议的大学教育应当包括一年的工业实践的观点。这是提升工作效率的典型事例。

泰勒的这3个实验可以说都取得了很大的成功。正是这些科学试验为他的科学管理思想奠定了坚实的基础,使管理成了一门真正的科学,这对以后管理学理论的成熟和发展起到了非常大的推动作用。泰勒相信,即使是像用铁锹铲煤粉、搬运铁块这样的工作也是一门科学,可以用科学的方法来管理。

2)一般管理理论

一般管理理论又称为管理程序理论或管理过程理论,其代表人物是法国管理学家亨利·法约尔(Henry Fayol,1841—1925年)。亨利·法约尔关于管理过程和管理组织理论的开创性研究,特别是其中关于管理职能的划分以及管理原则的描述,对后来的管理理论研究具有非常深远的影响。此外,亨利·法约尔还是第一位概括和阐述一般管理理论的先驱者,是伟大的管理教育家,被人称为"现代经营管理之父""管理过程理论之父"。亨利·法约尔的代表作主要有1908年的《管理的一般原则》,1916年的《工业管理和一般管理》,1923年的《国家管理理论》,1927年的《公共精神的觉醒》等。其中,在1916年问世的名著《工业管理与一般管理》中,亨利·法约尔为企业管理工作制定了14条管理原则,是他一生管理经验和管理思想的总结,为管理理论研究作出了重要的贡献。

【管理链接1.5】

亨利·法约尔

亨利·法约尔(Henry Fayol,1841—1925年)出生于法国的一个资产阶级家庭,1860年,法约尔毕业于圣艾蒂安国立矿业学院,同年进入法国康门塔里·福尔香堡采矿冶金公司,担任采矿工程师。

刚进入公司时,法约尔作为一个年轻的管理人员和技术人员,主要关心采矿工程方面的工作。1866年,法约尔被任命为康门塔里矿井矿长。1872年之后,法约尔被提升为领导一批矿井的经理,开始主要关心影响矿井经济情况的各种因素。此时,法约尔不仅要从技术方面考虑问题,更要从管理和计划方面来考虑问题,这促使法约尔对管理进行研究。1888 年,法约尔被任命为公司的总经理,当时公司正处于破产的边缘,法约尔按照自己的管理思想对公司进行了改革和整顿,关闭了一些经济效益不高的工厂,吸收了资源丰富的新矿代替资源枯竭的老矿,并于 1891 年和 1892 年吸收了其他一些矿井和工厂,把新的联合公司命名为康曼包公司,法约尔克服了重重困难,把原来濒于破产的公司整顿得欣欣向荣。1918 年,法约尔退休。退休后,法约尔创建了一个管理研究中心,并担任领导工作,致力于宣传他的管理理论。1925 年,法约尔去世,时年 84 岁。

（资料来源：刘秋华. 管理学［M］. 北京：高等教育出版社，2013.)

法约尔的一般管理理论概括起来主要包括以下内容：

（1）企业的基本活动

亨利·法约尔认为任何企业都存在着 6 种基本活动：

①技术活动；

②商业活动；

③财务活动；

④安全活动；

⑤会计活动；

⑥管理活动。

其中,技术活动是指企业的生产、创造和加工等企业活动。法约尔认为技术活动并不是企业全部活动中最主要的,即使在大型工业企业里也有这样的情况,即其他活动可以对企业的发展有比技术职能大得多的影响。商业活动是指企业的购买、销售和交换等的企业活动。法约尔认为商业能力除了策略和决策,还应包括长远的预测能力,以及一种长远的预测和在大型企业中日益发展的承包合同的运用能力,懂得买与卖,懂得很好地生产同样重要。财务活动是指企业筹集和最适当地利用资本等的企业活动。没有财务活动,企业什么事都做不成。法约尔认为为获得资金和最适当地利用可用的资金并避免轻率地承担义务,必须有完善的财务管理,企业成功的一个基本条件就是经常注意企业的财务情况。安全活动是指企业保护企业财产和人员等的企业活动。企业安全活动的任务是保护企业财产和人员,预防偷盗、火灾,消除罢工、行凶暴行。会计活动是指企业的财产清点、资产负债表、成本、统计等的企业活动。法约尔认为会计活动是企业的视觉器官,它能使人随时了解企业处于什么状况,并向何处发展,可以对企业的经济形势提供真实清楚而又准确的情况。管理活动包括计划、组织、指挥、协调和控制等 5 项职能活动。

法约尔认为企业的 6 种基本活动中,前 5 种活动都不负责制订企业的总经营计划,不负责建立社会组织,也不负责协调各方面的力量和行动。这些不属于技术、商业、财务、安全及会计权限的活动就是管理活动。法约尔认为管理是一类负责企业总体经营、协调力量和资源的活动,它不像其他 5 类活动那样容易被人明察,它既不是一种独有的特权,也不是企业经理或企业领导人的个人责任,它和其他企业的基本活动一样,是一种分配于领导人与整个组织成员之间的职能。

（2）管理的基本职能

法约尔一般管理理论的一个重要内容是首次提出管理活动可以划分为五大职能,即计划、组织、指挥、协调和控制等 5 种职能,并对这 5 项职能进行了分析。

①计划。计划是指探索未来和制订行动方案。

②组织。组织是指建立企业的物质和社会的双重结构。

③指挥。指挥是指使其人员发挥作用。

④协调。协调是指连接、联合、调和所有的活动和力量。

⑤控制。控制是指注意一切是否按已制定的规章和下达的命令进行。

法约尔认为,管理的这五大职能并不是企业领导人的个人责任,它同企业其他工作一样,是企业领导人和整个组织成员共同的职能。

(3)管理的原则

亨利·法约尔在 1916 年问世的名著《工业管理与一般管理》中,为企业管理工作制定了 14 条管理原则:

①劳动分工原则。劳动分工可以提高生产效率,使大规模生产和成本降低成为可能。同时劳动分工使每个工人的工作范围缩小,从而可以减少工人需要掌握的知识的难度,降低培训费用。劳动分工是组织和机构发展的必要手段。

②权力与责任原则。所谓权力是指"指挥他人的权以及使他人服从的力"。权力分为管理人员的职务权力和个人权力,职务权力是由职位产生的,个人权力是由适于担任职务的个性、经验、品质等个人特性产生的。法约尔认为,在企业中,一个人的权力和责任应当相符,在行使权力的同时,必须承担相应的责任。有权力而无责任,或者有责任而无权力都会使组织存在缺陷。

③纪律原则。法约尔认为,纪律是领导人造就的,是企业领导人同下属之间在服从、勤勉、举止和尊重等方面所达成的一种协议。纪律是管理所必需的,是维系企业生存和发展的根。

④统一指挥原则。法约尔认为,组织中每一个人都只能接受一个上级的命令。双重指挥经常是冲突的根源,将会使下属无所适从,组织的活动将会出现混乱。如果统一指挥原则遭到破坏,那么权力将遭到损害,纪律将受到破坏,秩序和稳定将受到威胁。因此,无论在什么情况下,一个下属只应接受一个上级的指挥命令。

⑤统一领导原则。一个组织对于目标相同的活动,只能有一个领导和一项计划。法约尔将这比喻为"人类社会和动物一样,一个身体如果有两个脑袋就是一个怪物"。统一指挥原则和统一领导原则既有区别又有联系。二者的区别是,统一指挥原则是一个下级只能接受一个上级的命令,这项原则主要取决于人员如何发挥作用;统一领导原则是具有相同目标的活动只能有一个领导和计划,这项原则可以通过建立完善的组织机构来实现。二者的联系是,统一指挥必须在统一领导下才能实现,违反了统一领导的原则,就必然会违反统一指挥的原则。

⑥个人利益服从整体利益原则。法约尔认为,在一个企业中,一个人或者一些人的利益不能置于企业的整体利益之上。因此,企业的目标应尽可能地包含个人目标,这样就可以在实现企业目标的同时使个人目标也能实现;企业的领导人应以身作则,以企业整体利益为重;企业应该对员工进行教育和约束,使他们在个人利益与企业整体利益相矛盾时,能以企业整体利益为重。

⑦人员报酬原则。法约尔认为,如果一个员工得不到应有的报酬,就会失去工作的积极

性,因此,企业的报酬制度应合理,员工的报酬应与他的付出相适应。制定合理的报酬制度,应首先考虑报酬能维持员工最低的生活消费;其次在考虑企业的基本经营状况的基础上,考虑员工贡献的多少,对工作成绩好的员工给予奖励。但是奖励不能超过一定限度,要适当,否则,可能出现副作用。

⑧适度的集权与分权原则。法约尔认为,管理应保持一定的集权和分权,提高下属的重要性就应分权,降低这种重要性的做法就是集权。一个组织必须具有某种程度的集权。对于集权的程度,应根据组织的性质、人员的素质与能力、企业的条件和环境等来决定。组织的领导者应根据本组织的实际情况的改变,适时改变集权与分权程度。

⑨等级原则。法约尔认为,在组织中建立等级原则能够促进有效的管理。等级原则就是在组织中,建立关系明确的、从最高权力机构到最基层管理人员应该遵从的职权等级系列。贯彻等级原则有利于组织加强统一指挥:一方面,等级原则表明组织中执行权力的线路;另一方面也指明了信息传递的渠道。在组织运行的过程中,依据等级原则传递信息可能会造成信息路线太长,进而延误信息传递的时间,且可能会出现信息在传递过程中失真的现象。为了避免信息传递的时间延误和失真问题,同时确保组织的统一指挥,法约尔设计出一种"跳板",建立迅速又便捷的沟通通道,来提高组织的工作效率。这种"跳板"也叫"法约尔桥"(Fayol Bridge)。

【管理链接1.6】

法约尔桥

在一个等级制度表现为 H-A-R 形式的企业中,假设 E 部门与 O 部门需要发生联系,按照等级原则需要由 E 沿等级路线攀登到 A,再由 A 沿等级路线下降到 O。然后,再反向从 O 经过 A 回到出发点 E(如图1.4所示)。在这个过程中,每一级都要停顿,信息在传递中经过的路线很长,不仅容易延误信息传递的时间,并且可能出现信息在传递中失真的现象。显然,如果通过 E—O 这一"跳板",或称"法约尔桥",直接从 E 到 O,问题就简单多了。当领导人 D 和 N 允许他们各自的下属 E 与 O 直接联系时,E 与 O 及时向各自的领导人汇报他们所商定的事情,沟通既迅速又便捷。可见,这种"法约尔桥"既维持了统一指挥原则,又避免了信息传递的时间延误和失真问题。

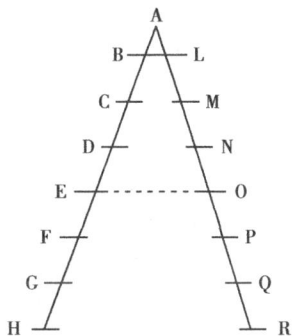

图1.4　法约尔桥

(资料来源:刘秋华.管理学[M].北京:高等教育出版社,2013.)

⑩秩序原则。法约尔认为,凡事各有其位就是秩序。秩序原则既适合于物质资源的管理,例如将设备、机器、工具排列有序;也适合于人力资源的管理,例如组织中的每个成员根据自身的能力、意愿确定自己的位置,组织将工作任务要求与成员的需求相结合,将每个人都安排在最能充分发挥个人作用的工作岗位上。

⑪公平原则。法约尔认为领导人要特别注意组织成员在工作中希望公平的愿望。公平是由"公道"和"善意"产生的。公道是执行已订立的协定。由于在制定协定时,人们对未来是无法完全预料的,随着外界因素的变化,应对已制定的协定根据具体情况经常进行说明,并对其不足之处进行补充。为了保证公平,在公道的基础上,还必须善意对待下属,使下属感到公平,从而激励下属对组织忠诚,并全心全意做好本职工作。

⑫人员稳定原则。法约尔认为,一个成功的组织,其员工和管理人员是相对稳定的,如

果人员不断变动,将得不到良好的工作效果,人员频繁变动的组织是很难成功的。当然人员的稳定是相对的,由于职工提升、退休、死亡等原因也会造成人员的流动。因为员工和管理人员要想有效地从事某个岗位的职责,是需要相当长的时间的。因此,在维持人员稳定时,应考虑培养人员的时间。法约尔认为,组织成功的关键是要掌握好人员流动的合适尺度,保持组织中人员工作的稳定性。

⑬首创精神原则。法约尔认为,首创精神是组织创立和推行计划的动力。在组织中,不仅需要领导人有首创精神,而且还需要全体成员都有首创精神。这是提高组织中各级人员工作热情的主要源泉。

⑭团结合作原则。法约尔认为,团结合作可以使组织产生巨大的能量。为了避免在组织实际运行中人们追求个人利益而忽视了组织的团结,应严守统一指挥原则,加强内部交流,尽一切可能保持和巩固组织内部人员的团结。

在法约尔的 14 条管理原则中,有的涉及管理人员对自身的责任与权力、纪律的把握,也有的涉及管理工作中需要认真对待的统一领导、统一指挥、集中、公平、人员稳定、首创精神、人员团结等问题。法约尔认为他的管理理论虽然是以大企业为研究对象,但除了可应用于工商企业之外,还适用于政府、教会、慈善团体、军事组织以及其他各种事业。特别需要说明的是,法约尔强调,以上 14 条原则是灵活的,在管理工作中不是死板和绝对的东西,当注意各种可变因素的影响。这是一门很难掌握的艺术,它要求智慧、经验、判断和注意尺度。

3)行政组织体系理论

行政组织体系理论又称为官僚组织理论,其代表人物是德国的著名管理学家、经济学家、社会学家马克思·韦伯(Max Weber,1864—1920 年)。马克思·韦伯在管理理论上的研究主要集中在组织理论方面,主要贡献是提出了理想的行政管理体制,或称官僚体制,这集中反映在他的代表作《社会和经济组织的理论》一书中。马克思·韦伯毕生从事学术研究,对社会学、政治学、经济学、法学、哲学、历史学和宗教学都有较深的造诣,是 19 世纪末 20 世纪初西方社会科学界最有影响的理论大师之一,与古典管理理论学家泰勒、法约尔并称为西方古典管理理论的三位先驱,并被尊为"组织理论之父"。韦伯的代表作是《新教伦理与资本主义精神》《一般经济史》和《社会和经济组织的理论》。

【管理链接 1.7】

马克思·韦伯

马克思·韦伯(Max Weber,1864—1920 年)出生于德国图林根州的埃尔富特市的一个富有的中产阶级家庭,父亲是一位法学家。1869 年,韦伯随父母迁往柏林居住。1882 年,韦伯就读于德国海德堡大学法学院,专攻法律并兼及历史、哲学、经济和神学。1883 年,韦伯应征入伍,服兵役一年后即转入柏林大学和哥丁根大学继续学习。1889 年,韦伯通过了博士论文《中世纪商业企业史》的答辩并获得法学博士学位,同年注册为开业律师。

1891 年,韦伯发表了有关罗马农业及其法律意义的论文,并通过答辩成为柏林大学的法学讲师。1892 年,韦伯升为副教授,其学术研究重心也转向政治经济学。1894—1896 年,韦伯先后任弗里堡大学和海德堡大学的经济学教授。1897 年,韦伯与前来探望他的父亲发生争吵,由此导致其父去世,这次精神和心理创伤使得韦伯患上神经官能症,为此,韦伯赴欧美各地治疗、休息达 4 年之久。1902 年,韦伯重新担任海德堡大学教授。1903 年,韦伯与 W. 桑巴特和 E. 亚菲等人共同创办了学术杂志《社会科学和社会政策文献》(该杂志是 20 世纪初至20世纪30年代德国最有影响的社会学期刊之一），并担任编辑。1904年起，韦伯的学术创作进入鼎盛期，他以惊人的速度出版了大量学术论文和专著。1907年，韦伯继承了一笔可观的遗产，使他能脱离大学教职而专心从事社会科学研究。1910年，韦伯与滕尼斯、齐美尔等人共同发起成立德国社会学学会，开创了德国社会学发展的新时代。

1911年起，韦伯的研究方向由以往的经济学、历史学转向宗教社会学、政治社会学、法律社会学、音乐社会学以及社会学理论与文化论。第一次世界大战期间，韦伯站在民族主义的立场上支持自己的国家，自愿入伍并担任后备野战医院管委会成员。1916—1918年，韦伯为《法兰克福报》撰稿，发表多篇有关时政的文章。1918年，第一次世界大战结束后，韦伯再返大学讲坛，担任维也纳大学社会学讲座教授。1919年5月，韦伯以专家的身份作为德国政府代表团成员出席巴黎和会，会上他反对德国签署《凡尔赛和约》。1919年6月，韦伯迁居慕尼黑，在慕尼黑大学任经济通史教授。1920年韦伯去世，时年56岁。

（资料来源：刘秋华.管理学［M］.北京：高等教育出版社,2013.）

行政组织体系理论主要包括以下内容：

（1）理想的行政管理体制

①理想的行政管理体制的观点。韦伯认为，资本主义社会化生产的发展，要求出现一种更严密的管理体制与之相适应。韦伯提出理想的行政管理体制，即官僚体制（"官僚"并不像官僚主义所理解的官僚带有贬义）。这是一种行政组织机构，不是通过"世袭"或"个人魅力"，而是通过"公职"或"职位"来管理的理想的组织制度。韦伯认为理想的行政管理体制是一种严密的、合理的、形同机器的社会组织，是组织通过职务和职位来进行管理的，具有熟练的专业活动、明确的职责划分、严格的规章制度以及金字塔式的等级关系等特征，是一种"纯粹的""在现实中没有例证的"组织形态。

②理想的行政管理体制的特点。理想的行政管理体制，既不同于凭借传统力量建立起来的管理体制，也不同于依据超凡力量建立起来的管理体制，它是一种依据权力的合理、合法性建立起来的管理体制。这种管理体制具有以下特点：

A.明确的职能分工。在理想的行政管理体制中，对组织的全部活动进行专业化的职能分工，并依据这种职能分工确定管理职位。管理职位的权力和责任范围是详细规定的。在确定组织中人员职位时，有如下规定：组织内所有人员都必须担任一项职务；管理人员的职位是任命的，个别必须由选举产生的除外；所有管理人员的任职不是终身，而是可以撤换的。

B.自上而下的等级系统。在理想的行政管理体制中，组织内的各个职位是按照等级原则进行法定安排的，并共同服从于一个指挥决策中心，从而形成一个严密的自上而下的行政管理的等级系统。为了保证组织的稳定，在这个等级系统中，每个成员都要为自己的决定和行动对上级负责并受上级的控制和监督。为了使每个管理人员都能完成本职工作，应给予管理人员相应的权力，使其有权对其下属发号施令。

C.健全的法规和制度。在理想的行政管理体制中，要在组织中建立有关职权和职责的法规和制度，将组织中的各项业务运行纳入到这些相关的法规和制度中，要求组织内的每个成员在从事职务活动时，都必须遵循这些法规和制度。这些法规和制度，不仅规范了组织中人员的职务行为，而且还排除了各项职务活动中个人的随意判断，从而保证了各项业务处理的统一性和一贯性。

D. 业务的处理和传递以书面文件为准。在理想的行政管理体制中,组织中在进行业务的处理和传递时,即使对可以通过口头方式联系的业务,也不能以个人之间的口头联系方式作最后处理,而是必须以诸如指示、申请、报告等各种符合规范的书面文件为依据。这种业务的处理和传递以书面文件为准的管理方式,不仅能保证业务处理的准确性,而且还可以防止个人处理业务的随意性,从而保证组织中各项业务活动的规范性。

E. 任用具有相应的技术能力的人员。在理想的行政管理体制中,组织中的所有职务都是按职能分工的原则确定的,这就要求每个职位的人员都具有相应的技术能力。以是否具有必要的技术能力作为选拔和提升的客观标准,在通过公开考试后,来选拔和提升人员。由于组织中各职位都配备具有相应技术能力的专业人员,分工明确,从而保证组织的各项业务活动都能准确、高效地运行。

F. 职业的管理人员。在理想的行政管理体制中,一切职业管理人员都是根据一定的标准聘用的,其升迁和报酬都以工作业绩和工作年限为标准,有明文规定。在这种管理方式下,组织能够激励管理人员尽心尽力工作,为组织的发展和利益作出贡献。

G. 组织中成员间的关系是业务关系。在理想的行政管理体制中,组织中每个成员必须排除个人感情的干扰,以冷静的态度处世,从而保证组织内成员之间都是业务关系,而不是个人之间的私人关系。组织中每个成员以主人翁的态度忘我工作,每个人都恪尽职守。这种管理方式,能够保证组织中所有成员的行为都服从统一的理性准则,防止组织内成员之间可能发生的摩擦,保证组织活动的协调、准确和高效。

理想的行政管理体制从技术角度观察,比其他管理体制具有优越性。这种优越性主要表现在:准确性、迅捷性、明确性、简单性、连续性、严肃性、同一性、严密的服从关系、防止摩擦以及人力和物力的节约等,可以保证组织能够像机器一样灵活运转。正是这种理想的行政管理体制的管理,真正显示出资本主义社会化生产管理同家族制管理的区别。这种管理体制不仅适用于经济领域,而且适用于社会生活的各个领域。

（2）权力的划分

韦伯认为,社会及社会组织更多的不是通过契约关系或者道德观的一致,而是通过权力的行使凝聚在一起。任何社会组织都必须以某种形式的权力为其存在的基础。没有一定形式的权力,一切社会组织的活动都不可能正常运行,也就不可能达到预期的目标。韦伯把合法权力划分为 3 种纯粹形态:

①传统性权力。传统性权力是以不可侵犯的古老传统和行使这种权力的人的统治地位为依据的。对传统性权力的服从实际上是对拥有这种不可侵犯的统治地位的个人的服从。族长制和世袭制都是传统性权力的最重要的表现形式。

②超凡性权力。韦伯认为,超凡性权力是以对某个具有模范品质的英雄或某个具有特定天赋的天才的崇拜和热爱为依据的。对超凡性权力的服从不是基于某种强制力量,实际上是基于追随者对领袖人物的信仰。

③法理性权力。韦伯认为,法理性权力是以合理性、合法性为依据或以被提升为管理者的权力为依据的。对法理性权力的服从实际上是对合法建立起来的客观秩序的服从,即使将这种服从延伸到管理者个人,也只是基于管理者在组织内所处的地位,而管理者在组织内所处的地位是依据合理性和合法性形成的。因此,在组织中对管理者的服从,实际上是对依法建立起来的等级制度所规定的职位的服从。

1.2.4 现代管理理论阶段

随着西方发达国家经济、技术的发展,企业也取得了长足的进步。特别是20世纪40年代以来,西方发达国家的经济规模不断扩大,涌现出大批的跨国公司,经济组织间的竞争,尤其是国际市场的竞争更加激烈,原来的经营管理理论和方法已不能完全适应新的形式。行为科学学派、管理科学学派、社会系统学派、管理过程学派、决策理论学派、系统管理学派、权变理论学派、经验主义学派应运而生。这些学派在历史渊源和内容上又相互影响,盘根错节,呈现出管理学派林立的局面。因此,有人形象地称之为"管理理论丛林"。

1)行为科学学派

行为科学的含义有广义和狭义两种理解,广义的行为科学可理解为包括研究人的行为和研究动物行为的多种学科,是一个学科群,而不是一门学科。1982年美国出版的《管理百科全书》(第3版)的解释为:"行为科学包括用类似于其他自然科学的实验和观察的方法对人(和低级动物)在自然和社会环境中的行为进行研究的任何学科,得到公认的行为科学有心理学、社会学、社会人类学以及在观点和方法上与之类似的其他学科的部分。"狭义的行为科学可理解为是运用心理学、社会学等学科的理论和方法来研究工作环境中个人和群体的行为的一门综合性学科,是一门学科。1980年英国出版的《国际管理词典》的解释为:"行为科学主要是有关对工作环境中个人和群体的行为进行分析和解释的心理学和社会学学说,其应用包括信息交流、创新、变革、管理风格、培训和评价等领域。它强调创造一种最优环境,以便每个人既能为实现公司目标作出贡献,又能为实现个人目标有所成就。"西方管理学中所讲的行为科学就是指狭义的行为科学。为了避免与广义的行为科学混淆,20世纪60年代中期,提出了"组织行为学"这一名词,用以专指狭义的行为科学。

人际关系学说是行为科学学派的早期思想,其代表人物是美国著名工业问题研究专家乔治·埃尔顿·梅奥(George Elton Mayo,1880—1949年)。梅奥于1927年开始参与并主持霍桑试验,并在对霍桑试验的结果进行研究的基础上,创立了人际关系学说。梅奥的代表作是1933年出版的《工业文明的人类问题》和1945年出版的《工业文明的社会问题》。

【管理链接1.8】

霍桑试验

1924—1932年,霍桑试验在美国芝加哥郊外的西方电器公司的霍桑工厂中进行。霍桑试验经历了8年时间,获得了第一手资料,为人际关系学说的形成以及后来的行为科学学派的发展奠定了基础。

霍桑试验的背景:霍桑工厂具有较完善的娱乐设施、医疗制度和养老金制度,但是工人们仍然有很强的不满情绪,生产效率很低。为了寻找原因,1924年11月,美国国家研究委员会组织了一个包括多方面专家的研究小组进驻霍桑工厂,开始进行试验。

试验的几个重要环节:

(1)照明试验

为了研究照明对生产效率的影响,研究人员选择了两个工作小组:一个为试验组,一个为控制组。试验组的照明度不断变化,控制组的照明度始终不变。结果发现试验组和控制组的产量都在不断提高,由此可见,照明度的改变不是生产效率变化的决定性因素。于是,继续试验。

(2)继电器装配工人小组试验

为了继续研究影响生产效率的因素,研究人员选择了五名继电器装配工人和一名画线工人组成一个试验小组,并告诉小组成员,试验不是为了提高产量,而是为了寻找最合适的工作环境。同时,研究组专门指派一名观察员加入这个小组。在试验过程中,研究人员分期改变工作条件:①改善了材料的供应情况和工作方法;②改善了休息时间,减少了工作天数,从而减轻了工作中的疲劳;③改善了休息时间,从而缓和了工作的单调性;④增加了产量,工人的奖金收入增加了;⑤改善了监督和指导的方式,使工人的工作态度有所改善。观察人员对小组成员的态度非常和蔼,结果产量不断提高。结果发现,第五项条件是产量提高的重要原因。这是霍桑试验的一个转折点。

(3)大规模访问交谈

研究人员花了两年时间对两万名职工进行访问。通过了解工人对工作、工作环境、监督、公司和使他们烦恼的任何问题的看法,来了解这些看法如何影响生产效率。经过多次交谈和研究发现,影响生产效率的最重要因素是工作中发展起来的人群关系,而不是待遇和工作环境。工人工作效率的高低不仅取决于自身,还与工人所在小组的其他同事有关。这个结论非常重要。研究小组决定继续试验。

(4)对接线板接线工作室的研究

研究小组选择了接线板工作室为研究对象,对他们的生产效率和行为持续观察了6个月之久。结果发现:①成员中存在一些小派系,每个派系都有自己的一套行为规范,这种派系是非正式组织,有自己的领袖人物;②大部分成员都故意自行限制产量;③工人对待他们不同层次的上级持有不同的态度,一般职位越高,所受的尊重越大,但对他的顾忌心理也越强。

人际关系学说主要包括以下内容:

(1)工人是"社会人"而不是单纯的"经济人"

科学管理理论认为,金钱是刺激工人工作积极性的唯一动力,把工人看成是仅仅为了追求经济利益而进行活动的"经济人"。梅奥认为,工人是"社会人",除了物质方面的因素外,影响工人生产积极性的因素,还有社会和心理方面的因素。梅奥提出了十三项调动工人的积极性的具体原则:①让工人体会到成功的喜悦;②对工人进行精神和物质奖励;③让工人感到自己重要;④要乐于捍卫下属的利益;⑤鼓励一定要真诚;⑥主动关心别人;⑦关心工人的成长;⑧同工人交朋友;⑨不当不受欢迎的老板;⑩激发工人的积极性;⑪协调与下属的关系;⑫了解下属之间的矛盾;⑬让下属尽心供职。

(2)生产率的高低主要取决于士气和工作态度,取决于人际关系

梅奥认为,生产率的高低主要取决于士气和工作态度,提高生产率的主要途径是提高工人的满意度,工资报酬、工作条件等不是影响工人的满意度的第一因素。工人的满意度取决于人际关系,因此,新型管理者必须善于处理人际关系。同时,梅奥指出了决定工作满意度的6个主要因素:①报酬;②工作本身;③提升;④管理;⑤人际关系;⑥工作条件。

(3)企业中存在着非正式组织

梅奥认为,任何一个企业,不仅存在着正式组织,还存在非正式组织。正式组织是企业组织体系中的一个环节,是为了实现企业目标而形成的有明确职能的机构,其成员之间有明确的职责范围;正式组织以效率和成本为主要标准,要求成员为了提高效率、降低成本进行协作。非正式组织是人们在共同的工作中,由于相同的兴趣、爱好或利益等形成的一种人群关系;非正式组织以感情为主要标准,要求成员遵守人群关系中形成的非正式的不成文的行为准则。非正式组织能够维系和增强成员间的文化交流,满足人们社会交往的需要。但是,非正式组织容易产生阻碍变革、角色冲突、谣传四起等不利作用。在组织运行的过程中,管理者必须重视非正式组织的存在,并对非正式组织及其成员的行为进行引导,使之有利于正式组织目标的实现。

(4)企业领导者要善于正确处理人际关系

基于"社会人"和"非正式组织"的认识,梅奥认为,企业领导者要善于正确处理人际关系,要善于听取员工的意见,能够通过提高员工的满意度来提高士气,使企业中的每个成员能与其真诚持久地合作,从而提高企业的生产效率。

人际关系学说只强调重视人的行为,是行为科学学派的早期思想。行为科学还要求进一步研究人的行为规律,找出影响行为的因素,探讨如何控制人的行为以达到预期目标。第二次世界大战后,行为科学学派有了极大的发展,围绕着以下4个领域:①有关人的需要、动机和激励的理论。②与管理有关的"人性"理论。③关于企业中非正式组织以及人与人关系的理论。④关于领导方式的理论,产生了如下相关的著名理论(这些理论将分别在以后的章节中进行详细介绍):

a. 需要层次理论。需要层次理论是由美国心理学家亚伯拉罕·马斯洛(Abraham H. Maslow)提出的一种研究需要与行为动机关系的理论。

b. X理论与Y理论。X理论与Y理论是由美国社会心理学家道格拉斯·麦格雷戈(Douglas Me Gregor)提出的一种研究管理思想合乎人性假设的关系的理论。

c. 双因素理论。双因素理论是由美国行为科学家弗雷德里克·赫兹伯格(Frederick Herzberg)提出的一种研究需要对行为积极性影响的理论。

d. 期望理论。期望理论是由美国心理学家威克特·弗隆(Victor H. Vroom)提出的一种研究人的期望与行为积极性关系的理论。

e. 强化理论。强化理论是由美国心理学家斯金纳(B. F. Skinner)提出的一种研究如何控制行为的理论。

f. 连续统一体理论。连续统一体理论是由美国管理学家罗伯特·坦南鲍姆(Robert Tannenbaum)和施密特(Warren H. Schmidt)提出的,其在一个连续统一体的示意图上描绘出了从专权式的领导到极度民主式领导的各种模型,并列举了7种代表性模型。

g. 管理方格理论。管理方格理论是由美国行为科学家罗伯特·布莱克(Robert R. Blake)和简·莫顿(Jane S. Mouton)提出的,用方格图来表示和研究领导方式的一种理论。

2)管理科学学派

管理科学学派又称数理学派,是科学管理理论的继续和发展,其核心代表人物是美国管理学家伯法(E. S. Buffa),代表作是《现代生产管理》。管理科学学派的主要观点包括以下几个方面:

(1)应使用先进的科学理论和管理方法

管理科学学派认为,使用先进的科学理论和管理方法,可以减少决策的个人艺术成分。

强调利用数学工具建立数学模型,将众多方案中的各种变数或因素加以量化,来研究各变数和因素之间的相互关系,寻求一个用数量表示的最优化答案,可以增进决策的科学性。

(2)管理活动的成效应以经济效果作为评价的依据

管理科学学派要求管理活动所采取的行动方案应以最小的消耗获得最大的经济效益,认为每一种管理活动都应该以经济效果的好坏作为评价依据。

(3)广泛使用电子计算机可以提高管理活动的成效

管理科学学派认为,随着企业经营范围的扩大,影响企业经营决策的因素越来越错综复杂,决策问题越趋复杂化,这使得选择方案时的计算任务相当繁杂。在这种状况下,依靠传统的计算方法来处理信息、获得计算结果往往需要很长时间。计算机能够及时处理信息数据,为了提供和获取准确信息,企业应广泛使用电子计算机。

3)社会系统学派

社会系统学派是从社会学的角度来研究管理活动的,其代表人物是美国的管理学家巴纳德(Chester I. Barnard)。巴纳德将社会学的理论和研究方法用于管理学的研究,在组织理论方面作出了杰出的贡献,其代表作是《经理人的职能》。社会系统学派的主要观点包括以下几个方面:

(1)组织是一个社会协作系统

社会系统学派认为组织是一个社会协作系统,必须有两个或两个以上的个人,愿意为达到一个确定的目标而进行协作活动。这个社会协作系统能否继续存在下去,主要取决于:①是否有能够适应环境协作的目标;②是否有协作效率,即在达成目标的过程中,能否使协作的成员损失最少、心理满足程度较高;③是否有协作效果,即能否顺利完成协作目标。

(2)正式组织的存在需要具备一定的条件

社会系统学派认为,只有具备一定的条件,正式组织才会存在。正式组织的存在必须具备3个条件:①有一个统一的目标;②组织中的每一个成员都能够自觉自愿地为组织目标的实现作出贡献;③组织中,有一个能够彼此沟通的信息联系系统。社会系统学派也指出,在正式组织内部还存在着非正式组织。

(3)对经理人员应有一定的职能要求

社会系统学派对经理人员的职能提出要求,认为经理人员应达到以下3个方面的要求:①能够规定组织目标;②能够建立和维持一个信息联系的系统;③善于使组织成员提供为实现组织目标所不可缺少的贡献。

4)管理过程学派

管理过程学派,又称为管理程序学派或管理职能学派,通常认为管理过程学派是在法约尔管理思想的基础上发展起来的,其代表人物是美国的哈罗德·孔茨(Harold Koontz)和西里尔·奥唐奈(Cyril O'Donnell)。孔茨和奥唐奈的代表作是两人于1955年合著的《管理学》。管理过程学派的主要观点包括以下几个方面:

(1)管理是一个过程

管理过程学派认为管理是一个过程,应该用管理的职能来组织管理的知识。不同组织、不同部门和不同职位的管理人员的各项管理工作,均可以由若干相互关联的管理职能程序来组织。按管理的职能可以组成一个具有延续性和可拓展性的理论框架,将各种管理知识安放到此框架中,能够对认识和改进管理工作起到说明和启示的作用。

（2）用实施管理职能的经验推断管理原则

管理过程学派认为,通过对实施各项管理职能的经验进行科学分析,就可推断出各种管理原则,并在对计划、组织和控制职能进行分析的基础上,提出了以下原则:①以计划为首的原则,即经理人员在从事管理工作时,首先应作好计划,计划职能是其他职能之首;②责任绝对性原则,即经理人员可以将权力授予下属,但不能将责任授予下属,出现问题时,授予权力的上级经理人员也应负责任;③例外原则,即经理人员,也就是企业的上层,应该关心的是例外的事情,而不是寻常的事情。

（3）通过执行管理职能形成管理法则

管理过程学派认为,每个管理人员只要遵循和执行各项管理职能,就可形成一套各自实施这些职能的法则。这套法则可以把经理人员的基本想法、概念和信念等相互连接起来,形成各自的管理哲学。这种管理哲学可以使管理人员获得下属的支持,实现组织的目标。

5）决策理论学派

决策理论学派是从社会系统学派发展而来的,其代表人物是美国卡内基—梅隆大学的教授赫伯特·西蒙(H. A. Simon)。西蒙的代表作是《管理决策新科学》。由于在决策理论方面的贡献,西蒙荣获1978年的诺贝尔经济学奖。决策理论学派的主要观点包括以下几个方面:

（1）管理就是决策

传统观点认为,决策是用来解决企业管理中的发展目标和经营方针等重大问题的,是企业高层管理人员的事。决策理论学派认为,管理活动的全部过程都是决策的过程,决策贯穿于整个管理过程,管理活动的关键在于决策,管理就是决策。

（2）决策是一个复杂的过程

决策理论学派认为,决策是一个复杂的、循环往复的过程。这一过程包括:找出决策的理由、提出可能的行动方案、对诸方案进行选择、对已选择的方案进行评价等4个阶段。在管理过程中,决策的这4个阶段是循环往复的,而这4个阶段中的每一阶段本身也是一个复杂的决策过程,每一阶段又包含着决策的4个阶段。

（3）决策包括程序化决策和非程序化决策

决策理论学派认为,根据决策的性质可以将决策划分为程序化决策和非程序化决策。程序化决策是指按规定的程序、规定的处理方法和标准,解决企业管理中经常重复出现的问题所进行的决策。非程序化决策是指对那些没有出现过的,或不经常出现的问题所进行的决策。

（4）应该采用满意的行为准则来进行决策

决策理论学派认为,由于企业所处的外界环境是不断变动的,要想搜集到决策所需要的全部资料是非常困难的,同时,由于决策者的能力和知识都是有限的,因此,在制定决策时,要列举出所有的行动方案就十分困难,最佳方案很难求得。有的时候,即使能求得最佳方案,也可能受经济方面的影响而放弃。因此,决策理论学派提出,决策应该采用令人满意的行为准则,即制定出一套令人满意的标准,只要达到或超过了这个标准,就可作为行动方案。

6）系统管理学派

系统管理学派,也称为系统理论学派,来源于一般系统理论和控制论,侧重于用系统的观念来考察组织结构及管理的基本职能,其代表人物为弗里蒙特·卡斯特(Fremont Kast)等人。卡斯特的代表作是《系统理论和管理》。系统管理学派的主要观点包括以下几个方面:

（1）组织是一个由相互联系的若干要素组成的人造系统

系统管理学派认为组织是一个由相互联系的若干要素组成的人造系统。这些要素包括人、机器、物资和其他资源。由于组织与社会环境相互作用,因此,组织又是一个开放的动态系统,具有系统的集合性、相关性、目的性和动态环境适应性等特点。

（2）应按照系统的观点对组织进行管理

系统管理学派强调,在组织管理中应注重系统的综合性、整体性,强调构成系统各部分之间的联系。系统管理学派认为,应该按照系统的观点对组织进行管理。只有把组织中各个部门、各种资源按系统的要求进行组织和利用,才能提高组织的整体效益。

7）权变理论学派

权变理论是20世纪70年代在西方形成的一种较新的管理思想学派,其代表人物是英国管理学家伍德沃德(John Woodward)。伍德沃德的代表作为《工业组织:理论和实践》。权变理论学派的主要观点包括以下几个方面:

（1）没有一成不变的管理方法

权变理论学派认为,在管理领域,没有一种适用于任何时代、任何组织和任何人的普遍的行之有效的管理方法。

（2）应根据实际情况来采用不同的管理方法

权变理论学派认为,组织和组织成员的行为是复杂的、不断变化的,对组织的管理应依据所处的内部环境和外部环境的变化而变化,随着实际情况的变化而变化。因此,对于管理人员来说,在任何形势下,都必须对各种变动的环境因素进行具体分析,然后采用适用于某种特定环境的管理方法,因地制宜、因时制宜地灵活采用不同的管理方法,从而获得良好的经济效益。

（3）确定管理方法时应考虑好相关因素

权变理论学派认为,确定管理方法时应考虑好相关因素。这些因素包括:①组织的规模;②工艺技术的模糊性和复杂性;③管理者位置的高低;④管理者的权力;⑤下级成员之间的差别;⑥环境的不确定程度等。这些因素是具体而实际的。在管理的过程中,只有根据这些因素的动态变化来制订和调整管理方案,才能保证管理的成功。

8）经验主义学派

经验主义学派又称为案例学派,其代表人物是欧内斯特·戴尔(Ernest Dale)和彼得·德鲁克(Peter Drucker)。戴尔的代表作有《伟大的组织者》《管理:理论和实践》,德鲁克的代表作主要有《管理实践》《有效的管理者》《管理:任务、责任、实践》《成果管理》等。经验主义学派的主要观点包括以下几个方面:

（1）主张通过实例研究管理经验

经验主义学派强调，要从组织管理的实际经验出发，而不是从一般的管理原理出发来进行研究，主张通过对大量管理实例的研究，来分析管理人员在个别情况下的成功与失败的经验。

（2）主张将管理经验理论化

经验主义学派认为管理知识的真正源泉就是各个公司中成功管理者的经验，主张重点分析管理人员成功的经验，然后加以概括，找出成功的经验中具有共性的东西，使其系统化、理论化。

（3）认为成功的经验是可以借鉴的

经验主义学派认为，通过实例研究总结出的带有规律性的结论是最值得借鉴的，可以使管理人员学习到更多的管理知识和管理技能。

【管理链接1.9】

日本企业管理的三大支柱

20世纪70年代中后期，日本作为一个资源匮乏的国家，在第二次世界大战的一片废墟上，却出人意料地在短短不到30年时间内，以极快的发展速度异军突起，一跃成为当时继美苏两个超级大国之后的世界第三大工业国和经济强国。日本企业成功管理经验归结为3个方面：终身雇佣制、年功序列制和企业内工会。人们通常称之为日本经营管理的"三大支柱"。

·终身雇佣制

与欧美国家实行的"自由雇佣制度"不同，日本实行终身雇佣制，即员工一旦被企业雇用，除非企业破产倒闭或员工无故长期缺勤，有严重损害企业名誉的行为和犯罪行为，一般就在该企业一直工作到退休为止，企业不轻易解雇员工，员工也不轻易中途跳槽。终身雇佣制是日本传统社会的家族制度在现代日本企业的经营制度中的延伸。

·年功序列制

年功序列制是一种依据职工的年龄、工龄、经历和学历、在企业的业绩来确定工资的制度。与欧美国家相比，日本企业的工资标准不是按行业来确定的，而是由各企业决定的；与终身雇佣制度相呼应，确定基本工资的决定性因素不是职务和工种级别高低，而是在企业的"年功"，即工作时间的长短和业绩水平；日本企业普遍实行每年一次的定期增薪制度和一年两次发放奖金的制度等。这些特点集中到一起，就是所谓的"年功序列工资制"。

·企业内工会

与欧美国家按职业或产业组织的工会不同，日本绝大多数工会是按企业进行组织的。每个企业特别是大企业都成立一个工会，所以叫"企业内工会"或者"企业工会"。这种工会只限于企业内部，不分工种。西方工会和企业管理阶层处于对立位置，而日本的企业内工会却和企业管理者的目标是一致的，企业内工会是劳工与管理层之间的协商机构。

1.2.5　现代管理理论阶段

20世纪80年代以后，随着科学技术的进一步发展，生产力得到了进一步的提高，加上国际环境发生剧变，管理理论围绕着如何适应充满危机和动荡的环境变化，围绕着变革与创新，不断发展。其中，较有影响的理论有战略管理理论、企业再造理论、学习型组织理论。

1)战略管理理论

战略管理研究源于 20 世纪 60 年代初美国著名管理学家泰森埃尔佛雷德·D.钱德勒《战略与结构:工业企业史的考证》一书的出版。在这本著作中,钱德勒分析了环境、战略和组织之间的相互关系,提出了"结构追随战略"的论点,首开企业战略问题研究之先河。钱德勒认为企业经营战略应当适应环境,满足市场需求,而组织结构又必须适应企业战略,随着战略的变化而变化。1965 年,美国管理学家伊戈尔·安索夫在《公司战略》一书中首次提出了"企业战略"这一概念,并将战略定义为"一个组织打算如何去实现其目标和使命,包括各种方案的拟订和评价,以及最终将要实施的方案"。从此,"战略"一词成为管理学中的一个重要术语,在理论和实践中得到了广泛的运用。20 世纪 80 年代初,石油危机对国际环境产生了重要的影响,管理研究的重点在于企业如何适应充满危机和动荡的环境变化。迈克尔·波特(M. E. Porter)所著的《竞争战略》把战略管理的理论推向了高峰,他强调通过对产业演进的说明和各种基本产业环境的分析,得出不同的战略决策。1990 年,哥印拜陀·克里修那·普拉哈拉德和迈克尔·哈默在《哈佛商业评论》中发表了《企业核心能力》。从此,关于核心能力的研究热潮开始兴起,并且形成了战略理论中的"核心能力学派"。1995 年,戴维·J.科林斯(David J. Collins)和桑细亚·A.摩特哥默雷(Cynthia A. Motgomery)在《资源竞争:90 年代的战略》一文中提出了企业资源观。20 世纪 90 年代后期,战略联盟理论、商业生态系统思想的出现,进一步发展了战略管理理论。

战略管理理论的思想经过了以下几个阶段的发展:

(1)20 世纪 60 年代

此阶段战略管理理论仅仅认为:①企业战略的出发点是适应环境。对于企业无法控制的环境,只有适应环境变化,企业才能生存和发展。②提高市场占有率是企业的战略目标。只有适应环境变化,才能够满足市场需求,才能够获得足够的市场占有率,这样才有利于企业生存与发展。③企业组织结构要与企业战略相适应。企业战略的实施要求组织结构变化与之相适应,这实质上是一个组织对其环境的适应过程以及由此带来的组织内部结构变化的过程。

(2)20 世纪 80 年代

以波特为代表的竞争战略理论阶段,此阶段战略管理理论认为,企业战略的核心是获取竞争优势,并认为:①产业结构是决定企业盈利能力的关键因素,应选择有吸引力的、有高潜在利润的产业;②企业可以通过选择和执行一种基本战略来改善和加强企业的相对竞争地位,获取市场竞争优势;③价值链活动是竞争优势的来源,企业可以通过价值链活动和价值链关系的调整来实施其基本战略;④要正确选择有吸引力的产业以及给自己的竞争优势定位,必须对将要进入的一个或几个产业结构状况和竞争环境进行分析,进行行业竞争结构分析。

(3)20 世纪 90 年代

随着信息技术的迅猛发展,竞争环境日趋复杂,企业不得不把眼光从外部市场环境转向内部环境,战略管理理论中出现了核心能力学派。核心能力学派假定企业具有不同的资源(包括知识、技术等),并形成了独特的能力,但资源不能在企业间自由流动,对于某企业独有的资源,其他企业无法得到或复制,企业利用这些资源的独特方式是企业形成竞争优势的基础,强调企业内部条件对保持竞争优势以及获取超额利润的决定性作用。核心能力理论弥补了注重企业外部分析的波特结构理论,但也存在着过分关注企业的内部,致使企业内外部分析失衡的问题。

1995年,戴维·J.科林斯和桑细亚·A.摩特哥默雷提出了企业资源观,认为价值的评估不能只局限于企业内部,而且要将企业置身于其所在的产业环境,应通过与其竞争对手的资源比较,来发现企业拥有的有价值的资源。而企业的竞争优势取决于其是否拥有有价值的资源。企业只有拥有了与预期业务和战略最相匹配的资源,才拥有有价值的资源。

20世纪90年代以前,企业战略管理理论大多建立在对抗竞争的基础上,比较侧重于讨论竞争和竞争优势。时至20世纪90年代,战略联盟理论的出现,人们将关注的焦点转向了企业间各种形式的联合。战略联盟理论强调竞争合作,认为竞争优势是构建在自身优势与他人竞争优势结合的基础上的。但是,联盟本身固有的缺陷,以及基于竞争基础上的合作,使得这种理论还存在许多有待完善之处,企业还在寻求一种更能体现众多优越之处的合理安排形式。通过创新和创造来超越竞争开始成为企业战略管理研究的一个新焦点。

1996年,美国学者詹姆斯·F.穆尔(James F. Moore)出版的《竞争的衰亡》标志着战略理论的指导思想发生了重大突破。穆尔提出了"商业生态系统"这一全新的概念,打破了传统的以行业划分为前提的战略理论的限制,力求"共同进化"。穆尔站在企业生态系统均衡演化的层面上,把商业活动分为开拓、扩展、领导和更新4个阶段,建议高层经理人员经常从顾客、市场、产品、过程、组织、风险承担者、政府与社会等7个方面来考虑商业生态系统和自身所处的位置,来创造一种崭新的商业模式。

2)企业再造理论

企业再造理论认为为了能够适应新的世界竞争环境,企业必须摒弃已成惯例的运营模式和工作方法,以工作流程为中心,重新设计企业的经营、管理及运营方式,进行所谓的"再造工程"。企业再造理论是1993年开始在美国出现的关于企业经营管理方式的一种新的理论和方法。该理论的创始人是原美国麻省理工学院教授迈克尔·哈默(M. Hammer)与詹姆斯·钱皮(J. Champy),其代表作是1993年两人合作出版的《再造企业》和1995年钱皮出版的《再造管理》。企业再造理论以一种再生的思想重新审视企业,并对传统管理学赖以存在的基础——分工理论提出了质疑,被称为管理学发展史上的一次革命。

企业再造理论的主要内容包括:

①企业再造活动绝不是对原有组织进行简单修补的一次改良运动,而是重大的突变式改革,是对植根于企业内部的、影响企业的各种经营活动开展的,对组织中人的观念、组织的运作机制和组织的运作流程进行彻底的更新,要在经营业绩上取得显著的改进。

②企业为了能够适应新的世界竞争环境,必须摒弃已成惯例的运营模式和工作方法,以工作流程为中心,重新设计企业的经营、管理及运营方式。企业再造包括企业战略再造、企业文化再造、市场营销再造、企业组织再造、企业生产流程再造和质量控制系统再造。

③企业再造理论的"企业再造"就是"流程再造",其实施方法是以先进的计算机信息系统和其他生产制造技术为手段,以顾客中长期需求为目标,在人本管理、顾客至上、效率和效益为中心的思想的指导下,通过最大限度地减少对产品增值无实质作用的环节和过程,建立起科学的组织结构和业务流程,使产品质量和规模发生质的变化,从而保证企业能以最小的成本、高质量的产品和优质的服务在不断加剧的市场竞争中战胜对手,获得发展的机遇。

④企业再造方案的实施并不意味着企业再造的终结。在社会发展日益加快的时代,企业

总是不断面临新的挑战,这就需要对企业再造方案不断地进行改进,以适应新形势的需要。

3)学习型组织理论

在信息化和全球化浪潮下,消费的多元化、消费者的个性化日趋明显。为了能够在变化剧烈的外在环境中,寻求生存和发展的可能,学习型组织理论应运而生。学习型组织是由美国学者彼得·圣吉(Peter M. Senge)在《第五项修炼》一书中提出的。圣吉明确指出,企业唯一持久的竞争优势源于比竞争对手学得更快更好的能力,学习型组织正是使人们从工作中获得生命意义、实现共同愿景和获取竞争优势的组织蓝图。学习型组织不存在单一的模型,它是关于组织的概念和员工作用的一种态度或理念。在学习型组织中,每个人都要参与识别和解决问题,使组织能够进行不断地尝试,改善和提高它的能力。学习型组织的基本价值在于解决问题,而非传统组织的效率。

学习型组织理论的主要内容包括:

①培养组织成员的自我超越意识。"自我超越"包括3个内容:一是建立愿景(指一种愿望、理想、远景或目标);二是看清现状;三是实现愿景。即组织中的每一成员都要看清现状与自己的愿景间的距离,从而产生出"创造性张力",进而能动地改变现状而达到愿景。原先的愿景实现后,又培养起新的愿景。随着愿景的不断提升,又产生出新的"创造性张力"。显然,组织成员的自我超越能力是组织生命力的源泉。

②改善心智模式。"心智模式"是人们的思想方法、思维习惯、思维风格和心理素质的反映。一个人的心智模式与其个人成长经历、所受教育、生活环境等因素密码有关,因此并非每个人的心智模式都很完美。人们通过不断地学习,发掘自己内心世界深处的秘密,并客观地审视,弥补自己心智模式的缺陷,借以改善自身的心智模式。

③建立共同愿景。组织中的最高境界就是"上下同欲",即在组织中建立共同的愿望、理想、远景或目标(愿景)。唯有有了衷心渴望实现的共同目标,大家才会发自内心地努力工作、努力学习、追求卓越,从而使组织欣欣向荣。"共同愿景"源自个人愿景,它是经过各成员相互沟通而形成的组织成员都真心追求的愿景,它为组织的学习提供了焦点和能量。企业只有有了共同愿景,才能形成强大的凝聚力,推进企业不断地发展。

④开展团队学习。组织由很多目标一致的团队构成。团队中的成员互相学习、取长补短,不仅使团队整体的绩效大幅提升,而且使团队中的成员成长得更快,并且实现团队智商远大于成员智商之和的效果。团队学习建立在发展"自我超越"及"共同愿景"的工作上。

⑤运用系统思考。任何组织都是由一系列彼此息息相关的因素构成的有机整体,这些因素相互影响,"牵一发而动全身"。系统思考的核心是:从整体出发来分析问题。透过资讯搜集,掌握事件的全貌,以避免见树不见林,培养综观全局的思考能力,看清楚问题的本质,有助于清楚了解其因果关系。系统思考在于扩大人们的视野,让人们"见树又见林"。系统思考是见识,也是综合能力。这种见识和能力只有通过不断学习才能逐渐形成。

1.3 管理系统认知

1.3.1 管理系统的内涵

管理系统指的是相互联系、相互作用的若干要素和子系统,按照管理的整体功能和目标结合而成的有机整体。从系统论的角度来看,管理就是一个完整的系统。任何管理,都是一个系统。在实际工作中,这就要求管理者必须从系统的观念出发,整体地、联系地观察、分析和解决管理问题。

关于管理系统的理解,可以从以下几方面进行:①管理系统是由若干要素构成的一个完整系统。系统中的要素之间是相互联系、相互作用的。这些要素就是管理系统的子系统。②管理系统是一个层次结构。在管理系统内部,可以分成若干子系统,并组成有序结构;在管理系统外部,任何管理系统又成为更大社会管理系统的子系统。③管理系统是一个整体,发挥着整体功能。管理系统的存在价值在于其管理功效的大小。任何一个子系统都必须是为实现管理的整体功能和目标服务的。

1.3.2 管理系统的构成

管理系统一般由管理目标、管理主体、管理对象、管理媒介和管理环境等要素构成。

1)管理目标

管理目标是管理系统建立与运行的出发点和归宿,是管理功能的集中体现。管理系统必须围绕目标建立与运行。所有的管理行为都是为了有效地实现目标。

2)管理主体

管理主体即管理者,既表现为单个管理者,又表现为管理者群体及其所构成的管理机构,是管理系统中最核心、最关键的要素。管理者是整个管理系统的驾驭者,是发挥系统功能,实现系统目标最关键的力量。配置资源、组织活动、推动整个系统运行、促进目标实现,所有这些管理行为都要靠管理者去实施。

3)管理对象

管理对象包括不同类型的组织,也包括各组织中的构成要素及职能活动。作为管理行为受作用的一方,管理对象对管理成效以及组织目标的实现具有重要的影响作用。

4)管理媒介

管理媒介指的是管理机制与方法。管理机制与方法是管理主体作用于管理对象过程中的一些运作原理与实施方式、手段。管理机制在管理系统中具有极为关键的作用,是决定管理功效的最为关键、最为核心的因素。管理方法是管理机制的实现形式,是管理的直接实施手段。管理方法是过河时所必需的"桥"与"船",对管理成效具有极其重要的影响。

5)管理环境

管理环境是实施管理过程中的各种内外部条件和因素的总和。管理行为是在一定的环境中开展的,依一定的环境而存在,并受到管理环境的重要影响。管理环境是管理系统的有机组成部分。

【管理互动】

指挥与反应能力训练

通过互动,实现以下目的:

1.加深对管理系统构成要素的印象。

2.训练指挥与反应能力。

3.培养团队合作意识。

采用的方法是:

将管理系统的各要素指定相应动作为:"管理目标"——双臂垂直向上方举起;"管理主体"——双臂下垂到大腿两侧;"管理对象"——双臂水平伸向前方;"管理媒介"——双臂在身体前面交叉;"管理环境"——双臂向两侧平伸。以团队为单位来开展活动。由团队领导作为指挥者随机大声喊出构成管理系统的5个要素,每喊一个要素,其成员们就立即用手臂做出指定的动作。指挥者要打乱顺序随机喊,各次喊的顺序也不能相同,但每次必须把5个要素喊全,也不可以重复。凡是指挥者喊错或有一个人做错,就必须重来。喊对并做对才可以记为一次。在5分钟内,做正确的次数最多的即为优胜者。

通过互动,来实现:

指挥与反应的正确性,提高速度,强化团队合作意识。

(资料来源:单凤儒.管理学基础[M].3版.北京:高等教育出版社,2008.)

1.3.3　管理者应具备的技能

1)技术技能

技术技能是指使用某种专业领域内有关的工作程序、技术和知识完成组织任务的能力。对于管理者来说,虽然没有必要使自己成为精通某一领域技能的专家,但必须掌握一定的技术技能,以便与其主管的专业技术人员进行有效的沟通,对所管辖的业务范围内的各项工作进行有效的指导。

2)人际和沟通技能

人际和沟通技能是指处理人际关系的技能或者是与组织内外的人打交道的能力。在一个组织中,不同层次的管理者,可能分别需要处理与上级管理者、同级管理者以及下级管理者或下属的人际关系。要学会说服上级管理者,学会与同级管理者合作,学会激励和诱导下级管理者或下属工作的积极性和创造性,从而正确指导和指挥组织成员开展工作。

3）概念和决策技能

概念和决策技能是指能够洞察企业与环境相互影响的复杂性，并在此基础上加以分析、判断、抽象、概括并迅速作出正确决策的能力。任何管理工作都会面临非常复杂多变的环境，管理者必须能看到组织的全貌，认清各种因素之间的相互联系，并经过分析、判断、抽象、概括来抓住问题的实质，从而作出正确的决策。

【管理链接 1.10】

明兹伯格的管理者角色理论

加拿大管理学家亨利·明兹伯格（Henry Mintzbert）提出了管理者的角色理论。他认为管理者扮演着 10 种不同的角色，这些角色可以归纳在 3 个方面：

1. 决策制定方面

在决策制定方面，管理者扮演的角色有企业家角色、故障处理者角色、资源分配者角色和谈判者角色等 4 种角色。企业家角色的特征活动为制定战略，检查会议、决议执行情况，开发新项目，负责寻求组织和环境中的机会，制订、改进方案，监督某些方案的策划，必要时发起变革。故障处理者的特征活动为制定战略，检查可能导致企业陷入混乱和危机的隐患。当组织面临重大的、意外的混乱时，负责采取补救行动。资源分配者角色的特征活动为调度、询问、授权，从事涉及预算的各种活动和安排下级的工作，负责分配组织中的各种资源，批准所有重要的组织决策。谈判者角色的特征活动为代表组织参加与外界的重要谈判。

2. 人际关系方面

在人际关系方面，管理者扮演的角色有挂名首脑角色、领导者角色、联络者角色等 3 种。挂名首脑的特征活动是迎接来访者、签署法律文件，是象征性的首脑，必须履行许多法律性的或社会性的例行义务。领导者角色负有激励和动员下属以及人员配备、培训和交往的职责。联络者角色的特征活动是发感谢信，从事外部委员会工作，从事其他有外部人员参加的活动，负责维护自行发展起来的外部接触和联系网络。

3. 信息传递方面

在信息传递方面，管理者扮演的角色有信息监听者角色、信息传播者角色、发言人角色等 3 种角色。信息监听者角色的特征活动是阅读期刊和报告，保持私人接触，寻求和获取各种特定的信息，以便全面了解组织和环境，成为组织内部和外部信息的中枢神经。信息传播者角色的特征活动为举行信息交流会，将从外部人员和下级那里获得的信息传递给组织的其他成员，这些信息有些是关于事实的信息，有些是解释和综合组织中有影响人物的各种价值观点的信息。发言人角色特征活动为举行董事会，作为组织所在产业方面的专家，向媒体、向外界发布组织的计划、政策、行动、结果等信息。

1.3.4 管理者应掌握的管理方法

管理方法指的是管理活动中，为了实现预期的管理目标、保证各项管理活动顺利进行所采用的某种工作方式。管理方法是管理理论和管理原理的延伸，是管理理论和管理原理的实践化，是实现管理目标的途径和手段，是任何管理理论和管理原理都无法替代的。

管理方法一般可以分为经济方法、法律方法、行政方法、教育方法和数理方法等，这些方法构成了一个完整的管理方法体系。

1）经济方法

经济方法指的是根据客观经济规律,运用各种经济手段,调节各种经济利益之间的关系,用以提高经济效益和社会效益的一种管理方法。在组织管理中,通常采用的经济手段是工资、奖金和罚款等。

（1）工资

工资是组织实现按劳分配的一种报酬形式,也是劳动力消耗的一种补偿。工资直接涉及劳动者个人的物质利益。正确使用工资这一经济手段,能够极大地提高组织成员的劳动积极性。根据按劳分配原则,工资必须与劳动付出相联系,不以劳动考核为依据的工资,是难以起到有效管理的作用的。

（2）奖金

奖金是对超额完成本职工作的劳动者的一种鼓励。奖金的项目和条件应能表达组织领导者对组织成员行为的期望,对组织成员的行动方向和目标具有指导作用。

（3）罚款

罚款是对未完成本职工作或违反劳动组织纪律的劳动者的一种惩罚。罚款能够制约某些人的不轨行为,迫使人们遵守组织纪律、努力完成劳动定额等。值得注意的是,罚款的名目和数额不能滥用,要适当,应避免因罚款使用不当引起组织成员的不满。

工资、奖金和罚款各有作用,它们相互联系、相互制约,管理者应综合运用,以促进企业管理水平的提高。

2）法律方法

法律方法指的是国家通过各种法律、法令、条例和司法、仲裁工作,调整社会经济的总体活动以及企业或组织对内对外的各种关系,保证和促进社会经济发展的一种管理方法。法律方法的内容不仅包括建立健全各种法规,而且包括相应的司法、仲裁工作。法律方法一般具有严肃性、规范性和强制性等特点。

在组织管理的过程中,运用法律方法管理组织是国家对社会经济活动行使管理职权的一种表现。采用法律方法管理组织,既是维护经济秩序、保证各种经济方法贯彻执行、防止和制裁违法犯罪行为的需要,也是调整组织之间以及组织内部经济关系的需要。

3）行政方法

行政方法指的是依靠行政组织的权威,运用命令、规定和指示等行政手段,按照行政系统和层次,以权威和服从为前提,直接指挥下属的一种管理方法。在管理活动中,经济方法、法律方法和教育方法等要发挥作用,必须经由行政系统。行政方法是实施其他各种管理方法的必要手段。行政方法具有权威性、强制性、垂直性、具体性、无偿性和稳定性等特点。行政方法的实质是通过行政组织中的职务和职位来进行管理,特别强调职责、职权和职位,这种职权和职位不是个人的一种特权。在管理的过程中,要特别注意既不能滥用行政方法,任意扩大行政方法的范围,也不能单纯依靠行政方法。

4）教育方法

教育方法指的是管理者按照一定的目的,在对被管理者充分了解和分析的基础上,通过宣传、说理、讨论、批评、实训等教育方式,使其认识真理,引导其作出正确的行为,以实现组织的预期目标的管理方法。教育的内容包括人生观与道德教育,爱国主义和集体主义教育,民主、法制、纪律教育,科学文化教育,等等。

5）数理方法

数理方法是指通过研究经济活动的数量表现、数量关系和数量变化规律,在遵循数量变化规律的基础上,利用一定的数理方法对经济活动进行管理的一种方法。在组织管理中,常用的数理方法有:线性规划法、数理统计分析、投入产出法等。必须注意的是,在运用数学方法时,必须在一定的经济理论和管理理论的指导下进行,否则,任何数理方法都不会取得实际效果。

1.4 管理学的特点

1.4.1 管理学是一门综合性的学科

管理科学是在自然科学与社会科学的交叉地带形成的一门综合性学科。管理学的综合性特征是由管理活动对象的复杂性决定的。在管理活动中,不仅会涉及组织中人、财、物、信息等资源的合理配置,还会涉及组织中供、产、销等活动的科学衔接。管理活动对象的复杂性,决定了管理学的研究必然要涉及诸如经济学、社会学、哲学、心理学、政治学、伦理学等理论,也必然要运用到诸如数学、统计学、计算机科学、工程学等方法和技术。

1.4.2 管理学是一门实践性很强的学科

管理学为管理者提供从事管理活动的理论、原则和方法。实践是管理学的生命之源,管理理论只有与管理实践结合起来,才能真正发挥这门学科的作用。管理学的理论、原则和方法不是凭空产生的,而是人们长期实践经验的总结与提炼。管理学只有服务于实践,才有生命力。实践证明,管理学的研究不能闭门造车,也不能盲目地照搬照抄。

1.4.3 管理学是一门不精确的科学

精确科学是指在给定条件下能够得到确定结果的科学。管理学研究的对象——组织的运行,容易受到环境和人的因素的影响,这些环境因素包括政治、经济、法律、技术和文化等管理者难以控制的组织外部条件,也包括资源、文化、组织机构等管理者也不易把握的组织内部条件,这些条件本身就不确定,且处在变化之中的众多因素和条件又交织在一起,就决定了管理工作总是处在不确定性极强的环境中。更为重要的是,管理与人产生关系,对人进行管理。而人最大的特点是有自己的思想,有个人的价值观念。思想和价值观念的差异会使人们即使面对同样的环境条件,也会作出不同的选择,使人在面对不同的人时,难以使用同一种方式进行管理。同时,人的心理因素是难以精确测量和控制的,即使是同一个人,在不同的心理状况下,也难以使用同一种方式进行管理。因此,与在给定条件下能够得到确定结论的自然科学相比,管理学几乎不存在可以简单套用的定理,也几乎不存在给定的条件下可以得出唯一的确定性结论的可能性。所以说,管理学是一门不精确的科学。

1.4.4　管理学是一门科学性与艺术性相统一的科学

管理学兼具科学性与艺术性的特性,是由管理活动本身的二重属性决定的。管理活动既要合理组织生产力,又要维护生产关系;既要处理人与自然的关系,又要处理人与人的关系。管理学是一门科学,它从客观实际出发,通过建立假设,运用严格的方法收集实际数据来验证这些假设,从而揭示管理活动的客观规律。管理学是一门艺术,任何管理的思想、理论和方法都受到特定的生产关系、社会制度和意识形态的影响和制约,在使用时,需要考虑不同的社会背景和影响因素,需要灵活地运用相关管理知识,并根据自己的体会不断创新,需要艺术地处理。

学习要点

1. 管理的含义:管理是指一个组织为了实现组织的目标,通过决策、计划、组织、领导、控制和创新等工作,对组织所拥有的资源进行合理配置和有效使用,以实现组织预定目标的过程。

2. 管理的作用:管理具有广泛性、管理具有有效益性、管理是生产力要素。

3. 管理的职能:决策、计划、组织、领导、控制和创新。

4. 管理的性质:自然属性和社会属性。

5. 早期管理实践与管理思想阶段。

6. 管理理论产生的萌芽阶段:主要代表人物是英国经济学家亚当·斯密和英国数学家、科学家查尔斯·巴贝奇。

7. 古典管理理论阶段:泰勒的科学管理理论、法约尔的一般管理理论和韦伯的行政组织体系理论。

8. 现代管理理论阶段:包括行为科学学派及管理理论丛林。其中管理理论丛林主要包括管理科学学派、社会系统学派、管理过程学派、决策理论学派、系统管理学派、权变理论学派和经验主义学派。

9. 管理者角色:管理者是指执行管理任务的人员。管理者按层次分类可分为高层管理者、中层管理者;管理者按所从事管理工作的领域及专业性质的不同可分为综合管理者和专业管理者。

10. 管理者的基本技能:技术技能、人际和沟通技能、概念和决策技能。

管理者的基本方法:经济方法、法律方法、行政方法、教育方法和数理方法。

管理学是一门综合性学科,管理学是一门具有艺术性的学科,管理学是一门不精确的学科,管理学是一门应用性学科。

思考练习

1. 管理的作用是如何体现的?

2. 管理有哪些具体职能? 如何理解?

3. 如何理解管理系统?

4. 阐述早期管理思想的主要代表者及其观点。

5. 泰勒的科学管理理论涉及的主要内容是什么?

6. 法约尔的一般管理理论涉及的主要内容是什么?

7. 韦伯的行政组织体系理论涉及的主要内容是什么?

8. 人际关系学说的主要内容有哪些?

9. 如何理解行为科学学派?

10. 阐述管理理论丛林的主要学派和各学派理论的主要内容。

11. 管理者应掌握哪些技能和方法?

12. 管理者是如何分类的?

13. 管理学具有哪些特性?

管理实践

训练项目:与管理者对话

[实践目标]

1. 与企业家对话——了解管理的重要性。

2. 调查与访问——了解管理者的职责与素质。

3. 培养认知与自觉养成现代管理者素质的能力。

4. 强化自我突破。

5. 锻炼沟通能力。

[实践内容与方法]

1. 以模拟公司为单位,利用课余时间,选择 1～2 个中小企业进行调查与访问。

2. 在调查访问之前,每个公司需根据课程所学知识,并经过讨论制定调查访问的提纲,包括调研的主要问题与具体安排。具体可参考下列问题:①该企业组织的结构和运行状况。②重点访问一位中基层管理者,向他了解他的职位、工作职能、胜任该职务所必需的管理技能,以及所采用的管理方法等情况。③该企业中有哪些你感兴趣的管理机制? 并作简要分析。

[实践标准与评估]

1. 实践标准:必须到真实企业中作实地调查,并能运用管理的架构进行分析。

2. 实践评估:①每人写出一份简要的调查访问报告。②以公司或小组为单位,分别由公司总经理或小组负责人根据每个成员在调研中的表现进行评估打分。③小组成员对公司总经理或小组负责人打分。④对各公司或小组的调研报告及其成员在讨论中的表现分别进行评估打分。

第2章

决策理论与实践

学习目标

1. 掌握决策的含义、特点和类型。
2. 了解决策的地位和作用。
3. 理解决策的原则。
4. 掌握决策的过程。
5. 学会运用不同的决策方法解决不同类型的决策问题。

引例

及时调整决策,雀巢重登霸主

创建于 19 世纪中叶的雀巢公司是瑞士最大的工业公司。可是,这家世界头号的"食品巨人",却在 20 世纪 80 年代初期,差点儿由于决策失误而"翻船"。

20 世纪 80 年代初,由于新的食品公司不断涌现,新奇饮品层出不穷,导致世界食品工业的竞争异常激烈。在传统的欧洲市场,雀巢品牌的食品早已达到饱和状态。在发展中国家的市场,该公司的销售额也开始衰减。在冷冻食品方面,该公司产品的销售情况也呈现出了萎缩的趋势。1981 年,由于美国实验公司速溶咖啡的竞争,雀巢公司的看家产品——雀巢咖啡在美国市场的占有率下降了 3%。

面对激烈的竞争,雀巢公司的决策者对市场需求的变化反应迟钝,公司机构重叠,人浮于事,工作效率极其低下。公司一份给总经理看的月度报表竟然长达 25 页,而且里面的许多数据都是过时的、不准确的。尤其是公司的行销策略缺乏竞争力,不但毫无创新,而且不能立即改正失误。更为糟糕的是,1980 年雀巢公司的阿根廷分公司濒临破产,亏损额高达 9 500 万美元,给雀巢公司带来了灾难性的打击。对此,总公司的一位经理曾忧心忡忡地说:"这不仅仅是亏损的问题,最主要的是瑞士人的骄傲遭受了致命的损伤。"

正当雀巢公司面临生死存亡的紧要关头,希穆特·毛歇尔于 1982 年接任该公司总经理。毛歇尔早年就读于法兰克福大学,他一边在雀巢公司打工,一边完成了学业。毕业后,他由于在成本控制和市场销售方面的优秀业绩而在公司崭露头角。1975 年他被任命为雀巢公司驻原联邦德国子公司的主管。在他调到雀巢公司总部任总经理时,雀巢公司原联邦德国子公司已经成为雀巢公司中规模最大、赢利最多的子公司之一。受命于危难之时的毛歇尔上任后,为了提高决策效率进行了一系列创新。鉴于雀巢公司对市场反应迟钝、决策总是慢半拍的弊病,毛歇尔注重"面对面"的信息沟通,不喜欢烦琐、抓不住要领的书面文字,更对大量的报表表示怀疑。他认为,管理情报不能仅仅局限于数字和报表,而应该直接观察,并与有关人员面谈。尤其是针对亚、非、拉美等还不算发达的地方的经营决策。

经过分析整顿后,雀巢公司每年用 60 亿瑞士法郎购买原料进行生产,主要销往发展中国家。同时,公司每年还拨出 8 000 万瑞士法郎资助发展中国家提高农产品质量,并聘请100 多名专家在发展中国家举办各类职业训练班。这些举措比其他跨国公司更大胆而有效,不仅宣传了雀巢公司的产品,更重要的是让世界认可了雀巢是食品中尤其是咖啡中最优秀的品牌。经过几年的整顿、革新,雀巢公司从根本上祛除了疾患,提高了决策效率,恢复了勃勃生机。1984 年,该公司营业额达到 311 亿瑞士法郎,重新跃居世界食品工业之首。

(资料来源:张尚国.小故事巧管理——经典管理故事 500 例[M].成都:中国商业出版社,2014.)

随着人们的生活方式的不断变化,消费者的需求在变,市场环境在变,管理者在面对各种变数时,要时刻关注组织内外环境和条件的发展和变化,并根据这些变化及时作出相应的决策。正是积极面对变化,及时调整决策,雀巢才又重新跃居世界食品工业之首。

2.1 决策概述

决策是管理的首要职能。1978 年,美国管理学家诺贝尔经济学奖获得者西蒙提出了"决策行为是管理的核心"的著名论断。西蒙指出,管理就是决策,决策贯穿于管理的整个过程。美国学者马文曾向一些组织的高层问过这样几个问题:"你认为你每天最重要的事情是什么?""你每天在哪些方面花的时间最多?""你在履行你的职责时,感到最困难的是什么事?"结果显示,90% 以上的管理者的回答是"决策"。由此可见,决策在管理实践中具有极其重要的作用。

2.1.1 决策的含义

决策是指组织或个人为了实现某种目标而对未来一定时期内有关活动的方向、内容及方式进行选择或调整的过程。对决策含义的理解,应把握好以下几个方面的内容:
①决策的前提:有明确的目标。决策是为了解决某个问题或实现一定的目标。
②决策的主体:可以是组织,也可以是个人。决策是组织或个人的一种社会行为。
③决策的对象:未来一定时期的活动的方向、内容及方式。
④决策的方式:对方案的选择或调整。

2.1.2 决策的特点

通过对决策含义的理解,可以看出决策具有以下特点:

1）目标性

任何决策都是为了解决某个问题或实现一定的目标而进行的。目标是组织在未来特定时限内完成任务程度的标志。没有目标，人们将难以拟订未来的活动方案，难以对未来的活动方向、内容和方式作出选择和调整。没有目标，人们也就无从评价和比较行动方案，当然，也无法对活动的效果进行检查和评估。

2）可行性

决策是对组织或个人未来活动的指导。任何活动的实施都是在一定的人力、物力、财力和信息等资源的基础上进行的，因此，决策方案的拟订和选择不仅要考察活动的必要性，而且还要注意实施条件的可获得性。

3）选择性

决策的实质就是选择。一个方案无从比较其优劣，也就没有选择的余地。"多方案决策"是科学决策的重要原则，即从可以满足相同目标的众多可以相互替代的可行方案中进行选择。事实上，为了达到一定的目标，组织和个人是可以通过不同的活动、路径和方案来完成的。然而，由于不同的活动、路径和方案往往在资源要求、可能的结果以及风险的程度等方面均有所不同，因此，选择就显得尤为必要，可以说，没有选择就没有决策。

4）过程性

美国管理学家西蒙提出"管理就是决策，管理过程就是决策过程""任何实践活动，无不包含着决策制定过程和决策过程"。决策的制定不是选择与决定方案的瞬间行动，而是一个涵盖了提出问题、分析问题、解决问题的完整过程。在决策制定的过程中，会涉及不同的阶段，涉及不同的工作，涉及不同的资源，需要众多人员的参与。为了研究方便，虽然可以在理论上将这些工作划分为不同的阶段，然而，在实践过程中，这些工作往往相互联系、相互交错重叠，难以截然分开。

5）有限理性与满意性

很多管理者往往倾向于认为自己是理性的决策者。事实上，由于信息的不完全性、外部因素的影响、能力的限制、未来的不确定性等，人的理性是有限的。在方案数量有限、执行结果不确定的情况下，人们在决策的时候难以作出最优选择，在选择方案的过程中，只能采用满意原则，而非最优原则，即根据已知的全部条件，加上自身的主观判断，作出相对满意的选择。

【管理链接 2.1】

最佳决策为什么不可能？

·决策既非"白"，亦非"黑"，而是介于两者之间，即"灰"。

·组织所处的内外部环境总在不断地发生变化，使得决策依据变幻莫测。

·不充分的信息影响着方案的数量和质量，所以并不能分析所有的可能方案。

·由于人的预见能力有限，今天的理想选择不等于明天的理想选择。

·随着目标和资源的变化，"最优"可能不再"最优"。

- 由于决策是基于不完整的信息的,因此过程中的调整和协调不可避免。
- 决策过程受限于"满意感"和"有条件的合理性"的限制。
- 管理者经常没有充裕的时间去收集或寻找什么最佳方案。

(资料来源:M. K. 巴达维,开发科技人员的管理才能——从专家到管理者[M].北京:经济管理出版社,1987.)

2.1.3 决策的类型

根据不同的划分标准,决策可以分成不同的类型。

1)战略决策、战术决策和业务决策

根据决策的作用范围,可将决策划分为战略决策、战术决策和业务决策。

(1)战略决策

战略决策是涉及组织的全局性的、长期性的、关系到组织生存和发展等重大事项的决策。战略决策不是针对组织的一般性管理问题,通常关系到组织的长远发展,例如,企业组织的长远规划,企业组织的经营目标、经营方针的确定,高层管理的人事变动等。战略决策面临的问题较为复杂,主要是协调组织与内外部环境的关系,决策方案的设计、分析乃至最后的决策,都需要决策者高度的洞察力和决策判断能力。战略决策是所有决策中最重要的一种。

(2)战术决策

战术决策也称为管理决策,是组织在实现经营目标、经营方向、经营规划等战略决策的过程中,对具体经营问题、管理问题、业务和技术问题的决策。与战略决策相比,战术决策是战略决策的支持性步骤和过程。战术决策须与战略决策相匹配,战术决策实际上是为实现战略决策,对人力、物力、财力和组织方面的一些具体问题所作的决策,为组织实现战略目标服务。例如,生产计划、资金平衡、生产组织调整等均属于战术决策的范畴,

(3)业务决策

业务决策也称执行性决策,是组织在日常管理活动中,为提高生产效率以及更好地执行战术决策而进行的具体决策活动。例如,文件的整理、定额的制定、班组生产进度的监督、生产的日常调度、岗位责任制的制定与执行、物资的库存、员工休假安排等。业务决策是组织所有决策中作用范围最小的具体决策,是组织中所有决策的基础,也是组织运行的基础。

在不同类型的组织决策活动中,不同的管理层面对的问题和所授权限不同,所能负责的决策任务也不同(如图2.1所示)。高层管理者主要从事战略决策,中层管理者主要从事战术决策,基层管理者主要从事业务决策。但这并不意味着各层管理者只管自己层面的相关决策,而对其他层面的决策漠不关心。事实上,在决策制定过程中,高层管理者是在全面了解组织内外部条件后,才作出战

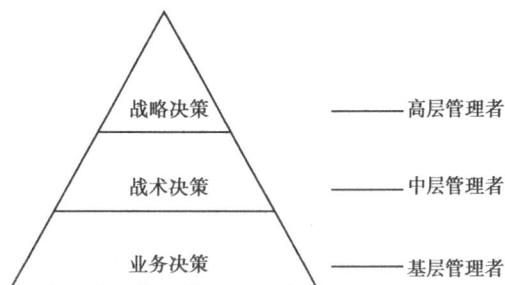

图2.1 管理层次与决策类型

略决策的;中层管理者在制定战术决策时,为使决策合理,必须对战略决策有深入的理解,同时,中层管理者也必须指导和帮助基层管理者进行业务决策,使全体员工领会决策;基层管理者常参与战略决策、战术决策。实践证明,基层管理者必须了解战略决策和战术决策,时刻将业务决策与组织战略目标体系相结合,才能作出合理的业务决策。

2)程序化决策和非程序化决策

根据决策的重复程度,可将决策划分为程序化决策和非程序化决策。

(1)程序化决策

程序化决策也称重复性决策,是指运用规定的程序、规定的处理方法和标准,来解决组织中经常重复出现的问题,从而实现组织目标的决策。在组织的运行过程中,许多问题是管理者日常工作中经常遇到的,管理者可以凭借以往的经验就能找出这些问题的症结,提出解决问题的方法。组织用程序、规范、标准等把这些经验和解决问题的方法规定下来,并用这些规定的程序、规定的处理方法和标准来作为今后处理类似问题的依据和准则。程序化决策具体规定了决策的过程,使管理工作趋于简化和便利,可降低管理成本、简化决策过程、缩短决策时间,也使方案的执行较为容易。在组织管理中,绝大多数的决策属于程序化决策,如工资发放、订货流程、生产流程等,其过程已经标准化,可由专门的机构或专门的人员按规定的程序、已有的决策模式进行。

(2)非程序化决策

非程序化决策也称非重复性决策,是指那些为解决偶然出现的、一次性或很少重复发生的问题作出的决策。非程序化决策的问题,例如组织扩大规模、新产品开发等比较复杂,决策时无章可循。由于非程序化决策所要面对的问题比较复杂,无法用常规的办法来处理,且需要考虑组织内外部条件和环境的变化,因此,非程序化决策主要由高层管理人员承担。在决策的过程中,决策者个人的经验、知识、洞察力和直觉、信念等主观因素都非常重要。程序化的决策程序有助于找出那些日常重复性、琐碎问题的解决方案,非程序化决策则能帮助决策者找到解决突发性问题的方案。

在组织的决策活动中,中层和基层的管理者往往依靠程序化决策来处理日常熟悉的、重复发生的问题,高层管理者则在考虑组织内外部条件和环境变化的基础上,运用经验、知识、洞察力和直觉与信念来处理那些重大的、偶然性的问题。管理者将程序化决策授予下级,以便将自己的时间用于解决更棘手的问题。事实上,在管理实践中,极少有管理决策是完全程序化或完全非程序化的,绝大多数决策介于这两个极端之间。

3)确定型决策、风险型决策和非确定型决策

根据决策时信息掌握的完备程度,可将决策划分为确定型决策、风险型决策和非确定型决策。

(1)确定型决策

确定型决策是指决策的每个备选方案面临的自然状态都是确定的,并且每个方案在该自然状态下所达到的效果都可以得出准确的计算结果,管理者只需根据决策的目标和计算的结果作出选择的决策。例如,企业组织中库存量的确定、设备更新选择、生产任务的安排

等问题多属于确定型决策。事实上,在组织中,确定型决策并不多,特别是对高层管理者来说,这是一种理想化的决策活动。

（2）风险型决策

风险型决策是指决策的每个备选方案面临的自然状态都是不能肯定的,同时,各种自然状态出现的概率是随机的,但是可以根据统计资料分析、预测其出现的概率,按照这些概率进行的决策就属于风险型决策。由于在不同的状态下,每个备选方案会有不同的执行结果,由于概率的不确定,只是一种可能,这就使得不管哪个备选方案都有一定的风险。

（3）非确定型决策

非确定型决策是指决策的每个备选方案面临的自然状态是不能肯定的,同时,也难以根据统计资料对自然状态出现的概率作出估计,在这种情况下所作的决策就是非确定型决策。在非确定型决策活动中,由于管理者不能预先确知环境条件及可能有哪几种状态,无从估计各种状态的概率,供选择的若干个可行方案的可靠程度较低,决策过程模糊,解决问题的方法大致可行,各个备选方案的执行后果难以确切估计,管理者只能凭借自身的能力、经验和智慧进行,因此,决策的正确性往往同管理者个人的素质有很大的关系。

4）其他类型的决策

（1）个体决策和群体决策

根据决策的人数,可将决策划分为个体决策和群体决策。个体决策的决策者是单个人,所以也称为个人决策。个体决策的特点是迅速、责任明确,能够充分发挥决策者个人的主观能动性。个体决策受到决策者本身的性格、学识、能力、经验、魄力等的制约。群体决策的决策者是几个人、一群人甚至扩大到整个组织的所有成员。群体决策的特点是集思广益,但较费时,组织工作较为复杂。

（2）初始决策与追踪决策

根据决策需要解决问题的性质,可将决策划分为初始决策与追踪决策。初始决策是组织在对内外部环境的某种认识的基础上作出的,是对从事某种活动或从事该种活动的方案所进行的初次选择。追踪决策是在初始决策的基础上对组织活动方向、内容或方式的重新调整。追踪决策是在内外部环境发生了变化,或是组织对环境特点的认识发生了变化而进行的。组织中的大部分决策属于追踪决策。

（3）高层决策、中层决策和基层决策

根据决策者的层次,可将决策划分为高层决策、中层决策和基层决策。高层决策是指由高层管理者所作的决定企业经营方向和目标的重大决策。这类决策大多数属于非确定型决策或风险型决策。中层决策一般是由中层管理者所作的业务性决策。基层决策是由基层管理者所作的执行性决策。

（4）单一目标决策和多目标决策

按决策的目标数量可将决策划分为单一目标决策和多目标决策。单一目标决策是指决策是为了实现同一目标,目标是单一的。多目标决策是指决策是为了实现若干个目标。在实际工作中,多目标决策是很少见的,大量的、常见的是单一目标决策。

（5）经验决策和科学决策

根据决策者是基于经验还是基于科学分析来作出决策，决策可以分为经验决策和科学决策两大类。

（6）静态决策和动态决策

根据决策的时态，决策可以分为静态决策和动态决策。

2.1.4　决策的地位和作用

1）决策过程贯穿于管理过程始终

作为指导实践活动的措施和手段，决策成为管理的首要职能。同时，管理者在管理过程中要履行计划、组织、指挥、协调、控制等职能。这些职能的展开，无一不与决策有关，管理者的主要意图均需通过决策来实现。从目标的确定、组织机构的建立、资源的分配、人员的招聘到对下属的奖惩、纠偏措施的实施等，都需要管理者作出决策，决策贯穿于管理活动的始终。正是基于这一原因，西蒙提出了"管理就是决策"的观点，也正因为如此，管理者常常被称为决策者。

2）决策关系到组织的生存与发展

决策是任何有目的的活动发生之前必不可少的一步。对一个组织的行动来讲，首先要选择活动的方向、内容和方式。这种选择决定了组织今后活动的方向、内容和方式，是组织行为的依据。正确的行为源于正确的决策。没有决策就没有行为，任何决策都是为今后行为提供依据的。正如医生的判断正确与否直接影响到病人的生命一样，组织的兴衰存亡，常常取决于管理者，取决于高层管理者的决策是否正确。正确的决策能够提高组织的工作效率，为组织的发展奠定良好的基础；错误的决策会使组织遭受损失或面临灾难性后果。决策的正确与否与组织的生存与发展息息相关。

【管理链接2.2】

完全理性决策

"经济人"假说认为，人类从事经济活动的目的是追求利润最大化，它忽视了人所具有的情感态度及价值观。在"经济人"假说的基础上，形成了完全理性决策理论。这一理论假定决策者具备完全的理性知识、追求效用最大化，通过冷静客观地思考进行决策。一个完全理性的决策者，完全客观，合乎逻辑。他认真确定一个问题并会有一个明确的、具体的目标，而且其决策制定过程的步骤会始终导向选择使目标最大化的方案。在理性决策中，问题清楚，决策者被假定为拥有与决策情境有关的完整信息，能确定所有相关的标准，并能列出所有可行的方案；而且，决策者还能意识到每一方案的所有可能的结果。决策者总是选择那些能产生最大经济报酬的方案。为了取得最佳的组织经济利益，决策者首先要取得最大化的经济利益。

【管理链接2.3】

有限理性决策

20世纪50年代之后，人们认识到建立在"经济人"假说之上的完全理性决策理论只是一种理想模式，不一定能指导实际中的决策。詹姆斯·马奇和赫伯特·西蒙提出了有限理性和满意原则,用"社会人"取代"经济人",大大拓展了决策理论的研究领域,产生了新的理论——有限理性决策理论。它认为人的理性是完全理性和完全非理性之间的一种有限理性。詹姆斯·马奇和赫伯特·西蒙认为,人的认知能力是单纯的,人的行为的复杂性也不过是反映了其所处环境的复杂性,在这样的环境中,人不可能作出最优的决策。由于现实生活中很少具备完全理性的假定前提,人们常需要在一定程度的主观判断基础上进行决策。也就是说,个人或组织的决策都是在有限度的理性条件下进行的。完全的理性导致决策人寻求最佳措施,而有限度的理性导致决策人寻求符合要求的或令人满意的措施。

3)决策是衡量管理者水平的重要标志

决策是一项创造性的思维活动,体现了高度的科学性和艺术性。想要决策正确,光有主观愿望是不够的,还需要管理者具有特殊的才能方能作出正确的决策。例如需要管理者具有有关决策原理、概念和方法的坚实知识,收集、分析、评价信息和选择方案的娴熟技能,经受风险和承担决策中不确定因素的心理素质等。由于管理者所面临的问题常常涉及众多的因素,错综复杂,加上决策在管理中的重要作用,决策能力便成为衡量管理者水平高低的重要标志。

2.2　决策的程序

2.2.1　影响决策的因素

在决策的流程中,组织的决策容易受到如下 5 个因素的影响:

1)环境

管理者的决策不可能脱离其所处的现实环境。在决策中,环境的影响主要表现在推动决策和制约决策两方面。一方面,环境的变化使组织面临新的问题,组织为应对这些问题,就必须进行决策。另一方面,管理者在进行决策时,要充分考虑各种环境因素,并受到环境因素的制约。脱离了环境或是对环境因素认识不足所作出的决策,在执行时就会面临这样或那样的问题,甚至根本无法执行。在环境因素中,相关信息的可得性直接影响决策的正确性。

2)决策历史

今天是昨天的继续,明天是今天的延伸,历史总是会以这种或那种方式影响着未来。在大多数情况下,组织决策不是在一张白纸上进行初始决策,而是对初始决策的完善、调整或改革。组织过去的决策是目前决策过程的起点。过去选择的方案的实施,不仅伴随着人力、物力、财力等资源的消耗,而且伴随着内部状况的改变,也带来了对外部环境的影响。因此,

"非零起点"的目前决策不能不受过去决策的影响。

过去的决策对目前决策的制约程度受到它们与现任决策者关系的影响。如果过去的决策是由现任决策者制定的,而决策者通常要对自己的选择及其后果负管理上的责任,因此会不愿对组织活动进行重大调整,而倾向于把大部分资源投入到过去方案的执行中,以证明自己的一贯正确;相反,如果现在的主要决策者与组织过去的重要决策没有很深的渊源,则较易接受重大改变。

3)组织文化

组织文化影响着组织及其成员的行为和行为方式,它对决策的影响也正是通过影响人们对组织、对改变的态度而发挥作用。团结、和谐、平等的组织文化会激励人们积极参与组织决策;涣散、压抑、等级森严的组织文化则容易使人们对组织的事情漠不关心,不利于调动组织成员的参与热情。在具有开拓、创新气氛的组织中,人们总是以发展的眼光来分析决策的合理性,总是希望在可能产生的变化中得到什么,因此渴望变化、欢迎变化、支持变化;而在偏向保守、怀旧、维持的组织中,人们总是根据过去的标准来判断现在的决策,总是担心在变化中会失去什么,从而对将要发生的变化产生怀疑、害怕和抵触的心理与行为。显然,前一种组织文化有利于新决策的实施,后一种组织文化则会成为实施新决策的障碍。为此,在制订以及选择决策方案时,必须考虑实施方案时可能遇到的组织文化方面的阻力,以及为克服这种阻力而必须付出的代价。

4)决策者对风险的态度

风险是指失败的可能性。由于决策是人们确定未来活动的方向、内容和目标的行动,而人们对未来的认识能力有限,目前预测的未来状况与未来的实际状况不可能完全相符,因此在决策指导下进行活动,既有成功的可能,也有失败的危险。任何决策都必须冒一定程度的风险。

组织及其决策者对待风险的不同态度会影响决策方案的选择。愿意承担风险的组织,通常会在被迫对环境作出反应以前就已经采取进攻性的行动;而不愿承担风险的组织,通常只会对环境作出被动的反应。愿冒风险的组织经常进行新的探索;而不愿承担风险的组织,其活动则要受到过去决策的严重限制。决策者对风险的态度与其个性特点密切相关。

5)时间

美国学者威廉·金和大卫·克里兰把决策类型划分为时间敏感型决策和知识敏感型决策。时间敏感型决策是指那些必须迅速而尽量准确的决策。战争中指挥官的决策多属于此类。这种决策对速度的要求远甚于质量。例如,当一辆汽车向一个人冲来时,他行动的关键是要迅速跑开,至于向哪个方向跑更近一些,相对于及时行动来说则显得不再重要。

知识敏感型决策对时间的要求就不太严格。这类决策的执行效果主要取决于决策者的知识及决策的质量,而非决策的速度。在制定这类决策时,要求人们充分利用知识,作出尽可能正确的选择。例如,战略决策就多属于知识敏感型决策。当然,在时间非常仓促,如外界环境突然变化,要求组织迅速作出反应的情况下,战略决策也可能是时间敏感型决策。

2.2.2　决策的基本原则

1）系统性原则

系统性原则,也称为整体原则,它要求把决策对象视为一个系统,以系统整体目标的优化为准绳,协调系统中各分系统之间的相互关系,使系统完整、平衡。决策对象是一个人造系统。利用系统理论进行决策,是科学化决策必须遵循的首要原则,是实现决策整体化、综合化和满意化的保证。因此,在决策时,应该将各分系统的特性放到系统的整体中去权衡,以系统整体的总目标来协调各分系统的目标。

2）经济性原则

经济性原则研究的是决策所花的代价和取得的效益之间的关系,即研究投入与产出的关系。决策必须以经济效益为中心,并且要把经济效益同社会效益结合起来,以较小的劳动消耗和物资消耗取得最大的成果。如果一项决策所花的代价大于所得,那么这项决策是不科学的。

3）科学性原则

科学性原则是一系列决策原则的综合体现。现代科学技术,特别是信息论、系统论、控制论的兴起,为决策从经验到科学创造了条件,决策者的决策活动产生了质的飞跃。决策者必须加强学习现代管理知识,遵循科学原则,才能进行科学的决策。

【管理链接2.4】

科学性原则的具体要求

(1)决策思想科学化。在决策过程中,要求决策者有合理的决策标准、系统的决策观念、差异性的思维逻辑、民主的决策风格。

(2)决策程序科学化。在决策过程中,应遵循一套科学的程序。同时,执行程序的态度和方法应科学。

(3)决策方法科学化。在决策过程中,应将“软”决策技术和“硬”决策技术结合起来,把发挥专家的经验与智慧同运用数学模型进行系统分析结合起来,使决策方法科学化。

(4)决策体制科学化。现代决策体制一般由决策系统、智囊系统、信息系统、执行系统和监督系统等五大系统组成。在决策过程中,应以这五大系统为基础来建立决策体制,从而保证决策信息广泛、咨询充分、执行分散、决策集中、监督独立、反馈及时,确保决策的民主化和科学化。

4）可行性原则

决策要符合决策对象发展的客观规律性,要充分考虑到需要与可能、有利因素与成功的机会、不利因素与失败的风险。只有决策的目标在技术上、经济上和管理上具有可实施条件,才能进行下去。可行性原则要求决策者必须以科学的理论为指导,运用科学的方法,按客观规律办事;必须从实际出发,分析现有的主、客观条件,分析发展过程中可能产生的种种变化,分析决策实施后在政治、经济、社会心理等方面产生的利弊,经过科学论证,周密审查、评估,确定其可行性和优化程度。有的重大决策还应当经过试点,然后才能进行抉择。

【管理链接2.5】

可行性原则的具体要求

(1)全面性。在决策过程中,应从全局和整体出发,全面系统地分析、研究决策目标和决策方案,力求完整无缺,不放过任何一种可能方案。在分析过程中,要求多方位思考,有比较的余地,全面地考虑和权衡各种利弊得失,全面地把握各种备选方案。

(2)选优性。在决策过程中,必须从两个或两个以上可供选择的不同方案中,经过广泛调查、反复对比和全面分析、科学论证后选出最优方案。

(3)合法性。在决策过程中,任何决策都是在一定复杂的社会关系中进行的,决策的内容要符合现行的法律法规,必须具有法律上的可行性,并且能够经过一定的合法的组织程序和审批手续。

5)信息性原则

信息是决策的基础。信息资料的质量是决策成功的前提和保证。决策过程实际上是一个信息的搜集、加工和变换的过程。科学决策要求信息必须准确、及时、适用。决策的科学性、准确性是与信息的数量、质量成正比的。信息越全面、准确、及时,决策过程中思维的广度和深度也就越大,否则就难免作出错误决策。

6)民主性原则

民主性原则就是在决策过程中要充分发扬民主,认真倾听不同意见,在民主讨论的基础上实行正确的集中。民主集中制原则,一方面要求领导者在决策的过程中,坚持走群众路线,发扬民主,充分听取广大群众的意见,同时征集行业专家学者的意见;另一方面就是在决策中坚持集体决策,在决策班子中实行民主集中制。特别是班子的主要领导,要善于并勇于大胆提倡和鼓励在不同意见之间扬长避短,不搞个人专断或擅自决定,重大问题要在充分发扬民主的基础上实行集中。

7)灵活性原则

决策必须具有可靠性和稳定性。但是,不管决策可靠性程度多高,决策在实施过程中也可能发生特殊情况,从而无法实现预期的目标。因此,决策必须具有灵活性。决策的灵活性主要体现在两个方面:一是决策的目标要留有余地;二是决策要有后备方案,或者是方案易于转化以适应不测事件的发生,避免给企业带来重大的损失。

8)目标性原则

决策必须具有明确的、具体的目标,目标既是决策的起点,也是决策最终要实现的目的。目标原则要求决策的目标应该具有相对的稳定性,目标一旦确定下来,不应轻易改动。

9)创新性原则

创新在决策中起着极为重要的作用,没有创新就不可能进行有效的决策。创新原则就是在决策过程中,要打破常规和原有的思维定势,进行大胆的创造。它要求领导者在决策过程中,创造性地组织决策活动,并激发组织成员的创造性,发挥组织内集体的创造精神。

10）反馈性原则

决策是否有效,关键在于是否具有灵敏、正确、有力的反馈系统。反馈原则是指由控制系统将信息输出,又将作用的结果反馈回来,并对信息的再输出发生影响。管理者在进行决策时,要善于运用反馈原则,利用反馈系统提供的信息以及可供选择的方案作出正确的决策。

2.2.3　决策的程序

管理者为提高决策水平,避免冒险性的决策,必须了解决策的流程,按照科学化、合理化的要求进行有效的决策。决策流程大致可分为:明确问题、确定目标、搜集资料、拟订方案、比较方案、确定方案、实施方案以及评价方案8个步骤,如图2.2所示。

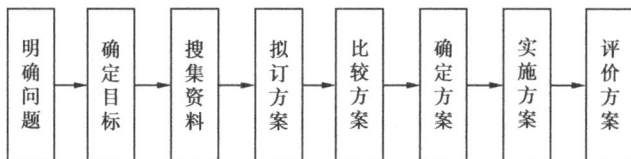

图2.2　决策过程示意图

1）明确问题

决策的第一步是发现问题。任何决策都是从发现和提出问题开始的,决策总是为了解决一定的问题而制定的。明确问题包括两个方面:一是要确定问题的性质;二是要找出问题产生的原因。因此,管理者在决策时,要分析问题的各种表现,区分问题的不同类型,弄清问题的性质、范围、程度以及价值和影响,找出问题产生的原因。例如,分析问题是全局性的还是局部性的,是战略性的还是战术性的,是长远性的还是暂时性的等;问题产生的原因是由于政府方针、政策的调整,还是科学技术的进步、经济增长速度的变化等。只有认识到问题的性质、范围、程度以及价值和影响等本质,弄清问题产生的原因,管理者才能把握客观事物的运动规律,才能进行正确的决策。

2）确定目标

目标是在一定条件下,根据需要和可能,在预测的基础上所寻求的最终结果,或决策所要获得的最终结果。明确问题后,就要确定决策的目标。合理的目标是有效决策的前提,是决策活动的出发点,也是评价决策效果的依据。目标的确定,应明确以下内容:

①确定目标体系。决策目标是一个由总目标、子目标、二级子目标等目标组成的,从总到分、从上到下组成的有层次的目标体系,是一个动态的复杂系统。

②确定目标定量。决策目标应尽可能定量化,可以明确计量成果、规定时间、确定责任。

③确定目标约束。目标在实现的过程中,会受到资源条件、质量规格、时间要求及法律、制度、政策等限制性规定的制约。因此,在确定目标的同时,也要确定目标的约束条件。如果执行的结果不符合约束条件,即使完成了目标,也不能认为实现了目标。

④确定价值标准。在决策的过程中,应建立衡量决策的近期、中期、远期效果的三级价

值标准,建立科学价值、经济价值及社会价值指标,并进行综合权衡。

⑤进行专家论证。目标的确定,要经过专家与决策者的集体论证。

同时,目的的确定还应注意以下事项,应分清长期与短期目标、主要和次要目标的区别,应注意目标间的衔接,应明确目标间的优先顺序,保证资源分配的重点,尽量排除可能的偶然性和主观因素的影响。

3)搜集资料

信息是决策的基础,是有效决策的保证。确定了问题和目标后,必须着手调查研究,搜集信息,并加以整理和分析。搜集的资料越丰富、越准确,决策者对未来情况的估计就越接近实际,所作的决策就越翔实有效。对于组织内外部的相关信息,都应加以搜集、整理,尤其对于一些核心关键信息,更应着重注意。搜集资料时应注意:

①资料的针对性。面对复杂多样的信息,决策者要根据决策目标的具体要求,有针对性地搜集相关资料。

②资料的广泛性。有针对性地搜集资料并不违背对资料的广泛性要求,搜集资料时要充分利用各种信息渠道将与决策目标有关的各种资料尽可能搜集齐全。

③资料的可靠性。可靠的资料对决策的正确与否至关重要。所搜集的资料要有依据,数字要准确无误。

④资料的科学性。要从事物的发展中全面估计各种资料的对比关系,对搜集的资料要作系统分析。对不确切的问题或疑难问题,应邀请、召集专家及有关人员进行集体会诊,从而保证情报资料的科学性。

4)拟订方案

确定了问题和目标,并且搜集和分析信息的过程已顺利完成,就应开始拟订可行方案。拟订方案主要是寻找达到目标的有效途径,如果只有一种方案,就没有比较和选择的余地,也就无所谓决策。拟订多种可供选择的方案是决策的基础。在拟订方案时应注意:

①必须拟订多种可供选择的方案,且方案之间能够相互替代、相互排斥。

②各种方案的表达方式必须做到条理化和直观化。

③应充分说明每一种方案的特点、不足及实施条件,并尽可能以确切的定量数据反映其成果。

5)比较方案

在进行决策之前,管理者必须认真地对待每一个方案,了解各个备选方案的优势和劣势,找出各方案的差异,分出各方案的优劣,层层筛选。在管理实际工作中,决策时方案的制订不是一次性行为,是一个不断改进和完善的过程,这种完善往往是在与其他方案的比较中进行的,因此,方案的制订、比较和选择往往是交织在一起的。比较方案时应注意:

①方案实施所需的条件及需付出的代价。

②方案的实施可能带给组织的利益,包括长期利益和短期利益。

③方案实施过程中可能遇到的风险等。

6）确定方案

在各种可供选样的方案中权衡利弊,将各方案按优先顺序排列,然后选取其一或综合成一个方案,是决策者的重要工作,是决策的关键一环。方案的确定是在方案比较的基础上进行的。做好方案优选,需要满足两个条件:一是合理的选择标准;二是科学的选择方法。

①合理的选择标准。选择方案的标准,一般有"最优标准"和"满意标准"两种。评价方案的价值标准是选择方案的基本依据。由于人们的认识受主客观条件、科学技术水平、情报信息资料以及环境、时间等诸多因素的限制,有的最优方案对某一组织是适用的,对另一组织就不一定适用;有的最优方案在短期看是最优的,而长期效果不一定很好。因此,绝对最优的标准是不存在的。决策理论学派的代表人物西蒙,提出"满意标准"或"有限合理性标准",即方案只要足够满意即可,不必追求最优。事实上,在管理实践中,多数决策是按"满意标准"进行的。当然,这样的做法并不排除方案在可能条件下达到最优的可能性。

②科学的方案选择方法。选择方案的方法很多,有经验判断法、归纳法、数学法和试验法,等等。这些方法各有利弊。为了更快捷、准确地找到最优方案或满意方案,在确定方案的过程中,采用何种办法,还需要从实际出发,灵活运用,甚至创造方法。

【管理链接2.6】

方案选择的方法

·经验判断法。经验判断法是依赖管理者的经验判断来决策的方法,是一种最古老的传统方法。20世纪40年代前的管理决策基本上都是依靠经验判断法。在数学方法、物理模型、网络模型方法等已经被广泛引入经营决策的今天,经验判断的方法仍然是不可缺少和忽视的。在一些涉及社会、心理等复杂和非计量性因素多的决策中,尤为需要依赖决策者的经验判断。

·归纳法。归纳法是在方案众多的情况下,把方案归纳成几大类,先选择最好的一类,再从中选出最好方案的方法。这种方法的优点是可以较快地缩小选择范围。因为最优方案也可能处在不是最好的那个类别中,这种方法的缺点是可能漏掉最优方案。因为按此方法选出的方案一般还是比较令人满意的,因此,在不允许进行全面对比的情况下,这个办法仍然常被采用。

·数学法。数学法是在20世纪50年代以后发展起来的一种方案选择方法。运用数学方法,可以在控制变量属于连续型的情况下,找到最优方案或满意方案。运用数学方法,可以使决策达到精确化。然而,到目前为止,还有许多复杂的决策,用数学方法还解决不了,要综合运用多种选择方案的方法才能加以解决。

·试验法。试验法是先通过选择少数几个典型进行试点,然后总结经验作为最后决策的依据进行选择的方法。在社会问题的决策过程中,虽然不可能创造出像实验室那样人为的典型条件,但对重大问题的决策,尤其是对新情况、新问题及无形因素起重大作用的、不便于用数学方法分析的决策,试验法是一种行之有效的方法。

7）实施方案

方案确定后,接下来的工作就是付诸实施。实施分两个阶段进行:首先进行试点工作,接下来是普遍实施。

（1）试点实施阶段

方案在普遍实施前最好先进行试点。试点实施要注意选择在整个系统中具有典型性的场所。实施时,应注意不能人为地创造某些特殊条件。如果这样,纵然试点成功,也很难实践。

（2）普遍实施阶段

试点成功后,便可以进入到普遍实施阶段。在普遍实施阶段中,应抓好以下工作:①宣传工作。将决策目标、价值标准以及整个决策方案向有关人员进行宣传,动员有关人员为实现目标而共同努力。②制度确立工作。制定各部门及人员的责任制,确立规范、严明的制度,赏罚分明;建立重要工作报告制,以便及时了解方案进展情况,随时纠正偏差,减少偏离目标的现象。③任务落实工作。围绕决策目标和决策方案,制订方案实施的具体措施,明确各部门的职责、分工和任务,作出时间和进度安排。

8）评价方案

由于主客观因素的变化,方案在执行过程中,可能会发生与决策目标相偏离的情况。因此,必须做好方案的评价工作。在方案评价阶段,在准确、及时地把方案实施过程中出现的问题、执行情况的信息反馈到决策机构的同时,还应查明原因、具体分析,根据具体情况区别对待。在执行错误的情况下,应采取措施加以调整,以保证决策的效果;在方案本身错误的情况下,应会同有关部门和人员修改方案;如果方案有根本性错误,或者运行的环境发生不可预计的变化,使方案的执行产生了不良后果,则应立即停止方案的执行,待重新分析、评价方案及环境后,再考虑执行。经过追踪评价决策使方案达到双重优化,不但可以减少损失,而且可以获得更佳效益。

值得注意的是,评价和反馈应体现在每一阶段的工作上,而不仅仅是在方案的实施阶段。越是重大的决策,越要时刻注意信息的反馈和工作的评价,以便迅速解决突发问题,避免造成重大损失。

【管理链接2.7】

德鲁克:有效决策的五个要素

①确实了解问题的性质,如果问题是经常性的,那就只能通过一项建立规则或原则的决策才能解决。

②确实找出解决问题时必须满足的界限,换言之,应找出问题的"边界条件"。

③仔细思考解决问题的正确方案是什么,以及这些方案必须满足哪些条件,然后再考虑必要的妥协、适应及让步事项,以期该决策能被接受。

④决策方案要同时兼顾执行措施,让决策变成可以被贯彻的行动。

⑤在执行的过程中重视反馈,以印证决策的正确性及有效性。

（资料来源:彼得·德鲁克.卓有成效的管理者[M].许是祥,译.北京:机械工业出版社,2006.）

2.3 决策的方法

2.3.1 定性决策方法

定性决策方法又称为决策"软"技术,主要是通过发挥人的经验、智慧与创造力,经过质的分析、判断、逻辑推理来进行创造性思维,来进行决策的方法。目前,常使用的定性决策方法主要有头脑风暴法和德尔菲法。

1)头脑风暴法

头脑风暴法又称畅谈会法,由美国学者奥斯本提出,是一种通过将一些成员召在一个宽松的、不受思想约束的环境气氛中,令大家的思想火花、创造性设想互相激发、碰撞,进而作出决策的方法。头脑风暴(Brainstorming)原为精神病理学上的用语,指精神病患者精神的错乱状态,而在管理工作中,则意为要自由奔放、打破常规、创造性地思考问题和构思方案。这种方法能够起到与会成员知识互补、思维共振、扩大思考领域、获得大量思想的作用。头脑风暴法主要用于收集新设想。

在典型的头脑风暴法会议中,人们围桌而坐,群体领导者以一种明确的方式向所有参与者阐明问题,然后成员在一定的时间内自由地提出尽可能多的方案。在头脑风暴法会议中,鼓励提出任何种类的方案设计思想,在没有讲出所有的意见和建议之前,不允许提出批评;欢迎对别人的原建议作出改进意见,或者提出新的思想;所有的方案都当场记录下来,留待以后讨论或分析。头脑风暴法有着许多会议讨论所起不到的作用,但也有一些局限性:所产生信息、思想的数量与质量会受到与会者素质的经验、知识、业务水平、思维能力水平等多方面的限制;主持者的水平高低也是影响信息、思想的数量与质量的重要因素。

2)德尔菲法

德尔菲法(Delphi Method),又称专家意见法,由赫尔姆(O. Helm)和达尔克(N. D'Arc)在20世纪40年代首创,后经T. J.戈尔登和兰德公司进一步发展,是一种通过专家背靠背,就决策问题交换意见和思想的集体决策方法。在德尔菲法的进程中,并不需要群体成员列席。为消除成员间的相互影响,运用匿名方式反复多次征询意见和进行背靠背的交流,以充分发挥专家们的智慧、知识和经验,最后汇总得出一个能比较全面反映群体意志的预测结果。运用德尔菲法时,应注意:应事先征得专家本人的同意;在专家的人选构成上,应充分考虑专家的各方面特质,合理匹配;所设计的调查表要简明扼要,所提的问题不能模棱两可;每位专家至少有一次修改自己主观意见的机会。

德尔菲法的具体实施过程如下:①将征询的问题书面送交专家,专家将自己的意见以无记名的方式填在调查征询表内。②对第一轮征询的结果进行汇总整理,并将处理后的意见和将要询问的问题在第二轮征询表中加以反映。将第二轮的征询表再次分送给各位专家。收回并汇总整理第二轮专家的征询结果。③根据情况再设计第三轮征询表,由各位专家继续填写。然后汇总整理第三轮征询结果。如果意见较集中,则可结束这次决策问题的征询活动;若有需要,还将继续进行后续轮次的征询。④分析处理最后一轮的专家意见,写出总结报告,提交决策者。

德尔菲法具有客观性、集体性和规范性等优点,隔绝了群体成员间过度的相互影响,且无须参与者到场。德尔菲法的缺点是较为耗费时间。当需要进行一个快速决策时,这种方法通常行不通。

2.3.2 定量决策方法

定量决策又称为决策"硬"技术,是在严格逻辑论证与实验检验基础上,运用数学化、模型化、计算机化的系统来进行决策的方法。在管理工作中,定量决策分析方法很多,这里主要介绍确定型决策方法、风险型决策方法和非确定型决策方法等3种方法。

1)确定型决策方法

确定型决策的客观条件是肯定的、明确的,可以比较有把握地计算各方案的经济效果,从而进行决策。确定型决策的方法很多,比如,盈亏平衡分析法、内部收益率法、净现值法等。这里主要介绍盈亏平衡分析法。

盈亏分析法又称损益平衡分析法、量本利分析法,是通过与分析决策方案相关的产品产量(销售量)、成本(费用)、利润的相互关系,分析决策方案对企业盈亏的影响,来指导企业选择经营方案的方法。企业进行生产经营活动,总要投入人力、物力、财力等。

其中,总成本是指方案在一定时期内(一般为一年),企业为生产和销售产品而花费的全部成本和费用。总成本包括生产成本、管理费用、财务费用和销售费用。生产成本由方案的各项直接材料、直接工资和其他直接支出及制造费用组成。管理费用是指那些为管理和组织方案的经营活动而发生的各项费用。财务费用是指那些为筹集方案的资金而发生的各项费用。销售费用是指那些为销售产品和提供劳务而发生的各项费用。固定成本是指企业在一定的生产规模限度内不随产量的变动而变动的成本,如人员的工资、厂房和机器设备的折旧、保险费等。有时也会将某一较短时间内(通常为一年)的研究开发费、广告费、职工培训费等计入到固定成本中。需要注意的是,固定成本只有在产量在一定的范围内变动时,才不受产量变动影响,如果产量超过这一范围,固定成本就会发生跳跃性的变动。所以,从长期角度看,不存在任何固定成本。变动成本是指企业中随产量的变动而成正比例变动的成本。直接材料费、直接人工费等均属变动成本。直接材料费是指那些在生产过程中直接消耗

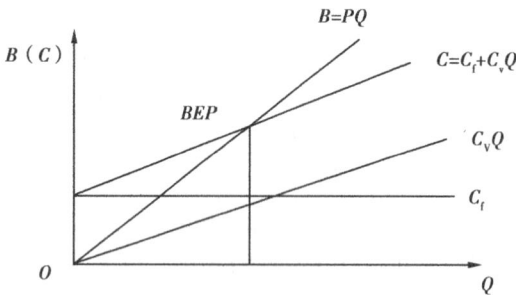

图 2.3 收入和销售量关系图

于产品生产的各种物资所产生的费用。直接人工费是那些指在生产过程中直接从事产品生产的人员的工资性消耗所产生的费用。根据费用与产量的关系,总费用可分成变动成本和固定成本两类,成本(收入)和产量(销售量)的关系如图 2.3 所示。

从图 2.3 可以看出,销售收入曲线和总成本曲线有一个相交点,在相交点上,销售收入

与总成本相等,利润为零。这个方案盈利和亏损的临界点称为盈亏平衡点或保本点(Break Even Point,简称BEP)。

设总成本为C,固定成本为F,单位产品变动成本为C_v,销售量为Q,销售收入为B,单价为P,则有

$$C = F + C_v$$
$$B = PQ$$

假设盈亏平衡点的销售量为Q_0,则有

$$PQ_0 = F + C_v Q_0$$
$$Q_0 = F/(P - C_v)$$

其中,$P - C_v$表示每销售一个单位产品补偿变动成本后所剩余的价值,被称为单位产品的边际贡献。如果企业的销售量大于Q_0,则企业盈利;若企业的销售量小于Q_0,则企业亏损。盈亏分析法可以通过判断产品产销量的亏损或盈利区域来进行决策,还可以通过确定实现目标利润的产销量或最低单价等问题来进行决策。

【管理实例2.1】

背景与情境:某公司准备新建一条生产线生产一种新产品,该生产线的生产能力为年产2 000台。其中,年需固定成本10万元,单位产品变动成本为40元,产品单价预计为80元。假定该产品为畅销产品,公司生产多少都可以销售出去,如按此方案建立生产线,公司是盈利还是亏损? 方案是否可取?

解决方案:首先计算盈亏平衡点的产量Q_0。

$$Q_0 = F/(P - C_v) = [100\,000/(80 - 40)] \text{台} = 2\,500 \text{ 台}$$

其次,进行分析。由计算可知,企业生产该产品2 500台盈亏平衡。但所设计的生产线年设计能力仅为2 000台,显然,如果按此方案建生产线,即使达到了设计能力2 000台,企业也要亏损。

再次,进行评价。根据以上分析,此方案不可取。当达到设计能力2 000台时,企业的亏损额为

销售收入 - 总成本 = 80 元 × 2 000 - (100 000 元 + 40 × 2 000 元) = - 20 000 元

【管理实例2.2】

背景与情境:某公司生产某产品,年固定成本为20万元,单位产品变动成本为30元,单位产品价格为50元,假定该产品为畅销产品,公司生产多少都可以销售出去,公司希望实现年利润5万元,试确定公司应该生产产品的产量。

解决方案:首先确定目标利润。目标利润(I) = 产品目标销售收入 - 总成本

$$I = B - C$$
$$I = PQ - (F + C_v Q_1)$$

其次,确定生产产量。$Q_1 = (I + F)/(P - C_v) = (50\,000 + 200\,000)/(50 - 30) = 12\,500$件

结论,公司希望实现年利润5万元的产品的产量为12 500件。

2)风险型决策方法

风险型决策也称随机性决策和概率性决策。运用风险型决策方法,应具备以下条件: ①决策者企图达到的一个明确目标;②决策者可以选择的两个以上的行动方案;③决策者无

法控制的两个以上的自然状态;④对每种自然状态出现的概率大体可以估计出来;⑤不同方案在不同自然状态条件下的损益值可以计算出来。风险型决策主要应用于有远期目标的战略决策或随机因素较多的非程序化决策,如投资决策、技术改造决策等方面。常用的风险型决策的处理方法有损益期望值准则和决策树法。

(1)损益期望值法

损益期望值就是方案实施后在各种自然状态下可能得到的损益值的"期望"。这里的"期望"是概率论中的一个数学概念,表示若干随机数值的概率平均值。损益期望值法就是将每个备选方案在不同状态下可能出现的结果(损益值的"期望")分别进行计算,然后进行比较和选择的方法。在损益期望值法中,通常选择期望值最大的为最优方案。

$$E(A_i) = \sum_{j=1}^{n} b_{ij}P_j(j = 1,2,\cdots,n)$$

其中　$E(A_i)$——表示第 i 个方案的损益期望值;

　　　b_{ij}——表示第 i 个方案在第 j 种状态下的损益值;

　　　P_j——表示第 j 种状态下的概率;

　　　n——表示状态数。

【管理实例2.3】

背景与情境:某公司计划在未来 3 年里生产某种产品,需要确定产品的批量。根据预测,这种产品在未来 3 年的市场销售状况是:畅销的概率为 0.3,一般的概率为 0.5;销售差的概率为 0.1;滞销的概率为 0.1。现在,提出了大、中、小 3 种批量生产的方案(有关数据见表2.1),试确定经济收益最大的方案。

表2.1　三种方案损益值表

自然状态 损益值 备选方案	销路				期望值
	好	一般	差	极差	
	0.3	0.5	0.1	0.1	
大批量生产	20	14	10	-10	13.0
中批量生产	16	16	10	0	13.8
小批量生产	12	12	12	5	11.3

解决方案:

首先,计算各种方案的期望值。

大批量生产的期望值:$E_大 = 20 \times 0.3 + 14 \times 0.5 + 10 \times 0.1 + (-10) \times 0.1 = 13.0$

中批量生产的期望值:$E_中 = 16 \times 0.3 + 16 \times 0.5 + 10 \times 0.1 + 0 \times 0.1 = 13.8$

小批量生产的期望值:$E_小 = 12 \times 0.3 + 12 \times 0.5 + 12 \times 0.1 + 5 \times 0.1 = 11.3$

其次,找出期望值最大的方案,即中批量生产方案,此方案为最优方案。

(2)决策树法

决策树法是根据方案实施后在各种自然状态下出现的概率和方案损益期望值,借助树形分析图来抉择最优方案的方法。决策树法能够直接反映决策的过程,对分析比较复杂的决策问题更有效。

决策树的绘制有4个要素:决策点、方案分枝、状态点和概率分枝。一般用方框表示决策点,用线条表示方案分枝,用圆圈表示状态点,用线条表示概率分枝,用三角形表示结果点。决策问题一般有多种方案和多种自然状态,所以有多条分枝,在画决策树时一般由左向右,由简向繁,根据问题的层次展开,构成一个树形图。

决策树法的实施步骤如下:

第一步,绘制决策树。首先由决策点开始,由左向右展开,引出方案枝,在方案枝后面接自然状态点;从自然状态点引出可能遇到的自然状态,称为概率枝,把可能的概率写在概率枝上方,如此顺次进行,直到最后的概率枝为止;最后,在最终的概率枝末端标注损益值,如图2.4所示。

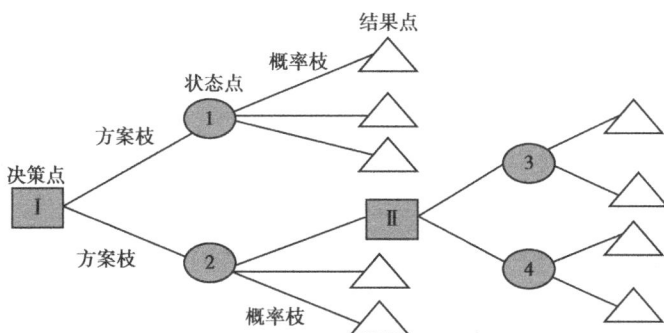

图2.4 决策树示意图

第二步,计算期望值。从右往左反向进行计算,把结果填在自然状态点上。若遇有投资额时,将投资额写在方案枝下方,并在计算期望值时减去投资额。

第三步,比较不同方案的期望值,选出合理的决策方案。保留期望值最大的方案为最优方案,其余方案用两条平行线"剪枝"。

【管理实例2.4】

背景与情境:某公司计划生产某种产品,预计该产品的销售有两种可能:销路好,其概率为0.7;销路差,其概率为0.3。目前有两个备选方案:甲是新建一条流水线,需投资220万元;乙是对原有设备进行技术改造,需投资80万元。两个方案的使用期均为10年,损益资料如表2.2所示,试进行选优决策。

表2.2 甲、乙方案损益对比表

方 案	投资/万元	年收益/万元		使用期/年
		销路好(0.7)	销路差(0.3)	
甲:新建流水线	220	80	−30	10
乙:技术改造	80	40	10	10

解决方案:

首先,绘制决策树,如图2.5所示。

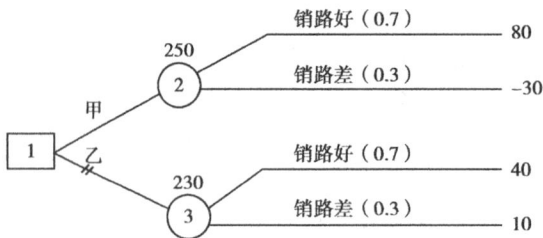

图 2.5   某公司决策树

其次,计算期望值。

甲方案期望值(状态点②的期望值):[80 万元 × 0.7 + (− 30)万元 × 0.3] × 10 − 220 万元 = 250 万元

乙方案期望值(状态点③的期望值):(40 万元 × 0.7 + 10 万元 × 0.3) × 10 − 80 万元 = 230 万元

最后,找出最优方案。从收益期望值来看,甲方案较高。因此,如不考虑其他因素,应采用新建流水线方案。

3)不确定型决策方法

当决策者对决策环境情况基本不了解,只能根据自己的主观倾向进行决策时,常采用不确定型决策的方法来进行决策。根据决策者的主观态度不同,可将不确定型决策方法分为 5种类型:乐观准则法、悲观准则法、折中准则法、后悔值准则法、机会均等准则法。接下来,以下面的背景与情境为例,分别对不确定型决策的 5 种方法进行说明。

背景与情境:某公司计划生产某种产品,有大批生产、中批生产、小批生产 3 种可能的方案。市场需求状况有 3 种可能:高度需要、中度需要、低度需要。3 种可能的方案在 3 种市场需求可能下的预期盈利或亏损数额见表 2.3。

表 2.3   不同方案的预期盈利或亏损数额表(单位:万元)

方 案	高度需要	中度需要	低度需要
大批生产	500	100	− 80
中批生产	300	250	0
小批生产	100	100	100

(1)乐观准则法

乐观准则也称大中取大准则,是指决策者对客观事实抱乐观态度,总把客观事实想得很顺利,在顺利的情况下寻找一个最好的方案。乐观准则法的方法是,在给出的决策损益值表中,先从各方案在不同状态下的损益值中选大的,再从这些大的损益值中选最大的,这个损益值所对应的方案就是决策方案。乐观准则是一种激进的决策原则。采用这种方法进行决策的管理者对客观情况感到乐观,有信心取得对每一方案的最佳结果,因此,按方案的最佳结果来进行抉择。

运用乐观准则法进行决策的具体步骤是:

①确定若干可供比较选择的方案。

②确定决策问题将面临的各种自然状态(客观情况),如市场销路好或不好等。

③测算每个方案在各种自然状态下的收益值,并在表中列出。

④求出每个方案在各种自然状态下的最大收益值,并加以比较。

⑤选择最大收益值较大的方案作为决策选择的最终方案。

【管理实例 2.5】

以表 2.3 的背景和情景为例,以乐观准则法进行决策,决策过程如表 2.4 所示。

表 2.4 乐观准则法的决策过程(单位:万元)

方 案	高度需要	中度需要	低度需要	max
大批生产	500	100	−80	500←max
中批生产	300	250	0	300
小批生产	100	100	100	100

以乐观准则法进行决策,应该选择大批生产方案。

(2)悲观准则法

悲观准则也称小中取大准则,是指决策者对客观事实抱悲观态度,认为有关条件很不利,没有希望取得最理想的结果,因此,应从每个方案的最坏处着眼,从每个方案出现的最坏的结果中选择一个最小收益值(收益值也可以为负数)最大的方案作为决策结果。悲观准则法的方法是,在给出的决策损益值表中,先从各方案在不同状态下的损益值中选小的,再从这些小的损益值中选最大的,这个损益值所对应的方案就是决策方案。这是一种非常保险的决策方法,对于那些风险较大的问题,可以采用这种方法。

运用悲观准则法进行决策的具体步骤是:

①确定若干可供比较选择的方案。

②确定决策问题将面临的各种自然状态(客观情况),如市场销路好或不好等。

③测算每个方案在各种自然状态下的收益值,并在表中列出。

④求出每个方案在各种自然状态下的最大收益值,并加以比较。

⑤小中取大,选择收益值最大的方案作为决策选择的最终方案。

【管理实例 2.6】

以表 2.3 的背景和情景为例,以悲观准则法进行决策,决策过程如表 2.5 所示。

表 2.5 悲观准则法的决策过程(单位:万元)

方 案	高度需要	中度需要	低度需要	min
大批生产	500	100	−80	−80
中批生产	300	250	0	0
小批生产	100	100	100	100←max

以悲观准则法进行决策,应该选择小批生产方案。

（3）折中准则法

折中准则又称乐观系数准则,是介于乐观准则法和悲观准则法之间的一种决策准则。持这一准则的决策者认为,既不能把前景想象得一片大好,又不能把结果设想得非常糟糕。在进行决策时,首先应对乐观程度和悲观态势有一个基本估计。这个估计值就是乐观系数。若以 α 表示乐观系数,$0 \leq \alpha \leq 1$,则 $1-\alpha$ 就是悲观系数。α 值越大,决策者的态度越乐观。

运用折中准则法进行决策的具体步骤是:

①确定乐观系数 α。

②以 α 和 $1-\alpha$ 为权数对每一个方案中的最大收益值和最小收益值进行加权平均,得出每个方案可能的折中收益值。

③以各方案的折中收益值中最大者为决策目标值。

【管理实例2.7】

以表2.3的背景和情景为例,以折中准则法进行决策,确定 $\alpha=0.5$,决策过程如表2.6所示。

表2.6　折中准则法的决策过程(单位:万元)

方　案	高度需要	中度需要	低度需要	折中收益值
大批生产	500	100	−80	210←max
中批生产	300	250	0	150
小批生产	100	100	100	100

以折中准则法进行决策,应该选择大批生产方案。

（4）后悔值准则法

后悔值准则又称最小最大后悔值准则或最小机会损失准则。采用后悔值准则法进行决策的话,首先要明确什么是后悔值。所谓后悔值就是在给定的自然状态下,一个方案可能取得的收益值(或损失值)与该状态下的最大收益值(或损失值)的差距。在决策的过程中,若某一决策方案后来实施的结果表明该决策并非是最佳决策,要是采用其他决策方案会有更好的收益,到那时,决策者会为当时没有采用另外的方案而感到后悔。后悔值准则法就是决策者为了将来少些后悔,使方案实施后对原先所选取的方案的后悔程度达到最低所做的决策。决策者决定以后悔值作为决策准则,这种决策准则就是后悔值决策准则。

运用后悔值准则法进行决策的具体步骤是:

①找出每一自然状态下所有方案中的最大收益值。

②计算出每一状态下最大收益值与同一自然状态下各方案的收益值(包括最大收益值自身)的差额。

③确定每个方案的最大后悔值。

④在每个方案的最大后悔值中选取最小的后悔值,与该最小后悔值对应的方案就是所要选择的方案。

【管理实例2.8】

以表2.3的背景和情景为例,以后悔值准则法进行决策,决策过程如表2.7所示。

表2.7　后悔值准则法的决策过程(单位:万元)

方　案	高度需要	中度需要	低度需要	max
大批生产	0	150	180	180←min
中批生产	200	0	100	200
小批生产	400	150	0	400

以后悔值准则法进行决策,应该选择大批生产方案。

(5)机会均等准则法

机会均等准则决策的假设前提是:各种自然状态出现的概率是未知的,又不能认为某一自然状态比其他自然状态出现的可能性大,如果有 n 种状态,则每种状态发生的概率都是 $1/n$,即各种状态出现的机会是均等的。因此,可作这样的假设:各种自然状态出现的概率一样,以此来代替各自然状态出现的概率。这样,一个不确定型决策的问题就转化成一个风险型决策问题。

运用机会均等准则法进行决策的具体步骤是:

①计算各方案的期望收益值。

②从各方案的期望收益值中选取最大值,该最大值对应的方案即为应选择的决策方案。

【管理实例2.9】

以表2.3的背景和情景为例,以机会均等准则法进行决策,决策过程如表2.8所示。

表2.8　机会均等准则法的决策过程(单位:万元)

方　案	高度需要	中度需要	低度需要	期望值
大批生产	500	100	−80	173.3
中批生产	300	250	0	183.3←max
小批生产	100	100	100	100

以机会均等准则法进行决策,应该选择中批生产方案。

学习要点

1. 决策是指组织或个人为了实现某种目标而对未来一定时期内有关活动的方向、内容及方式进行选择或调整的过程。决策具有五大特点,分别是目标性、可行性、选择性、过程性、有限理性与满意性。

2. 根据不同的划分标准,决策可以分成不同的类型。根据决策的作用范围,可将决策划分为战略决策、战术决策和业务决策。根据决策的重复程度,可将决策划分为程序化决策和非程序化决策。根据决策时信息掌握的完备程度,可将决策划分为确定型决策、风险型决策和非确定型决策。根据决策的人数,可将决策划分为个体决策和群体决策。根据决策需要解决问题的性质,可将决策划分为初始决策与追踪决策。根据决策者的层次,可将决策划分为高层决策、中层决策和基层决策。按决策的目标数量可将决策划分为单一目标决策和多目标决策。根据决策者是基于经验还是基于科学分析来作出决策,决策可以分为经验决策和科学决策两大类。根据决策的时态,决策可以分为静态决策和动态决策。

3. 决策受到如下5个因素的影响:环境、决策历史、组织文化、决策者对风险的态度、时间。

4. 决策的基本原则有:系统性原则、经济性原则、科学性原则、可行性原则、信息性原则、民主性原则、灵活性原则、目标性原则、创新性原则、反馈性原则。

5. 决策制定过程包括明确问题、确定目标、搜集资料、拟订方案、比较方案、确定方案、实施方案以及评价方案8个步骤。

6. 决策的方法包括定性决策方法和定量决策方法两大类。

7. 常使用的定性决策方法主要有头脑风暴法和德尔菲法。头脑风暴法又称畅谈会法,由美国学者奥斯本提出,是一种通过将一些成员召在一个宽松的、不受思想约束的环境气氛中,令大家的思想火花、创造性设想互相激发、碰撞,进而作出决策的方法。德尔菲法是一种通过专家背靠背,就决策问题交换意见和思想的集体决策方法。

8. 在管理工作中,定量决策分析方法很多,常用的定量决策分析方法主要有确定型决策方法、风险型决策方法和非确定型决策方法等3种方法。确定型决策的客观条件是肯定的、明确的,可以比较有把握地计算各方案的经济效果,从而进行决策。确定型决策的方法很多,比如,盈亏平衡分析法、内部收益率法、净现值法等。风险型决策也称随机性决策和概率性决策。运用风险型决策方法,应具备以下条件:①决策者企图达到的一个明确目标;②决策者可以选择的两个以上的行动方案;③决策者无法控制的两个以上的自然状态;④对每种自然状态出现的概率大体可以估计出来;⑤不同方案在不同自然状态条件下的损益值可以计算出来。常用的风险型决策的处理方法有损益期望值准则和决策树法。当决策者对决策环境情况基本不了解,只能根据自己的主观倾向进行决策时,采用不确定型决策的方法来进行决策。根据决策者的主观态度不同,可将不确定型决策方法分为5种类型:乐观准则法、悲观准则法、折中准则法、后悔值准则法、机会均等准则法。

思考练习

1. 决策有哪些特点?
2. 决策应遵循的原则有哪些?
3. 简述决策的过程。
4. 决策的地位和作用体现在哪些方面?
5. 盈亏平衡分析的基本原理是什么?
6. 损益期望值法的决策依据是什么?
7. 决策树包含哪些内容?
8. 非确定型决策方法包括哪些具体方法? 基本思路是什么?

管理实践 ─────────────────────────────────

训练项目:产品决策模拟

[实践目标]

1. 强化决策知识的理解。

2. 培养初步的决策能力。

[实践内容与方法]

1. 阅读下面的案例资料,进行相关的决策分析。

2. 分步完成3个决策。

3. 采取个人测算、团队决策、班级交流与研讨的方式进行。

案例资料:

某公司正在与一家保健品公司洽谈一笔业务,准备由公司下属的机械加工分厂为这家保健品公司打造一批生产设备。这是一家新组建的专门生产一种全新的保健品的公司。作为一种全新的保健品,未来市场的销路较难预测。这家保健品公司也带有试生产的目的,他们只向该公司订购了10套设备。如果这种全新的保健品销路好的话,则这家保健品公司将向该公司订购大批设备。有关数据如表2.9所示。

表2.9 保健品公司生产相关数据(单位:万元)

项 目	金 额
相关固定资产折旧费	30
其他固定成本或费用	30
生产一套设备的原材料费用	4
生产一套设备的其他变动成本和费用	3
一套设备的订购价格	12

请进行如下决策:

(1)运用盈亏平衡分析,确定机械加工分厂是否应接受这批订货。在综合分析各种因素后你的决策是否有变化(不把以下两项决策的结果作为依据)?

(2)如果能预测该保健品销售的概率,请运用决策树法帮助保健品厂进行决策。有关数据如表2.10所示。

表2.10 不同方案的损益情况

项 目	畅销(0.3)	一般(0.4)	滞销(0.3)
大批量生产	80	40	−20
中批量生产	55	46	20
小批量生产	30	26	20

(3)如果不能预测到该保健品的市场销路各种状况出现的概率,你将选择哪种非确定性

决策准则进行决策,其结果如何?

(4)在完成上述三项决策之后,可就此案例进行研讨,交流各自的观点与体会。

[实践标准与评估]

1.实践标准:能够正确地运用盈亏平衡分析公式、风险性决策方法(决策树法)、非确定性决策准则为依据进行决策。

2.实践评估:①个人测算作为作业评估。②对各团队与个人在班级交流研讨会上的表现进行评估打分。

[实践拓展]

根据个人情况,可进一步开展如下训练:

1.某企业生产一种产品供出口,年生产能力为 30 万件,其全年的固定成本为 88 万元,产品的单位可变成本为 30 元。对市场进行调查后,企业预计从该产品的销售中每年获得 32 万元的利润。现有一外商来订货,提出以每件 40 元的价格订购 20 万件该产品,并且要求获得该产品的独家经销权。试问,可否接受这一批订货? 如若不能,如何回复对方。

2.某企业生产销售一种产品,每件售价 14 元,每件变动成本 10 元,月固定费用为 64 000 元,预计月销售量为 40 000 件。试确定:①盈亏平衡点产量及预计可实现的销售利润;②若要使利润增加 4 000 元,则应销售多少件产品?

第 3 章

计划理论与实践

学习目标

1. 掌握计划的含义。
2. 理解计划与决策的关系。
3. 了解计划的作用。
4. 掌握计划的特点和种类。
5. 掌握计划的编制程序。
6. 初步掌握现代计划的方法。

引例

百度人很清楚自己的目标

  1998 年在澳大利亚布里斯班的第七届万维网大会上,一个中国青年正在做 "How to Find Spam in Web Search" 的主题演讲。青年在台上侃侃而谈,台下两名青年犹如醍醐灌顶,刹那间就领悟到一个新的境界。演讲结束后,这两个年轻人还向演讲的青年请教了一些问题,从而更坚定了自己的信心。

  1999 年 Google 横空出世,而它的开山鼻祖正是当年台下的两个年轻人——谢尔盖·布林和拉里·佩奇。而那个演讲的中国青年李彦宏也在 2000 年 1 月在中国创建百度。两家公司的江湖恩怨也由此开始。10 年后李彦宏再次亮相万维网大会,而在过去的 10 年间,不但李彦宏从当年的工程师变成了全球瞩目的互联网领袖,于 2000 年诞生的百度,也逐步占据了中国国内超过七成的首选市场份额,覆盖了超过 90% 的中文用户;不但获得了东半球最大的搜索引擎之美誉,还成为名副其实的全球最大的中文搜索引擎。

  2010 年 3 月 23 日,Google 正式宣布退出中国内陆市场,远走香港。而在 1 月 16 日的百度 10 年庆典上,李彦宏面对所有百度员工掷地有声地讲道:"百度人很清楚自己的目标,无论 Google 是否要退出中国,百度都要向自己的下一个 10 年目标奋斗。"百度未来 10 年的目标是:营业收入增加 40 倍,成为全球一半以上的国家家喻户晓的品牌,成为全球最大的新媒体平台,百度品牌在未来 10 年普及世界 50% 的人口。

  (资料来源:谭力文.管理学[M],北京:中国商业出版社,2014.)

  当今环境的复杂性和未来的不确定性使许多管理者不知所措。面对 Google 的退出,李彦宏该作何反应? 这无疑是众多媒体关注的焦点。对此,李彦宏用"百度人很清楚自己的目标"巧妙地作了回答,而这也烘托出计划和目标对组织的重要性。这也从一定层面反映了管理者的首要职责之一就是决定组织未来应该走向哪里以及如何到达那里。

3.1　计划概述

计划是管理的一项基本职能。就管理过程而言,计划是管理过程中位于决策之后的一个重要环节。任何决策的实施都需要在搜集资料、对未来环境进行预测的基础上进行。根据决策目标,制订出实施的具体措施和步骤,是管理活动良性开展的必要条件。计划工作是先于其他管理活动的工作的,在管理工作中处于重要的地位。计划总是与时间相关联的,计划是组织对未来活动的事先安排。管理的其他活动随计划和目标的改变而改变。计划有不同的类型、不同的层次。不同层次、不同类型的计划在组织中形成了计划体系。

3.1.1　计划的含义

关于计划的含义,不同的管理学家有着不同的认识。有的管理学家认为:计划是事先对未来应采取行动所作的规划和安排;有的管理学家认为:计划就是对行动方案的预先设计,是在决策目标的指导下,以预测工作为基础,对实现目标的途径作出具体安排的一项活动;有的管理学家认为:计划是一种结果,是在计划工作所包含的一系列活动完成之后产生的、对未来行动方案的一种说明,等等。

关于计划的含义,我们认为:计划是组织根据环境的需要和自身的特点,通过将完成目标所需的活动任务进行时间和空间上的分解,将决策任务具体落实到组织中的不同部门和个人,从而顺利达到预期目标的过程。可以将计划的内容归结为5W1H,即计划主要包括以下6个方面的内容:

① What——做什么,即明确所要进行的活动内容及其要求。例如,在企业的生产计划中,确定生产产品的品种、数量、生产进度等。

② Why——为什么做,即明确所要进行工作的原因和目的,并论证其可行性。只有把"要我做"变为"我要做",才能充分发挥组织成员的主动性和创造性,实现预期目标。

③Who——由谁做,即规定由哪些部门和人员负责实施计划。围绕着这项工作,明确规定每个阶段由哪个部门和哪些人员负主要责任、哪些部门和哪些人员协助,各阶段交接时,由哪些部门和哪些人员参加鉴定和审核等。

④Where——在什么地点做,即规定工作的实施地点或场所,了解计划实施的环境条件和限制,以便合理安排计划实施的空间。

⑤When——在什么时间做,即规定计划中各项工作的开始和完成时间,以便进行有效的控制和对能力及资源进行平衡。

⑥How——采用什么方法和手段做、如何做,制定计划实施的措施以及相应的政策和规则,对资源进行合理分配和使用、对生产能力进行平衡、对各种派生计划进行综合平衡等。

3.1.2 计划的特点

计划具有目标性、普遍性、效率性、灵活性、实践性等5个特点。

1)计划的目标性

任何组织和个人制订计划都是为了有效地实现某种目标。在计划工作开始之前,这种目标可能还不十分具体,计划工作就是起始于这种不具体的目标。在计划的编制过程中,制定和明确具体的目标是计划的首要任务。这种具体的的目标不是单凭主观愿望就能确定的,而是根据实际情况,以许多预测和分析工作为基础来确定的。明确目标后的所有的任务,包括目标分解、目标结构分析、综合平衡等工作都是围绕着目标进行的。

2)计划的普遍性

人们常常错误地认为,计划只是组织高层管理者的工作。然而,由于人的精力是有限的,即使是最聪明、最能干的领导者,也不可能包揽现代组织中如此繁杂的全部计划工作,组织的高层管理者不可能也没必要对组织内的一切活动作出确切的说明。此外,授予下级某些制订计划的权力,有助于调动下级的积极性,挖掘下级的潜在能力,使下级感受到自身存在的价值,这无疑对贯彻执行计划、高效地完成组织目标是大有好处的。因此,组织中多数人员都会涉及计划工作,只是程度不同而已。在计划的过程中,组织的高层管理者制订总体计划,即战略性的计划。各部门在总体计划的指导下,制订生产计划、销售计划、财务计划等职能计划,各职能计划又被层层分解为各项作业计划。

3)计划的效率性

计划的效率性主要表现在时效性和经济性两个方面。一方面,计划必须具有时效性,即计划工作必须在计划期之前完成计划的制订工作,计划期的开始与结束时间是慎重选择的结果。另一方面,计划必须具有经济性,即计划应以最小的资源投入获得尽可能多的产出。

4)计划的实践性

计划的实践性指的是计划的可操作性。组织制订计划的目的是有效地实施相关工作。计划是未来行动的蓝图,不切合实际的计划是很难实现的,并且会给组织造成一定的损失。为了使计划具有可操作性,在计划之前必须进行充分的调查研究,准确把握环境和组织自身的状况,努力做到目标合理、措施得当。结合实际、目标适宜、易于操作是衡量计划好坏的重要标准。

5)计划的灵活性

计划是组织根据环境的需要和自身的特点来制订的。由于组织所处的环境是不断变化的,组织的行为会受到不确定因素的干扰。为了适应环境的变化,克服不确定因素的干扰,在制订计划时,组织应适当增强计划的灵活性。较为灵活的计划能够加强计划工作的可操作性,使计划工作得以顺利进行。

3.1.3 计划的类型

按照不同的标准,计划可以划分为不同的类型。认识不同的计划类型,有利于充分发挥计划的职能,制订有效的计划。

1)按计划的时限划分

根据计划的时限,可以将计划分为长期计划、中期计划和短期计划。

(1)长期计划

长期计划描绘了组织在较长时期的发展蓝图,描述的是组织在较长时期内的发展方向和方针,规定了组织各个部门在较长时期内从事某种活动应达到的目标和要求。长期计划一般为5年以上。长期计划的目的是扩大组织的活动能力。长期计划的执行结果对组织的发展能力具有极其重要的影响。

(2)中期计划

中期计划较具体地规定了组织的各个部门2~5年内应从事的活动,以及从事活动应达到的要求等,从而为组织成员的行动提供依据。中期计划的目的是维护和推进组织的活动能力。中期计划的执行结果对组织的生产能力有着极其重要的影响。

(3)短期计划

短期计划具体规定了组织的各个部门在目前到未来较短时期内应从事的活动,以及从事活动应达到的要求等,从而为组织成员在近期的行动提供依据。短期计划一般为一年。短期计划的目的是充分利用组织已经形成的活动能力。短期计划的执行结果对组织活动的效率以及由此决定的生存能力有着极其重要的影响。

2)按计划的层次划分

根据计划的层次,可以将计划分为战略计划和作业计划。

(1)战略计划

战略计划是关于组织整体未来的行动计划。战略计划为组织设立了未来的总体目标,规定了组织在所处环境中的地位。战略计划具有涉及时间较长、涉及范围较广、涉及的相关因素多而复杂的特点。这就要求战略计划要有较大的弹性。

(2)作业计划

作业计划是在某一较短时间内、某一行动中或某一领域内的具体计划。作业计划主要研究如何在已知条件下实现组织的总体目标,规定总体目标如何实现的细节计划。作业计划的特点是涉及的时间较短。

3)按计划的对象划分

依据计划的对象,可以将计划分为综合性计划和专业性计划。

(1)综合性计划

综合性计划指的是那些对组织业务经营过程的各个方面所作的全面规划和安排。综合性计划涉及组织多个目标和多方面内容的计划。一般而言,在较长时期内执行的战略计划常常是覆盖面较广泛的综合性计划。不过,短期计划中,也有诸如企业的年度综合经营计划这样的综合性计划。

（2）专业性计划

专业性计划指的是针对某一专业领域的职能工作所做的计划。专业性计划往往是对综合性计划的某一方面内容所作的分解和落实。这些计划只涉及组织活动的某一方面,与综合性计划的关系是局部与整体的关系。例如,与企业经营活动相关的生产计划、销售计划等都属于专业性计划。

4）按计划的明确性程度划分

根据计划内容的明确性程度,可将计划分为指向性计划和具体性计划。

（1）指向性计划

指向性计划也称为指导性计划,只规定一般性的目标、方向、方针和政策等指导原则,不把管理者限定在具体的目标上,或是特定的行动方案上。指向性计划一般是由高层管理者制订的,为组织指明了行动方向,但不提供实行的操作指南,具有内在的灵活性。指向性计划通常用于战略计划、中长期计划等。

（2）具体性计划

具体性计划具有明确规定的目标和一套可操作的行动方案,具有很强的可操作性。具体性计划通常适用于专业性计划,一般是由基层管理者制订的。

5）按计划制订的组织层次划分

根据计划制订的组织层次,可将计划分为高层管理计划、中层管理计划和基层管理计划。

（1）高层管理计划

高层管理计划是由组织中的高层管理人员制订的,一般以整个组织为对象,着眼于整个组织的长远发展,对整个组织作出整体的、长远的安排。高层管理计划一般属于战略计划。

（2）中层管理计划

中层管理计划是由组织中的中层管理人员制订的,一般以某一部门、某一领域、某一行动为对象,着眼于组织中各部门的定位及相互关系的确定,对某一部门、某一领域、某一行动作出相关安排。中层管理计划既可能包含各部门的分目标等战略性质的内容,也可能包含各部门的工作方案等作业性质的内容。

（3）基层管理计划

基层管理计划是由组织中的基础管理人员制订的,一般以某个岗位、某个员工及某个工作时间为对象,着眼于每个岗位、每个员工及每个工作时间单位,并作出相关工作安排。基层管理计划属于作业性的内容。

6）按计划的职能划分

根据计划的职能,可将计划分为生产计划、营销计划、财务计划和人事计划等。为了实现目标,组织必然要开展相应的活动。这些活动往往离不开生产、营销、财务、人事等方面的活动。相应地,组织需要为这些活动和职能业务部门制订计划。

3.1.4 计划的地位和作用

"凡事预则立,不预则废",这句话深刻地揭示了计划工作的重要作用。具体来说,计划的地位和作用表现在如下几个方面:

1)计划是管理活动的依据

组织的活动通常是由数目众多的成员在不同的时间、空间里进行的。计划为这些活动进行事先的安排和部署,为管理工作提供了基础,是管理活动的依据。计划的编制为组织的所有成员的工作分工和协作提供了基本依据。管理者根据计划分派任务,使组织的全体成员了解组织的目标,确定组织成员的权力和责任,使组织中全体成员的活动方向趋于一致,从而形成一种协调的组织行为,少走弯路,提高效率,从而为组织目标的实现提供保障。计划使得管理者的各项管理工作更加有效,使得管理工作的监督、检查和纠正工作有了明确的依据。

2)计划是合理配置资源的手段

任何组织活动的开展都是在一定资源的加工和转换基础上进行的。为了使组织的目标活动以尽可能低的投入顺利地进行,必须在规定的时间提供进行组织活动所需的规定数量的各种资源。计划就是通过将组织中不同部门在不同时间应从事何种活动,将任务进行时间、空间上的分解,明确任务所需资源的时间、数量和种类等,将组织的各项资源合理分配,使组织的各项目标活动顺利完成的过程。因此,计划是组织合理配置资源的依据。

3)计划是降低风险、掌握主动的依据

计划是组织对未来活动的安排。然而组织面临的未来是不断变化的,例如,自然环境的变化,国家政策方针的变化,原材料的价格变化,竞争者的变化,等等。这些变化性使得无论是组织生存的环境,还是组织自身,都具有一定的不确定性和变化性。一个组织如果对未来的变化没有准确的预测,必然会导致组织行为的失败。作为一种对未来行动的筹划,计划工作通过周密细致的预测,尽可能地将"意料之外的变化"转换为"意料之内的变化",对各种变化因素进行分析,有针对性地制订应对措施,以最合理的方案安排组织的各项活动,从而降低组织未来活动的风险。

4)计划是实施控制的依据

由于各种主客观因素的影响,组织的各个部分在决策实施中的活动情况与目标要求不一定完全相符,可能会出现偏差。对于这种偏差,如果不及时发现,不及时采取措施,那么,这些偏差不仅会导致组织活动的失败,而且可能危及组织的生存。因此及时发现可能存在的偏差就尤为重要。如何发现偏差呢?计划的编制,为检查不同部门、不同成员在不同时期的实际活动情况提供了客观的标准和依据,能够使组织对其活动进行控制。

5) 计划与决策的联系与区别

关于计划与决策,目前主要有 3 种观点:

第一种观点认为,计划是管理的首要职能,是一个广泛的概念。计划包括分析环境、确定目标、评价方案、选定方案等内容,决策仅仅只是这一过程中的一个环节。这种观点的代表人物是法约尔。法约尔认为:管理就是计划、组织、指挥、协调、控制的实施,计划是管理的一个基本部分,是对未来进行预测,并在预测的基础上制订行动方案的过程。

第二种观点认为,管理就是决策,决策是管理的核心,贯穿于整个管理过程。这种观点的代表人物是西蒙。西蒙认为管理就是决策。决策不仅包含了计划,而且包含整个管理。管理中有关确定目标、制订工作计划、选择方案等属于计划决策;有关机构设置、人员配备等属于组织决策;有关计划执行的检查、检查手段的选择等属于控制决策,等等。

第三种观点认为,计划与决策是两个既相互联系、又相互区别的概念。首先,计划和决策是相互联系的。一方面,决策为计划的任务安排提供了依据,计划为决策目标的实施提供了保证。另一方面,计划与决策是相互渗透,有时甚至是无法分割的。实际上,在决策的制定过程中,已经孕育着决策的实施计划,而计划的编制过程,实际上是决策的组织落实过程,也是对决策进行更为详细的检查、修订的过程。同时,计划与决策是相互区别的。决策是组织或个人为实现目标而对未来一定时期有关活动方向、活动内容和活动方式进行的选择或调整的过程。任何一个组织和个人从事一项活动之前,都必然要对活动方向、内容和方式进行选择。决策是管理的首要职能。而计划是对组织内部一定时期内不同成员行动任务的具体安排。由此可见,计划是在决策的基础上进行的工作。

本书采纳第三种观点,认为计划与决策是两个既相互区别、又相互联系的概念。

【管理链接 3.1】

科宁公司战略计划的作用

科宁公司是美国创建最早的公司之一,自 1880 年成功地制造了第一个灯泡以来,科宁公司一直以玻璃品的生产和加工为主,实行家族式管理。然而,这种经营战略也给它带来了许多问题:它的主干部门,即灯泡生产在 30 年前曾经占据美国 1/3 的灯泡市场,而今天却丧失了大部分的市场;电视显像管的生产也因激烈的市场竞争陷入困境。这两条主要的生产线都无法为公司获取利润。

面对上述情况,科宁公司既希望开辟新的市场,又不愿意放弃其传统的玻璃品生产和加工。为此,公司最高领导层制订了一个新的战略计划,计划主要包括 3 个方面:

①缩小类似灯泡和电视显像管这样低产的部门。

②减少因市场周期性急剧变化而浮动的产品的生产。

③开辟既有挑战性又具有巨大潜在市场的产品,包括 3 个新的领域:一是开辟光波导器生产,即用于电话、电缆和电视方面的光波导器和网络系统以及高级而复杂的医疗设备等,希望这方面的年销售量能达到 40 亿美元。二是开辟生物工程技术,这种技术在食品行业大有前途。三是利用原来的优势,继续制造医疗用玻璃杯和试管等,并开拓电子医疗诊断设备市场,希望在这方面能够达到全美同行业中的第一或第二的地位。

科宁公司这一雄心勃勃的战略计划为公司今后的发展指明了方向,使公司在变化的环境下掌握了主动权,公司希望通过实施这一战略计划获得更大的利润。

(资料来源:王凤彬,朱克强.管理学教学案例精选[M].上海:复旦大学出版社,1998.)

3.2　计划的编制程序

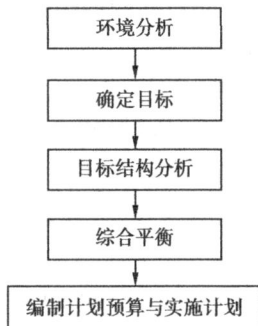

环境分析

↓

确定目标

↓

目标结构分析

↓

综合平衡

↓

编制计划预算与实施计划

图 3.1　计划编制程序图

在组织和个人进行决策之后,计划工作就正式开始。在进行计划工作时,既要考虑组织和个人的外部环境(社会环境、政治环境、经济环境、市场环境和竞争环境等),又要考虑组织和个人的内部条件(资源因素、技术因素、人员因素和管理因素等),还要考虑不同国家、不同地区、不同种群的差异因素等。一般来说,计划编制过程包括环境分析、确定目标、目标结构分析、综合平衡、编制计划预算与实施计划等 5 个步骤,如图 3.1 所示。

3.2.1　环境分析

计划是为决策的组织和落实而制订的。因此,在编制计划时,首先要了解决策者的选择,理解决策的特点和要求,对组织和个人的外部环境和内部条件进行分析,从而认清组织和个人的长处和不足、外部环境存在的机会和威胁,进而评估把握机会所需的资源和能力。这是编制计划的前提。环境分析包括以下内容:

1)宏观环境分析

宏观环境分析主要是对组织和个人所面临的政治环境、社会环境、经济环境、技术环境、资源环境等宏观环境进行分析。在政治环境方面,主要是分析政府的经济政策、方针、法令等。在社会环境方面,主要是分析社会文化、风俗习惯、消费倾向等。在经济环境方面,主要是分析人口趋势、就业状况、国民收入水平、社会需求量的变化、价格水平、相关管理部门对组织经济发展的要求等。在技术环境方面,主要是分析国内外科学技术发展的趋势、国内科学技术发展的水平等。在资源环境方面,主要是分析人力资源、物质资源、自然资源,包括水、电、油等各项生产资源的情况。

2)微观环境分析

微观环境分析主要是对组织和个人所面临的供应商、消费者、竞争对手、替代产品、社会公众等微观环境进行分析。在供应商方面,主要是对供应商供货的及时和稳定、供货的质量和价格、供货货源的选择性等进行分析。在消费者方面,主要是对消费者的需求质量、需求数量、购买能力等进行分析。在竞争对手方面,主要是对竞争对手的市场占有率、产品质量、产品价格、服务质量、品牌等进行分析。在替代产品方面,主要是对替代产品的种类、质量、价格、技术,以及替代产品的市场占有率等,进行分析。在社会公众方面,主要是对组织和个人在社会中的形象、组织和个人与媒体的关系、组织和个人与金融机构的关系、组织和个人与政府机构的关系等进行分析。

3.2.2 确定目标

在进行环境分析之后,应该对组织环境中的机会进行估量。一方面,管理者根据组织的优势和劣势,清楚组织所处的地位,做到心中有数;另一方面,管理者应进一步明确组织所面临的不确定因素有哪些,规避风险。在估量机会的前提下,确定计划工作目标的可行性。计划工作的目标是指组织在未来一定时期内所要达到的效果。计划工作的目标应包括要做的工作有哪些、重点工作是什么、要完成什么任务。

在确定目标时,应注意以下 3 个方面的问题:

①要确定目标的内容和顺序。要确立组织在未来一定时期内要取得的成果是什么。同时,应该在具体条件下,确定不同成果和目标的重要性,确定其顺序。

②要明确目标的原则,尽量将目标分解和量化,并且确定合适的评价体系。将目标分解到组织中的各个部门,将长期目标分解为各阶段分目标,通过分解确定组织中各部门在未来时期的具体任务以及完成这些任务的具体要求等。

③选择适当的目标实现时间,来保证在规定时间内实现组织目标。

3.2.3 目标结构分析

目标分解的结果是形成组织的目标结构。目标结构包括目标的时间结构和空间结构。目标结构描述了组织中总体目标与部门目标之间、长期目标与各阶段目标之间的相互关系与保证关系。在目标分解的基础上,进行目标结构分析。

目标结构分析主要分析和研究组织中低层次目标能否为高层次目标的实现提供保证。组织的高层次目标主要指的是组织总体目标或长期目标等,组织的低层次目标主要指的是部门目标或阶段性目标等。对目标结构的分析主要包括:分析组织在各个时期的具体目标能否实现;分析组织的各部门目标能否实现;分析组织的部门目标能否保证组织的总体目标的实现;分析组织的阶段性目标能否保证长期目标的实现,等等。

在目标结构分析时,当组织的低层次目标不能实现时,应及时采取补救措施,否则就必须调整高层次目标,甚至对整个组织决策进行重新修正。

3.2.4 综合平衡

在对组织的目标结构进行分析之后,组织和个人应根据实际情况进行综合平衡。综合平衡主要是进行任务的时间和空间平衡、任务与资源的平衡、任务与能力的平衡。

1)任务的时间和空间平衡

在目标结构分析的基础上,组织和个人应对任务的时间和空间进行平衡,使组织中各部门的任务在时间上、空间上相互协调。在任务的时间平衡方面,主要是分析组织在各阶段的任务是否相互衔接,能否保证组织活动顺利进行,并根据分析结果对计划目标进行微调。在任务的空间平衡方面,主要是指分析组织各部门的任务是否保持相应的比例关系,能否保证组织的整体活动协调进行,并根据分析结果对计划目标进行微调。

2）任务与资源的平衡

在目标结构分析的基础上,组织和个人根据任务进行资源的平衡。在进行任务与资源平衡的过程中,应对组织和个人的各项任务与资源供应的关系进行分析,分析组织和个人能否在适当的时间筹集到适当数量和品种的资源,从而保证组织活动的顺利进行。如果资源不能保证组织活动的顺利进行,那么,组织和个人要么加大投入的力度,在适当的时间筹集到适当数量和品种的资源,要么对计划目标进行微调,确保资源能够保证组织活动的顺利进行。

3）任务与能力的平衡

在目标结构分析的基础上,组织和个人根据任务进行能力的平衡。在进行任务与能力平衡的过程中,应对组织的不同部门在不同时间的任务与能力、对个人在不同时间的任务与能力进行分析,分析组织和个人的能力是否和相应任务匹配,组织的各个部门或个人是否能够保证在任何时间都有足够的能力完成规定的任务。如果能力不能保证组织活动的顺利进行,那么,组织和个人要么加大投入的力度,在适当的时间达到任务所需的能力,要么对计划目标进行微调,确保能力能够保证组织活动的顺利进行。

3.2.5　编制计划预算与实施计划

在综合平衡的基础上,组织可以为各个部门编制各个阶段的行动计划。具体的行动计划应该是数字化的,是通过数字来反映整个计划的。这个过程就是预算。编制计划预算一般有两个目的:首先,计划必然要涉及资源分配,只有将其数字化后才能汇总平衡各类计划,分配好各类资源;其次,预算可以成为衡量计划是否完成的标准。预算可以成为汇总各种计划的工具,它是衡量计划工作进度的重要标准。计划编制完毕后,下达计划,使各个部门执行计划。

以上就是计划编制的具体程序和步骤。按照以上计划编制的一般程序一步步地去做,可以使编制计划的工作条理化,减少随意性,避免盲目性。但是,需要指出的是,实际工作中,由于计划的各个步骤之间的关系比较复杂,不一定机械地按照上述顺序逐步进行,可能会出现进行到下一步需要返回到上一步或更上一步的情况。例如,在拟订各种可行性计划方案时,当发现一系列方案都达不到计划目标的要求时,就不得不返回,重新修订计划目标。总之,编制计划的程序和步骤既有严格的规律性,又有运用的灵活性。在编制计划的过程中,只有从实际出发,才能使编制的计划更为合理、更为科学。

3.3　现代计划的方法

组织和个人计划制订的效率高低和质量好坏,在很大程度上取决于组织和个人所采用的计划方法。过去,常常采用定额换算法、系数推导法和反复平衡法等传统计划方法来制订计划。定额换算法是根据有关的技术经济定额来计算确定计划指标的方法。系数推导法,也叫比例法,是利用过去两个相关经济指标之间长期形成的稳定比例来确定有关指标的方法。反复平衡法则是从组织的内在关系出发来考虑各项目标之间的相互制约关系,经过反复试算,从而求得平衡的方法。现在,这些传统的方法虽然仍有一定的用武之地,但是,由于现代组织面对的是更加复杂和动荡的外部环境,组织的规模也在不断扩大,传统的方法已不能满足现代计划工作的要求,各种现代计划方法应运而生。下面介绍几种常用的现代计划方法。

3.3.1 滚动计划法

滚动计划法是一种根据计划的执行情况和环境变化情况,将短期计划、中期计划和长期计划有机地结合起来,定期修订未来计划并逐期向前推移的方法。滚动计划法是一种动态编制计划的方法。由于组织所处的环境是不断变化的,在计划执行的过程中,往往会出现实际情况与预期情况存在一定的差距的情况。若硬性地按几年前制订的计划实施,可能会导致组织重大的损失。为了保证计划的有效性,就需要定期对计划进行必要的修正。通过滚动计划的方法,可以避免因环境变化所带来的不确定性给组织带来的不良影响。

1)滚动计划法的编制方法

滚动计划法的编制方法是:在制订计划时,同时制订未来若干期的计划,未来若干期的计划内容根据时间的远近,采用近细远粗的办法,即近期的计划内容尽可能地详尽,远期的计划内容则较粗略。同时,在每一个计划期结束时,都应根据该阶段计划执行情况和内外部环境变化情况,对原计划进行修订,并将整个计划向前滚动一个周期,以后根据同样的原则逐期滚动,如图3.2所示。

图 3.2 滚动计划法示意图

2)滚动计划法的特点

滚动计划法是一种动态编制计划的方法。这种方法将计划看成是一个不间断的运动,并不断调整计划,使计划处于适时变化和发展中,避免了计划的固化,提高了计划的适应性。滚动计划法具有以下特点:

(1)滚动计划法具有灵活性

滚动计划法不是在一项计划全部执行完成后,再重新编制下一阶段的计划,而是在每次编制或调整计划时,都按时间顺序向前推进,即向前滚动一次。这种方式,可以连续地预测出下期计划的情况及存在的问题,便于企业及早采取措施,发展有利因素,克服不利因素。

(2)滚动计划法不同时期的计划详细程度不同

采用滚动计划法编制计划,一般对距离目前较远时期的计划编制得较粗略,仅仅是概括性的,便于根据今后环境境况变化后易于修正的需要;对距离目前较近时期的计划则编制得较具体和详细,从而便于计划的实际执行。

（3）滚动计划法适用于任何类型的计划的编制

滚动计划法不仅适用于中期计划的编制,也适用于年度计划与月度计划的编制。滚动计划法适用于任何类型的计划。当滚动计划法用于长期计划的编制时,通常的做法是将计划期推前,即一般将计划期向前推进一个年度;用于年度计划的编制时,一般将计划期向前推进一个季度;而用于月度计划的编制时,一般将计划期向前推进10天。

滚动计划法的这些特点,使得采用滚动计划法编制的计划能够更加切合实际、更具有连贯性、更富有弹性,可以提高组织的应变能力。

3.3.2 网络计划技术

1）网络计划技术及网络图

（1）网络计划技术

网络计划技术是20世纪50年代后期在美国产生和发展起来的一种计划管理的科学方法。1956年,美国杜邦公司在制定企业不同业务部门的系统规划时,制订了第一套网络计划。这种计划借助于网络的形式来表示各项工作和所需时间,了解整个工作任务的全貌,以及各项工作之间的相互关系,通过网络分析研究工程费用与工期的相互关系,并找出在编制计划及计划执行过程中的关键路线,对工作过程进行科学的统筹安排,这种方法被称为关键路线法（CPM）。

1958年美国海军特种计划局在制订研制"北极星"导弹核潜艇计划时,为了科学管理和组织该工程,提出了一个以网络分析为主要内容的新型管理方法。这种方法注重于对各项工作安排的评价和审查,被称为计划评审法（PERT）。

虽然关键路线法（CPM）和计划评审法（PERT）的侧重点不同,但其基本原理、基本方法是相同的,统称为网络计划技术。

（2）网络图

网络图是一个将工作任务分解成许多步骤的工作,并根据这些工作在时间上的衔接关系,用箭头来表示它们的先后顺序,所画出一个各项工作相互关联并注明所需时间的箭线图,如图3.3所示。

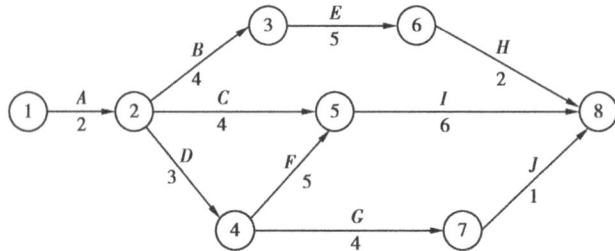

图 3.3 网络图

通过对图3.3的分析可以发现,网络图由以下部分构成:

①"→"表示工序。每一项工序是由一定的人力、物力来完成的,需要经过一段时间才能

完成。图中箭线下的数字便是完成该项工作所需的时间。此外,还有一些工序是虚设的,既不占用时间,也不消耗资源,叫虚工序,用虚箭头表示。使用虚工序,能够避免工序之间含混不清,以正确表明工序之间先后衔接的逻辑关系。

②"○"表示事项。网络图中的事项是两个工序间的连接点。事项既不消耗资源,也不占用时间,只表示前道工序结束、后道工序开始的瞬间。需要指明的是,一个网络图中只有一个起点事项和一个终点事项。

③路线。路线是网络图中由始点事项出发,沿箭头方向前进,连续地、不间断地到达终点事项的一条通道。一个网络图中往往存在多条路线。

网络图是网络计划技术的基础。网络计划技术就是用网络图的形式来表达各项作业之间的先后顺序及相互关系,并通过网络时间参数的计算找出关键作业和关键路线,通过网络的不断优化寻求最优计划方案。在网络图中,最长的被称为关键路线,关键路线上的工序被称为关键工序。关键路线的路长决定了整个计划所需要的时间。关键路线上各工序的完工时间提前或推迟都直接影响着整个活动能否按时完工。确定关键路线,根据关键路线合理地安排各种资源,对各工序活动进行进度控制,是利用网络计划技术的主要目的。

2)网络计划技术的应用步骤

应用网络计划技术来制订计划时,可以遵循以下步骤:

(1)确定目标

确定目标,是指决定将网络计划技术应用于哪一个工作任务,同时,提出对工作任务和有关技术经济指标的具体要求。例如,确定工作任务在工期方面、成本方面、资源平衡方面等要达到的要求等。

(2)分析工程项目,列出作业关系表

①进行作业分解。一个工作任务往往是由许多作业组成的,在绘制网络图前需要将工作任务分解成各项作业。作业分解的粗细程度一般视工作任务的具体情况以及组织的具体要求而定。一般来说,组织中对高层管理者使用的网络图和对基层部门使用的网络图是不一样的。对于组织高层管理者,其使用的网络图主要是通观全局、分析矛盾、掌握关键、协调工作和进行决策,因此,作业可以分解得粗些;对于基层部门,其使用的网络图主要是用于具体的工作指导,因此,作业可以分解得细些。

②进行作业分析。在将工作任务分解成作业的基础上,进行作业分析。作业分析主要是确定先行作业(紧前作业)、平行作业和后续作业(紧后作业),从而明确各项作业之间的关系。

③确定作业时间。在进行作业分析后,便可计算和确定作业需要的具体时间。

④列出作业关系表。将分解的作业及确定的作业时间填入到作业关系表中。

(3)绘制网络图

根据作业关系表,可绘制网络图。网络图的绘制有顺推法和逆推法两种。①顺推法,即从始结点开始作业的箭线,直至终结点为止。②逆推法,即从终结点开始,根据每项作业绘出各项作业的箭线,直至始结点为止。同一项工作任务,采用上述两种方法画出的网络图是相同的。一般地,大部分组织采用顺推法,只有对于习惯于按反工艺顺序安排计划的组织,例如机械制造企业才采用逆推法。

绘制网络图时,应注意以下原则:

①不能出现循环线路。在网络图中,箭头线是有方向性的,若以箭头线的箭尾作为直角坐标系的原点,则箭头线只能沿从左向右方向前进,否则会造成逻辑上的错误,甚至出现循环回路,使工作任务永远到达不了终点。在运用计算机进行计算时,也会出现死循环而无法得出结论。

②两个工序之间的连接点之间,即结点之间,只能有一项活动(一条线路)。如果两个连接点之间,有数条平行的作业活动,则除一项活动可以直接相接之外,其他的活动都需要增加连接点和引入虚活动予以分开。只有这样,才能避免在网络图中出现编号相同的箭头线。

③箭头线的首尾必须有结点。不能从一条箭头线中间引出另一条箭头线。

④结点的编号不能重复,且满足路线数量小于结点数量这一条件。由于考虑到可能在网络图中增添或改动某些工作,编号可以连号,也可以跳号,在编号时预先留出备用的空号,以适应网络图的补充。

⑤网络图只能有一个始点和一个终点。不允许在网络图中出现多个始点和终点。

⑥在绘制网络图时,应注意力求使图形的画面简明、整齐、清晰,关键线路尽量画成水平状态,不出现不必要的虚箭头线,少画交叉线,必须交叉时,采用"暗桥"的画法。

【管理实例3.1】

网络计划技术应用

某蒸汽管道大修理工程作业关系如表3.1所示。

表3.1 工程作业关系

作业名称	作业代号	紧后作业	作业时间/天
总体设计	A	B、C、D	4
拆旧管	B	E	1
制造新管和零件	C	E	2
制造新阀	D	G	2
安装新管	E	F	1
焊接新管	F	H	1
装新阀	G	H	1
保温	H	/	2

根据以上作业关系,绘制的工程网络图如图3.4所示。

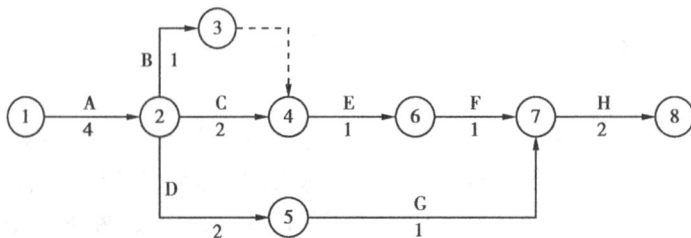

图3.4 工程网络图

（4）计算网络时间，确定关键路线

根据网络图和各项活动的作业时间，就可以计算出网络图中全部工作任务的时间和时差，以及所有可能的路线，并确定关键线路。具体计算网络时间并不太难，但比较烦琐。找出最长的路线，即关键路线，在关键路线上将关键工序标出，进而就可以计算全部工作任务完成的时间。在实例3.1（上例）中，关键路线为粗箭头线表示的 A→C→E→F→H。

（5）进行网络计划方案的优化

一旦找出关键路线，则就初步确定了完成整个工作任务所需要的工期。这个计划的总工期是否符合要求，是否与各项计划指标相适应，还需要进一步综合平衡。在综合平衡之后，进一步对计划进行优化，选择最优的方案。然后根据最优方案来绘制正式的网络图，编制各项作业的进度表，进行工程预算，等等。

（6）网络计划的贯彻执行

计划工作不仅要正确地编制计划，而且更重要的是组织计划的实施。编制网络计划仅仅是计划工作的开始。网络计划的贯彻执行，要发动组织成员进行广泛的讨论，采取切实有效的措施，保证计划任务的完成。同时，还应采用电子计算机技术，利用计算机对网络计划的执行进行监督、控制和调整。

作为一种现代化的计划管理方法，网络计划技术具有方法简单易行、能够迅速确定计划重点的特点。采用网络计划技术无须掌握高深的定量分析方法，基层管理者很容易掌握，可以清楚地确定计划中的关键作业和关键路线，便于管理者进行监督和控制。

3.3.3　线性规划法

1）线性规划解决的主要问题

线性规划法是数学规划中研究较早、应用较广、比较成熟的重要分支，在管理学中，是一种较新的计划方法。1939 年，苏联的经济数学家康托洛维奇首先提出了线性规划法，并将其应用于计划管理工作。1947 年，美国数学家丹捷格（G. B. Dantzig）等人提出了求解线性规划问题的单纯形法。这之后，线性规划的理论逐渐趋于成熟。特别是随着计算机技术的广泛应用，线性规划法适用的领域更加广泛，且更为深入。

线性规划法主要解决两类问题：一是最大化问题，即在有限的人力、物力、财力等资源条件下，如何合理利用这些资源，以获得最大的经济效益；二是最小化问题，即在给定任务的情况下，如何统筹安排，以尽量少的资源来完成给定任务。无论是最大化问题，还是最小化问题，线性规划解决的都是某个工作任务的整体效益最优的问题。

2）线性规划的数学模型

线性规划法是解决多变量最优决策的方法，即在各种相互关联的多变量约束条件下，解决或规划一个对象的线性目标函数最优的问题。其中，目标函数是决策者要求达到目标的数学表达式，用一个极大或极小值表示。约束条件是指实现目标的能力资源和内部条件的限制因素，用一组等式或不等式来表示。

线性规划法一般采取 3 个步骤：

①建立目标函数。

$$F = \sum C_j X_j (j = 1, 2, \cdots, n)$$

②加上约束条件。在建立目标函数的基础上,附加下列约束条件:

$$\sum a_{ij} x_j \leqslant b (i = 1, 2, \cdots, n)$$

$$x_j \geqslant 0 (j = 1, 2, \cdots, n)$$

③求解各种待定参数的具体数值。在目标最大的前提下,根据各种待定参数的约束条件的具体限制便可找出一组最佳的组合。

线性规划法具有如下特点:a. 每个线性规划问题和任务都由一组非负的变量表示,非负变量的一组定值就代表一个具体方案。b. 存在着一组由线性等式或线性不等式表示的约束条件。c. 存在一个由线性函数表示的目标函数。

【管理实例3.2】

线性规划法应用

某企业为满足市场需求生产 A,B 两种产品,每种产品各有两道工序,分别由甲、乙两台机器完成这两道工序,生产 A 产品需要的工时为:甲设备为 2 小时,乙设备为 1 小时;生产 B 产品需要的工时为:甲设备为 1 小时,乙设备为 2.5 小时。若甲、乙两台设备每周最多工作小时数都是 40 小时,每生产一件 A 产品可获得收入 20 元,每生产一件 B 产品可获得收入 30 元。问该企业每周应如何安排生产计划,才能使企业的获利最高。

对于这种问题采用线性规划法进行计划效果最佳。设每周安排生产为:A 产品 x_1 件,B 产品 x_2 件,则由已知条件可得如下线性规划的约束条件:

$$\begin{cases} 2x_1 + x_2 \leqslant 40 \\ x_1 + 2.5x_2 \leqslant 40 \\ x_1, x_2 \geqslant 0 \end{cases}$$

在满足上述约束条件的情况下,希望企业获得的利润最大,因此,

$$\max f(x_1, x_2) = 20x_1 + 30x_2$$

上式称为目标函数。利用单纯形法求得该问题的答案为:$x_1 = 15$,$x_2 = 10$,即生产 A 产品 15 件、B 产品 10 件,企业获得的利润最大。

3.3.4　投入产出法

投入产出法是由美籍俄裔经济学家沃西里·里昂惕夫(Wassily W. Leontief)于 1936 年首先提出来的。1973 年,里昂惕夫因这一领域所作出的贡献,获得了诺贝尔经济学奖。投入产出法是一种运用数学的方法对物质生产部门之间或产品与产品之间的数量依存关系进行分析,并对再生产进行综合平衡的计划方法。

1)投入产出法的基本原理

投入产出法常用来对经济体系(国民经济、地区经济、公司或企业经济单位)中各个部分之间投入与产出的相互依存关系进行数量分析,并在此分析的基础上,对再生产进行综合平衡。

投入产出法的基本原理是:任何经济系统的经济活动都包括投入和产出两个部分。投

入指的是生产活动中的消耗,产出指的是生产活动的结果;在生产活动中,投入和产出之间具有一定数量比例关系,投入产出法就是利用这种数量关系建立投入产出表,并在投入产出表的基础上,对投入和产出的关系进行科学分析,从而运用分析结果来编制计划,进行综合平衡。

在投入产出法中,涉及两个重要概念:投入产出表和投入产出模型。投入产出表指的是反映各种产品生产投入来源和去向的一种棋盘式的表格。投入产出模型则是指用数学形式体现投入产出表所反映的经济内容的线性代数方程组。

2)投入产出表的基本形式

投入产出表由 4 个部分组成,如表 3.2 所示,分别称为 Ⅰ、Ⅱ、Ⅲ 和 Ⅳ 象限。

表 3.2　投入产出表的基本形式

产　出 投　入		中间使用				最终使用				总产出
		产品 部门 1	产品 部门 2	…	中间 使用 合计	消　费	积　累	合　计		
中间投入	产品部门1 产品部门2 产品部门3 … 产品部门n	Ⅰ象限				Ⅱ象限				
	中间投入合计									
增加值	劳动报酬 社会纯收入 增加值合计	Ⅲ象限				Ⅳ象限				
总投入										

（1）Ⅰ象限

Ⅰ象限的主栏为中间投入,宾栏为中间使用。这一部分是投入产出的核心,是反映系统要素联系的中枢,由名称相同、排列次序相同、数目一致的若干个产品部门纵横交叉而成。在表中,每个数字都有双重含义。从横向看,数字表示的是产出部门的产品(货物或服务)提供给各投入部门中间使用的数量;从纵向看,数字表示的是各投入部门在生产过程中消耗各产出部门的产品(货物或服务)的数量。这部分充分揭示了经济活动中各个部门之间相互依存、相互制约的经济联系。

（2）Ⅱ象限

Ⅱ象限的主栏与第Ⅰ象限相同,宾栏包括消费和积累等最终使用。Ⅱ象限表现了市场的最终需求,第Ⅱ象限是第Ⅰ象限在水平方向上的延伸。这部分主要反映用于各种最终使用的各产品部门的产品或服务的数量,反映各种最终使用的构成。

（3）Ⅲ象限

Ⅲ象限的主栏为劳动报酬、社会纯收入等各种最初投入，宾栏和第Ⅰ象限相同。Ⅲ象限反映的是市场提供的初始要素的投入，是Ⅰ象限在垂直方向上的延伸。这部分反映了各产品部门增加值的构成情况。

（4）Ⅳ象限

Ⅳ象限主要用来表示新创造的价值的第二次分配。由于这部分情况十分复杂，还有待进一步研究，因此，一般的投入产出表将这部分省略。

在投入产出表中，存在列、行、总量、部门投入与产出等方面的平衡关系：①在列上存在的平衡关系为：中间投入＋增加值＝总投入；②在行上存在的平衡关系为：中间使用＋最终使用＝总产出；③在总量上存在的平衡关系为：总投入＝总产出；④在部门存在的投入产出关系上的平衡关系为：每个部门的总投入＝每个部门的总产出；⑤在中间环节存在的投入和使用关系的平衡：中间投入合计＝中间使用合计。

3）投入产出法的特点

（1）整体性

投入产出法从国民经济是个有机整体的观点出发，综合研究各个具体部门间的数量关系（技术经济联系）。在投入产出法的研究中，既有综合指标，又有按产品部门的分解指标，且对两个指标进行了有机的结合。投入产出法可以较好地了解国民经济的全局和局部的关系，做到在国民经济综合平衡的基础上，确定每个具体部门产品的生产和分配。因此，投入产出法成为计划和预测的一种重要工具。

（2）全面性

实际上，国民经济的每个部门都同时具有生产者和消费者的双重身份，它既产出产品，按社会需要分配，供其他部门和领域消费，又要消费其他部门的产品，通过本身的生产消费过程才能把产品生产出来。这样，国民经济中各种产品的生产和分配相互交织，就形成所有部门间相互消耗和相互提供产品的内在联系。在投入产出法中，投入产出表是一个棋盘式的、纵横互相交叉的表格。这种表现方式可以使计划方法能够从生产消耗和分配使用两个方面来反映产品在部门之间的运动过程，反映产品的价值形成过程和使用价值运动过程，具有全面性。

（3）准确性

投入产出法通过各种系数投入产出表来反映在一定技术水平和生产组织条件下国民经济各部门间的技术经济，反映用以测定和体现社会总产品与中间产品、社会总产品与最终产品之间的数量联系。这种方式既反映了部门之间的直接联系，又反映了部门之间的间接联系。投入产出表的本身就是一个经济矩阵，就是一个部门联系平衡模型。投入产出表所提供的各种系数，可运用现代数学方法和电子计算机进行运算，是我们对国民经济进行数量分析、平衡核算和计划计算的依据。这种将现代数学方法和电子计算技术结合的方式，保证计划计算的及时性和准确性。

3.4 目标管理

目标管理(Management by Objectives,简称 MBO),是 20 世纪 50 年代中期出现于美国,以泰勒的科学管理和行为科学理论为基础形成的一种管理制度。1954 年,彼德·德鲁克在《管理的实践》一书中以通用汽车公司联邦分权制的实例,对目标管理进行了具体的介绍,首先提出了"目标管理和自我控制"的观点,之后又进一步发展了这一观点。德鲁克认为,组织的目的和任务,必须化为目标,组织的各级主管必须通过这些目标对下级进行领导,以此来实现组织的总目标。德鲁克的观点对形成和推广目标管理起了巨大的推动作用。

3.4.1 目标的内涵及特点

1)目标的内涵

目标是组织和个人在一定时期内所要达到的预期成果,是组织和个人在一定时期内通过努力争取达到的理想状态或期望获得的成果。目标包括组织的目的和任务,而这些目的和任务也包括时间的限制。作为社会中一个有意义的存在体,任何一个组织都应有一定的宗旨,这个宗旨表明了社会所赋予这个组织的基本职能或组织应履行的社会委托给它的任务。目标实际上是一个组织存在的宗旨的具体化和数量化。宗旨需要通过具体化为一定的目标,才能成为行动的指南。目标是通过计划工作来确定的,由一系列的具体指标组成。

一般来说,组织目标可分为战略性目标、策略性目标以及方案等。组织的经营战略目标和高级策略目标由高级管理者制定,中级目标由中层管理者制定,初级目标由基层管理者制定,方案由员工制订。自上而下的目标分解和自下而上的目标期望相结合,使组织任务计划的贯彻执行建立在组织成员的主动性、积极性的基础上,把组织成员吸引到组织的任务活动中来。

2)目标的特点

目标具有以下 5 个方面的特点:

(1)层次性

作为一个目标体系,组织目标无论在纵向上还是在横向上,都可以分为许多层次。在纵向上,组织的总体目标随着组织层级被一层一层地分解,直至被分解为一个个具体的作业目标。这是一个从一到多、从宏观到微观、从抽象到具体的等级体系。在横向上,围绕着组织的核心目标,有一系列具体的支持性目标,核心目标的实现取决于支持性目标的实现状况。根据组织与内外环境的关系,组织目标又可以分为环境层的目标、组织层的目标和个人层的目标等。

(2)多样性

组织的目标有其多样性。即使是组织的主要目标,也会呈现这一特点。其考量与制订,主要取决于组织的管理者重点关注什么,必须实现什么的选择与取舍。例如,对工商企业这类组织来说,常常会设立以下8个主要方面的目标:①市场地位目标;②创新和技术进步目标;③生产率目标;④物质和财力资源目标;⑤利润率目标;⑥主管人员的绩效和发展目标;⑦员工的工作质量和劳动态度目标;⑧社会责任目标。同时,每一个方面都还有更具体的目标。例如,在利润率方面,还会有销售利润率、资金利润率、投资报酬率等目标。尽管组织的目标除了主要目标之外,还有一些次要的目标,且表现出多样性的特点,然而,并非目标越多越好。在组织的管理实践中,应当尽量减少目标的数量,尽量突出主要的目标。

(3)时间性

目标是一定时期内所要达到的预期成果,如果没有"一定时期"的时间约束条件,目标就失去了存在的意义。因此,任何目标都必须具有时间性。如果按时间的长短来划分目标的话,目标可分为长期目标和短期目标。长期目标是组织目标的"纲",短期目标是组织目标的"目"。在管理实践中,应做到纲举目张。

(4)可考核性

一般说来,目标可以分为定性目标和定量目标,其中定性目标的考核比较困难,而定量目标的考核要容易得多。目标的可考核性是从量化角度提出来的。因此,使目标具有可考核性的最简便方法就是使之定量化。在现代管理中,大多数组织的大部分目标是定量目标,这样,对执行者的业绩考查也就比较容易。然而,必须指出的是,有些目标是不宜用数量表示的。对管理工作而言,硬性地把一些定性目标数量化和简单化,也是不可取的。同时,在组织活动中,定性目标也是不可缺少的。随着管理者在组织中地位的增高,其定性目标就可能越多。

(5)关联性

组织中各类、各级目标构成一个相互关联的网络。一个组织的目标通常是通过各种活动的相互联系、相互促进来实现的,所以目标和具体的计划通常构成一个个相互关联的网络体系,目标与目标之间左右关联、上下贯通、彼此呼应、彼此促进,融汇成一个整体。正因为如此,尽管有些看起来对自己的部门有利、但实际上对组织整体可能是有害的目标,应该被去除。

3.4.2　目标管理的内涵和本质

1)目标管理的内涵

目标管理也称"成果管理",俗称责任制,是一种以目标为导向,以人为中心,以成果为标准,组织全体成员参与的、自上而下地确定工作目标,并在工作中实行"自我控制",自下而上地保证目标实现,使组织和个人取得最佳业绩的现代管理方法。

目标管理体现了系统论和控制论的思想。目标管理中所说的目标,是把组织目标作为一个"系统"看待,从整体考虑问题,从上到下构成一个有机的组织目标体系,也就是说,在确定组织总目标时,目标管理方法就充分注意组织内部各分目标的确定和落实。通过目标管理,把组织内部的各个部分、各个环节、组织内部与外部的各种因素,与完成组织的目标紧密地联系在一起,从而使组织能够通盘考虑,准确、有效、完整地掌握完成组织总体目标的进程。

2）目标管理的实质

目标管理的实质是组织成员参与制定目标，实行自我管理和自我控制。在管理过程中，目标管理不像传统的目标设定方法那样，完全由上级分配给下级，而是采用参与方式来决定目标。也就是说当组织制定出一定时期内期望达到的目标后，组织的各部门和全体成员根据组织总目标的要求，采取"自上而下"与"自下而上"相结合的方式，通过各部门相互配合来协商确定各自的分目标，并将这种目标商定的做法贯穿到组织的各单位及每个人，形成以组织总目标为中心的、上下左右紧密衔接和协调一致的目标体系。同时，在目标执行过程中，目标管理实行逐级授权，使执行者能够自行地确定实现目标的方法、手段，达到权责对称，实现自主、自我管理。另外，目标管理将员工的自检和互检与上级的成果检查相结合，实行基于工作成果评价的管理控制制度。

通过目标管理，组织既贯彻了组织成员参与管理的思想，同时又建立了一套具体、可衡量的目标体系，从而实现了对组织成员行为的引导、激励和控制的有机统一。目标管理法提出了一种新的目标设定逻辑，形成了一个通过协商的目标层级结构，使组织内目标制定过程从单纯的自下而上转变为上下结合。在这个结构中，层与层之间目标连接在一起，而且对每一位组织成员都提供了具体的个人绩效目标。通过一系列措施，目标管理方法不仅保证了各层管理人员实现组织目标的"意识"，而且也使得目标设定真正成为提高工作绩效的动力。因此，目标管理法被认为是一种科学、合理的现代管理方法，不单单是计划或目标的设定方法。

3.4.3 目标管理的特点

目标管理把泰勒的科学管理理论和梅奥的人际关系学说结合起来，把科学管理理论中重视"工作"与人际关系学说中重视"人"结合起来，强调要把组织的工作任务搞好，必须保持组织目的与社会目的协调一致，保持组织目标与个人目标协调一致，要充分发挥组织中人和物等方面的作用，从而有效地促进组织目标的实现。与其他管理方法相比较，目标管理具有以下几个方面的特点：

1）具有目标体系，是一种总体的管理

实行目标管理要根据组织的宗旨来进行，确立组织某一时期特定的战略目标，并以此为重点，把组织的工作目的和任务转化为组织全体成员的明确目标。通过发动所有成员，自下而上、自上而下地制定目标，在组织内部建立起一个纵横交错、相互联系的目标体系，并用目标层层展开的方法和目标卡片的形式，把目标明确固定下来。目标体系把组织的全体成员有机地组织起来，使组织成员产生整体观念和团结欲望，从而有利于发挥集体的力量。因而，目标管理能够发挥组织各部门和全体职工的积极性，是一种全方位的管理，可以取得全面的管理效果。

2）实行参与管理，是一种民主的管理

目标管理实际上也是一种参与管理制度。在目标管理的实施过程中，目标的实现者同时也是目标的制定者，目标是由上级与下级在一起共同确定的。这种方式让组织的全体成

员参与管理,实行组织管理民主化。在制定目标时,和以往的管理由上而下摊派工作任务的做法截然不同,尽量尊重目标实施者的愿望,使人们增强责任感和提高工作兴趣。例如,在制定个人目标时,充分听取个人的意见等。与传统管理中的命令、指示、独断专行相比,目标管理主要采用协商、讨论和意见交流等方式来进行管理,是一种体现民主的管理。这种方式使组织成员感到自己受到尊重与认可,因而能在一定程度上缓和上下级之间的某些矛盾,有利于调动职工的积极性和创造性。

3)实行自我控制,是一种自觉的管理

在目标管理中,强调自我控制,强调用"自我控制的管理"来代替"压制性的管理",从而使管理人员能够控制自己的成绩。目标管理是一种"主动"的管理方式,要求自觉地追求目标的实现,以积极的行动代替空洞的言论,以自我要求代替被动从属,以自我控制代替被人把持。这种主动和自我控制可以成为强烈的动力,推动组织成员尽最大努力把工作做好。目标管理关注人的需要,以目标激励人,讲求将组织成员隐藏的潜力尽量地发挥出来,并以自我控制实现组织和个人的目标。与以往的管理方法相比,这种主动自觉的管理更能适应现代化组织的发展,使组织在激烈的竞争中立于不败之地。

4)注重管理实效,是一种成果管理

目标管理强调成果导向,注重目标的实现,重视目标的评定。在传统的管理方法中,对员工绩效评价,往往是根据印象、对某些问题的态度等定性因素来进行评价的。采用目标管理方法,就会随之配有一套完善的目标考核体系。这样的考核体系能够按组织成员的实际贡献大小如实地进行评价。对成果评定的结果,不仅给予组织成员相应的奖励和表彰,还把个人成果反映到人事考核上,作为晋级、提升的依据。这种把组织的业绩提高和成员的个人晋升等个人利益结合起来的做法,必然会成为激励组织成员积极争取更好成果的推动力,也必然能够促进组织成员的勤学向上和能力与潜质开发,从而进一步提高组织的工作效率。

3.4.4　目标管理的步骤

目标管理是一种系统管理方法,目标管理过程分成以下 5 个步骤或环节。其全过程如图 3.5 所示。

1)确定目标

确定组织目标时,不仅应从组织的实际情况出发,还要以符合国家政策的要求和满足市场的需要为前提。总目标可以由下级或组织成员提出,上级部门批准;也可以由上级部门提出,再同下级一起讨论决定。不管采用哪种方式来确定目标,都要注意以下两点:第一,必须由领导会同各级管理者及基层员工共同商议决定,特别是要听取基层员工的意见;第二,领导必须根据组织的长远规划和面临的客观环境,对应该完成和能够完成的目标有一个理性的估计,不能简单地将下级目标进行汇总而是应该发挥主导作用,来制定组织的总目标。

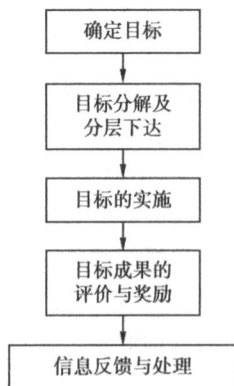

图 3.5　目标管理流程图

2）目标分解及分层下达

目标管理的第二步是，将总目标进行横向与纵向的分解，建立一套完整的目标体系。首先，根据组织结构体系，自上而下地将总目标进行分解，使得每个组织层次、每个部门、每个组织成员都具有各自的任务。其次，每个层次、每个部门、每个组织成员自下而上地根据各自的分工情况和职责，结合上级下达的任务，制定自己的、经过完善和具体化的目标，然后提交给上级批示。最后，综合分析上级下达的工作任务和下级制定的工作目标，找出差异，通过上下级的沟通进行修改。在几次这样的反复后，每个层次、每个部门、每个组织成员都拥有了各自的目标，并形成一个比较完善的目标体系。

3）目标的实施

自我控制是目标管理的核心。在完成各级目标的制定后，管理人员就应该将权力下放给手下的员工，靠员工的自我管理和控制完成既定的目标。管理人员通过指导、协助、提供情报、创造良好的工作氛围等方式来帮助员工完成目标任务。目标管理并不等于管理人员放弃管理。

4）目标成果的评价和奖励

在目标管理的过程中，将既定的目标作为评价工作任务的标准，定期对工作任务的完成情况进行检查和评价。一般地，检查与评价的方式有两种：一种方式是各层次、各部门、各个员工的自我考评；另一种则是组织的上级对下级进行考评。两种方式可以一起使用，可以先进行自我评价，然后再由上级进行复查。通过检查和评价，对完成任务和实现目标好的员工要给予奖励，而对未能按时、按标准完成任务和实现目标的员工要提出批评，甚至惩罚。通过这些方式来促进组织任务的有效完成。

5）信息反馈与处理

在目标管理的过程中，应及时做好信息的反馈与处理，进行经验总结。在经验总结时，是上级和下级共同对上一阶段目标管理工作的成败进行总结的。这种方式有助于发现问题，找出原因，总结经验，交流提高。在经验总结的过程中，特别要对目标的设立、组织成员的自我控制、上级的管理等问题进行深入的总结，从而提高将来目标管理的质量。

以上步骤完成后，按照制定的指标、标准对各项目标的完成情况进行考核。依据目标完成的结果和质量，与部门、个人的奖惩挂钩，甚至与个人职位升迁挂钩。经过目标成果检查、评价，确认任务已完成、目标已达到并进行经验总结后，目标管理可进入下一个循环阶段。

【管理链接3.2】

一家制药公司的目标管理

一家制药公司，决定在整个公司内实施目标管理，根据目标实施和完成情况，一年进行一次绩效评估。事实上他们之前在为销售部门制定奖金系统时已经用了这种方法。公司通过对比实际销售额与目标销售额，支付给销售人员相应的奖金。这样销售人员的实际薪资就包括基本工资和一定比例的个人销售奖金两部分。

销售大幅度提上去了，但是却苦了生产部门，他们很难完成交货计划。销售部抱怨生产部不能按时交货。总经理和高级管理层决定为所有部门经理以及关键员工建立一个目标设定流程。为了实施这个新的方法,他们需要用到绩效评估系统。生产部门的目标包括按时交货和库存成本两个部分。

他们请了一家咨询公司指导管理人员设计新的绩效评估系统,并就现有的薪资结构提出改变的建议。他们付给咨询顾问高昂的费用修改基本薪资结构,包括岗位分析和工作描述。还请咨询顾问参与制定奖金系统,该系统与年度目标的实现程度密切相连。他们指导经理们如何组织目标设定的讨论和绩效回顾流程。总经理期待着很快能够提高业绩。

然而不幸的是,业绩不但没有上升,反而下滑了。部门间的矛盾加剧,尤其是销售部和生产部。生产部埋怨销售部销售预测的准确性太差,而销售部埋怨生产部无法按时交货。每个部门都指责其他部门的问题。客户满意度下降,利润也在下滑。

学习要点

1. 计划的含义:计划是指将实施决策所需完成的活动任务进行时间和空间上的分解,以便将决策任务具体落实到组织中的不同部门和个人。

2. 计划的作用:计划是管理活动的依据;计划是合理配置资源的手段;计划是降低风险、掌握主动的依据;计划是实施控制的依据。

3. 计划的特点:目标性、普遍性、实践性、灵活性、效率性。

4. 计划的种类:长期计划与短期计划、综合性计划与专业性计划、指向性计划与具体性计划、战略计划与作业计划。

5. 搜集资料、目标分解、目标结构分析、综合平衡、编制并下达执行计划。

滚动计划法:基本思路是根据计划执行的情况和环境的变化情况,定期调整未来的计划,并逐渐向前推移,以保证计划的连贯性,使短期计划与中期计划有机地结合起来。

6. 网络计划技术:基本原理是将一项工程分为若干作业,用网络图的形式表达各项作业之间的先后顺序及相互关系,并通过网络时间参数的计算找出关键作业和关键路线,通过网络的不断优化寻求最优计划方案。

7. 线性规划法:解决的都是某个问题的整体效益最优的问题,包括最大化问题和最小化问题。

8. 投入产出法:是一种利用线性代数的方法,对多个部门之间或多种产品之间消耗数量的依存关系进行定量分析,并对再生产进行综合平衡的一种现代化的科学方法。

思考练习

1. 如何理解计划与决策之间的关系?
2. 如何理解计划的作用?
3. 计划具有哪些特点?
4. 阐述计划编制的程序。
5. 画图表示滚动计划法的基本原理。
6. 网络计划法的基本原理是什么?

7. 线性规划解决哪两类主要问题?

8. 什么是投入产出法? 投入产出法的基本原理是什么?

管理实践

训练项目:编制活动策划(计划)书

[实践目标]

1. 培养创新能力与策划能力。

2. 掌握实际编制计划的方法。

[实践内容与方法]

1. 在调研的基础上,运用创造性思维,策划一项活动,制订计划书。要求:(1)所策划活动的内容与主题,既可以由教师统一指定,又可以由学生自选。选题尽可能是与所学专业相关,也可以是学生所熟悉的其他内容。(2)应通过调研,获取较为丰富的材料。(3)要运用创造性思维,所策划的活动一定要有创意。(4)要科学地规划有关要素,计划书的结构要合理、完整。

2. 在每个人进行个别策划的基础上,以模拟公司为单位,运用"头脑风暴法"等方法,组织深入研讨,形成公司的创意。

3. 利用课余时间进行系统的活动策划,编制公司的活动策划书或计划书。

4. 在课上进行交流与论证。

[实践标准与评估]

1. 要使同学们认识到撰写策划书是计划职能的基本手段,是同学们未来就业的重要技能,一定要高度重视,积极参与。

2. 要认真进行环境分析与问题界定。环境与问题不清,就不会作出正确的决策。要按照所学的关于环境分析与问题界定的模型与方法,认真地进行分析与研究。

3. 策划的灵魂是创意。同学们应运用所学的多种创新方法,开动脑筋,务必形成创意。没有创意的策划方案是不会有太大价值的。

4. 策划书的基本结构要合理,计划要素要完整齐全。要根据所学的企业基本框架模式与问题框架模式及企业计划书的基本项目进行设计,认真撰写,制订一份完整规范的策划书或计划。

5. 实践成果提交。(1)每个人都要起草一份策划书;(2)在个人策划的基础上,编写公司的策划书或计划书(执笔人则不再另写个人策划书);(3)根据各公司的策划书及在交流中的表现,对发言人进行评估。

附:作业——个人或公司活动策划方案

一、活动项目名称

_____

二、环境或问题分析

外部环境(或问题分析):

_____

_____

内部环境:

_____

_____

三、行动方案(选择的策略、活动内容、形式与要求等)

_____

_____

(资料来源:单凤儒.管理学基础实训教程[M].2 版.北京:高等教育出版社,2009.)

第4章

组织理论与实践

学习目标

1. 掌握组织的含义。
2. 掌握组织的分类。
3. 了解组织的环境。
4. 掌握组织设计的步骤与原则。
5. 了解影响组织设计的因素。
6. 掌握组织结构的基本类型和特点。
7. 了解组织文化的内涵。
8. 了解组织变革的动力和阻力。

引例

美的的矩阵式整合

1980 年，美的开始制造电风扇，正式进入家电制造领域，并通过并购的方式先后进入冰箱、洗衣机领域，构建起了白色家电王国。2004 年以来，美的先后收购重组了重庆通用、荣事达、华凌、小天鹅等多个具有国企背景的企业。但是随着一系列兼并收购的完成，曾经依靠"产、研、销"一体化运作，推动美的高速发展的产品事业部制经营模式，客观上也形成了不同品类、品牌之间发展不匹配、不均衡，资源重复投入、浪费严重等问题。长期以来各产品单位都在各自建立独立的营销渠道，也各自拥有独立的营销团队。

在这种情况下，整合变得迫在眉睫。2009 年 8 月，美的中国营销总部成立。"具体就是共享资源，不能产生三部分费用出来。比如空调、冰箱、洗衣机的渠道谈判，以前都是各品类分别去谈，现在整合到一起谈，谈判力度和空间都会放大。"一位内部人士说。

2009 年 11 月以来，美的全国 60 家分公司陆续召开了渠道整合大会，三大品类、4 个品牌全部参与整合，这是美的历史上最大的一次营销整合，也是 10 多年来奉行事业部制的美的进行矩阵式变革的第一步。

通过长期调研，美的发现各产品事业部的营销团队、销售架构、经销代理商体系等各方面资源都可以进行整合。美的制冷家电集团 CEO 方洪波认为，以往各产品事业部独立开设专卖店不利于整体竞争。他表示，今后要尽可能地开设美的"大综合专卖店"，丰富专卖店的产品系列，因为单一产品的专卖店缺乏足够的竞争力。

"以往以事业部为经营主体开展营销工作,甚至有的经营单位以产品类型来开展营销工作,营销主体过多,各产品内耗严重,造成了资源投入的分散。这种营销模式没有办法与经销商、专卖店形成合理良好的对接。"美的内部人士说,"过去,我们的专卖店主要是卖空调,而现在全国80%以上的美的专卖店中都能同时经营美的空调、冰箱、洗衣机的全线产品,同时还将大规模扩建旗舰专卖店,整合美的旗下更多的大、小家电产品。"

组织是管理的一项基本职能。在管理过程中,使组织不断发展、完善、更加富有成效是管理者的主要任务之一。设计、维护及再设计合适的组织结构,既是组织发展的基础,也是管理者的重要任务之一。正如美的公司的组织变革一样,组织结构对组织发展具有极为重要的意义,是整个组织职能的基础。

4.1   组织概述

在现代社会,每一个社会成员都是生活在一个或多个组织中的。只有在组织中,人们才能从事经济活动、政治活动和文化活动等。组织是人类社会中最常见、最普遍的现象。作为把人们组织起来的活动及其结果,组织把人们的个体力量整合成整体力量,从而在社会的发展中发挥重要作用。

4.1.1   组织的含义

关于组织的含义,不同的管理学家有着不同的认识,并从不同的角度分别进行了阐述。管理学家、社会系统学派的创始人切斯特·巴纳德(Chester Z. Barnard)认为:组织是两个或两个以上的人有意识的协作系统。当人们为了达到共同的目的集合在一起努力时,组织就产生了。美国麻省理工学院管理学教授爱德加·沙因(Edgar H. Schein)认为:组织是为了达到一定的目的、经由分工和合作以及不同层次的权力和责任制度而构成的一种权责结构。美国圣迭戈大学的管理学教授斯蒂芬·P. 罗宾斯(Stephen P. Robbins)认为:组织是一种为了完成特定的目的而对人员作的精心安排,等等。

关于组织的含义,我们认为组织有静态含义与动态含义之分。从静态的角度来看,组织指的是组织的结构,即反映人、职位、任务以及它们之间的特定关系的群体。从动态的角度来看,组织指的是组织工作,是对参与组织活动的人与事进行有效组合,确定和划分一个组织机构内各部门的职权范围,明确其相互关系,在考虑组织成员、各部门的利益与愿望的基础上,使之趋于一个共同的管理目标的职能过程。

对组织内涵的理解,可以从以下方面进行:

①组织具有一定的目标。任何组织的存在都是为了实现一定的目标。组织的目标可以是一个,也可以是多个;可以是盈利性的,也可以是非盈利性的。

②分工与合作是组织有效运行的手段。为了使组织有效运行,必须进行分工与合作。根据组织目标的需要,按照一定的原则将组织划分为不同层次的职能部门,分别承担不同的工作职责,这就是分工。各职能部门之间相互协调与配合,这就是合作。分工与合作能够使组织更为高效、高质量地实现目标。

③不同层次的权力和责任制度是组织有效运行的重要保障。在分工和合作的基础上，为了便于实现组织的目标，还必须赋予每个部门，甚至每个人相应的权力和责任。组织中的每个人都有特定的职责权利，组织工作的主要任务也就在于明确这一职责结构以及根据组织内外环境的变化使之合理化，进而保障组织的有效运行。

④组织的内涵是与时俱进的。由于组织所面临的环境是不断变化的。为了适应环境的变化，组织的活动内容、组织中人员之间的关系、组织的结构、组织的工作方式等都要发生改变。因此，组织的内涵也在不断变化。

4.1.2　组织的类型

根据不同的分类标准，可以把组织分为以下几类：

1）正式组织与非正式组织

根据组织满足需求的不同，可以将组织划分为正式组织与非正式组织。

（1）正式组织

正式组织是指人们按照一定的规则，为完成某一共同的目标，正式组织起来的人群集合体，是具有一定结构、同一目标和特定功能的行为系统。人们一般谈到组织都是指正式组织。在正式组织中，其成员保持着形式上的协作关系，以完成企业目标为行动的出发点和归宿点。任何正式组织都是由许多要素、部分、成员，按照一定的联结形式排列组合而成的。它有明确的目标、任务、结构和相应的机构、职能和成员的权责关系以及成员活动的规范。

（2）非正式组织

非正式组织与正式组织相对应，是正式组织的对称。非正式组织是指在共同的工作或环境中自发产生的，具有共同情感的团体。非正式组织最早是由美国管理学家梅奥通过"霍桑实验"提出的。梅奥指出，非正式组织是人们在共同的工作过程中自然形成的以感情、喜好等情绪为基础的松散的、没有正式规定的群体。非正式组织形成的原因很多，如工作关系、兴趣爱好关系、血缘关系等。非正式组织常出于某些情感的要求而采取共同的行动。

2）营利性组织和非营利性组织

根据组织的效果，可以将组织划分为营利性组织和非营利性组织。

（1）营利性组织

按照罗纳德·科斯（Ronald H. Coase）在《企业的性质》一文中对企业性质的阐述，企业组织之所以会产生，就是因为组织的内部交易比市场交易成本低，因而更为有效。这表明企业组织诞生本身就是追求成本最小、收益最大化的结果。因此，所有的企业组织都是营利性组织。一个企业组织如果不能盈利，就不能改善员工的状况，也就不可能将投资回报的一部分用于研究、开发新产品，无法为消费者提供更多、更富价值的新产品和服务。利润动机不是自私的，在市场机制的诱导下，组织在追求自身利润的同时也会带来政府税收的增加，也会带来整个社会福利的增加，如提供教育、医疗、安全等。企业组织的这些行为影响了整个社会的发展。可以说,营利性组织是现代社会的基石,它们以产品或服务来满足其他组织和个人的各种需求,并以纳税的方式支持其他组织的正常运行。

（2）非营利性组织

与营利性组织相对应的是非营利性组织。非营利性组织的主要宗旨是向社会提供教育、医疗、安全等服务。特别说明的是,当前,一些私立学校、私人诊所、安保机构已经成为营利性组织。非营利组织对这些服务可能会收取一定的费用,这些费用主要用于维持组织的生存。非营利组织一般情况下无需向政府纳税,甚至有时还会接收到政府的财政补贴。需要指出的是,非营利组织也是营利组织的重要目标市场。

3）经济性组织、政治性组织、文化性组织、宗教性组织

根据组织性质的不同,可以将组织划分为经济性组织、政治性组织、文化性组织、宗教性组织。

（1）经济性组织

经济性组织是一个按一定方式组织生产要素进行生产、经营活动的组织单位,是一定的社会集团为了保证经济循环系统的正常运行,通过权责分配和相应层次结构所构成的一个完整的有机整体。经济性组织是人类社会最基本的构成单位,担负着为人类生产生活提供产品和服务的社会责任和任务。

（2）政治性组织

政治性组织是一个由特定利益而结成的、能够影响政府决策、维护自己利益的集合体。政治性组织对分散的人或事物进行安排,使其具有一定的系统性或整体性,组合成为行为系统,建立配合的关系。

（3）文化性组织

文化性组织是指一种人们培养志趣、联络感情、传递知识和文化、丰富日常生活的社会组织。文化性组织包括社会各级各类的教育组织、医疗组织、学术机构、科研单位、文艺组织。

（4）宗教性组织

宗教性组织常称为宗教团体,指的是在国家宪法和法律的保护下,独立地组织宗教活动,办理教务,开办宗教院校,培养年轻宗教职员的机构。

4.1.3 组织工作

1）组织工作的内涵

组织工作作为管理的一项基本职能,指的是在既定组织目标下,将实现组织目标所必须进行的各项活动加以组合和分类,对资源进行合理配置,并在此基础上,对管理部门和管理层次进行划分,将完成目标所必需的某种职权授予给各部门、各层次的相应职位,进行指挥、监督和控制的活动过程。组织工作就是设计、建立并使组织机构保持活力的活动过程。

具体来说,组织工作应该包括以下几个方面:

①根据组织目标,设计和建立一套组织机构系统。

②根据组织机构,确定职权关系,使组织成为一个有机的统一体。

③通过资源进行合理配置,进行指挥、监督和控制,以保证所设计和建立的组织机构能有效地运转。

④根据组织内外要素的变化,适当地调整组织结构。

组织工作是一个动态的过程。设计、建立并维持一种科学的、合理的组织结构,并不是一蹴而就的,而是在组织目标分析的基础上,通过一系列活动来实现的,并且是在不断适应环境的基础上,不断调整的。建立起来的组织结构也并不是一成不变的,会随着内外因素的变化而进行适当的调整与变革。

2)组织工作的特点

(1)组织工作是一个过程

在管理工作中,设计、建立并维持一种科学的、合理的组织结构,是成功地实现组织目标的基础。这一基础需要采取的行动是一个连续的过程。这个过程由一系列的逻辑步骤所组成:第一步,需要确定组织目标;第二步,需要对目标进行分解,拟定派生目标;第三步,要明确为了实现目标所必需的各项业务工作或活动,并加以分类;第四步,应根据可利用的人力、物力以及利用它们的最佳途径来划分各类业务工作或活动;第五步,通过职权关系和信息系统,把各层次、各部门联结成为一个有机的整体。

一旦组织工作过程结束,其最终成果就是一系列的组织系统图和职务说明书。组织系统图描述的是一个组织内部的各种机构(包括层次和部门),以及其中相应的职位和相互关系。组织的职务说明书则详细规定了各个职务的职权和职责以及与其相关的上下左右的关系。

(2)组织工作是动态的

任何组织都是社会系统中的一个子系统。组织不断地与外部环境进行能量、信息、材料等的输入和输出,而这种输入和输出一般都会影响到组织目标。随着时间的推移,由于环境变化,组织原来的目标可能不太适宜。这种情况下,及时根据环境条件的变化不断地修正目标,成为组织的必然选择。当然,组织目标的变化自然又会影响到随同目标而产生的组织结构,就必须对组织结构作出适应性调整。因此,在组织的内外部因素不断变化的形势下,通过组织工作建立起来的组织结构不是一成不变的,而是随着内外因素的变化而进行适当的调整与变革的,是一个动态的过程。

4.1.4 组织环境

组织环境指的是所有直接或潜在影响组织运行和组织绩效的因素或力量。组织的生存和发展离不开周围的环境,组织环境对组织的生存和发展起着决定性作用。根据不同的标准,可将组织分为不同的种类。例如,根据组织的界线,可将组织环境分为外部环境和内部环境两大类;根据对组织的影响是否直接,可将组织环境分为一般环境和具体环境两大类。下面对组织环境的一般环境和具体环境进行介绍。

1）一般环境

一般环境通常被称为宏观环境,指的是那些各个不同的时期都能够对组织产生影响的外部环境因素。一般环境通常包括政治法律环境、经济环境、社会文化环境、科技环境和自然生态环境等,这些因素可以潜在地影响组织的绩效。

（1）政治法律环境

政治和法律环境指的是那些制约和影响组织的生存和发展的政治要素、法律系统及其运行状态,涉及一个组织所在国的政治稳定性、政府对组织发展及其作用所持的具体态度以及由此制定的相关法律文件。其中,组织的政治环境包括国家的政治制度、国家的权力机构、国家颁布的方针政策、政治团体、国际关系和政治形势等因素。组织的政治环境因素对组织的生产经营活动具有控制和调节的作用。组织的法律环境包括国家制定的法律、法规、法令等法制体系建设情况以及国家的执法机构等因素。这些因素在监督组织行为的同时,也起到保护组织的合法权益,促进合理竞争、公平交易、保护消费者权益的作用。在活动任务进行的过程中,组织要树立法律意识,能够遵纪守法,并能够运用法律手段保护自己的正当权益。

（2）经济环境

经济环境指的是组织在开展活动时,它所在的整个经济系统的运行情况。经济环境影响到组织的生存和发展,包括社会经济结构、经济体制、宏观经济政策等因素。衡量这些因素的经济指标有平均实际收入、平均消费水平、消费支出分配规模、居民的可支配收入状况、实际国民生产总值、利率、汇率和通货供应量、政府支出总额等。

（3）社会文化环境

社会文化环境指的是组织所处的社会结构、社会风俗和习惯、价值观念、道德伦理、宗教信仰、行为规范、生活方式、文化传统、教育程度、人口等因素的形成和变动。其中人口因素是一个极为重要的因素,包括人口规模、地理分布、年龄分布、迁移等方面,对组织的影响极大。社会文化环境决定了市场的大小和消费水平,是为组织带来市场机会的主要方面。

（4）科技环境

科技环境指的是组织所处的环境中的科技要素以及与科技要素直接相关的各种社会现象的集合。科技环境包括国家科技体制、科技政策、科技水平和科技发展趋势等。一方面,科学技术的发展为管理理论的发展提供了强有力的支持;另一方面,科学技术的发展又为管理技术的更新提供了新的工具。因此,随着新技术、新能源、新材料和新工艺的出现与运用,组织应在经营战略管理上作出相应的决策,从而获得新的竞争优势。

（5）自然生态环境

自然生态环境指的是组织所处的自然资源与生态环境,包括土地、森林、河流、海洋、生物、矿产、能源、水源、环境保护、生态平衡等方面的发展变化。自然生态环境对每一个组织的生产经营都有着极为重要的影响,保护环境、实现人类的可持续发展是每一个组织义不容辞的责任。

2）具体环境

具体环境也称为特殊环境,指的是那些对组织目标的实现有直接影响的因素。具体环境包括消费者、供应商、竞争者和压力群体等。

（1）消费者

消费者是组织产品或服务的购买者，是组织服务的对象。消费者可以是人、家庭，也可以是组织机构和政府部门，他们可能与组织同在一个国家，也可能在组织所在地之外的其他国家和地区。对于组织而言，消费者的消费偏好在不断改变，因而消费者是一个不确定因素。

（2）供应商

供应商指的是向组织提供各种资源的企业或个人。供应商对组织的生产经营活动产生重要影响，例如，原材料价格的变化、短缺等，将影响组织生产的产品的价格和交货期。

（3）竞争者

为消费者群体服务的组织通常不止一个。实际上，一个组织是在一群竞争者的包围下从事经营活动的。这些竞争者不仅来自本国市场，也来自国外市场；竞争者不仅来自行业内，也来自行业外，竞争不仅发生在行业内，行业外的一些企业也可能通过与行业内的企业进行联合以参与竞争。竞争者的存在直接影响到组织的决策行为、组织的业务范围、组织的获利能力以及组织的安全等。因此，每一个组织都应时刻关注竞争者的行为，并作出积极的反应。

（4）压力群体

压力群体指的是那些能够影响组织决策行为的特殊利益群体。这些群体包括：民间环保组织、媒体、协会、社区等。压力群体的一些公开或不公开的活动会影响到组织的形象，有时会触动组织的利益。因此，管理者必须找到组织周边的压力群体，认识到他们对组织的影响，并能够及时对压力群体的行为作出反应，及时调整决策或行动。

【管理互动】

公司成立新闻发布会

通过互动，实现以下目的：1.加深对组织及其影响因素的印象。2.训练主题展现能力。3.培养团队合作意识。

采用的方法：1.组建团队，对组织部分进行学习、讨论。2.以团队为单位，组建模拟公司。3.模拟公司成立新闻发布会。发布的内容：团队名称、团队精神、团队目标、团队之歌。

通过互动，来实现：对组织情况的了解，提升主题展现的能力，强化团队合作意识。

4.2　组织设计

组织设计是管理者为实现组织的目标，在特定环境中，把组织任务与组织的职能、职权进行有效的结构性的配合，对组织活动和组织结构进行设计的活动。组织设计是实现组织目标的手段。

4.2.1 组织设计的任务

组织设计的任务是构建组织结构系统图和编制职务说明书。

1)构建组织结构系统图

在组织工作中,有必要对组织的结构进行描述。而描述组织结构的典型办法是通过绘制组织结构系统图来进行的。组织结构系统图是对一个组织的一整套基本活动和过程的可视化的描述。每个组织结构系统图都由纵向和横向两个维度构成。纵向维度代表的是垂直的权力等级,横向维度代表水平的专门化或部门化。垂直的权力等级建立指挥链,以确定基本的权力等级和职权结构,水平的部门化建立劳动分工。组织结构系统图如图4.1所示。在图4.1中,方框表示各种管理职务或相应部门,箭头线表示权力的指向。通过箭头线将各方框进行连接,描述了各种管理职务或部门在组织结构中的地位及关系。

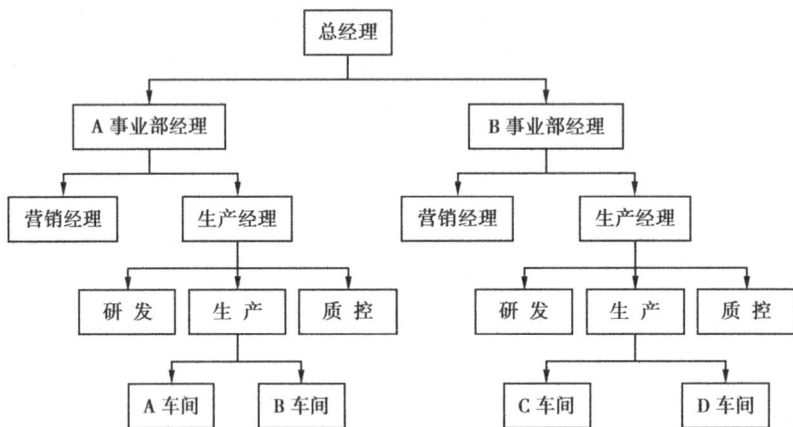

图4.1 组织结构系统图

2)编制职务说明书

在组织结构系统图构建后,管理者应根据组织的实际情况,对组织中的职能和职务进行分析与设计,并对相应的岗位作出具体规定和要求。这一工作就是编写职务说明书。在组织的职务说明书中,应包括以下内容:该管理职务的工作内容、职责与权力,组织中该职务与其他职务之间的区别与联系,职务当事人所应具备的专业背景、知识结构、工作经验、管理能力等基本条件。

4.2.2 组织设计的原则

在组织设计的过程中,应遵循以下原则:

1)责权对等原则

组织中每个部门和每一职务都要完成规定的工作,组织设计应保证"事事有人做",并且提高工作完成的有效性。因此,组织设计中,不仅要明确规定完成任务和相对应的部门及岗位应具有的权力,还应明确任务和相对应的部门及岗位所应承担的责任。在实际工作中,如果没有明确的权力,或权力的应用范围小于工作任务的要求,则可能会使责任无法履行,任务无法完成;相反,如果权力大于工作任务的要求,就会导致权力的滥用,从而危及整个组织系统的正常运行。

2)分工与协作原则

组织是一个系统,各部门是这个系统的子系统,各部门不可能脱离其他部门单独运行,必须经常与其他部门进行协调,才能实现本部门的目标,才能保证组织目标的实现。分工协作原则是指组织结构的设计和组织形式的选择应该反映目标所必需的各项任务和工作的分工及彼此间的协调。分工就是按照提高管理专业化程度和工作效率的要求,将组织的任务和目标划分成各个层次、各个部门以及各个人的任务和目标,进而明确各个层次、各个部门和各个人应做的工作以及完成工作的手段和方法。协作是一个与分工相联系的概念,指的是组织设计中明确部门与部门之间以及部门内部的协调关系与配合的方法。分工协作原则要求组织设计时,既要按照专业化程度和工作效率的要求进行合理分工,又要本着系统的思想做好各部门之间以及部门内部的协调与配合。在组织设计中,如果只有分工没有协作,分工就失去了意义;如果没有分工,就谈不上协作。因此,在实际工作中,分工与协作是相辅相成的。

3)统一指挥原则

从诞生开始,组织就是为实现目标服务的。在实际工作中,组织的目标受组织所处的环境的影响。在进行组织的设计时,应以组织目标为导向。为了确保目标的一致性,就必须坚持统一指挥。统一指挥原是指组织中任何成员都只能接受一个上级的直接领导。按照统一指挥原则,组织中的上下级之间形成了一条"指挥链",上级的命令和指示可以自上而下逐级传达;下级的情况和意见也可以自下而上逐级反映。统一指挥原则可以防止出现越级指挥、多头领导等现象,从而提高组织的工作效率。

4)有效管理幅度原则

管理幅度是指组织中一个上级主管直接指挥的下级的人数。组织中任何一名管理人员,受其精力、知识、经验等条件的限制,能够有效领导下级的人数是有限的,超过一定限度,就不能做到具体、有效地领导。一个上级主管能有效地指挥下级的人数,称为有效管理幅度。在组织设计的过程中,组织中由最高管理层次到基层管理层次之间应设置若干层次,层次的多少主要由有效管理幅度决定。同时,对不同的管理者应设有不同的管理幅度。

5)集权与分权相结合原则

集权是组织中的管理决策权集中在组织最高管理层的现象。分权是管理决策权分散在组织基层的现象。为了确保组织的高层管理者能够集中精力地解决好组织的经营发展战略、发展方向等重大问题,充分调动基层人员的工作积极性,在组织设计时,必须坚持集权与分权相结合的原则。按照集权与分权相结合的原则,组织将重大的权力集中起来,实行统一领导,将能够下放的权力授予基层人员,分级管理,从而提高组织的整体效率。

6）执行与监督相分离原则

为了避免监督者和被监督者在利益上趋于一体化,使监督职能失去有效的作用,在组织设计中,要求遵循执行与监督相分离的原则。按照执行与监督相分离原则,应当将组织中的执行性机构与监督性机构分开设置,不应合并成一个机构。同时,在监督机构执行监督职能时,要加强其对被监督部门的服务职能。

7）弹性原则

为了适应组织内外部环境的变化,保证组织结构能动态调整,在组织设计的过程中,要求组织结构要具有弹性,即组织的各个部门、人员职责和工作职位是可以变动的。这就是弹性原则。按照这一原则的要求,在组织设计的过程中,首先应根据组织目标的需要,定期审查组织内各个部门存在的必要性,即如果不必要,就应立即采取措施,或撤销或改组,使部门结构富有弹性;其次应设置可以适应组织环境变化的要求以及不同工作性质的要求的临时工作小组;最后,组织内工作职位的设置也可以根据需要随时更换和调整,使工作职位也具有弹性。

8）人本主义原则

现代组织设计是在人本主义时代背景下进行的。这就要求在组织结构和运营体系中充分尊重和发挥人性,倡导以人的全面的、自在的发展为核心的人本管理。在组织设计过程中,要重视人的因素,要以人为本,充分考虑管理者和员工的个性特点,以最大限度地调动员工的积极性和创造性。同时,要能够为革新者提供机会和支持,让员工将个人利益同组织利益结合起来,以为组织作贡献为荣。

9）精简与效率原则

组织设计要有利于提高组织效率。在进行组织设计时,应采用精简与效率原则,在完成组织任务目标的前提下,力求做到机构要精、用人要少、管理效率要高。

【管理链接4.1】

精简出效率

宜城市委、市政府高度重视优化经济发展环境,该市2014年1号文件就专门为打造全国审批环节最少的县(市),进一步优化全市经济发展环境提出了八条意见。其中一条就是要尽量减少办事办证环节。

如何减?宜城市政务服务中心"一班人"对照所有项目和办事程序认真梳理,最后决定对项目落户、工程竣工、房地产开发等实行同时收件、联合勘察、信息共享、默认前置、交叉审核、内部完善的并联审批机制,对重在后期监管的审批事项,改为告知承诺制。工业项目从落户到竣工,需办理的行政审批事项由56项精简为12项,减幅达78%。落户设立由28个工作日缩减到1个工作日,建设阶段审批由30个工作日缩减到5个工作日。减,使政务服务中心人员更忙了,让服务对象省事了。3月中旬,襄阳锦翔光电科技有限公司负责人陈翔想办理一项施工许可证。他来到政务服务中心投资代办窗口,没想到窗口工作人员不仅一次性告知所需要的全部材料,还全程免费代办,当投资代办窗口负责人何家明将施工许可证交到他手中时,他真的有点不敢相信办施工许可证这么省事。原来,为了让"减"后的环节不出现空当,宜城政务服务中心设立了投资代办窗口,提供本级行政审批事项免费全程代办或部分公共服务事项代办服务,协调各有关部门为代办项目提供全程服务,替申请人到各审批窗口办理各类行政许可事项。

4.2.3 组织设计的步骤

组织设计通常按照以下 5 个步骤进行:

1) 进行工作业务划分

一个组织是由若干部门组成的。进行组织设计时,首先要根据组织总体目标与部门目标一致的原则、组织整体效率优先的原则,根据组织的工作内容和性质,以及工作之间的联系,将组织目标的总任务划分为一系列各不相同、又相互联系的具体工作任务,把相近的工作归为一类,并确定其业务范围和工作量,为建立组织的职能部门打下基础。

2) 建立组织结构的基本框架

在工作划分的基础上,按组织设计要求,决定组织的层次及部门结构,形成层次化的组织管理系统。在设计组织框架时,应注意认真处理好管理幅度及管理层次的关系,纵向与横向的协调关系,信息上下传递及反馈的灵活方便。组织的各个层次的部门是由组织内部工作和人员组成的可管理的单位。一般地,组织结构的基本框架主要有以下 3 种:

(1) 按职能设置部门来建立的组织框架

按职能设置部门来建立的组织框架是一种按照组织中不同的业务职能设置若干部门的方法。这种方法的优点是遵循了专业化的要求,减轻了主管部门经理承担最终结果的责任和压力,在人力资源的利用上能够显示出更高的效率。其缺点是各职能部门之间缺乏沟通,不利于人员的流动。

(2) 按产品设置部门来建立的组织框架

按产品设置部门来建立的组织框架是一种按照组织生产的不同产品设置若干部门的方法。这种方法的优点是,将组织工作的注意力放在产品上,容易适应产品的迅速发展和变化,并形成以利润为目标的责任中心。这种方法的缺点,由于按产品设置的分部拥有较大权力,这就要求管理人员必须具有广博的知识和较强的能力,才能保证各产品分部的有效经营,同时产品分部拥有权力的增大也增加了总部对各分部进行总体控制的难度。

(3) 按区域设置部门来建立的组织框架

按区域设置部门来建立的组织框架是一种按照组织涉及的区域设置若干部门的方法。这种方法的优点是,组织可以根据当地的具体情况进行活动和管理,从而提高组织的综合协调能力和工作效率,有利于提高组织管理者的综合管理能力。这种方法的缺点是,容易使区域性部门自成一体,使组织的管理成本上升、管理难度增加,不利于组织各区域之间的合作沟通,也不利于组织进行总体控制。同时,这种方法使组织的管理层次增加,会影响组织管理的效率。

3) 决定管理幅度和管理层次

一定规模的组织,最上层的决策都是通过中间层次下达到基层的,这些层次的数目就是管理层次。在决定管理幅度和管理层次,应首先对职务的性质和内容、主管人员的能力和经验以及工作条件、工作环境等影响有效管理幅度等的因素进行把控,然后再根据人员素质、工作复杂程度、工作条件、工作环境等来合理决定管理幅度。同时,应注意:管理层次主要是由有效管理幅度决定的,有效管理幅度越大,管理的层次就越少;有效管理幅度越小,管理层次就越多。通常对于一个组织来说,管理的层次越少越好。现代组织结构有由金字塔式向扁平式发展的趋势。

【管理链接4.2】

金字塔式与扁平式组织结构

管理层次与管理幅度之间的互动,使组织结构的形态发生相应变化。一般来说,组织的管理层次越多,管理幅度就越小,形成的就是金字塔式结构,相反就是扁平式结构,如图4.2所示。

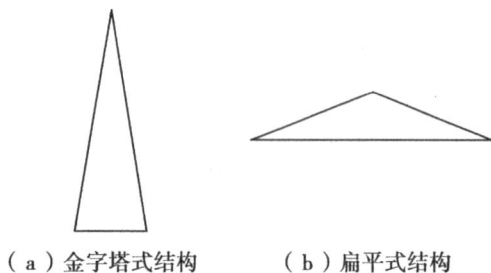

（a）金字塔式结构　　　（b）扁平式结构

图4.2　金字塔式与扁平式组织结构图

金字塔式结构的优点是:由于管理幅度小,管理者可以对下级进行及时指导、控制;层级关系紧密,有利于任务的衔接;管理层次多,为员工的晋升创造了机会。金字塔式结构的缺点是:管理层次多,影响了信息沟通的速度和准确性,加大了沟通协调的成本,管理工作复杂性提高,上层管理者难以真正了解基层的实际状况。

扁平式结构的优点是:由于管理层次少,上下级之间沟通速度快,信息失真度低;下级有一定的自由度,有利于发挥下级工作的积极性以及工作能力。扁平式结构的缺点是:管理者的管理幅度大,导致对下级的指导、协调、控制难度加大;同时,管理层次减少,使员工晋升的机会也相应变少。

4) 确定职权关系

在决定了管理幅度和管理层次之后,接下来就要确定各级管理者完成任务所必需的职务、责任和权力,尤其是要确定组织成员之间的职权关系,从而促进组织的有效分工和协作。组织成员之间的职权关系一般有两种:一种是上下级之间纵向的职权关系;另一种是直线部门与参谋部门之间横向的职权关系。直线职权是一种等级式的职权,直线管理人员具有决策权与指挥权,可以向下级下达命令,下级必须执行。纵向的职权关系关键要考虑上下级间权力和责任分配时授权的程度。参谋人员一般具有专业知识,可以就自己职权范围内的问题向直线管理人员提出各种建议,但不能越过直线管理人员向其下级下达命令。在横向的职权关系中,参谋职权是一种顾问性质的职权,主要作用是协助直线管理人员去完成组织目标。

5) 不断修正和完善组织结构

组织的设计是一个动态的、需要不断修改和完善的过程。组织在运行中,必然会暴露出许多矛盾和问题,同时也会获得一些有益的经验,应不断进行审查、评价及修改,确定正式组织结构及组织运作程序。同时,还应根据组织运行情况及内外环境的变化,对组织结构进行调整,使之不断完善。

4.2.4　影响组织设计的因素

组织面对的环境是不断变化的。要做好组织设计工作,就必须找出影响组织设计的因素。通过对这些因素进行认真分析,保证组织设计的有效性,保证组织目的得以有效实现。影响组织设计的因素主要有以下几个方面:

1)组织环境

组织环境对组织设计有重要影响。在组织设计的过程中,不仅要考虑政府的法令和政策、经济形势、组织所在行业的特点、消费者情况、供应者情况、竞争者情况、市场特点等的情况,还应考虑组织自身的情况。组织设计与组织环境的稳定与否密切相关。对于较为稳定的环境下的行业或部门,其组织设计可以采用较为稳定的机械结构;对于不稳定环境下的行业或部门,其组织设计则应采用较有适应性和较有弹性的有机结构,采取灵活多样的组织对策来消除环境对组织的不利影响。

2)组织战略

组织设计是实现经营战略的重要工具,不同的经营战略要求不同的组织结构。组织战略与组织结构两者之间的关系没有绝对的决定与被决定的固定关系,而是一个相互影响、相互作用的关系。例如,经营规模的不同,有的企业组织实行单一的经营战略,有的企业组织实行多种经营战略。相对应的,采用不同的战略,企业组织的组织结构形式及权力集中程度会有很大的不同。一般来说,对采用单一经营发展战略的组织,常常选择集权的直线职能制组织结构;而采用多种经营发展战略的组织,则往往选择分权的产品事业部制组织结构。

3)科技条件

科技条件是将组织资源转化成最终产品或服务的力量。任何组织的生存与发展都离不开一定的科技条件。科技条件不仅指组织生产过程中所使用的设备、生产工艺,而且还包括员工在生产和管理方面的技术知识和技能。科技条件对组织设计有广泛的影响。例如,对于科技含量比较低的工作,可以采用正式的、集权式的组织结构;反之,对于科技含量比较高的工作,为了能够充分调动组织成员的积极性和创造性,最好采用分权式的组织结构。

4)组织规模

组织规模一般以组织成员的数量来衡量的。规模大的组织,人数众多,内部分工也较细。为了便于对员工进行监管,在规模大的组织中,往往会设计较多的层级和部门,也会采用规章制度去规范员工的行为及工作方式。值得注意的是,在规模大的组织里,决策众多,高层管理人员不可能处理全部决策,因而有下放权力的趋势。在规模不大的组织中,则应采用管理层次较少、组织结构比较简单的集权式的管理组织。

5）组织文化

组织文化是组织成员在长期共同工作中形成的共同的价值观念和行为规范,良好的组织文化具有凝聚人和激励人的作用。良好的组织文化的形成是多种因素共同作用的结果,也是在组织结构的充分配合下实现的。同时,组织结构的设计也受到组织文化的影响。例如,如果组织文化强调的是组织对外应变的"适应文化",那么,就需要减少形式化、标准化和集权程度,需要一个宽松而且富有弹性的组织结构;反之,如果组织文化倾向内部稳定的"稳定文化",则就需要加强内部控制,需要偏重稳定的、标准化和集权化程度高的组织结构,从而保持组织的稳定运行。

【管理链接4.3】

联想的组织学习实践

联想集团创建于1984年,是国内优秀系统集成企业之一。联想成功的原因是多方面的,但不可忽视的一点是,联想具有极富特色的组织学习实践,使得联想能顺应环境的变化,及时调整组织结构、管理方式,从而健康成长。柳传志有句名言:"要想着打,不能蒙着打。"这句话的意思是说,要善于总结,善于思考,不能光干不总结。

早期,联想从与惠普(HP)的合作中学习到了市场运作、渠道建设与管理方法,学到了企业管理经验,这对联想成功地跨越成长中的管理障碍大有裨益;现在,联想积极开展国际、国内技术合作,与计算机界众多知名公司,如英特尔(Intel)、微软、惠普、东芝等,保持着良好的合作关系,并从与众多国际大公司的合作中受益匪浅。除了能从合作伙伴那里学到东西之外,联想还是一个非常有心的"学习者",善于从竞争对手、本行业或其他行业优秀企业以及顾客等各种途径学习。正是这种组织的学习实践,联想现已发展成为拥有19家国内分公司,21家海外分支机构,近千个销售网点,职工6 000余人,净资产16亿元,以联想电脑、电脑主板、系统集成、代理销售、工业投资和科技园区六大支柱产业为主的集工贸为一体的、多元化发展的大型信息产业集团。

4.3 组织结构

组织结构是全面反映组织各个要素及其相互关系的一种模式。组织结构是随着社会的发展而发展起来的,良好的组织结构形式是提高组织效率的重要保证。

4.3.1 组织结构的内涵

组织结构指的是组织内各构成部分及各构成部分之间的相互关系的总和。具体来说,组织结构是对组织内部进行分工,分配任务,形成部门与部门之间的联系以及上下职位之间的关系的一种结构。组织结构通常用图的形式来表示。组织结构是组织设计的核心部分。通过对组织结构进行设计和安排,组织才能形成管理活动的结构框架。

对组织结构含义的理解,可以从以下3个方面进行:①组织结构决定了组织中的正式关系,确定了管理层次和管理幅度,明确了组织中谁应向谁报告、对谁负责;②组织结构决定了组织的构成,明确了一个组织是如何由个体组成部门的,又是如何由部门形成组织的;③组织结构是一个系统,这个系统明确了各个部门、各个岗位的责权利,保证了部门与部门之间进行有效的沟通、合作与整合。

不同的组织,因为组织目标、组织性质、组织环境和组织任务的不同,组织结构也表现为各种各样的类型。目前,典型的组织结构类型有直线制组织结构、职能制组织机构、直线职能制组织结构、事业部制组织机构、模拟分权制组织机构、矩阵制组织结构、多维立体结构、委员会结构。需要说明的是,这些组织结构形式没有绝对的优劣之分,不同环境中的组织或者同一组织的不同管理者,可根据实际情况选用其中最合适的形式。

4.3.2 直线制组织结构

直线制组织结构是一种最古老、最简单的集权组织结构形式,又称军队式结构。在直线制组织结构中,组织内部按垂直系统自上而下建立,组织分成若干层级,不设专门的职能机构,同一层级的各部门之间权责分明、地位相等、互不逾越,只遵守直线下达的指令,只听从直属主管的指挥,如图4.3所示。

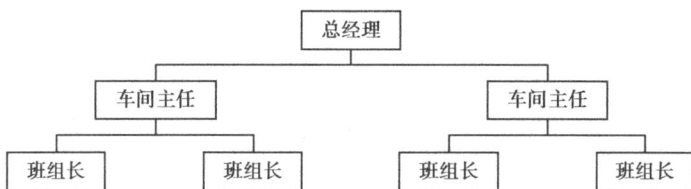

图4.3 直线制组织结构图

直线制组织结构具有设置简单、权责分明、有利于集中领导、办事效率高、管理费用低的优点。直线制组织结构的缺点是:因为没有职能机构的帮助,管理者必须掌握多方面的知识与技能,同时,管理者容易忙于事务,难以有效管理,不利于发挥专业人员的积极性。直线制组织结构形式多见于规模不大、人数不多、活动内容简单的组织。

4.3.3 职能制组织机构

职能制组织结构,也称"U"型组织,是以工作方法和技能作为部门划分的依据,组织内部从上到下按照相同的职能将各种活动组合起来的一种组织结构形式,如图4.4所示。

在现代管理中,由组织承担的职能是多方面的,为了分担某些职能,人们便设立了不同的部门。在职能制组织中,职能部门有权在自己的业务范围内向下级单位下达命令和指示。同时,因为大量的权力被分散到不同的职能部门中,直线主管虽然还存在,但权力相对减弱,由不同的职能部门来分担职能管理的业务。

职能制组织结构的优点是:职能机构和职能人员能够发挥专业管理的作用,从一定程度上减轻了组织领导者的负担,使组织能够适应经营管理复杂化的要求。职能制组织结构的缺点是:不利于建立和健全各级行政负责人和职能机构的责任制,妨碍了指挥的统一性,形成了多头领导,有碍于工作效率的提高;由于多头领导,当上级行政领导的命令与职能机构的指令发生矛盾时,下级无所适从,容易造成生产管理秩序混乱的局面。由于这种组织结构有明显的缺点,因而现在很少采用。

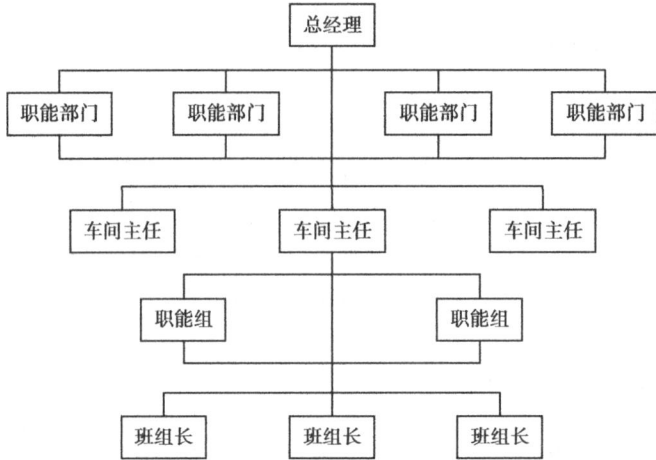

图 4.4　职能制组织结构图

4.3.4　直线职能制组织结构

直线职能制是吸取了直线制与职能制两种组织结构的特点而形成的一种组织结构形式。直线职能制组织结构以直线为基础,在各级行政管理者之下设置相应的职能部门或职能组,分别从事专业管理。这些专业管理部门是各级管理者的参谋和助手,对下级业务机构进行业务指导。直线职能制组织结构如图 4.5 所示。

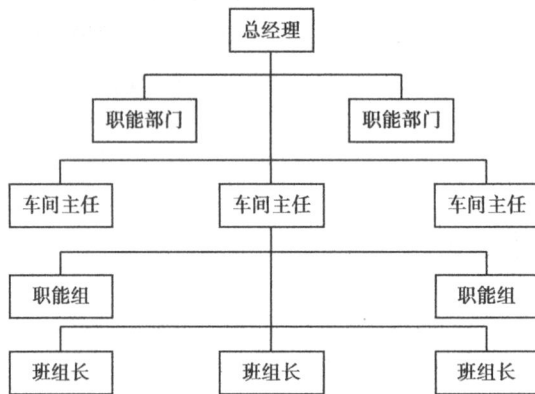

图 4.5　直线职能制组织结构图

直线职能制组织结构的优点是:领导集中、职责清楚、秩序井然、工作效率较高,整个组织有较高的稳定性。直线职能制组织结构的缺点是:职能部门之间的横向联系有时不够理想,容易产生脱节和矛盾;组织上下信息沟通路线较长,影响决策速度;权力集中于最高管理层,下级缺乏必要的自主权。

直线职能制组织结构主要适用于环境简单稳定、用标准化技术进行常规性大批量生产的组织。我国大多数企业和一些非营利性组织经常采用这种组织形式。

4.3.5　事业部制组织机构

事业部制组织结构又称 M 型结构或多部门结构,有时也称为产品部式结构或战略经营单位。事业部制组织结构最早是由美国通用汽车公司总裁艾尔弗雷德·斯隆(Alfred Sloan)于1924年提出的,有"斯隆模型"之称,也叫"联邦分权化",是一种高度集权下的分权管理体制。

事业部制组织结构适用于规模庞大、品种繁多、技术复杂的大型组织,是目前国内外大企业普遍采用的一种组织形式。一般地,事业部制组织结构按产品或区域划分为若干事业部,实行分级管理、分级核算、自负盈亏。下面分别介绍产品事业部和区域事业部。

1)产品事业部制组织结构

产品事业部制组织结构又称产品部门化组织结构。在这种组织结构中,以组织所生产的产品为基础,将生产某一产品的有关活动,完全纳入同一产品事业部内,将各事业部共用的职能部门集中在总部,做到资源共享,再在产品事业部内细分职能部门,进行生产该产品的工作,如图4.6所示。

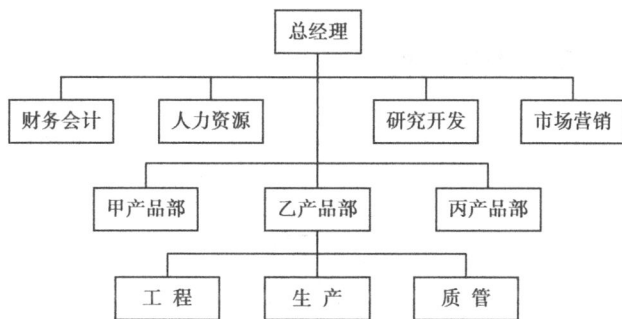

图4.6　产品事业部制组织结构图

产品事业部组织结构的优点是:由于每个产品部门都是一个利润中心,部门经理承担利润责任,有利于总经理评价各部门的政绩;同一部门的职能活动易于协调,有利于采用专业化设备,并能使个人的技术和专业知识得到最大限度的发挥;容易适应组织扩展与业务多元化的要求。产品事业部组织结构的缺点是:每个分部都具有一定的权力,总部与分部容易脱节,总部的一些职能不能被分部很好地利用,总部对分部高层管理人员很难控制;这种组织结构对管理人员的要求很高,而在实际中又很难获得所需的管理人才。

2)区域事业部组织结构

区域事业部又称区域部门化。这种组织结构将某一地区或区域的业务工作集中在一起形成区域事业部,将具有共性的职能集中在总部,设立中央服务部,向各区域事业部提供专业化服务,如图4.7所示。

区域事业部组织结构的优点是:有利于责任到位;有利于地区内部协调,有利于对地区内部消费者的了解,便于沟通和服务;有利于培养具有通才的管理工作者。区域事业部组织结构的缺点是:对事业部经理的全面管理能力要求较高,而这类人才往往不易得到;由于每

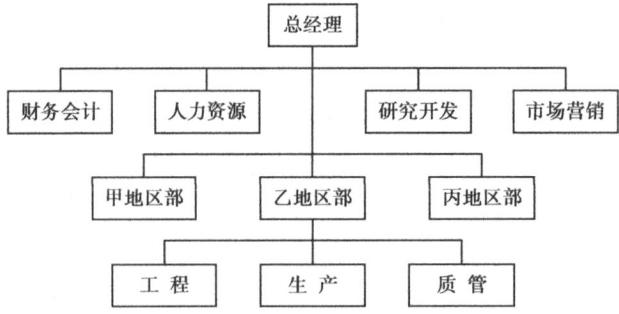

图 4.7 区域事业部制组织结构图

个事业部都是一个相对独立的单位,加上时间、空间的限制,总部难以控制各事业部。

综上所述,事业部制组织结构的优点是:各事业部实行独立核算,有利于加强事业部负责人的责任心,充分发挥他们的积极性;事业部之间相互比较和竞争,有利于促进组织的发展;有利于高层领导集中力量搞好经营决策、长远规划、人才开发等战略性工作;便于组织专业化生产,实现组织的内部协调。事业部制组织结构缺点是:各事业部的成员不容易了解整个组织的行为活动的全貌,各事业部容易产生本位主义,影响部门之间的协作。

4.3.6 模拟分权制组织机构

模拟分权制组织机构是介于直线职能制组织机构与事业部制组织机构之间的一种组织结构形式,如图4.8所示。

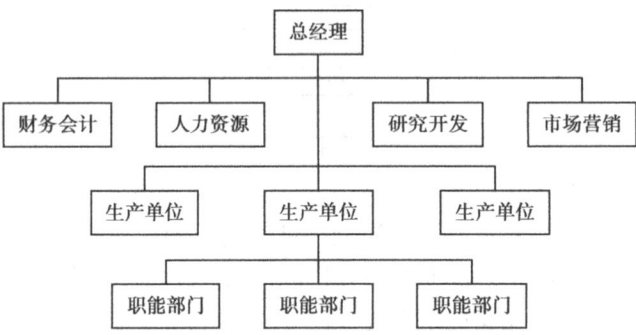

图 4.8 模拟分权制组织结构图

模拟分权制组织结构的优点是:由于各生产单位被赋有模拟性的盈亏责任,比直线制易于调动各单位的积极性;组织中的最高领导层能够像事业部制结构中的领导一样超脱日常行政事务性管理,可以集中精力来考虑战略性问题。模拟分权制组织结构的缺点是:各生产单位的职责权限不如直线职能制结构和事业部制结构清晰。模拟分权制适用于规模大、不宜采用集权的直线职能制、生产过程很难截然分开的且连续性强的组织。借用模拟的概念,把组织分成若干"生产单位",实行模拟独立经营,独立核算。这些"生产单位"可以称为工厂,但不是独立的法人单位。

4.3.7 矩阵制组织结构

矩阵制组织结构,又称规划—目标结构组织,是按照职能划分的纵向领导系统和按项目(任务或产品)划分的横向领导系统相结合的、纵横交叉的组织形式,如图4.9所示。

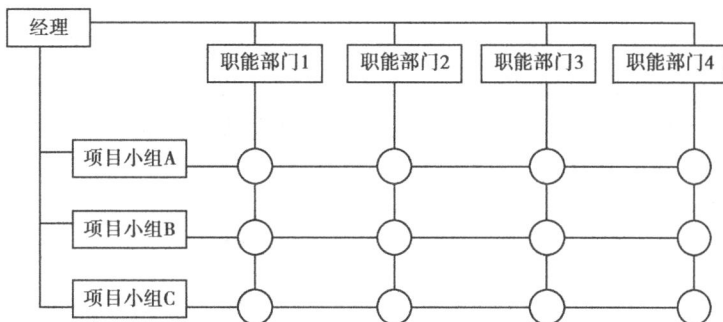

图 4.9 矩阵制组织结构图

矩阵制组织结构既有按职能划分的垂直领导系统,又有按产品或项目划分的横向领导关系的结构。在横向上,矩阵型组织结构通过设置职能部门来获得专业化分工的优势;在纵向上,矩阵型组织结构依照工作任务的不同设置项目组,项目经理有权在与总部进行协商的基础上,从各职能部门中抽调所需的有关人员共同工作,并对项目实施的全过程及最终结果负责。

矩阵制组织结构的优点是:将不同的专业人员组织在一起,有助于激发他们工作的积极性;打破了一个管理人员只受一个部门领导的管理原则,更加机动、灵活,使组织中横向和纵向联系紧密;职能部门之间相互沟通,共同决策,提高了工作效率。矩阵制组织结构的缺点是:项目小组的成员是临时组成的,容易产生临时观念,可能对工作产生一定的不利影响;项目小组的成员一般来自不同的部门,隶属关系仍在原部门,因此项目负责人对成员管理存在困难。矩阵制组织结构非常适用于横向协作项目和攻关项目。

4.3.8 多维制组织结构

多维制组织结构又称立体组织结构。多维的立体结构将3个方面的管理系统(按产品划分的事业部是产品利润中心;按职能划分的专业参谋机构是专业成本中心;按地区划分的管理机构是地区利润中心)协调一致、紧密配合,为实现组织的总目标服务,如图4.10所示。

多维制组织结构是矩阵制组织结构的进一步发展,是系统理论在组织管理上的具体运用。多维制组织结构的特点是:组织的

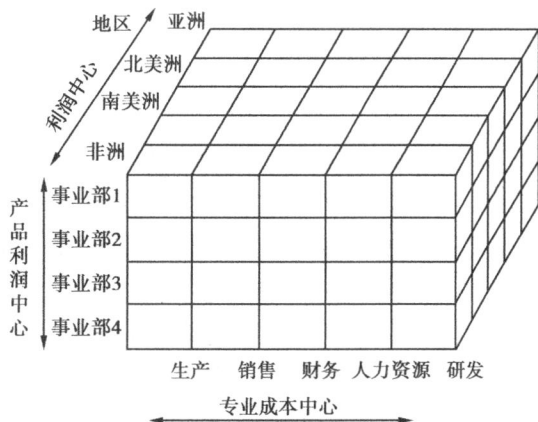

图 4.10 多维制组织结构图

任何决策都是由产品事业部经理、地区管理机构代表、专业参谋机构代表等三方共同组成的"产品事业委员会"来制定的。这种方式有助于及时互通情报,集思广益,作出正确的决策。多维制组织结构适用于经营多种产品、跨地区经营的跨国公司或跨地区公司。

4.3.9 委员会组织结构

委员会组织结构是一种由来自不同部门,具有不同知识、经验和背景的人员组成的,跨越专业和职能界限执行某种管理职能的组织结构。委员会组织结构可以分为不同的类型。按照时间,委员会组织结构可以分为临时性委员会组织结构和常设性委员会组织结构。临时性委员会组织结构是指为了某一特定目的组成的临时性组织,一旦目标完成,委员会就相应解散。常设性委员会组织结构是指为了促进组织沟通与合作,行使制定和执行重大决策职能的常规性组织。按照规范性分,委员会组织结构可以分为正式性委员会组织结构和非正式性委员会组织结构。正式性委员会组织结构是指属于组织结构的一个组成部分,并授予专门职权的组织。非正式性委员会组织结构是指不属于组织结构的组成部分,在正式组织之外存在的组织形式。

委员会组织结构的优点是:可以充分依靠集体的力量,集思广益,提出解决问题的良好方法;有利于部门之间及相关人员之间相互沟通与协调;可以避免权力集中在一个人手中,集体决策能够提高决策质量;有利于组织的基层领导和职工参与决策的制定,从而更好地执行决策。委员会组织结构的缺点是:当意见不一致时,往往采取折中的办法解决,不利于创新;作出决定的时间往往较长,决策缓慢。委员会组织机构是一种重要的组织结构形式,大到国家,小到企业,委员会组织机构都可以使用。

4.4 组织文化

文化指的是一个群体在一定时期内形成的思想、理念、行为、风俗、习惯、代表人物,及由这个群体整体意识所辐射出来的一切活动。正如美国著名管理学家托马斯·彼得斯和小罗伯特·沃特曼在《寻求优势》一书中提到的:"一个伟大的组织能够长久生存下去,最主要的条件并非结构形式或管理技能,而是我们称之为信念的那种精神力量,以及这种信念对于组织的全体成员所具有的感召力。"这里的"精神力量",就是指组织文化。

4.4.1 组织文化的内涵

关于组织文化的含义,不同的学者有不同的观点。比较著名的是美国学者约翰·科特和威廉·大内的观点。约翰·科特认为,组织文化是组织中的各个部门、至少是组织高层管理者们所共同拥有的价值观念和经营实践,是组织中一个分部的各个职能部门或地处不同地理环境的部门所拥有的共同的文化现象。约翰·科特认为,组织文化是进取、守势、灵活性,即组织文化是确定活动、意见和行为模式的价值观。

综合以上的观点,可以对组织文化的概念作如下理解:组织文化有广义和狭义两种概念。广义的组织文化是指所创造的具有自身特点的物质文化和精神文化;狭义的组织文化是组织所形成的具有自身个性的经营宗旨、价值观和道德行为准则的综合。组织文化是组织为解决生存和发展的问题而树立和形成的;被组织成员认为有效,并共享;是一种共同遵循的基本信念和认知。组织文化集中体现了一个组织经营管理的核心主张和由此而产生的组织行为。

4.4.2 组织文化的特征

1)组织文化的凝聚性

组织文化总是可以向人们展示某种信仰与态度,影响着人们的思维方式,影响着组织成员的处世观和世界观。因此,在某一特定的组织内,组织文化起到了"黏合剂"的作用,将组织中的个体集聚成为一个整体,形成良好的组织气氛,从而激发组织成员的士气,增强组织的凝聚力。

2)组织文化的导向性

组织文化从一定层面上规定了组织成员的行为准则与价值取向,并对组织成员的行为产生有着最持久、最深刻的影响力。组织文化导向性常体现在对先进人物和先进事迹的推广和宣传上。先进人物可以昭示组织内提倡什么样的行为,反对什么样的行为,往往是组织价值观的人格化和组织力量的集中表现。组织成员可以对照先进人物,使自己的行为与组织目标的要求相互匹配。

3)组织文化的意识性

作为组织的一种内部资源,组织文化在大多数情况下是一种抽象的意识范畴,属于组织的无形资产。组织文化是组织内的一种群体意识现象,是一种意念性的行为取向和精神观念。需要说明的是,组织文化的这种意识性特征并不否认妨碍组织文化能够被概括性地表述出来,并且是经常性地表述出来。

4)组织文化的长期性

一方面,组织文化的塑造和重塑是一个极其复杂的过程,需要相当长的时间。另一方面,组织的共享价值观、共同精神取向和群体意识的形成不可能在短期内完成。这些内容是创造性的。在这一创造过程中,涉及方方面面的问题,涉及组织调节,涉及组织与其外界环境相适应的问题,同时在组织内部的各个成员之间达成共识也需要一定的时间。因此,长期的努力与坚守是组织文化形成的一个重要条件,长期性是组织文化的一个重要特征。

4.4.3 组织文化的层次

组织文化可以分为物质层面的文化、行为层面的文化、制度层面的文化和精神层面的文化等4个层次。

1）物质层面的文化

物质层面的文化是组织文化的表层部分,组织物质层面的文化常被称为物质文化。物质文化是由员工所创造的物质产品、服务和组织所提供的各种物质设施、工作环境构成的有形文化,是一种以物质形态为主要对象的表层文化,是形成组织文化中精神层面文化和制度层面文化的条件。优秀的组织文化是通过组织的产品和提供的服务、生产环境、福利待遇、建筑、产品包装与设计等物质文化来体现的。

2）行为层面的文化

组织行为层面的文化也可以看作是组织文化的表层部分,常被称为组织的行为文化。行为文化是组织成员在生产经营、学习娱乐中所产生的活动文化,包括组织经营活动、公共关系活动、人际关系活动、文娱体育活动中产生的文化现象。组织的行为文化是组织经营作风、精神风貌、人际关系的动态体现,也是组织精神、核心价值观的折射。

3）制度层面的文化

制度层面的文化处于组织文化的中间层次,常被称为组织的制度文化。制度文化把组织的物质文化和精神文化有机地结合成一个整体,集中体现了组织文化的物质层和精神层对成员和组织行为的要求,主要是指对组织和成员的行为产生规范性、约束性影响的制度、体制和机构,是具有组织特色的各种规章制度、道德规范和员工行为准则的总和。组织的制度文化主要是通过组织领导体制、组织机构和管理制度来体现的,组织的制度文化体现了组织的精神与价值观,对组织中的个体起到导向、约束、凝聚、激励的作用。

4）精神层面

精神层面的文化是组织文化的核心层面,常被称为组织的精神文化。组织的精神文化,指的是组织在生产经营过程中,受一定的社会文化背景、意识形态影响而长期形成的一种精神成果和文化观念,包括组织精神、经营哲学、组织道德、价值观念、组织风貌等内容,是组织意识形态的总和。组织的精神文化是一种员工群体的心理定势和价值取向,反映了全体员工的共同追求和共同认识。组织的精神文化是组织优良传统的结晶,是组织价值观的核心,是维系组织生存发展的精神支柱。

【管理链接4.4】

日立的鹊桥

在大多数企业,都有不成文的规矩,即禁止内部员工恋爱。其实,这种做法是不合法也不可取的。获得如此待遇的员工即便留下,也会"身在曹营心在汉"!

日本日立公司有个名叫田中的工程师,他为日立公司工作了近12年,对他来说,公司就是他的家,因为甚至连他美满的婚姻都是公司为他解决的。原来,日立公司设了一个专门为职员架设鹊桥的婚姻介绍所。日立公司人力资源站的管理人员说:这样做还能起到稳定员工、增强企业凝聚力的作用。

日立鹊桥总部设在东京日立保险公司大厦八楼,田中刚进公司,便在同事的鼓动下,把学历、爱好、家庭背景、身高、体重等资料输入鹊桥电脑网络,在日立公司,当某名员工递上求偶申请书后,他(她)便有权调阅电脑档案,申请者往往利用休息日坐在沙发上慢慢地、仔细地翻阅这些档案,直到找到满意的对象为止。一旦他(她)被选中,联系人便会将挑选方的一切资料寄给被选方,被选方如果同意见面,公司就安排双方约会,约会后双方都必须向联系人报告对对方的看法。

终于有一天,同在日立公司当接线员的富泽惠子走进了田中的生活。他俩的第一次约会,是在离办公室不远的一家餐厅里共进午餐,这一顿饭吃了大约4个小时,不到一年,他们便结婚了,婚礼是由公司月下老办的,而来宾中70%都是田中夫妇的同事。

有了家庭的温暖,员工自然就能一心一意扑在工作上,由于这个家是公司"玉成"的,员工对公司就不仅是感恩了,而是油然而生一种"鱼水之情"。这样的管理成效是一般意义的奖金、晋升所无法比拟的。如果一个人能在公司中体味到如家庭般的气氛,他便会安心,士气在无形中自然也就增高了。

(资料来源:刘禅,高凯.管理学[M].北京:高等教育出版社,2015.)

4.4.4 组织文化的功能

组织文化对组织的内部管理具有很重要的作用,具体来说,组织文化具有以下功能:

1)导向功能

作为广大职工共同的价值观和追求,组织文化必须对组织成员具有强烈的感召力。这种感召力要能够将组织成员引导到企业目标上来。这种功能往往在组织文化形成的初期就已存在,并长期地引导组织成员始终不渝地去为实现企业的目标而努力。

2)约束功能

在特定的文化氛围中,人们由于合乎特定准则的行为受到承认和赞扬会获得心理上的平衡与满足;反之,则会产生失落感和挫折感。因此,作为组织的一员往往会自觉地服从那些根据全体成员根本利益而确定的行为准则,产生"从众"行为。组织文化就是这样来对每个组织成员的思想、心理和行为产生约束和规范的。组织文化的约束不仅仅体现在制度式的硬约束上,还体现在组织中弥漫的组织文化氛围、群体行为准则和道德规范等软约束上。

3)凝聚功能

美国学者凯兹·卡恩认为,在社会系统中,将个体凝聚起来的主要是一种心理力量,而非生物的力量。社会系统的基础,是人类的态度、知觉、信念、动机、习惯及期望等。组织文化正是以大量微妙的方式来沟通组织内部人们的思想,使组织成员在统一思想的指导下,产生对企业目标、准则、观念的"认同感"和作为企业一员的"使命感"。在组织氛围的作用下,使组织成员通过自身的感受,产生对本职工作的"自豪感"和对企业的"归属感"。"认同感""使命感""自豪感""归属感"的形成,将使组织成员在潜意识中形成一种对企业强烈的向心力,从而凝聚在组织的周围,推动组织不断前进和发展。

4)激励功能

组织文化强调以人为中心的管理方法,使组织成员从内心产生一种高昂情绪和奋发进取精神的效应,从而最大限度地激发员工的积极性和首创精神。组织文化对组织成员的激励不是一种外在的推动,而是一种内在引导,它不是被动地、消极地满足组织成员对实现自身价值的心理需求,而是通过组织文化的塑造,促使每个组织成员从内心深处为组织拼搏,进而促使组织不断前进和发展。

【管理链接 4.5】
不同国别企业的企业文化模式与特点

● 美国的企业文化模式与管理特点。美国是一个多民族的移民国家,这决定了美国民族文化的个人主义特点。美国的企业文化以个人主义为核心,但这种个人主义不是自私,而是强调个人的独立性、能动性和个人成就。在这种个人主义思想的支配下,美国的企业管理以个人的能动主义为基础,鼓励职工个人奋斗,实行个人负责、个人决策。因此,在美国企业中个人英雄主义比较突出,许多企业常常把企业的创业者或对企业作出巨大贡献的个人推崇为英雄。企业对职工的评价也是基于能力主义原则,加薪和提职也只看能力和工作业绩,不考虑年龄、资历和学历等因素。以个人主义为特点的企业文化缺乏共同的价值观念,企业的价值目标和个人的价值目标是不一致的,企业以严密的组织结构、严格的规章制度来管理员工,以追求企业目标的实现。职工仅把企业看成是实现个人目标和自我价值的场所和手段。

● 欧洲国家的企业文化模式与管理特点。欧洲文化是受基督教影响的,基督教给欧洲提供了理想状态下的道德模式。基督教信仰上帝,认为上帝是仁慈的,上帝要求人与人之间应该互爱。受这一观念的影响,欧洲文化崇尚个人的价值观,强调个人高层次的需求。

虽然欧洲企业文化的精神基础是相同的,但由于各个国家民族文化的不同,欧洲各个国家的企业文化也存在着差别。英国由于文化背景的原因,世袭观念强,因此,英国企业家的价值观念比较讲究社会地位和等级差异,不是用优异的管理业绩来证明自己的社会价值,而是千方百计地使自己加入上层社会,因此在企业经营中墨守成规,冒险精神差。法国最突出的特点是民族主义,傲慢、势利和优越感,因此法国人的企业管理表现出封闭守旧的观念。意大利崇尚自由,以自我为中心,所以在企业管理上显得组织纪律差,企业组织的结构化程度低。但由于意大利的绝大多数的企业属于中小企业,组织松散对企业生机影响并不突出。德国人的官僚意识比较浓,组织纪律性强,而且勤奋刻苦。因此,德国的企业管理中,决策机构庞大、决策集体化,保证工人参加管理,往往要花较多的时间来论证,但决策质量高。企业执行层划分严格,各部门只有一个主管,不设副职。职工参与企业管理广泛而正规,许多法律都保障了职工参与企业管理的权力。职工参与企业管理主要是通过参加企业监事会和董事会来实现。

● 日本的企业文化模式与管理特点。日本是一个单民族的国家,社会结构长期稳定统一,思想观念具有很强的共同性。同时,日本民族受中国儒家伦理思想的影响,侧重"和""信""诚"等伦理观念,使日本高度重视人际关系的处理。这些决定了日本企业文化以和亲一致的团队精神为其特点。"和"被日本企业作为运用到管理中的哲学观念,是企业行动的指南。

以团队精神为特点的日本企业文化,使企业上下一致地维护和谐,互相谦让,强调合作,反对个人主义和内部竞争。企业是一个利益共同体,共同的价值观念使企业目标和个人目标具有一致性。企业像一个家庭一样,成员和睦相处,上级关心下级,权利和责任划分并不那么明确,集体决策,取得一致意见后才作出决定,一旦出了问题不归咎个人责任,而是各自多作自我批评。企业对职工实行终身雇佣、年功序列工资制。

4.5 组织变革

组织是一个动态开放的系统,会受到各种内部因素和外部环境的变动的影响。静止不动的、没有根据形势变化及时调整的、不进行变革的组织是无法持续发展的。组织变革是指组织应根据内、外部环境的变化,及时调整和修正自己的目标、内在结构及组成要素,使组织管理更符合组织发展的目标的行为。

4.5.1 组织变革动力与阻力

1)组织变革的动力

组织外部环境和内部条件的变化成为推动组织变革的动力。

(1)外部环境变化

①市场变化。消费者的收入、价值观念、消费偏好等市场需求变化,以及竞争者推出了新产品、加强了广告宣传、降低了成本、改进了服务等竞争行情的变化,可能会使本组织的产品不再具有吸引力,从而推动组织进行变革。

②资源变化。人力资源、能源、资金、原材料供应的质量、数量及价格等资源变化,例如,劳动者素质的提高使得传统的"权力—服从"式的管理越来越不合适,推动组织进行变革。

③技术变化。新工艺、新材料、新技术以及新设备的出现等技术变化不仅会影响新产品,而且会产生新的行业,带来新的管理方式以及人与人之间关系的变化。这些变化促使组织进行变革。

④政治经济环境的变化。政治形势、经济形势、投资政策、贸易政策、税收政策、产业政策等政治经济环境的变化,例如,社会主义市场经济体制的影响等,促使组织进行变革。

(2)内部环境变化

①组织中人的变化。组织中,人的变化包括人员的素质、年龄、性别、受教育程度、技能水平、价值观、个人对工作的期望等,这些因素会直接影响组织目标的实现和组织结构的调整。组织中人的变化是组织内部环境中引起组织变革的重要因素。例如,具有新的经营理念的新上任的领导采用了新的管理方法,就可能引起组织的变革。

②组织运行中的矛盾。在组织的运行中,会出现组织结构庞大臃肿、运行机制僵化、决策行为缓慢等各种各样的矛盾。要解决这些矛盾,必然要进行变革,组织的变革成为必然。

2)组织变革的阻力

变革意味着变化,意味着不确定性。对于具有惯性思维和行为习惯的组织成员必然会有各种的不适应,这些不适应会促发一系列的行为,阻碍组织进行变革。组织变革阻力不仅会来自于组织成员个体或群体,还可能来自组织的一些部门。

（1）个体方面的阻力

个体方面的阻力来自两个方面。一个方面，个体阻力是因为利益因素造成的阻力。组织成员努力工作的目的是为了能得到相应的报酬、满意的工作环境、稳定的职业以及一定程度的积极评价、权力和威望。当组织变革时，经济利益通常会进行调整。当这种调整能给个体带来利益的增加和生活的改善时，就能得到个体的支持；相反，当这种调整直接或间接降低了某些个体的收入时，这些人就会阻挠、抵制这种变革。另一个方面，个体阻力是因为心理因素造成的阻力。安全心理、求稳心理、求全心理、保守心理、习惯心理以及对未知的恐惧心理是人的正常心理。组织变革时，必然对个人的心理产生影响，从而形成变革阻力。例如，因为害怕变革改变自己已有的行为方式，在求稳心理下，一些人反对变革；因为变革具有不确定性，一些人在对未知的恐惧心理下，反对变革。

（2）群体与组织方面的阻力

群体与组织方面的阻力也主要来自两个方面。一个方面，群体与组织阻力是因为群体规范而产生。一个群体，无论是正式群体还是非正式群体，在群体的价值观念和行为方式上都会有一套成文或不成文的特殊规范。组织变革必然会使得群体的行为规范发生相应的改变。这种改变可能会触及群体的利益，有时还可能会使群体被打散。为了保护自身的利益，保持群体的稳定，群体或组织有可能对组织变革采取不合作的态度。

另一个方面，群体与组织阻力是因为组织中的结构惯性而产生。任何组织和群体都有自己固有的运行机制和资源分配模式。一旦组织变革，则就意味着组织和群体的原有的资源分配模式和运行机制会产生变化。这种变化可能会将组织和群体原有的资源分配模式和运行机制等打破。这时，原有的结构惯性就会对组织变革产生作用，并阻碍组织变革。

4.5.2　组织变革的种类

根据不同的划分方法，组织变革可以分成不同的类型。

1）主动式变革与被动式变革

根据领导者控制程度的不同，组织变革可以分为主动式变革和被动式变革。

（1）主动式变革

主动式变革指的是管理者洞察环境中可能给组织带来的机遇和挑战，考虑到未来发展的趋势与变化，以长远发展的眼光，主动地制定对组织进行变革的计划并分阶段逐步实施的变革。主动式变革是一种有计划的变革。一般来说，重要的、成功的变革通常都是主动的有计划的变革。

（2）被动式变革

被动式变革指的是管理者没有及时洞察环境中可能给组织带来的机遇和挑战，缺乏长远的战略眼光，当环境发生变动时，要么变得束手无策，要么在环境变化的逼迫下，被动地、匆匆地对组织进行的变革。

2）以人为中心、以组织为中心与以技术为中心的变革

根据变革内容的不同，组织变革可以分为以人为中心、以组织为中心和以技术为中心的

变革。

（1）以人为中心的变革

以人为中心的变革指的是通过改变组织中有关人员的价值观念、工作态度以及行为方式等来实现组织变革的一种方式。以人为中心的变革具有变革的时间较长，对组织中管理者的素质要求较高，变革的效果显现缓慢但影响持久，变革的难度较大等特点。

（2）以组织为中心的变革

以组织为中心的变革指的是通过改变组织结构形式、各种管理制度、信息沟通渠道以及员工工作环境等来实现组织变革的一种方式。在以组织为中心的变革中，组织中人员的态度和行为是随组织变革而逐渐改变的。以组织为中心的变革具有变革的效果比较明显、操作相对容易的特点。以组织为中心的变革通常是组织变革中经常采用的方式。

（3）以技术为中心的变革

以技术为中心的变革指的是通过改变生产经营过程中所使用的技术，引进新设备、新材料、新技术、新工艺等来实现组织变革的一种方式。在以技术为中心的变革中，由于组织变革产生的巨大影响，组织成员的岗位被重新调整、组织中的人员的工作技能和工作程序发生改变。以技术为中心的变革具有见效快的特点，也是组织变革经常采用的方式。

4.5.3　组织变革的实施

1）组织变革的过程

组织变革过程一般包括解冻、改变和固结3个阶段。

（1）解冻阶段

解冻指的是在组织里广泛宣传变革的必要性，让个体、团体或组织能够真正感到变革的必要并且接受变革的过程。如果说现状是一种平衡，那么组织的变革势必会打破这种平衡状态。组织必须克服个体的阻力与群体的压力，也就是必须解冻。在解冻阶段，管理者要使组织成员认识到现状已经不能适应组织的发展，必须以全新的方式打破现有的状态，必须通过变革使组织进入一个新的阶段。在解冻阶段，管理者的中心任务就是改变组织成员的原有观念、态度和行为方式。

（2）改变阶段

改变指的是由现行的组织结构和行为方式向新的组织结构和行为方式转变的过程。在经历了解冻阶段后，在组织成员对变革做好准备之后，就可以实施具体的变革活动。实施具体变革活动的阶段就是改变阶段。改变阶段是组织变革的关键性阶段。在改变阶段中，只有充分调动所有组织成员的积极性和参与性，才能保证组织的各项改变活动得以顺利实施。

（3）固结阶段

固结指的是组织通过加强和支持等措施和手段，使新的行为方式得以巩固的过程，也称为再冻结。在组织变革改变发生之后，由于人和组织固有的惯性，通常需要通过一定的措施和手段对变革活动进行巩固，这一阶段就是固结阶段。固结阶段是对组织变革结果的再冻结，是对变革这一新行为的强化，从而确保变革成功并长期有效。

2）组织变革的步骤

在进行组织变革时,可以具体按以下 6 个步骤进行,如图 4.11 所示。

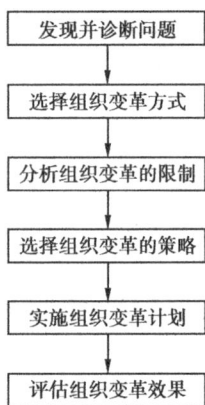

```
┌─────────────────┐
│ 发现并诊断问题    │
└────────┬────────┘
         ↓
┌─────────────────┐
│ 选择组织变革方式  │
└────────┬────────┘
         ↓
┌─────────────────┐
│ 分析组织变革的限制 │
└────────┬────────┘
         ↓
┌─────────────────┐
│ 选择组织变革的策略 │
└────────┬────────┘
         ↓
┌─────────────────┐
│ 实施组织变革计划  │
└────────┬────────┘
         ↓
┌─────────────────┐
│ 评估组织变革效果  │
└─────────────────┘
```

图 4.11　组织变革步骤图

第一步,发现并诊断问题。作为一个实体,组织经常会遇到来自外部和内部各方面的压力。这些压力的存在,会导致信息传递不畅、决策迟缓、领导软弱无力等不良现象。组织的变革因此而产生。可以说,发现存在的问题是组织变革的起点。能否对问题及时察觉和识别,关键在于及时、准确地掌握组织的内、外部信息。在察觉和识别到问题之后,还要深入分析哪些是需要纠正的问题,造成问题的根源在哪里,组织要做哪些变化,什么时候变化,还要确定变革的目标以及衡量办法等。

第二步,选择组织变革方式。在发现并诊断问题之后,组织应本着权变与适用的原则,根据组织所处的条件与环境采取相应的变革方式。组织变革方式可以选择以人为中心的变革,也可以选择以组织为中心的变革或以技术为中心的变革。每种变革方式都有自己的优缺点,组织应根据实际情况来进行选择。

第三步,分析组织变革的限制。在及时发现、诊断问题和选择变革方式之后,组织应对影响变革的因素进行分析。一般地,组织变革能否进行,主要会受到以下 3 个因素的影响:领导作风、组织结构和组织成员特点。领导者的价值观、领导风格、个性和知觉,组织结构的现状,组织成员的学习能力、态度、期望、性格都会影响组织接受或拒绝变革。例如,一个独裁性的领导和官僚主义的机构往往不能有效贯彻参与变革。只有对限制组织变革的因素进行深入的分析,才能推动组织变革的进行。

第四步,选择组织变革的策略。组织变革会受到多方面的限制,组织应该选择一定的变革策略来化解这些限制性因素。组织变革策略的选择可以根据不同的方式进行:按照变革的速度可以将变革分为突破式和渐进式策略;按照变革所解决问题的深度可以将变革分为系统性和改良性策略;按照下级参与变革的程度可以将变革分为命令式、参与式和分权式策略。在选择组织变革的策略时,管理者应依据问题的性质、参与者等因素选择不同的变革策略。例如,在重大问题的变革中,由于组织成员的态度对变革的推行和成功至关重要,因此,管理者应将支持和合作扩大到最大限度,参与式或分权式的变革策略是较为有效的选择。

第五步,实施组织变革计划。组织变革计划的实施通常要考虑 3 个方面的问题:一是组织变革的时机。实施组织变革计划时,要在变革的各项准备工作完成之后,要避开工作繁忙之时。二是发动组织变革的层面。许多行为科学家认为,组织变革应该由上层发动,这样才能使组织变革得以有效推行。可以说,取得上层的许可,是组织变革的先决条件。在组织变革的过程中,应在取得上层许可的基础上,根据变革的性质或从上层,或从中层,或从基层发动。三是组织变革的范围。实施组织变革计划的工程中,应明确组织变革的范围。这一范围是直接涉及整个组织,还是只是涉及组织中的某个部门或环节。

第六步,评估组织变革效果。组织变革是一个包括众多因素在内的复杂过程。再好的组织变革计划也无法保证组织变革目标的完全实现。为了实现组织的持续发展,无论是在组织变革的过程中,还是在组织变革结束之后,管理者都应积极收集信息,对组织变革情况进行反馈,对组织变革的阶段性成果进行总结,及时发现问题并尽早解决。

4.5.4 组织变革的趋势

第二次工业革命的到来,全球化、市场化和信息化不断更为深入,使得组织面临着越来越复杂的环境。为了适应环境的变化,组织必须变革。当前,组织结构的变革呈现出非层级制的特点,表现出扁平化、柔性化、分立化和网络化等4个基本趋势。

1)组织结构的扁平化趋势

组织在其长期的演变过程中,逐渐形成一套等级森严的层级组织体系,层级层次越来越多,信息的处理和传递要经过若干环节。这种状况致使整个组织对外部环境变化的反应迟钝,并使得内部管理难度大、工作效率低。20世纪80年代以来,美国不少企业组织开始对这种传统模式进行大胆的改革,减少管理层次,扩大管理幅度,组织结构呈现出扁平化的发展趋势。20世纪90年代初期,西方国家出现了一场声势浩大的"企业再造"运动,核心思想就是把原来的金字塔形的组织结构扁平化。

在扁平化的组织结构中,管理的层次减少和管理的幅度扩大,组织结构形态由标准的金字塔形向圆筒形转化。扁平化组织结构顺畅运作需要具备两个重要条件:一是现代信息处理和传输技术的巨大进步;二是组织成员的独立工作能力大大提高。只有具备这两个条件,管理者才能向员工大量授权,组建各种工作团队,组织才能对大量复杂信息进行快捷而及时的处理和传输,缩小生产者与消费者之间的距离,使他们可以直接进行联系和接触,相互掌握对方信息,普通员工与管理者、下级管理者和上级管理者之间的关系由传统的被动执行者和发号施令者的关系转变为一种新型的团队成员之间的关系,从而促进组织的发展。

2)组织结构的柔性化趋势

组织结构的柔性化指的是在组织结构中,不只设置固定的和正式的组织机构,也设置一些临时性的、以任务为导向的团队式组织。在柔性化的组织结构中,组织结构由两个部分组成:一部分是比较稳定的组织结构,是为了完成组织的一些经常性任务而建立的组织结构,是组织结构的基本组成部分;另一部分则是组织结构的补充部分,是为了完成一些临时性任务而建立的组织结构,如各种项目小组等。柔性化组织结构的建构目的是让组织成员打破原有的部门界限,绕过原有的中间层次,直接面对消费者,向公司总体目标负责,从而以群体和协作优势赢得竞争主导地位。柔性化组织结构能使组织的资源得到充分利用,增强组织对环境动态变化的适应能力。

【管理链接4.6】

看微软如何进行柔性管理

在微软公司内部,人才多如牛毛,人们不禁要问,微软是依靠什么样的魅力能够吸引来自全球的顶尖人才呢?答案很简单,那就是比尔·盖茨重视人才,对人才以礼相待,依靠自身的魅力,依靠对人才的宽容和欣赏吸引了无数的人才投到微软公司的门下,为微软"鞠躬尽瘁",创造无穷的效益。当今的领导者要想掌握全局,就必须充分调动属下的积极性,用宽容理解的姿态对待下属,赢得下属的理解和支持。

与其他科技公司相比,微软公司的工作氛围十分地轻松和活跃,每一个员工,甚至是刚毕业的程序员都能拥有自己的一间办公室。也正是因为如此,世界各大名校的毕业生都愿意到微软公司工作,而作为公司的董事长,比尔·盖茨十分重视人才的价值,对待这些优秀的人才,他丝毫没有领导的架子,与员工一向是以朋友的身份相处。轻松、不受拘束的工作氛围使得这些刚毕业的高才生们能够全身心地投入到工作中去。

梅尔沃德最初在微软里担任操作系统开发部主任,在任期间,他发挥自己的聪明才智,为公司提出了一系列有建设性的意见和建议,并且将这些运用到实际的工作中去,使得操作系统开发部的业绩大大提高。也正是因为如此,梅尔沃德吸引了比尔·盖茨的注意。

1991年,比尔·盖茨让梅尔沃德掌管微软公司所有的研究和高级开发课题,梅尔沃德的任务突然加剧,但是他却丝毫没有怨言,反而拿出更多的时间和精力投入到工作中去。盖茨也常常和他一起磋商工作事宜,两个人经常工作到深夜。1995年,比尔·盖茨任命梅尔沃德为集团副总裁,成为微软6位董事会成员之一。

面对能力超群的梅尔沃德,比尔·盖茨从来没有打压过他的才能,反而尽一切努力去提拔他。盖茨经常和梅尔沃德一起讨论工作上的问题,帮助他成为微软规划的资深顾问。梅尔沃德一路走来,与比尔·盖茨的帮助密不可分,正是凭借盖茨宽容的人才措施,梅尔沃德才有机会发挥自己的聪明才智,逐渐成为微软发展壮大中的栋梁人才。

3) 组织结构的分立化趋势

组织结构的分立化指的是从一个大的组织里再分离出几个小的组织,把总部与下属单位之间的内部性的上下级关系变为外部性的组织与组织之间的关系。组织结构的分立化可以分为两种方式:一种方式是横向分立,即按照产品的不同种类进行分立。另一种方式是纵向分立,即按照同一产品的不同生产阶段进行分立。横向分立可以最大限度地提高单个产品经营单位的自主权,在一个又一个的单位产品市场上形成自己的优势地位。纵向分立是对同一类别的产品进行上下游的分离,通过纵向分立,可以进一步集中组织的力量,提高组织的专业化生产经营水平。

组织结构的分立化与划小经营单位的方式的最大区别是:组织结构的分立化是以一种市场平等关系来连接组织总部与所属各个分组织和子组织之间的关系的,而划小经营单位仍然是以一种组织内部的层级关系进行管理;组织结构的分立化是在产权关系上进行的变革,组织总部对所分立的各个子组织和分组织通过股权渗透进行控制,而划小经营单位则是在管理权限上的调整,组织总部对所划小的各个经营单位控制是通过一系列的内部行政管理手段来进行的;分立化组织结构所形成的各个子组织是独立的实体,拥有完全的独立经营地位,而通过划小经营单位所形成的各个基层经营单位并不是一个独立的法人,不具有完全的独立经营地位。

4) 组织结构的网络化趋势

随着市场竞争的日趋激烈,越来越多的大型组织认识到,庞大的规模和臃肿的机构设置不利于组织提高竞争力。因此,许多大型组织突破层级制组织类型的纵向一体化的特点,对其组织结构进行重新构造,组建起由小型、自主和创新的经营单元构成的,以横向一体化为特征的网络型组织结构。

组织结构的网络化具有两个特点:一个特点是,用特殊的市场手段代替行政手段来连接各个经营单位之间及其与公司总部之间的关系。例如,以网络型组织的形式把若干命运休戚相关的组织紧密联系在一起。另一个特点是,在组织结构网络化的基础上形成了强大的虚拟功能。传统的组织形式是高度实体化的,传统的组织管理是对实体组织的管理,这种管理要负责组织各种实物的保存和管理。随着经济活动的数字化、网络化不断深入,一方面使得空间"变小",世界成为"地球村";另一方面,又使空间扩大,除物理空间外,还有媒体空间的存在,虚拟商店、虚拟书店、虚拟银行等虚拟组织应运而生。通过虚拟,处于网络型组织中的每一个独立的组织,并不一定拥有与上述功能相对应的实体组织,就可以获得诸如设计、生产和营销等具体的功能,并能以各种方式借助外部资源进行重新组合。

【管理链接4.7】

通用公司的组织结构变革

当杜邦公司刚取得对通用汽车公司的控制权的时候,通用公司只不过是一个由生产小轿车、卡车、零部件和附件的众多厂商组成的大杂烩。这时的通用公司由于不能达到投资者的期望而濒临困境,为了使这一处于上升时期的产业为投资者带来应有的利益,杜邦公司时任董事长和总经理皮埃尔·杜邦以及他的继任者艾尔弗雷德·斯隆的主持下进行了组织结构的重组,形成了后来为大多数美国公司和世界上著名的跨国公司所采用的多部门结构(Multidivisional Structure)。

在通用公司新形成的组织结构中,原来独自经营的各工厂,依然保持着各自独立的地位,总公司根据它们服务的市场来确定其各自的活动。这些部门均由企业的领导,即中层经理们来管理,它们通过下设的职能部门来协调商品从供应者到生产者的流动,即继续担负着生产和分配产品的任务。这些公司的中低管理层执行总公司的经营方针、价格政策和命令,遵守统一的会计和统计制度,并且掌握这个生产部门的生产经营管理权。

最主要的变化表现在公司高层上,公司设立了执行委员会,并把高层管理的决策权集中到公司总裁一个人身上。执行委员会的时间完全用于研究公司的总方针和制定公司的总政策,而把管理和执行命令的负担留给生产部门、职能部门和财务部门。同时,总裁和执行委员会之下设立了财务部和咨询部两大高层职能部门,分别由一位副总裁负责。财务部担负着统计、会计、成本分析、审计、税务等与公司财务有关的各项职能;咨询部负责管理和安排除生产和销售之外的公司的其他事务,如技术、开发、广告、人事、法律、公共关系等。高层职能部门根据各生产部门提供的旬报表、月报表、季报表和年报表等,与下属各企业的中层经理一起,为该生产部门制定出部门指标,并负责协调和评估各部门的日常生产和经营活动。同时,根据国民经济和市场需求的变化,不时地对全公司的投入产出作出预测,并及时调整公司的各项资源分配。

公司高层职能部门的设立,不仅使高层决策机构——执行委员会的成员们摆脱了日常经营管理工作的沉重负担,而且也使得执行委员会可以通过这些职能部门对整个公司及其下属各工厂的生产和经营活动进行有效的控制,保证公司战略得到彻底和正确的实施。这些庞大的高层职能机构构成了总公司的办事机构,也成为现代大公司的基本特征。

学习要点

1. 组织的含义:组织是由一定的群体为了实现共同的目标,按照一定的原则,通过组织设计,以特定的结构运行的一种集合体。

2. 组织环境:分为一般环境和具体环境。

3. 组织设计的任务:提供组织结构系统图和编制职务说明书。

4. 组织设计的步骤:进行工作划分、建立不同层次的部门、决定管理幅度和管理层次、确定职权关系、不断修正和完善组织结构。

5. 组织设计的原则:管理层次与管理幅度原则、统一指挥原则、责权一致原则、分工协作原则、执行与监督相分离原则、精简与效益原则、集权与分权相结合原则、弹性原则。

6. 影响组织设计的因素:组织环境、组织战略、科技条件、组织规模和组织文化。

7. 组织结构的含义:组织结构是组织内各构成部分及各构成部分之间的相互关系的总和。

8. 组织结构的形式:传统组织结构形式包括直线制结构、职能制结构、直线职能制结构;现代组织结构形式包括事业部制结构、模拟分权制结构、矩阵制结构、多维制结构和委员会结构。

9. 组织文化有广义和狭义两种概念。广义的组织文化是指所创造的具有自身特点的物质文化和精神文化;狭义的组织文化是组织所形成的具有自身个性的经营宗旨、价值观和道德行为准则的综合。

10. 组织变革的动力与阻力:动力来自内外环境的变化;阻力来自个体、群体和组织三个方面。

11. 组织变革的种类:主动式变革和被动式变革;以人为中心、以组织为中心和以技术为中心的变革。

12. 组织变革的实施:变革过程包括解冻、改变和固结三个阶段;变革步骤包括发现并诊断问题、选择变革方式、分析变革的限制、选择变革策略、实施变革计划以及评估变革效果。

思考练习

1. 组织设计的作用是什么?

2. 简述组织设计的原则。

3. 组织设计时应考虑哪些影响因素?

4. 传统组织结构形式有哪些? 分别阐述各自的优缺点。

5. 现代组织结构形式有哪些? 分别阐述各自的优缺点。

6. 分别解释以人为中心的变革、以技术为中心的变革和以组织为中心的变革。

7. 分析组织文化的内涵。

8. 分析组织变革的动力和阻力。

9. 简述组织变革的过程。

管理实践

训练项目:企业组织结构调查

[实践目标]

1. 增强对企业组织结构的感性认识。

2. 培养对企业组织结构分析的初步能力。

3. 增强对企业制度规范的理解与运用能力。

[实践内容与方法]

1. 对一家企业的组织结构情况及其制度规范进行调查,并运用所学知识进行分析诊断。如时间安排有困难,也可利用网上、资料等途径搜集企业相关信息。

2. 主要需搜集的信息有:

(1)企业的组织结构系统图;

(2)各主要职位、部门的职责权限及职权关系;

(3)企业主要的制度规范;

(4)由于组织结构、职权关系及制度等问题引起的矛盾。

3. 调查以课程模拟公司为单位组织实施。

4. 以模拟公司为单位,组织探讨与分析诊断。

5. 也可在班级上进行小组交流与研讨。

[实践标准与评估]

1. 要准确把握实训的要求。在以模拟公司为单位策划的基础上,要拟订一个简要的调研方案或计划。

2. 到企业进行调查时,要选择管理较规范的中小企业,或大企业中相对独立的中基层单位;要尽可能搜集到所需的基本信息与资料,如企业的组织结构系统图、一些主要管理岗位的职务说明书或权责制度(包括岗位责任制)、主要的办事规程与审批程序等;邀请管理者作介绍,要向被访问的管理者说明所需信息,并注意沟通技巧;调查中要做好记录,特别要整理好得到的原始资料。

3. 对企业的组织情况进行分析诊断,可以采用以下思路:

(1)该企业组织结构的基本类型,是否规范或有特色;(2)组织结构设置是否满足企业目标需要,运行是否有效;(3)主要职位的权责关系是否配置合理,是否协调;(4)制度规范是否健全,能否有效执行;(5)你认为该企业存在的主要问题(指由组织因素引起的问题)是什么;(6)提出你对于改革与改进该企业组织状况的建议。

4. 实践成果提交。每个同学都要写一份所调研企业组织情况的简要分析诊断报告,并搜集1~2个企业管理制度。由模拟公司经理根据调查与研讨的表现来评价同学的成绩。对在班级交流中发言的同学进行成绩评定。

附:作业——关于企业组织情况调研简要报告

一、调研的基本情况(被调查单位、调查时间及基本过程)

_____

_____

_____

二、企业组织结构状况及其分析诊断

———————————————————————————————

———————————————————————————————

———————————————————————————————

三、搜集到的主要制度规范

———————————————————————————————

———————————————————————————————

———————————————————————————————

四、你对于改革与改进该企业组织状况的建议

———————————————————————————————

———————————————————————————————

———————————————————————————————

（资料来源：单凤儒.管理学基础实训教程［M］.2版.北京：高等教育出版社,2009.）

第 5 章

人员配备理论与实践

学习目标

1. 人员配备的任务、程序和原则。
2. 外部招聘的概念及其优缺点。
3. 内部晋升的概念及其优缺点。
4. 管理人员选聘的标准。
5. 管理人员的选聘程序和方法。
6. 管理人员考评的目的和作用。
7. 管理人员考评的内容。
8. 管理人员考评的工作程序和方法。
9. 管理人员培训的目标。
10. 管理人员的培训方法。

引例

百度"六字诀"锻造团队

"招、训、用、留、挖、裁",这是百度人力资源部门工作的"六字诀"。百度上市之后,"六字诀"将在人力资源战略调整中如何体现? 上市对其企业文化又将产生什么影响?

1. 招聘和培训

百度上市之后,百度对人才的"硬性要求"没有太多的变化,比如说技术能力方面,但对其"软性要求"更高了,比如说他的职业道德方面。百度在上市之后招聘人才时其评定标准方面将会发生一些变化。与此同时,百度招聘员工的薪酬体系也发生了一些变化。上市之前招聘员工的薪酬是工资加股票期权,上市之后工资将会上升,但股票期权将会减少。这种转变的很大原因是百度上市之后期权变化的空间变小了。

随着公司的发展,百度开始慢慢强化对价值观的认同感。百度认为:能力可以通过合适的方法假以时日就能培养起来,一个人的价值观则是很难改变的。能力再强的人,如果价值观和企业不吻合,你可能今天能做好,但明天就做不好了。新的技术员工在进入百度之后,将会经历几天的拓展训练。再经过技术培训 3~6 个月之后,这些人将被分到 9 个序列的技术岗位。这 9 个序列的技术岗位共分为 57 个技术职称,每半年评定一次,表现优异者可以越级提拔。

2.用人和留人

百度有一种"CC(抄送)文化",即每一个人都可以把他的观点直接和他的上司或是组员说,也可以把自己的观点发送到所有你认为应该知道的人的信箱里去,有必要的话你可以把对你观点感兴趣的人组织起来进行一个讨论会,这些人可能包括公司高层、同部门或是不同部门的人。

这种平等和尊重自由的文化氛围是由李彦宏首先倡导起来的,他认为讨论一个事情没有身份的差异,只有观点的对错。而且允许别人失败,只要不是犯一些经常性的小错误,任何人不会因为一次想法的失败而被别人看不起。这种工作氛围对于留住员工起到了积极的作用。

百度公司还有与别的公司不同的地方是在这里的实习生拿的是正常的岗位工资。百度公司认为:干什么岗位拿什么工资。这种做法大大提升了实习生的工作热情。

随着企业的快速发展,也必然有一些员工跟不上企业发展的脚步,因此不可避免地面临裁员的问题。达不到要求并且不愿提高的人只能被淘汰。百度2004年一年的人才流失率还不到1%,真正被裁掉的更少。

今天的百度已经有了"挖人"的资本,但百度人力资源部总监鲁灵敏说:"我们现在的确有了挖人的资本,但挖人并不是我们的主要手段。"虽然随着百度的上市,其资金充裕度和品牌知名度都非昔日可比,但鲁灵敏认为首先是要问清自己需要什么人才,"这个行业能挖过来的人也不多,人才主要还是靠自己培养。"

(资料来源:陈雪频.百度"六字诀"锻造团队[N].第一财经日报,2005-09-17.)

5.1 人员配备概述

人力资源是企业各项资源中最宝贵、最重要的资源,是物质资源的主宰,是企业发展的"第一资源",企业中其他资源的组合、运用都要靠人力资源来推动。但是,一个企业仅有人力资源的堆积还是不够的,必须对人力资源进行合理有效的配置,才能发挥其最大效益;否则,第一资源只会使企业产生更大的内耗。

5.1.1 人员配备的含义

人员配备是对组织中全体人员的配备,既包括主管人员的配备,也包括非主管人员的配备。二者所采用的基本方法和遵循的基本原理是相似的。

管理学中的人员配备,是指对主管人员进行恰当而有效地选拔、培训和考评,其目的是为了配备合适的人员去充实组织机构中所规定的各项职务,以保证组织活动的正常进行,进而实现组织的既定目标。

传统的观点一般把人员配备作为人事部门的工作,而现代的观点则认为,人员配备不但包括选人、评人、育人,而且还包括如何使用人员,以及如何增强组织凝聚力来留住人员,这又同指挥与领导工作紧密联系起来。

5.1.2 人员配备的重要性

在管理的四大职能中,人员配备主要涉及的问题是人,因此,它在整个管理过程中占有极为重要的地位。表现为:

1)人员配备是组织有效活动的保证

组织目标的确定为组织明确了工作方向,组织结构的建立为组织提供了实现目标的条件。但是,要真正实现组织目标,还要靠组织中最主要的因素——人,没有人的组织是没有任何活力、任何功能的静态结构,也就无从谈起指挥与领导以及进行有效的控制。人是组织中蕴藏着极大潜在能力的最重要资源。

在组织的所有人员中,最重要的是那些主管人员。主管人员的基本任务是设计和维持一种环境,使身处其间的人们能在组织内一起工作,以完成预定的使命和目标。由此可见,主管人员在整个管理过程中起着举足轻重的作用,主管人员是组织活动取得成效的关键人物。因此,有效地为组织机构配备各级主管人员是组织活动取得成效的最好保证之一。大到国家一级的组织,小到一个具体的企事业单位,主管人员配备得恰当与否,都是与组织的兴衰存亡密切相关的。

2)人员配备是组织发展的准备

人员配备的另一个重要性,是在复杂多变的环境中为从事组织活动所需要的主管人员作好准备。正如在计划工作中指出的,计划是针对未来的情况,而未来的情况具有不肯定性,未来的主管人员都必须能很好地面向社会,适应由于先进技术应用而产生的、不断增大的外部环境变化的影响及其对组织内部活动造成的复杂变化。因此,同其他管理职能一样,人员配备应有一个开放的系统方法,要着眼于未来,必须根据具体情况采取随机制宜的方法,对主管人员进行恰当而有效的选拔、培训和考评,以满足组织未来对主管人员的需要。

人员配备的系统方法,即:组织目标和计划是组织结构设计的依据,现有的和预期的组织结构,决定了所需主管人员的数目和种类。通过对主管人员的需求分析,在征聘、选拔、安置和提升的过程中,利用外部的和内部的人才来源,同时还要对主管人员进行考核、训练和培养。适当的人员配备有助于做好指挥与领导工作,同样,选拔优秀的主管人员也会促进控制工作。人员配备要求采取开放的系统方法,这种方法要在组织内部贯彻,反过来又和外部环境有关。组织内部因素应予以重视,没有适当的报酬,就不能保证吸引住优秀主管人才。外部环境也不容忽视,否则,就会阻碍组织正常发展。

5.1.3 人员配备的任务

人员配备是为每个岗位配备适当的人,也就是说,首先要满足组织的需要;同时,人员配备也是为每个人安排适当的工作,因此,要考虑满足组织成员的个人的特点、爱好和需要。人员配备的任务可以从组织和个人这两个不同的角度去考察。

1）人员配备应能满足组织的需要

①要通过人员配备使组织系统得以运转。设计合理的组织系统要能有效地运转,必须使机构中每个工作岗位都有适当的人去占据,使实现组织目标所必须进行的每项活动都有合格的人去完成,这是人员配备的基本任务。

②适应组织发展的需要。组织是一个动态系统。组织处在一个不断变化发展的社会经济环境中,组织的目标、战略需要经常根据环境的变化和组织的发展作出适当的调整,由目标和战略决定的组织结构不仅会发生质的变化,而且在部门内和岗位的设置数量上也会出现相应的增减。因此,在根据当前的组织结构设置配备相应人员时,也要考虑到组织结构和岗位设置将来可能发生的变化,通过建立客观的考核体系和制度化的培养体系,来适应组织未来发展的需要。

③维持成员对组织的忠诚。人们总是力图获得最能发挥自己才能并能给自己带来最大利益的工作,而常用的方式就是通过流动和尝试不同的工作。流动对个人来说可能是重要的,它可以使人才自己通过不断的尝试,找到最合适自己的工作岗位。但是对组织来说,人才流动虽然能给组织带来新鲜的血液,但过高的流动率,尤其是优秀人才的外流,往往会导致组织出现知识真空,从而影响组织的正常运转和持续发展。因此,在人员配备过程中,要注意通过轮岗、转岗或岗位的重新设计,为员工才能的充分发挥和实现个人的发展目标创造良好的条件,从而维持员工对组织的忠诚,稳定人心,留住人才。

2）人员配备应考虑组织成员的需要

要做到人与事的最佳组合,人员配备必须能够充分发挥员工的才能,并使其自觉积极地履行好岗位职责,为实现组织目标而努力工作。为此,在人员配备过程中,要考虑到组织成员个人的才能特点、兴趣爱好和需要,做好以下两方面的工作。

①使每个人的知识和才能得到公正评价和运用。工作的要求与自身的能力是否相符,工作目标是否具有挑战性,工作内容是否符合兴趣爱好,是否"大材小用"从而使员工"怀才不遇",或"小材大用"使员工"不堪重负",这些都会在很大程度上影响人们在工作中的积极性、主动性,进而影响工作绩效。

②使每个人的知识和能力得以不断发展和提高。知识与技能的提高,不仅可以满足人们较高层次的心理需要,而且往往是通向职业生涯中职务晋升的阶梯。因此,在人员配备过程中,应使每个组织成员都能看到这种机会和希望,从而稳定人心、提高工作绩效和适应组织发展需要。

5.1.4   人员配备的原则

为求得人与事的优化组合,人员配备过程中必须遵循一定的原则。

1）因事择人、适应发展原则

事是组织中各种各样的任务。组织中配备一定人员的目的在于希望其能够做好组织所分配的任务,从而为实现组织目标作出其应有的贡献。为此就要求在人员配备过程中,根据工作需要配备具备相应知识技能和能力的人员。

同时,为了适应组织发展的需要,在岗位设置和人员配备过程中,要留有一定的余地。不能仅根据组织目前的需要配备人员,以至于当组织发展需要员工履行更多的职责或需要进一步提高技能时,现有的员工难以胜任或提高,从而延缓组织的发展。在人员配备过程中,要做好人力资源储备,配备一定的培养性人员,或在配备某些岗位的人员时给其留出一定的学习和培训时间。

2)因才施用、客观公正原则

在人员配备过程中,根据一个人的特长和兴趣爱好来分配不同的工作,以最大限度地发挥其才能和调动其积极性。不同的工作需要不同才能的人可以胜任,而不同的人因为具有不同的素质与能力,能够从事不同的工作。所以,从人的角度来考虑,只有根据人的特点来安排工作,才能使人的潜能得到最充分的发挥,使人的工作热情得到最大限度的激发。因此,要根据不同的人的兴趣爱好和才能结构,分配其合适的工作内容,在条件允许的情况下,尽可能地把一个人所从事的工作与其兴趣爱好、能力特长结合起来。

客观公正原则要求在人员配备过程中,明确表明组织的用人理念,为员工提供平等的就业、上岗和培训机会,对素质能力和工作绩效进行客观的评价,以求最大限度地获得社会和员工的理解和支持。

【管理链接 5.1】

挑选头等工人

管理学家泰勒说过,只要工作对员工是适合的,他就是第一流的工人。为了提高劳动生产率,必须为工作挑选头等工人,既是泰勒在《科学管理理论》中提出的一个重要思想,也是他为企业的人事管理提出的一条重要原则。

泰勒指出,健全的人事管理的基本原则是使工人的能力同工作相适应,企业管理当局的责任在于为雇员找到最合适的工作,培训他们成为第一流的工人,激励他们尽最大的力量来工作。为了挖掘人的最大潜力,还必须做到人尽其才。因为每个人都具有不同的才能,不是每个人都适合于做任何一项工作的,这和人的性格特点、个人特长有着密切的关系。为了最大限度地提高生产率,对某一项工作,必须找出最适宜干这项工作的人,同时还要最大限度地挖掘最适宜于这项工作的人的最大潜力,才有可能达到最高效率。因此对任何一项工作必须要挑选出"第一流的工人"即头等工人。然后再对第一流的人利用作业原理和时间原理进行动作优化,以使其达到最高效率。

对于如何使工人成为第一流工人,泰勒不同意传统的由工人挑选工作,并根据各自的可能进行自我培训的方法,而是提出管理人员要主动承担这一责任,科学选择并不断地培训工人。泰勒指出:"管理人员的责任是细致地研究每一个工人的性格、脾气和工作表现,找出他们的能力;另一方面,更重要的是发现每一个工人向前发展的可能性,并且逐步地系统地训练,帮助和指导每个工人,为他们提供上进的机会。这样,使工人在雇用他的公司里,能担任最高、最有兴趣、最有利、最适合他们能力的工作。这种科学地选择与培训工人并不是一次性的行动,而是每年要进行的,是管理人员要不断加以探讨的课题。"在进行搬运生铁的试验后,泰勒指出:现在可以清楚的是,甚至在已知的最原始的工种上,也有一种科学。如果仔细挑选了最适宜于干这类活计的工人,而又发现了干活的科学规律,仔细选出来的工人已培训得能按照这种科学去干活,那么所得的结果必然会比那些在"积极性加刺激性"的计划下工作的结果丰硕得多。可见,挑选第一流工人的原则,是对任何管理都普遍适用的原则。

我国古代有个管工最懂得在施工中运用"岗位匹配"的机制:他让腰粗的人背土——不伤力;让腿粗的人挖土——有劲;让驼背人垫土——弯腰不吃力;让独眼龙看准绳——不分散注意力。

(资料来源:弗雷德里克·泰勒.科学管理原则[M].北京:机械工业出版社,2014.)

3)合理匹配的原则

合理匹配包含两个方面:除了要根据各个岗位职责要求配备相应的符合岗位素质要求的人员以外,还要求合理配置同一部门中不同岗位和层次间的人员,以保证同一部门中的人员能协调一致地开展工作,充分发挥群体功能。

①根据各个岗位职责要求配备相应的符合岗位素质要求的人员。即个人与岗位相匹配,通过岗位匹配达到开发潜能的理想效果。企业员工与岗位相匹配,蕴含着三重相互对应的关系:一是每个岗位都有特定要求与相应的报酬;二是员工想胜任某一岗位,就应具备相应的才能与动力;三是工作报酬与个人动力相匹配。岗位匹配可使企业增强对员工的吸引力,迫使员工提高工作业绩,达到员工对岗位的满意度,开发员工的潜能,使企业形成一个充满活力的系统。

②合理配置同一部门中不同岗位和层次间的人员,一是要考虑到能级问题,二是要考虑互补问题。为了保证组织具有高效率和高可靠性,不仅要合理划分组织中人员的能级,而且要使不同能级的人员有一个合理的组合。一般来说,稳定的能级结构应是正立三角形:即较少的高级人员、较多的中级人员、更多的低级人员。一个组织中人员能级分布如果不是这样,就会显得不稳定。能级问题是从纵向考虑人员配置,要求形成一个合理的等级。

而互补问题是从横向考虑人员的配置,认为同一层次的人员相互之间应是能力互补的。若成员相互之间能力互补,各有所长,又有共同语言,就能较好地进行分工协作;若各成员虽各有所长,但无共同语言,则不易合作;若各成员之间能力相似,则容易相互争斗,形成内耗。

【管理链接5.2】

能级管理原理

"能级"一词是从物理学中借用过来的概念,原意是说原子由原子核和核外绕核运转的电子构成,电子由于具有不同的能量,就按照各自不同的轨道围绕原子核运转,即能量不同的电子处于不同的相应等级,这种现象在管理学上同样存在。管理学认为,管理活动中组织及其成员同样具有类似的能级结构。

能级原理,是指管理的组织结构与组织成员的能级结构必须相互适应和协调,这样才能提高管理效率,实现组织目标。能级原理中的"能级",是指组织成员在一定条件下,能对实现组织目标起作用的各种能力之和的差别。能,在物理学中是做功的量。在现代管理活动中所谓的能,是指人们从事组织活动和管理活动的能力。从管理的意义上说,人的能力是指组织成员在一定的条件下所具有的对实现组织目标起作用的各种能力之和。级,在物理学中表示物质内部或系统内部的结构、联系、层次等。在管理活动中,级表示管理机构的不同环节和不同层次。管理机构中不同的层次、不同的环节上的管理人员所处的地位是有差别的。不同管理级别和层次的管理者对组织目标的完成所起的作用是不相同的,但这些由各管理人员及其相应管理职能形成的各个管理环节和管理层次,对整个管理系统来说都是不可缺少的,都是完成组织目标所必需的管理组织结构要素。

在行政管理活动中,按能级使用人才,实现合理的能级管理,能保证组织结构的稳定性

和有效性,并能获得最佳的管理效率和效益。根据国内外行政管理实践的经验,运用能级原理应注意以下原则或要求:

1. 能级的划分与组合应保证行政组织结构的稳定性和有效性。稳定的结构层次应是正三角形或正宝塔形,上窄下宽,如果是菱形或倒立三角形,定然不稳。在一个正三角形的行政组织中,每个层级的职责和任务,一般应按战略规划层—战术计划层—具体执行层这样3个层次由上向下排列。每个行政人员应按其不同的素质和能力安排到相称的层级上。

2. 不同的能级应具有不同的责任、权力和利益,实行责权利一致的原则。在对各个能级合理分解任务、明确各自职责的前提下,授予他们相应的权力,使责任和权力统一起来。任何一级行政组织,只要承担了一定的任务和责任,就应当拥有完成此任务的权力。同时,为了调动各个能级履行其职责的积极性,应按照他们的工作实绩给予相应的利益和荣誉。只有做到责权利三者相统一,才能充分发挥各级组织的主动性和创造性,保证他们各自承担的任务高效率地完成。

3. 各类能级必须动态对应。首先是对应,即根据各层能级的不同要求,相应地把有关人员安排到适当的能级岗位上,做到量才任用,人尽其才。其次,这种对应不是静止的,而是动态对应。因为人的年龄、精力、知识、才能、经验、思想品质及修养都会发生变化。因此,必须根据个人的思想、学识、才能等的发展变化情况,适时作出调整,将其安排到相应的能级岗位上,以使行政人员充满生机和活力。

4)动态平衡的原则

处在动态环境中的组织是在不断发展的。工作中人的能力和知识的适应性以及组织对其成员素质的认识也在不断地发展变化,因此,人与事的配合也需要不断地调整。动态平衡原则要求组织根据组织和员工的变化,对人与事的匹配进行动态调整。补充组织发展所需要的人员,辞退多余的或难以适应组织发展需要的人员;将能力提高并得到充分证实的员工提拔到更高层次、需要承担更多责任的岗位上去;将能力平平、不符合现在岗位要求的人通过轮岗或培训使其有机会从事力所能及的工作。通过人与工作的动态平衡,使绝大多数员工能够得到合理使用,实现组织目标所需要开展的工作都有合适的人来承担。

5.1.5 人员配备的工作内容和程序

为了达到上述目标,在人员配备过程中,一般要进行以下几项工作。

1)人力资源规划:确定人员需要的种类和数量

由于组织是发展着的,所需要设置的岗位和各岗位编制数也会随之发生变化。人力资源规划就是管理者为了确保在适当的时候,组织能够为所需要的岗位配备所需要的人员并使其能够有效地完成相应的岗位职责,而在事先所做的工作。人力资源规划主要包括三项任务:评价现有的人力资源配备情况;根据组织发展战略预估将来所需要的人力资源;制订满足未来人力资源需要的行动方案。通过人力资源规划,可以明确为了实现组织发展目标,在什么时候需要哪些人员、各需要多少,从而为人员的选配和培养奠定基础,如图5.1所示。

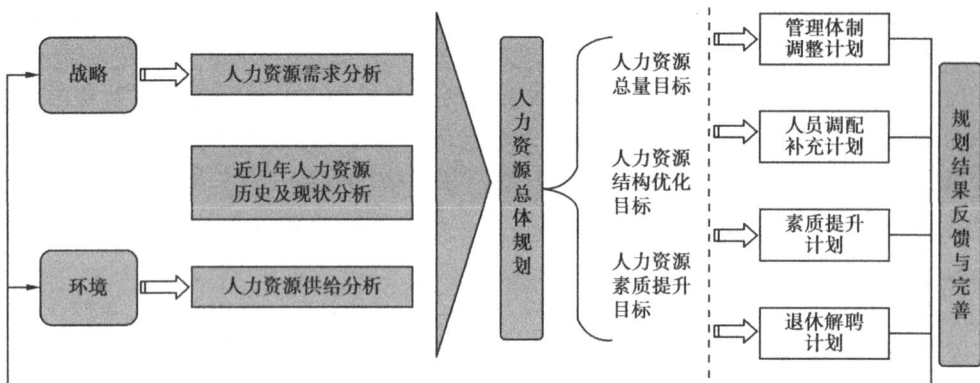

图 5.1　人力资源规划的程序

确定人员需要量的主要依据是设计出的职务数量和类型。职务类型指出了需要什么样的人,职务数量则告诉我们每种类型的职务需要多少人。构成组织结构基础的职务可以分成许多类型。比如:全体职务可分成管理人员与生产作业人员;管理人员中可分成高层、中层、基层管理人员;每一层次的管理人员又可分成直线主管与参谋或管理研究人员;生产操作人员可分成技术工人与专业工人,基本生产工人与辅助生产工人,等等。

如果为一个新建的组织选配人员,只需要利用上述职务设计的分类数量表去直接向社会公开招用、选聘。如果对现有组织机构的人员配备重新调整,就应在进行了组织的重新设计后,检查和对照企业内部现有的人力资源情况,找出差额,确定需要从外部选聘的人员类别与数量。

2)招聘与甄选:选配合适人员

岗位设计和分析指出组织中需要具备哪些素质的人,而为了获得符合岗位要求的人,就必须对组织内外的候选人进行筛选,以作出合适的选择。为此就要进行招聘和甄选。

招聘是指组织按照一定的程序和方法招募具备上岗素质要求的求职者担任相应岗位工作的系列活动。求职者可能来自组织内部,也可能来自组织外部,不管求职者来自哪里,为了招聘到合适的人员,都需要依据相应的岗位要求对求职者进行素质评价和选择。甄选是指依据既定的用人标准和岗位要求,对应聘者进行评价和选择,从而获得合格的上岗人员的活动。通过招聘与甄选,组织为相应的岗位配备合适人员。

3)培训与考核:使人员适应组织发展需要

培训是指组织为了实现组织自身和员工个人的发展目标,有计划地对员工进行辅导和训练,使之认同组织理念、获得相应知识和技能以适应岗位要求的活动。组织处于不断的发展过程中,对于组织在发展中所产生的人力资源需求,除了以招聘方式从外部吸引合适人员加以补充外,更主要的是通过开发组织现有的人力资源来加以满足。人的思想的统一、技能的提高需要一定的时间过程,组织未来发展所需要的人员和技能需要在现在就加以培训,培训是组织开发现有的人力资源、提高员工的素质和同化外来人员的基本途径。同时,为员工提供学习机会,使其看到在组织中的发展前景,是组织维持组织成员对组织忠诚的一个重要方面,因此培训的最终目的既是为了适应组织发展的需要,也是为了实现员工个人的充分发展。

为了了解现有的员工是否仍然适应岗位要求,需要通过考核对组织现有的人力资源质量作出评估。所谓考核是指按照一定的方法及程序对现职人员的工作情况作出客观评价，从而为员工改进工作提供指导，为培训、奖惩和人事晋升提供客观依据。

通过不断的培训和考核，不仅为组织获得合适的人员提供了保障，而且促使员工随着组织的发展不断成长，从而始终保持人与事的动态最佳组合，最终达到组织发展和员工成长的双重目的。

5.2 管理人员选聘

5.2.1 管理人员的概念

1）从"管理"到"管理人员"

谈到管理人员的定义与意义，需首先从其关键字"管理"入手。

简单而言，管理就是任何组织中，为了实现预期的目标，以人为中心进行的协调活动，而协调的对象可以有很多，包括人力、物力、财力、信息等资源。管理的最终目的是要通过协调以期高效地达到组织目标。

以上所述是对管理的一个简要的定义，而其中有一点尤其要引起注意，管理是"以人为中心进行的协调活动"，这句话表明管理的原因、管理的目标、管理的最终对象均以人为本，更表明进行管理的主体就是人本身。即使现在科技水平如此发达，在许多自然科学领域已经可以逐渐实现自动化代替人力进行生产，但是在管理科学这个极其强调"人"这个概念的学科领域，仍需要投入更多的精力来研究从事管理、与管理相关的"人"本身。在管理领域，决定并操纵一切的正是在规律支配下的人本身。人，既是亲切可感的，其本质又是极为神秘的。以人为本，或许就是这个散发着科学光辉的学科最大魅力之所在。而在此可以简单地将从事管理的主要群体，称之为管理人员。

2）"管理人员"的定义与意义

结合管理的定义，可以对"管理人员"进行简单的定义如下：通过别人来完成工作，作决策、分配资源、指导别人的行为来达到工作的目标的从事管理的人群。

如上，可以清楚地发现管理人员起的正是协调资源的作用，"通过别人来完成工作"，这句话蕴含了很多的智慧。如果把所有工作均抽象为管道中流淌的水，那么工作人员，或称为执行人员，就是管道中流淌的水本身，而管理人员呢，所要做的就是铺设这些管道，决定这些管道的通行，管理管道的层次，控制管道的疏堵，最终使管道中流淌的水都进入应到的领域。如果没有管理人员的存在，那么即使管道中的清水品质再高，也会因堵塞、混乱最终陷于混沌而不得所用，只有管理人员的存在才能让他们各得其所。管理人员与执行人员，或者科技人员，都是团队中不可或缺的一部分，他们各司其职，只是管理人员需要站在一个更高的高度来看待与安排工作。

具体来讲，管理人员工作的重点是对人进行管理。其工作的主体就是制订、执行、检查和改进。制订就是制订计划(或规定、规范、标准、法规等);执行就是按照计划去做,即实施;检查就是将执行的过程或结果与计划进行对比,总结出经验,找出差距;改进首先是推广通过检查总结出的经验,将经验转变为长效机制或新的规定;再次是针对检查发现的问题进行纠正,制订纠正、预防措施。

根据管理人员的工作方向与方法,又可以将管理人员定义为在一个组织中负责对人力、金融、物质和信息情报等资源进行计划、组织、指挥、协调和控制的人员。

3)管理人员的共同特征

(1)管理者必须拥有一定的权力

管理总是同权力相联系的,管理过程也就是权力的运用过程。权力是管理者的本质规定,正是因为拥有了权力,管理者在管理过程中才能居于主导地位。管理者的权力是由组织根据一定原则授予的。管理者权力的基础不同,授予方式不同,其行为模式也就不同。

不同的管理者拥有的权力大小、权力类别是不同的。组织的最高管理者拥有的是全面管理的权力,职能部门负责人拥有的是本职责范围内的权力,一般的管理人员拥有的是与本员工相关联的权力,参谋人员拥有的是参谋权力。

(2)管理者必须为权力运用承担责任

在管理过程中,权责对等是保证权力合理运用、提高管理效率的基本要求。管理者拥有一定的权力,是一个权力主体,但同时又是一个管理责任主体,他或她必须为权力运用负责。一个管理者拥有的权力越大,所承担的责任也就越大。这也是管理学的一条基本原理。

(3)管理者具有双重人格

管理者的双重人格是指管理者既是实实在在的个人,有个人的利益和要求,同时管理者又是一定组织、一定职位的人格化,他(她)所拥有的权力和承担的责任都要求其从组织的利益出发说话办事。管理者的地位越高,权力越大,这种职位人格化的要求越突出、越明显。

管理者的双重人格常使管理者陷于两难困境之中,即当出现个人利益与组织利益矛盾时,他(她)必须舍弃其一。作为一个合格的管理者,必须将组织的利益放在第一位。

5.2.2 正确选任管理人员的重要作用

企业管理人员的选任,其实质是寻求管理工作与人员之间的最佳配合。

1)正确的选任管理人员是实施管理的前提条件

管理是靠人来完成的,更确切地说是靠管理人员来完成的。没有管理人员的行动,管理活动就只是一个抽象、空洞的概念。可以说,管理和管理人员是一个问题的两个方面,是相辅相成的。

2)正确地选任管理人员是提高组织管理效率的关键

管理效率的高低受制于两个关键因素:一是管理体制,二是管理人员的素质。当管理体制一定时,管理者素质的高低就是决定性因素。正确选任管理人员,就是要把高素质的人才选任到管理岗位上去,合理地使用他们。当然还包括使用中对他们进行培养、训练,不断提高他们的素质和能力。

3）正确选任管理人员，是保证组织长期稳定发展的关键

对一个组织来说，要想获得长期稳定的发展，没有一个稳定且素质高、能力强，并且不断吐故纳新的管理者队伍是不可想象的。

5.2.3 管理人员选聘的内容

人是组织活动的关键资源。组织中的其他物力或财力资源需要通过人的积极组合和利用才能发挥效用。人在组织中的地位决定了人员配备在管理工作中的重要性。由于每一个具体的组织成员都是在一定的管理人员的领导和指挥下展开工作的，因此管理人员的选拔、培养和考评当为企业人力资源管理的核心。

1）管理人员需要量的确定

制订管理人员选配和培训计划，首先需要确定组织目前和未来的管理人员需要量。一般来说，计算管理人员的需要量，要考虑下述几个因素：

（1）组织现有的规模、机构和岗位

管理人员的配备首先是为了指导和协调组织活动的展开，因此首先需要参照组织结构系统图，根据管理职位的数量和种类，来确定企业每年平均需要的管理人员数量。

（2）管理人员的流动率

不管组织作了何种努力，在一个存在劳动力市场且市场机制发挥作用的国度，总会出现组织内部管理人员外流的现象。此外，由于自然力的作用，组织中现有的管理队伍会因病老残退而减少。确定未来的管理人员需要量，要有计划地对这些自然或非自然的管理人员减员进行补充。

（3）组织发展的需要

随着组织规模的不断发展，活动内容的日益复杂，管理工作量将会不断扩大，从而对管理人员的需要也会不断增加。因此，计划组织未来的管理人员队伍，还需预测和评估组织发展与业务扩充的要求。

综合考虑上述几种因素，便可大致确定未来若干年内组织需要的管理人员数量，从而为管理人员的选聘和培养提供依据。

2）管理人员应具备的素质

所谓素质，与能力接近。素质是个体在先天基础上，通过后天的环境影响和教育训练而形成起来的顺利从事某种活动的基本品质或基础条件。在企业管理中，素质又叫胜任特征，是指能将某一工作中成就卓越与成就一般的人区别开来的深层特征。

作为管理者，除了要具备一般工作人员的素质修养外，还必须具备以下几个方面的素质，才能胜任管理岗位的工作。

（1）具有良好的管理组织能力

管理人员应具有全局观点，善于了解情况，发现主要事件，并且能够协调目标和各种资源以获得最佳解决方案。如美国总经理协会确定的标准为,仅仅把经营管理阶层的意图向下传达是不够的,必须具有坚定的信心和勇气,把全体职工的真正声音带到最高决策层,并提出解决问题的建议。经营企业的思想基础必须是:把企业的收益与职工的生活福利联系在一起,使企业和全体职工形成一个不可分离的整体。

（2）具有良好的人际协调能力

管理人员应能够识人善任,能自如地表达自己的思想,并善于倾听别人的意见,与他人和睦相处。如美国总经理协会确定的标准为:有人情味,总能考察别人的痛处,在部下、同事、上司、关系单位以及顾客之间经常创造一种令人满意的气氛,像磁铁一样有吸引力,有领导才能。

（3）具有强烈的创新意识

管理人员应具有创新意识,不断进行技术创新、组织创新、制度创新;面对迅速变化的市场需求进行科学决策并相应调整生产经营方向,挖掘新的利润增长点;对单位内不合理的制度结构进行改造、创新。

【管理链接5.3】

管理者应具备的能力和素质

美国著名管理大师迈克尔·波特曾说:"一个管理者的能力表现并不在于指挥别人,而是在指挥自己跳出最美的舞蹈。"意即新一代的管理者,除了指挥他人为公司缔造业绩,以及充实自身的专业技能外,还必须具备基本的六大领导能力,如此才能成为一名成功的企业家。

◆沟通能力

为了了解组织内部员工互动的状况,倾听职员心声,一个管理者需要具备良好的沟通能力,"善于倾听",唯有如此,才不至于让下属离心离德,或者不敢提出建设性的提议与需求,而管理者也可借由下属的认同感、理解程度及共鸣,得知自己的沟通技巧是否成功。

◆协调能力

管理者应该要能敏锐地觉察部属的情绪,并且建立疏通、宣泄的管道,切勿等到对立加深、矛盾扩大后,才急于着手处理与排解。即使在状况不明、是非不清的时候,也应即时采取降温、冷却的手段,并且在了解情况后,立刻以妥善、有效的策略化解冲突。只要把握消除矛盾的先发权和主动权,任何形式的对立都能迎刃而解。

◆规划与统筹能力

管理者的规划能力,并非着眼于短期的策略规划,而是长期计划的制订。换言之,卓越的管理者必须深谋远虑、有远见,不能目光如豆,而且要适时让员工了解公司的远景,才不会让员工迷失方向。有效地利用部属的智慧与既有的资源,避免人力浪费。

◆决策与执行能力

在民主时代,虽然有许多事情以集体决策为宜,但是管理者仍经常须独立决策,包括分派工作、人力协调、化解员工纷争等,这都需要管理者的决断能力。

◆培训能力

管理者必然渴望拥有一个实力坚强的工作团队,因此,培养优秀人才,也就成为管理者的重要任务。

聪明的管理者会尽量往下授权,让员工参与可行的计划,并让员工代表公司对外洽公,这些都是可以培养员工自信心、决断力的好方法。事实上,培育下属的方法有很多种,如计划性与持续性的培育、通过业务发展来培植人才等。

◆统驭能力

有句话是这样说的："一个领袖不会去建立一个企业,但是他会建立一个组织来建立企业。"根据这种说法,当一个管理者的先决条件,就是要有能力建立团队,才能进一步建构企业。但无论管理者的角色再怎么复杂多变,赢得员工的信任都是首要的条件。

优秀的管理者懂得信任部属,并真心关怀部属,也知道感恩,不会一心只想控制、支配员工,而是时时激励大家的工作干劲,以顺利完成工作目标。简单地说,没有人希望自己的上司是斤斤计较、冷血无情的人,他必须关心客户与公司营运,甚至敏感地注意员工的心情。

对于一个主管人员来说,个人素质是很重要的,法约尔就提出个人素质应该包括以下几个方面:

①身体。健康、精力旺盛、行动敏捷。

②智力。理解和学习的能力、判断力、思维敏捷、专注。

③道德。有效力、坚强、勇于负责任、有自知之明、自尊。

④一般文化。具有不限于从事智能范围的各方面知识,能写会算。

⑤专业知识。具有技术或商务、财务、管理等专业的职能知识。

⑥经验。从业务实践中获得的知识,这是人们自己从行动中吸取教训的记忆。

除以上6个方面之外,还有一个重要的方面,就是从事管理工作的欲望。即管理愿望,是指人们希望从事管理的主观要求。一个主管人员的工作成效与他是否具有强烈的管理愿望成正比。

美国管理学家哈罗德·孔茨认为主管人员应该具备的管理能力包括4类:

①技术能力。技术能力指在业务方面的知识相掌握的熟练程度。

②人事能力。人事能力指同员工共事的能力;它是组织协作、配合,以及创造一种能使其员工安心工作,并自由发表意见的环境的能力。

③规划决策能力。规划决策能力指遇到问题能从大处着眼,果断地作出正确决策的能力。

④认识问题、分析问题与解决问题的能力。

总之,选聘主管人员,要与职位要求很好地结合起来,要根据拟派人去充实的主管职位的性质和目的,在素质与能力的综合结构方面确定出既具有普通意义又有较强针对性的一些具体的标准。只有以这样的标准为依据,才能切实有效地搞好选聘工作,选拔出比较满意的主管人员。

（资料来源:郑一群.卓越管理者素质修炼[M].北京:中国社会出版社,2013.）

3)管理人员应具备的知识

(1)基本理论知识

基本理论知识指管理者应具备的关于哲学、政治学、经济学方面的知识。掌握这些知识,是正确地理解与掌握政府的方针政策的前提。

(2)文化科学基础知识

文化科学基础知识指作为管理者应具备的必要的语言、文学、历史、地理、数学、物理、化学、天文、生物、美学、社会科学、逻辑学等基础科学的知识。它们是形成一般的能力的基础。

（3）专业科技知识

专业科技知识指与管理或组织的目标任务相关的科学和技术知识。特别是专业知识管理者，可以不是专家，但必须是内行，外行领导内行是注定要失败的。

（4）管理科学知识

管理科学知识指管理者通过学习管理学所掌握的专门的管理科学知识。管理科学的范围十分广泛，除了管理学原理之外，还包括许多专门的管理理论，如管理心理学、组织行为学、人事管理学、领导科学、人才学等，都是当代广义的管理学的内容。当然，管理者应结合自己的工作性质，侧重掌握几门相关的管理学知识。

一个管理者要掌握必备的知识，必须靠平时的日积月累。活到老、学到老应是一个管理者学习的座右铭。对于一个管理者来说，通过脱产学习来丰富知识和提高水平是必要的。但这种机会总是有限的，最重要的是要靠管理者自觉地努力学习，扩大知识面，提高管理水平。

此外，管理者在学习过程中，应注意形成合理的知识结构。管理者是在为从事管理工作、提高管理能力学习各种必要的知识，不是为了在某一领域从事理论研究，这就要注意各种知识的比例性。形成什么样的知识结构最为合理呢？主要视管理者的工作性质而定。高层管理者知识面要广，所学的知识应尽可能多样丰富，所掌握的软科学方面的知识要广、要多；基层管理者则要求专业知识达到一定的深度。

5.2.4　管理人员选聘的标准

管理人员选聘的标准有：

①管理的欲望。这是管理者从事管理工作的基本前提。管理意味着对权力的运用，而对权力不感兴趣的人，就不会很好地运用权力，从而影响组织目标的实现。

②正直的品质。正直是每个组织成员都应具备的基本品质，对管理人员更是如此。

③创新精神。只有不断创新，组织才能充满生机，才能不断发展。

④决策能力。管理过程中充满了决策。决策能力是管理人员应具备的一种重要能力。

⑤沟通能力。管理人员既要善于理解别人，也需要别人理解自己。沟通的效果决定了管理者与员工相互理解的程度。作为管理者必须具有进行有效沟通的技能。

⑥组织协调能力。管理者的职责之一就是实现组织内部各部门各环节的密切配合，所以管理者应有较强的组织协调能力。

⑦相应的业务知识和水平。管理者未必是专家，但了解一定的专业知识、具备一定的技术水平和能力仍是管理者不可缺少的条件。

⑧健康的身体素质。健康不仅仅是没有疾病或虚弱，而是身体、心理和社会适应的完好状态。

5.2.5　管理人员的来源

一般来说，组织中管理人员的来源有两个：外部招聘和内部招聘。

1）外部招聘

外部招聘是根据一定的标准和程序，从组织外部的众多候选人中选拔符合空缺职位工作要求的管理人员。

（1）外部招聘的渠道与选择

外部招聘的渠道主要有现场招聘会、人才中介、网络招聘、媒体广告招聘、猎头公司招聘、校园招聘等。外部招聘可以帮助企业选择适当的人选，为企业注入新的活力，但同时外部招聘往往会耗费企业巨大的人力、物力和财力。

①现场招聘会。这是传统的人才招聘方式，费用适中。HR 们不仅可以与求职者直接面对面交流（相当于初试），而且可以直观展示企业实力和风采。这种方式总体上效率比较高，可以快速淘汰不合格人员，控制应聘者的数量和质量。现场招聘通常会与媒体广告同步推出，并且有一定的时效性。其局限性在于往往受到展会主办方宣传推广力度的影响，求职者的数量和质量难有保证。这种方式通常用于招聘一般型人才。

②媒体广告招聘。当前，媒体广告主要有专业的人才招聘报纸，各地主流媒体上的招聘专版或者副刊等。由于报纸仍然是普通大众，包括求职者了解信息的重要平台，因此这种形式的广告在当地的覆盖面比较广，目标受众接受的概率非常高，不仅可以提升企业在当地的知名度，而且可以有效宣传公司的业务，有一举多得之功效。

但是这种招聘渠道会吸引到很多不合格的应聘者，增加了人力资源部门筛选简历的工作量和难度，延长招聘的周期。另外该渠道的费用比较高，特别是选择"抢眼"版位和版式费用会更高。通常，公司采用这种方式招聘有实际工作经验的社会人员。

③网络招聘。这是伴随网络日益普及的趋势下产生的一种新的媒体招聘形式，招聘信息可以定时定向投放，发布后也可以管理，其费用相对比较低廉，理论上可以覆盖到全球。通过在知名的人才网上发布招聘的信息，如各地人才市场网站、公司的网站，可以快捷、海量地接收到求职者的信息，而且各网站提供的格式简历和格式邮件可以降低简历筛选的难度，加快处理简历的速度。这种形式对于白领阶层尤其适用，基本上是"找工作，一键搞定"。

但是，这种渠道不能控制应聘者的质量和数量，海量的信息，包括各种垃圾邮件、病毒邮件等会加大招聘工作的压力，在信息化不充分的地区效果较差。这种形式可以在常年招聘较多的单位采纳。另外，随着各大人才网站简历库的丰富完善，HR 们可以利用网站提供的"网才"服务在简历库中搜寻企业要找的人。这种方式有些类似于猎头。

④猎头公司招聘。猎头是一种由专业咨询公司利用其储备人才库、关系网络，在短期内快速、主动、定向寻找企业所需要的人才的招聘方式。目前，因为猎头主要面向的对象是企业中高层管理人员和企业需要的特殊人才，其具体操作基本上是由企业高管直接负责，因此这种方式看起来比较神秘。正规的猎头公司收费比较高，通常为被猎成功人员年薪的20% ~30% 。

⑤校园定向招聘。一般而言，校园招聘的计划性比较强，招聘新人的数量、专业往往是结合企业的年度人力资源规划或者阶段性的人才发展战略要求而定。因此，进入校园招聘的通常是大中型企业，他们通常会在几个大类专业中挑选综合素质高的大学生。

如零售行业快速扩张的国美和苏宁在前期实施的"千人工程"，主要集中招聘经济管理、市场营销类等毕业生。校园招聘能够极大地提高公司在高校圈的知名度，为公司储备人才提供人才库，为建立良好的校企合作关系奠定基础，而且校园招聘的费用低廉，对知名企业而言有时甚至是免费入场。

校园招聘虽然能够吸引众多的潜在人才，但是这类人员的职业化水平（态度、专业技能、行为习惯等)不高,流失率较高,需要企业投入较多的精力进行系统完整的培训。所以,这类潜在的人才进入企业后,通常要接受比较完整的培训,再安排到生产经营的一线作为储备干部接受工作训练。通过这样一个过程,那些能够积极融入企业、满足要求的人才会脱颖而出。

(2)外部招聘管理人员的优点

①被聘人员具有外来优势。所谓外来优势主要是指被聘者没有外来包袱,组织内部成员(部下)只知其目前的工作能力和工作情况,而对其历史、特别是职业生涯中的失败记录知之甚少。如果被证明有工作能力,便可迅速地打开工作局面。相反,如果从内部提升,部下可能对上司在成长过程中的失败教训有着非常深刻的印象,从而可能影响后者大胆地放手工作。

②有利于平息组织内部竞争者之间的紧张关系。组织中的空缺管理职位可能有好几个竞争者希望得到,每个人都希望有晋升的机会。如果员工发现自己的同事提升,而自己未果时,就可能产生不满情绪、懈怠工作、不听管理、甚至拆台。从外部选聘可能使这些紧张的关系得以缓和。

③能够为组织带来新鲜空气。来自外部的候选人可以为组织带来新的管理方法与管理理念。他们往往没有太多的框框程序束缚,工作起来可以放开手脚,从而给组织带来更多的创新机会。此外,由于他们新近加入组织,没有与上级或下级历史上的个人恩怨,在工作中可以很少顾及人情网络。

【管理链接5.4】

鲇鱼效应

由来:挪威人喜欢吃沙丁鱼,尤其是活鱼。市场上活鱼的价格要比死鱼高许多。所以渔民总是想方设法地让沙丁鱼活着回到渔港。可是虽然经过种种努力,绝大部分沙丁鱼还是在中途因窒息而死亡。但却有一条渔船总能让大部分沙丁鱼活着回到渔港。船长严格保守着秘密。直到船长去世,谜底才揭开。原来是船长在装满沙丁鱼的鱼槽里放进了一条以鱼为主要食物的鲇鱼。鲇鱼进入鱼槽后,由于环境陌生,便四处游动。沙丁鱼见了鲇鱼十分紧张,左冲右突,四处躲避,加速游动。这样沙丁鱼缺氧的问题就迎刃而解了,沙丁鱼也就不会死了,从而使沙丁鱼活蹦乱跳地回到了渔港。这就是著名的"鲇鱼效应"。

启示:如果鲇鱼代表团队中一员,那么它就意味着新、奇、异,包括观点的不一样、行为的不同、习惯的迥异,正因为不同,才会激发智慧,一个团队需要不同性格、不同技能、不同工作经历的人加盟,如果都是清一色的员工,那么这个团队产生奇思妙想、产生高绩效的可能性是微乎其微的。在注重团队建设、致力于团队沟通的今天,适当地吸引一些鲇鱼加入团队,会给整个团队带来活泼的工作气氛,带来创新,带来多赢。但是鲇鱼的数量应当加以控制,全是鲇鱼的话,整个团队就会出现"个个是英雄、整体是狗熊"的现象,因为个个鲇鱼都想坚持自己的观点,合作和沟通就不存在了,整个团队就乌烟瘴气了,所以日本有些企业信奉"一流管理者、二流员工"的用人信条。既然一条鲇鱼能够带动一群鱼翻腾搅动,那就没有必要再放第二条了,一山不容二虎也是这样的道理。从这个角度看,团队中的鲇鱼分子应注重良性沟通、影响力的塑造,其他员工对待团队中的鲇鱼,也应该在工作的基础上与其加强合作。

（3）外部招聘的缺点

外部招聘也有许多局限性，主要表现在：

①外部人员不熟悉组织的内部情况，也缺乏一定的人事基础，因此需要一段时间的适应才能进行有效的工作。

②组织对应聘者的情况不能深入了解。虽然选聘时可借鉴一定的测试、评估方法，但一个人的能力是很难通过几次短暂的会晤、几次书面测试而得到正确地反映的。被聘者的实际工作能力与选聘时可能有很大的差距，由此可能使组织聘用一些不符合要求的管理人员。这种错误的选聘可能给组织造成极大的危害。

③外聘人员的最大局限莫过于对内部员工的打击。大多数员工都希望在组织中有不断发展的机会，都希望能够担任越来越重要的工作。如果组织经常从外部招聘管理人员，且形成制度和习惯，则会堵死内部员工的升迁之路，挫伤他们的工作积极性，影响他们的士气。同时，有才华、有发展潜力的外部人才在了解这种情况后也不敢来面试了，因为一旦应聘虽然在组织中的起点很高，但今后提升的机会却很少。

由于这些局限性，许多成功的企业强调不应轻易从外部招聘管理人员，而主张采用内部培养和提升的方法。

2）内部提升

内部提升是指组织成员的能力增强并得到充分的证实后，被委以承担更大责任的更高职务。

（1）内部提升的方式

内部提升具体又分为提拔晋升、工作调换、工作轮换和内部竞聘几种方法。

①提拔晋升。选择可以胜任这项空缺工作的优秀人员。这种做法给员工以升职的机会，会使员工感到有希望、有发展的机会，对于激励员工非常有利。从另一方面来讲，内部提拔的人员对本单位的业务工作比较熟悉，能够较快适应新的工作。然而内部提拔也有一定的不利之处，如内部提拔的不一定是最优秀的；还有可能在少部分员工心理上产生"他还不如我呢"的思想。因为任何人都不是十全十美的。一个人在一个单位待的时间越长，别人看他的优点越少，而看他的缺点越多，尤其是在他被提拔的时候。因此，许多单位在出现职务空缺后，往往同时采用两种方式，即从内部和外部同时寻找合适的人选。

②工作调换。工作调换也叫作"平调"，是在内部寻找合适人选的一种基本方法。这样做的目的是要填补空缺，但实际上它还起到许多其他作用。如可以使内部员工了解单位内其他部门的工作，与本单位更多的人员有深入的接触和了解。这样，一方面有利于员工今后的提拔，另一方面可以使上级对下级的能力有更进一步的了解，也为今后的工作安排作好准备。

③工作轮换。工作轮换和工作调换有些相似，但又有些不同。如工作调换从时间上来讲往往较长，而工作轮换则通常是短期的，有时间界限的。另外，工作调换往往是单独的、临时的，而工作轮换往往是两个以上的、有计划进行的。工作轮换可以使单位内部的管理人员或普通人员有机会了解单位内部的不同工作，给那些有潜力的人员提供以后可能晋升的条件，同时也可以减少部分人员由于长期从事某项工作而带来的烦躁和厌倦等感觉。

④内部竞聘。内部竞聘的做法通常是企业在内部公开空缺职位，吸引员工来应聘。员工可以平等地参与岗位竞聘，由企业组织考官进行评审，经过一系列测试，以德、才、能、识、

体的全面衡量选拔员工。这种方法起到的另一个作用,就是使员工有一种公平合理、公开竞争的平等感觉,它会使员工更加努力奋斗,为自己的发展增加积极的因素。这无疑是人力资源开发与管理的目标之一。

（2）内部提升管理人员的优点

内部提升管理人员具有以下优点:

①利于鼓舞士气,提高工作热情,调动组织成员的工作积极性。内部提升制度给每个人带来希望,能更好地维持成员对组织的忠诚,使那些有发展潜力的员工自觉地积极工作,以促进组织的发展,从而为自己创造更多的提升机会。

②有利于吸引外部人才。内部提升制度表面上是排斥外部人才、不利于吸引外部优秀管理人员,但实质上,真正有发展潜力的管理者知道,加入到这种组织中,担任管理职务的起点可能较低,有时甚至需要一切从头做起,但是凭借自己的知识和能力,可以花较少时间便可熟悉基层业务,能顺利地提升到较高管理层次。

③有利于保证选聘工作的正确性。已经在组织中工作过若干时间的候选人,组织对他的了解程度必然较高,使选聘工作的正确程度大大提高。

④有利于使被聘者迅速展开工作。在内部成长提升上来的管理人员,较为熟悉组织中错综复杂的机构和人事关系,了解组织运行的特点,所以可以迅速地适应新的管理工作,工作起来要比外聘者显得得心应手,能迅速打开局面。

（3）内部提升管理人员的缺点

内部提升制度的弊端主要有:

①引起同事的不满。在若干个内部候选人中提升一个管理人员,可能会使落选者产生不满情绪,不利于被提升者展开工作。

②可能造成"近亲繁殖"的现象。从内部提升的管理人员往往喜欢模仿上级的管理方法。这有可能使不良作风得以强化,不利于组织的管理创新和管理水平的提高。

【管理实例5.1】

索尼的人员管理和内部选拔

有一天晚上,索尼董事长盛田昭夫按照惯例走进职工餐厅与职工一起就餐、聊天。他多年来一直保持着这个习惯,以培养员工的合作意识和与他们的良好关系。

这天,盛田昭夫发现一位年轻职工郁郁寡欢,满腹心事,闷头吃饭,谁也不理。于是,盛田昭夫就主动坐在这名员工对面,与他攀谈。几杯酒下肚之后,这个员工终于开口了:"我毕业于东京大学,有一份待遇十分优厚的工作。进入索尼之前,对索尼公司崇拜得发狂。当时,我认为我进入索尼,是我一生的最佳选择。但是,现在才发现,我不是在为索尼工作,而是为课长干活。坦率地说,我这位科长是个无能之辈,更可悲的是,我所有的行动与建议都得科长批准。我自己的一些小发明与改进,科长不仅不支持,不解释,还挖苦我癞蛤蟆想吃天鹅肉,有野心。对我来说,这名课长就是索尼。我十分泄气,心灰意冷。这就是索尼? 这就是我的索尼? 我居然要放弃了那份优厚的工作来到这种地方!"

这番话令盛田昭夫十分震惊,他想,类似的问题在公司内部员工中恐怕不少,管理者应该关心他们的苦恼,了解他们的处境,不能堵塞他们的上进之路,于是产生了改革人事管理制度的想法。之后,索尼公司开始每周出版一次内部小报,刊登公司各部门的求人广告,员工可以自由而秘密地前去应聘,他们的上司无权阻止。另外,索尼原则上每隔两年就让员工调换一次工作,特别是对于那些精力旺盛,干劲十足的人才,不是让他们被动地等待工作,而是主动地给他们施展才能的机会。在索尼公司实行内部招聘制度以后,有能力的人才大多能找到自己较中意的岗位,而且人力资源部门可以发现那些流出人才的上司所存在的问题。

这种内部跳槽式的人才流动是要给人才创造一种可持续发展的机遇。在一个单位或部门内部,如果一个普通职员对自己正在从事的工作并不满意,认为本单位或本部门的另一项工作更加适合自己,想要改变一下却并不容易。许多人只有在干得非常出色,以致感动得上司认为有必要给他换个岗位时才能如愿,而这样的事普通人一辈子也难碰上几次。当职员们对自己的愿望常常感到失望时,他们的工作积极性便会受到明显的抑制,这对用人单位和职员本身都是一大损失。

一个单位,如果真的要用人所长,就不要担心职员们对岗位挑三挑四。只要他们能干好,尽管让他们去争。争的人越多,相信也干得越好。对那些没有本事抢到自认为合适的岗位,又干不好的剩余员工,不妨让他待岗或下岗,或者干脆考虑外聘。索尼公司的内部跳槽制度就是这样,有能力的职员大都能找到自己比较满意的岗位,那些没有能力参与各种招聘的员工才会成为人事部门关注的对象,而且人事部门还可以从中发现一些部下频频外流的上司们所存在的问题,以便及时采取对策进行补救。这样,公司内部各层次人员的积极性都被调动起来。当每个干部职工都朝着把自己最想干的工作干好,把本部门最想用的人才用好的目标努力时,企业人事管理的效益也就发挥到了极致。

内部候选人已经认同了本组织的一切,包括组织的目标、文化、缺陷,比外部候选人更不易辞职。

3)在选择外部招聘和内部提升管理人员时应遵循的原则

(1)高级管理人才选拔应遵循内部优先原则

在人力资本成为企业核心竞争力重要组成部分的今天,高级管理人才对于任何企业的发展都是不可或缺的。企业在高级管理人才的选拔过程中应当遵循内部优先的原则。高级管理人才能够很好地为企业服务,一方面是依靠自身的专业技能、素质和经验,能够为企业服务;另一方面更重要的是对企业文化和价值观念的认同,愿意为企业贡献自己全部的能力和知识,而后者是无法在短期内完成和实现的。企业内部培养造就的人才,更能深刻理解和领会企业的核心价值观,由于长期受企业文化的熏陶,已经认同并成为企业文化的信徒,所以也更能坚持企业的核心价值观不变,而核心价值观的延续性对企业是至关重要的。同时企业的高层管理团队和技术骨干,都是以团队的方式进行工作,分工协作,密切配合,而核心价值理念相同的人一同工作更容易达成目标,如果观念存在较大差异,将直接影响到合力的发挥。

(2)外部环境剧烈变化时,企业必须采取内外结合的人才选拔方式

当外部环境发生剧烈变化时,行业的经济技术基础、竞争态势和整体游戏规则发生根本性的变化,知识老化周期缩短,原有的特长、经验成为学习新事物新知识的一种包袱,企业受到直接的影响。这种情况下,从企业外部、行业外部吸纳人才和寻求新的资源,成为企业生存的必要条件之一。不仅因为企业内部缺乏所缺的专业人才,同时时间也不允许坐等企业内部人才的培养成熟,因此必须采取内部选拔与外部招聘相结合、内部培养与外部专业服务

相结合的措施。

（3）快速成长期的企业,应当广开外部渠道

对于处于成长期的企业由于发展速度较快,仅仅依靠内部选拔与培养无法跟上企业的发展。同时企业人员规模的限制,选择余地相对较小,无法得到最佳的人选。这种情况下,企业应当采取更为灵活的措施,广开渠道,吸引和接纳需要的各类人才。

（4）企业文化类型的变化决定了选拔方式

如果组织要维持现有的强势企业文化,往往可以从内部选拔。因为内部的员工在思想、核心价值观念、行为方式等方面对于企业有更多的认同,而外部的人员要接受这些需要较长的时间,而且可能存在风险。企业想改善或重塑现有的企业文化,可以尝试从外部招聘,新的人员带来的新思想、新观念可以对企业原有的东西造成冲击,促进企业文化的变化和改进完善。

5.2.6　选聘过程中应遵循的原理

要做好选聘工作,在选聘过程中,首先有两条重要的原理需要遵循。

1)公开竞争原理

组织越是想获得高质量的主管人员,提高自己的管理水平,就越应在选拔和招聘未来主管人员的过程中鼓励公开竞争。按照这一原理,就是要将组织的空缺职位向一切最适合的人选开放,而不管他们是组织内部还是组织外部的,大家都机会均等,一视同仁,这样才能保证组织选到自己最满意的人员。要保证公开竞争能够实行,大前提是人才流动。如果人才不能流动,那么公开竞争实际上也是做不到的。当然,在我国人才流动并不是指那种只顾本组织利益和个人利益而不顾国家利益和需要的盲目流动,而应该是在国家政策指导下,为使每个人的才能都能在适合的条件下充分发挥的合理的流动。在这个前提下实行公开竞争,这对组织有效地选聘未来主管人员有着十分重要的意义。

2)用人之长原理

在主管人员的选聘过程中,要根据职务要求,知人善任,扬长避短,为组织选择最合适的人员。人无完人,每个人都有其长处和短处,只有当他处在最能发挥其长处的职位上,他才能干得最好,组织也才能获得最大的益处。因此,选聘主管人员,关键在于如何根据职位要求,发挥人的长处,既使候选人能够各得其所,各遂其愿,人尽其才,又能使组织得到最合适的人选。

5.2.7　选聘应注意的问题

在选聘过程中,一些问题需要给予充分的注意。这些问题主要是:

1)选聘的条件要适当

在主管人员选聘工作中,决定选聘的依据和条件,一定要切实根据组织的目标和这一目标对人员配备职能的要求,根据所需配备人员的职位的性质,根据该职位对候选人的要求等

来客观地设计,否则就会浪费大量的时间、精力和费用。

2)对选拔人员的要求

不同的主持选拔的人员可能对同一个候选人有不同的看法。因此,为了保证评价与选拔的客观性和准确性,具体主持选拔的人员自己应该首先具有较高的素质和能力,并且还要具有伯乐的慧眼。

3)要注意候选人的潜在能力

这里就有一个正确估计候选人潜在能力的问题。只有既考察他在现有职位中表现的才能高低,又考察他有无胜任更高一级工作的潜能,才能既避免那种"提过头"的危险,也不至于浪费人才。

4)要敢于大胆启用年轻人

在主管人员的选聘和利用上,要根据德才兼备的标准,大胆地提拔年轻人,这对一个组织是不是充满活力,尤其是对组织的发展,是有非常重要的战略意义的。

5)要正确对待文凭与水平的关系

学历、文凭与真正掌握和运用某一方面知识的能力并不总是相等的。文凭与水平有关系,但不能画等号。因此,在主管人员的选聘中,应该是既看文凭,又不唯文凭,要重视实际掌握和运用知识的能力。

5.2.8 管理人员的选聘程序和方法

选聘的具体程序应包括哪些步骤,这是随着组织的规模和性质,以及空缺主管职位的重要性和要求的不同而不同的。不过在设计步骤时,应考虑到实施这些步骤的诸如时间、费用、实际意义以及难易程度等因素。主要步骤如下:

1)发布招聘信息

当组织中出现需要填补的管理职位时,应根据职位所在的管理层次,建立相应的选聘工作委员会或小组。工作小组既可是组织中现有的人力资源管理部门,也可是由各方面代表组成的专门或临时性机构。

选聘工作机构要以相应的方式,通过适当的媒介,公布待聘职务的数量、性质以及对候选人的要求等信息,向企业内外公开"招标",鼓励那些自认为符合条件的候选人应聘。

公开招聘是向组织内外公布招聘信息。半公开招聘是只对组织内部公布补充空缺位置的信息,即内部选拔。内部选拔一般由人力资源管理部门主持,公开招聘可由人力资源管理部门负责全部工作,也可为此成立临时性的机构。选聘工作机构应通过适当的媒介,公布待聘职务的数量、待聘职务要求的条件、给予聘用者的待遇、报名时间等信息,达到广开"才源"的目的。

2）初选

可以通过两种形式完成初选工作：

（1）对报名应聘者进行初步资格审查

对内部选拔人员，可根据日常对重点培养对象和管理人员的工作的业绩考核档案，由人力资源管理部门和领导初步决定候选人。对于外部招聘，要根据回收的应聘者填写的表格资料进行资格审查，初步认定合乎招聘条件的候选人。

（2）面谈

这是一种直观的初步鉴定评价人员的形式。根据人力资源管理部门设定的谈话范围，目测候选人的仪表、举止、言谈，初步了解其语言表达能力、逻辑思维和思维敏捷的程度，以及知识的广度和对问题认识的深度。面谈可以比较直观地接触了解对方，形成初步印象。但需注意不要由第一印象产生偏见。

3）对初选合格者的测定和考核

对初选合格者可以通过测验、竞聘演讲和答辩，以及实际能力考核等不同形式来测定和考核其综合素质。

（1）测验

这是通过考试和测试的方法评价候选人的智力、专业技术、适应性等基本水平和能力。

①智力测验。智力测验目的是衡量候选人的思维能力、记忆力、思想的灵敏度和观察复杂事物的能力等，以便日后委以更适当的工作。

②对受聘者必备条件的测试。必备条件包括承担某项工作的人员应具备的知识、必备经验和必备技能。必备知识指应具备的文化知识和专业技术知识，这是工作人员必备条件的基础；必备经验是应具备的实际经验和操作能力，是必备条件的中心；必备技能是在上述两方面的基础上，特定工作环节的工作人员应具备的应变能力、创造革新能力和综合处理能力。

（2）竞聘演讲与答辩

这是知识与智力测验的补充。测验可能不足以完全反映一个人的基本素质，更不能表明一个人运用知识和智力的能力。发表竞聘演讲，介绍自己任职后的计划和打算，并就选聘工作人员或与会人员的提问进行答辩，可以为候选人提供充分展示才华、自我表现的机会。

（3）案例分析与候选人实际能力考核

竞聘演说使每个应聘者介绍了自己"准备怎么干"，使每个人表明了自己"知道如何干"。但是"知道干什么或怎么干"与"实际干什么或会怎么干"不是一回事。因此，在竞聘演说与答辩以后，还需对每个候选人的实际操作能力进行分析。测试和评估候选人分析问题和解决问题的能力，可借助"情景模拟"或称"案例分析"的方法。这种方法是将候选人置于一个模拟的工作情景中，运用多种评价技术来观测考察他的工作能力和应变能力，以判断他是否符合某项工作的要求。

4）信息交流

在招聘和挑选工作中，应注意充分交流信息。交流信息有两个方面：企业向求职者提供有关公司和职位的情况,求职者向企业提供有关他们自己工作能力的情况。

另一方面,管理部门应该启发应聘者客观地显示他们的知识、才能、能力、天赋、动机以及过去的业绩。要了解这些情况,有很多方法和手段,也可能会在收集应聘者的材料时侵犯了应聘者的隐私。应聘人选只能忍受一定程度的面试、测评和公开个人情况。显然,管理者必须懂得克制,只询问对工作必要的和与工作有关的情况。

5)民意测验

在选配管理人员时,特别是选配组织中较高管理层次的干部时,有时还需要进行民意测验,以判断组织成员对该候选人的接受程度。

6)选定管理人员

在上述各项工作的基础上,综合考虑每个候选人的知识、智力和能力情况,结合民意测验反映的群众拥护的程度,根据待聘职务的性质,最终可甄选出既有工作能力,又被同事和部属广泛接受的管理者填充空缺职位。

挑选管理人员时还必须考虑年龄问题。经常会发现公司内所有副总经理和中层管理人员都在同一年龄段的情况。这样就会产生几位在差不多层次的管理人员同时退休的情况。有计划地对劳动力进行规划,可以在组织结构范围内合理地分配不同年龄段的管理人员。

【管理实例5.2】

Cisco 的招聘策略

Cisco 系统公司 1984 年成立,总部在美国加州圣荷塞,是一家标准硅谷模式的高科技公司,创始人是来自斯坦福大学的一对教授夫妇,一开始两位教授的电脑互相不交谈,1986 年他们做了第一个 Route(路由器),这是 Cisco 的核心产品。1990 年 Cisco 公司在 NASDAQ 上市,股票代号 CSCO,是 NASDAQ 高科技板块的第二大企业,市值达到 4 000 亿美元。1990 年的 1 美元 Cisco 股票现在价值 1 000 多美元。Cisco 创业资本是高技术专利,公司很快实现了财富的积累,也聚集了大量的高技术人才,目前 Cisco 全球有 2 万多名员工。1999 年 Cisco 系统公司营业额达 121.5 亿美元。Cisco 系统公司成为全球领先的网络解决方案供应商。

1994 年,Cisco 公司开始在中国成立代表处,目前在中国的思科系统(中国)网络技术有限公司已经有员工近 500 人。Cisco 系统公司在中国成立了网络技术实验室,为国内多家网络技术公司和研究所提供网络解决方案的性能测试、ATM 宽带交换机的性能测试、千兆位路由光纤传输和虚拟局域网的性能评估测试。这是 Cisco 公司在全球的第三个大型实验室,也是其在亚洲最大的网络实验室。Cisco 公司几乎参加了中国所有大型网络项目的建设。Cisco 一词源自旧金山的英文名 SanFrancisco 的尾词,公司 Logo 灵感来自美国金门大桥的形象,寓意 Cisco 系统公司通过网络连接全人类。

1997 年 Cisco 被评为美国《工业周刊》100 家管理最佳公司中列第一位;1999 年 Cisco 被评为 100 家网上最受欢迎的公司第一名;2014 年,《财富》杂志将 Cisco 公司列为美国 100 佳工作场所的第 4 名。这只是有关 Cisco 系统公司的枯燥数据,当记者进入 Cisco 公司内部时,发现一个充满全新理念的企业就在我们身边。

招聘总动员

Cisco 的招聘广告是:我们永远在雇人。对优秀人才 Cisco 永远有兴趣。在 Internet 世界里,最关键的是人才的取得和保留。Cisco 在 Internet 领域走得非常快,以致整个业界人才的供应跟不上 Cisco 成长的速度。

全面招聘

Cisco 公司的招聘方式是全面撒网,报纸招聘广告、网站、猎头、人才招聘会等都用上,面对 Cisco 每年 60% 的增长速度对人才张开的巨口,这些方式都显得不够得力。人力总监头痛的问题是"招聘广告试过不成功,网站不成功,原因是这些方式非常 Open,没有定向目标。上海有一个网络招聘的公司说他们有一个过滤的程序,能够将许多不合要求的求职者挡在外面,但我们还没有试过。好的方式还没有,所以是摸着石头过河。"Cisco 公司经常到 IT 界专门的人才会议中做人才资源收集工作。对 Cisco 公司最有效的方式是用猎头公司,这样的成本很高,但是面对大量高技术人才缺乏的情况,Cisco 还是有大概 40% 的员工是猎头公司找来的,Cisco 用猎头公司招人是从上到下不分职位的。Cisco 还有大概 10% 的应聘者是通过员工互相介绍进来,Cisco 有一项特别的鼓励机制,鼓励员工介绍人加入 Cisco,方式有点像航空公司累积旅程。Cisco 的规定是:介绍一个人来面试就给你一个点数,每过一道面试关又有一个点数,如果员工最后被 Cisco 雇用,则有事成的奖金,这些点数最后累积折成海外旅游。这是 Cisco 创造性的做法,让所有员工都是猎头代理,有合适的人一定会介绍到公司来。

进入学校培养员工

Cisco 的发展速度要求员工能够自己很快独当一面,所以对应届毕业生使用得比较少。Cisco 从 1999 开始在一些大学设立有一个虚拟的网络学院(Networking Academy),通过提供一些设备和课程,让学生熟悉 Internet 环境,而且对学生有一个笔试的 CCNA 认证,让学生对 Internet 有个基本的了解。Cisco 在过了这一关的学生中挑选一些人做见习员工。另外,Cisco 也在学校开始一些助理工程师的培养,以后这些学生经过半年到一年的培养,成为 Cisco 正式的工程师。Cisco 公司在 1999 年招了 150 人,应聘的人很多,但是成功率非常低。

人人都需领导素质

Cisco 招聘一个人,除了有基本条件的要求外,还要求应聘者有领导的特质。因为在 Cisco 每一名员工都是一个单兵作战的单位。例如 Cisco 的系统工程师,不是简单做产品规格,工程师可能要到客户那里去做报告,需较好的表达能力。所以 Cisco 在招聘时考虑应聘者的综合素质,需要有领导的特质和专业精神,对工作的需要和客户的需要都能有敏锐的反应。Cisco 的业务不是做一次买卖,而是与客户建立一种长久的关系,需要员工能够感觉客户的需要就是 Cisco 的需要,这样的敏感度和成熟度必须反应到每个人的身上。对于做行政的部门,也需要他们给别人提供好的服务。

到 Cisco 应聘主要是通过面谈。招聘的大致经历是首先挑选简历,然后用人部门直接安排时间与应聘者面谈,一个应聘者进入 Cisco 一般最少要跟 5~8 个人交谈,任何职务都要经过这个过程。

一票否决制

1999 年 Cisco 给员工推出一个培训,教会招聘者很专业的面谈技巧,所有的雇人经理都要学习这个课程。如果这个课程你很早学过,以后要复习,目的是让招聘者保持敏感度。在面试的过程中,应聘者需要通过很多项目的交谈,每个负责招聘的人有一份面谈记录,每个人与应试者面谈后最后有一个评价,Cisco 用的是全体通过制,例如在 8 个负责招聘的人中,如果有一个人说 NO,那么应聘者就没有机会被录用。

反问面试员

Cisco 非常重视面谈的开始和结束，Cisco 强调面试人员需要一个完整的培训。招聘者不只是懂得问什么问题，还要给应聘者一个愉快的环境，让应聘者不要等得太久。面试员的一个责任是在面试程序上做总结，所有面试员面试结束后会问那些应聘者，有什么环节他们做得不好，希望他们对面试提出意见。如果应聘者多次对招聘人员在某些方面的意见都是一致的，例如说等了一个小时，时间太长，Cisco 内部会针对应聘者提出的问题作修正。Cisco 美国公司做得更细致，对那些应聘者有一个跟踪电话，并附给他们正式表格，让应聘者谈对上次面试有什么看法，这样公司对自己的招聘真正有一个监督。

5.2.9 招聘管理人员的测试

在企业员工招聘过程中，招聘测试是重要的一环。招聘测试是指在招聘过程中，运用各种科学方法和经验方法对应聘者加以客观鉴定的各种方法的总称。人与人之间是存在差异的，这种差异可以通过各种方法加以区别，这为招聘测试奠定了基础。企业管理人员招聘测试中种类很多，目前比较常用的有以下几种：

1）气质类型测试

气质是指人典型的、稳定的心理特点，包括心理活动的速度（如语言、感知及思维的速度等）、强度（如情绪体验的强弱、意志的强弱等）、稳定性（如注意力集中时间的长短等）和指向性（如内向性、外向性）。这些特征的不同组合，便构成了个人的气质类型，它使人的全部心理活动都染上了个性化的色彩，属于人的性格特征之一。气质类型通常分为多血质、胆汁质、黏液质、抑郁质四种。

（1）多血质

概括地说，多血质以反应迅速、有朝气、活泼好动、动作敏捷、情绪不稳定、粗枝大叶为特点。这种人的行动有很高的反应性。他们会对一切吸引他注意力的东西，作出生动的、兴致勃勃的反应。这种人行动敏捷，有高度的可塑性，容易适应新环境，也善于结交新朋友。他们一般属于外倾，情感易发生，姿态活泼，表情生动，言语具有表达力和感染力。他们还具有较高的主动性，在活动中表现出精力充沛，有较强的坚定性和毅力等，但有时候，他们在平凡而持久的工作中，热情一消退，表现出萎靡不振。

（2）胆汁质

概括地说，胆汁质以精力旺盛、表里如一、刚强、以感情用事为特征。整个心理活动笼罩着迅速而突发的色彩。有这种气质的人反应速度快，具有较高的反应性和主动性。他们脾气暴躁、不稳重、好挑衅，但态度直率、精力旺盛。他能以极大的热情工作，并克服前进道路上的障碍，但有时表现出缺乏耐心。当困难太大而需要特别努力时，有时显得意气消沉，心灰意懒。他们的可塑性差，但兴趣较稳定。

（3）黏液质

概括地说，黏液质是以稳重、但灵活不足；踏实、但有些死板；沉着冷静、但缺乏生气为特征的。这种人反应性低，情感不易发生，也不易外露。他们态度持重，交际适度，对自己的行为有自制力,他们心理反应缓慢,遇事不慌不忙。他们的可塑性差,不够灵活。这一方面使他们能有条理的、冷静的、持久地工作;另一方面,又使他们容易因循守旧,缺乏创新精神。他们的行为一般表现为内倾,对外界的影响很少作出明确的反应。

（4）抑郁质

概括地说,抑郁质的人以敏锐、稳重、体验深刻、外表温柔、怯懦、孤独和行为缓慢为特征。这种人具有较高的感受性和较低的敏捷性,他们的心理反应速度缓慢,动作迟钝,说话慢慢吞吞。他们多愁善感,情感容易发生,但表现微弱而持久。一般属于内倾,不善于与人交往,在困难面前常优柔寡断;在危险面前常表现出恐惧和畏缩;在受挫折后,常心神不安,不能迅速地转向新的工作。他们的主动性较差,不能把事情坚持到底。但这种人富于想象,比较聪明,对力所能及的事情表现出较大的坚韧精神,能克服一定的困难。

2）心理测试

现在的企业招聘,对于心理测试的运用已经越来越广泛,甚至已成为了招聘的必经环节。从最初的外企招聘,扩大至国企,甚至是私营企业的招聘中,都采用心理测试的方法来招聘员工。在我国心理测试以前所未有的速度迅速发展。无论是从企业选拔人才、培训雇员、评价绩效来说,还是从个人的自我认识、职业选择及发展来说,心理测试都扮演着重要的角色,发挥着举足轻重的作用。

心理测试是一种比较先进的测试方法,它是指通过一系列手段,将人的某些心理特征数量化,来衡量个体心理因素水平和个体心理差异的一种科学测量方法。它通过科学、客观、合理、标准的手段对人的智力、性格、职业兴趣、气质类型、能力等方面的水平进行识别和评价,为个人的职业规划、工作定位、发展方向等提供重要的参考,为企业挑选合适的员工,同时也可以了解一个人所具有的潜在能力,了解一个人是否符合该企业某一岗位的需要。

3）知识考试

知识考试是指主要通过纸笔测验、上机测试等形式,对被试者的知识广度、知识深度和知识结构了解的一种方法。

4）情景模拟

情景模拟是指根据被试者可能担任的职务,编制一套与该职务实际情况相似的测试项目,将被试者安排在模拟的、逼真的工作环境中。要求被试者处理可能遇见的各种问题,用多种方法来测评其心理素质、潜在能力的一系列方法。

5）面试

面试是一种经过组织者精心设计,在特定场景下,以面试人员对被面试者的面对面交谈与观察为主要手段,由表及里观察、测试考生的知识、能力、经验等有关素质的考试活动。面试是一类要求被试者用口头语言来回答主试者提问,能够较直观地了解被试者心理素质和潜在能力的测评方法。

5.3 管理人员的考评

5.3.1 管理人员考评的必要性

"没有考核,就没有管理"已经成为管理的经典名言。对管理人员进行考评的重要性体现在以下几方面:

1)了解工作质量

通过考评可以了解管理者的工作质量:管理者的工作绩效很大程度上决定了组织的工作绩效,而管理者的工作绩效由管理者的工作质量来保证。

2)为管理人员的选拔和培训提供依据

在进行管理者选拔时,为了做到不误用一个庸才,不浪费一个人才,就必须依靠正确的考评。

3)为完善组织工作和人事调整提供依据

管理者的考评一方面使管理者在自己的岗位上尽职尽力,另一方面是发现缺点和不足,进一步完善组织工作。

4)为奖励提供合理依据

对有成就的管理者及时奖励,才能激励管理者为组织目标作出更大的贡献。

从企业的层面看,任何考评其最终目的是改善员工的工作表现,发现管理中存在的问题,以达到企业的经营目标,提高员工对工作和企业的满意程度和成就感。

【管理链接5.5】

考评的目的

美国组织行为学家约翰·伊凡斯维奇认为,考评可以达到以下8个方面的目的:

1.为员工的晋升、降职、调职、离职提供依据;

2.组织对员工的绩效考评的反馈,达到取长补短的目的;

3.对员工和团队对企业所作的贡献进行评估;

4.为员工的薪酬决策提供依据;

5.对招聘选择和工作分配的决策进行评估;

6.了解员工和团队的培训和教育的需要;

7.对培训和员工职业生涯规划效果的评估;

8.对工作计划、预算评估和人力资源规划提供信息。

(资料来源:迪恩·R.斯彼德.绩效考评革命:反思考评方式驱动团体成功[M].龚艺蕾,译.北京:东方出版社,2007.)

5.3.2 管理人员考评的内容

1）专业知识和技能的考核

不同的管理人员有不同的管理方向,也要求其本身必须具备一些基本的素质和技能,这些能力对他的管理能力起着非常重要的作用,考核时根据管理人员的不同管理内容设计考核项目。

2）工作经验

管理人员不仅需要有相应的专业知识和技能,在许多时候,他们的工作经验在工作中将发挥更为重要的作用。

3）管理能力

管理人员的工作已经在一定程度上脱离了基层的工作,因此,管理人员的管理能力在一定程度上就显得非常的重要。

4）指导能力

管理者还应当对自己的下级进行工作上的指导,帮助员工更好地完成工作。

5）沟通和协调能力

工作中不可避免地会发生这样那样的矛盾,作为管理人员,他们的沟通和协调能力将是解决员工间的矛盾的关键因素之一。同时,各部门之间也会经常发生一些矛盾,这些矛盾如果不能尽快加以解决,将会影响到部门间的工作,甚至会影响公司内部的团结,能否很好地解决这些矛盾,很大程度上将取决于管理者的沟通和协调能力。

6）创新能力

管理者是否可以经常在工作中对自己的工作方式方法加以改善。

7）业绩指标

无论是什么层次的工作者,他的业绩指标一定是被列为考核中的关键指标之一。

8）工作纪律

工作纪律包括责任感、工作态度、考勤情况等。

【管理实例5.3】

松下如何考评管理人员

一个企业是否充满生机、正常高效地经营,评价是很重要的人事管理手段。松下电器(中国)公司董事长张仲文认为,评价的核心是过程管理,不只是考察指标完成了多少,销售额达到多少。年初下指标,年末核算的做法,日资企业一般不采用。

评价对象主要是决策层、管理层和执行层,对管理层的评价是其中重要一环。不少日资企业对管理层是从以下5个方面进行考核和评价的:

统率力

在日资企业,评价管理人员是否具有统率力,主要看他会不会作计划,该部门所有的管理是否建立在事前管理上。据说世界上在办公室使用铅笔和橡皮最多的是日资企业,管理人员要不断地修改。我曾经在日本问一个松下公司的管理人员什么是管理,他想了很久说:"就是作计划。"

预见力

再好的计划执行中也会遇到各种各样的问题,一个好的管理人员就必须有问题意识。如果问一个部门经理这项工作还有没有什么问题,他回答说:"放心吧,什么问题都没有了。"那就真的让人不放心了。

松下(中国)公司的前任经理曾长期在松下幸之助手下工作,在管理风格上深得松下真传,他经常说:"着火"了知道找盆水,什么人都可以做到,而管理者的责任在于不"着火"。

协调配合力

各部门之间是平级的,平级能不能主动配合,是考核中层管理人员是否具有管理水平的重要标准。两个平级的管理人员遇到问题总让上级裁决,就是没有协调配合力的表现。

我们公司曾经有一个管理人员工作很努力,但这人有一个特点是拿到有价值的资料就锁到抽屉里,有时宁可回家加班也不愿在办公室与大家共享资料。当然这个人被辞退了。现代社会竞争激烈,没有群体的作用,什么事都做不好。现在企业面临不断变化的市场,人与人、部门与部门之间是交叉的、动态的,中间出现缝隙,一定有不到位的,需要大家主动补位配合,就像打排球。

培育部下的能力

松下公司有一个规定,权力必须下放,但责任不能下放,比如一个科有51个人,每个人都能代表这个科出动谈业务,但出了问题责任是科长一个人的。别人看一个部门也是看群体能力,科长有责任使每个人不断提高。

全局观和创新力

这一点是要求所有的中层管理人员能站在公司总经理的角度看问题,不墨守成规。

5.3.3 管理人员考评的工作程序

通常管理人员的考评工作有以下程序:制定绩效目标、确定考评标准和方法、分析考评结果和反馈考评结果4个部分。

1)制定绩效目标

(1)绩效目标的理解

制定绩效目标是企业实施绩效管理的重要工作内容,是绩效管理工作的起点,为企业开展考核工作提供操作指南和基本依据。所谓绩效目标,具体地讲,是指员工未来绩效所要达到的目标,它可以帮助员工关注那些对于组织更为重要的项目,鼓励较好的计划以分配关键资源(时间、金钱和能量),并且激发为达到目标而做的行动计划准备。而员工个人绩效目标又来源于组织、部门的总体目标的分解和传承,即通过一种专门设计的过程使目标具有可操作性,这种过程一级接一级地将目标分解到组织的各个单位。组织的整体目标被转换为每一级组织的具体目标,即从整体组织目标到经营单位目标,再到部门目标,最后到个人目标。而个人绩效目标的制订又来自于个人的工作计划,从年度计划到季度计划,最后分解到月度计划。

(2)制定绩效目标的方法

①根据组织战略分解出本部门的主要目标。

②基于本部门的目标,明确个人的岗位职责使命,即个人承担的工作任务。

③依据个人工作任务制订工作计划。

④按照 SMART 原则从个人工作计划中提取关键业绩指标(分为量化指标和定性指标)。

【管理链接 5.6】

绩效考核 SMART 原则

目标管理中,有一项原则叫作 SMART,分别由 Specific, Measurable, Attainable, Relevant, Time-based 这 5 个词组组成。这是制定工作目标时,必须谨记的 5 项要点。

S 代表具体(Specific),指绩效考核要切中特定的工作指标,不能笼统。

M 代表可度量(Measurable),指绩效考核是数量化或者行为化的,验证这些绩效指标的数据或者信息是可以获得的。

A 代表可实现(Attainable),指绩效指标在付出努力的情况下可以实现,避免设立过高或过低的目标。

R 代表相关性(Relevant),指绩效指标是与工作的其他目标相关联的;绩效指标是与本职工作相关联的。

T 代表有时限(Time-based),注重完成绩效考核的特定期限。

无论是制定团队的工作目标还是员工的绩效目标都必须符合上述原则,5 个原则缺一不可。

(资料来源:马同华.老 HRD 手把手教你做绩效考核[M].北京:中国法制出版社,2016.)

2)确定考评标准和方法

(1)确定考评标准

绩效考评标准是考评者通过测量或通过与被考评者约定所得到的衡量各项考评指标得分的基准。设定了绩效目标之后,就要确定评价绩效目标达成的标准。没有明确标准的目标不是真正意义上的绩效目标,SMART 原则是最常用的区分一个标准是否符合要求的工具。即,目标必须是具体的、可衡量的、可达到的、相关的、有时限的。这个原则反映了我们所确定的绩效考核目标必须是可衡量的或是可计算的。

同时,还应注意,标准的设定应分出层次,如可以将标准分为优秀、良好、合格、需改进和不合格 5 个水平。将合格作为绩效考核的基准水平,它的作用在于判断被考核者的绩效是否能够满足基本的要求。

（2）确定考评方法

绩效考评方法，是对员工在工作过程中表现出来的工作业绩、工作能力、工作态度以及个人品德等进行评价，并用之判断员工与岗位的要求是否相称的方法。目前我国常见的绩效考评方法有四大类：目标管理（MBO）、关键绩效指标（KPI）、平衡计分卡（BSC）、360度评价体系。具体内容详见【管理链接5.8】绩效考评方法。

制定考核标准和方法的过程也是自身能力不断增长的过程，主导考评部门必须和员工一起在不断制定高绩效目标的过程中共同提高绩效能力。

【管理链接5.7】

绩效考评方法

一、相对评价法

1. 序列比较法

序列比较法是对按员工工作成绩的好坏进行排序考核的一种方法。在考核之前，首先要确定考核的模块，但是不确定要达到的工作标准。将相同职务的所有员工在同一考核模块中进行比较，根据他们的工作状况排列顺序，工作较好的排名在前，工作较差的排名在后。最后，将每位员工几个模块的排序数字相加，就是该员工的考核结果。总数越小，绩效考核成绩越好。

2. 相对比较法

相对比较法是对员工进行两两比较，任何两位员工都要进行一次比较。两名员工比较之后，相对较好的员工记"1"，相对较差的员工记"0"。所有的员工相互比较完毕后，将每个人的得分相加，总分越高，绩效考核的成绩越好。

3. 强制比例法

强制比例法是指根据被考核者的业绩，将被考核者按一定的比例分为几类（最好、较好、中等、较差、最差）进行考核的方法。

二、绝对评价法

1. 目标管理法（Management by Objectives，MBO）

目标管理是通过将组织的整体目标逐级分解直至个人目标，最后根据被考核人完成工作目标的情况来进行考核的一种绩效考核方式。在开始工作之前，考核人和被考核人应该对需要完成的工作内容、时间期限、考核的标准达成一致。在时间期限结束时，考核人根据被考核人的工作状况及原先制定的考核标准来进行考核。

2. 关键绩效指标法（Key Performance Indicator，KPI）

关键绩效指标法是以企业年度目标为依据，通过对员工工作绩效特征的分析，据此确定反映企业、部门和员工个人一定期限内综合业绩的关键性量化指标，并以此为基础进行绩效考核。

3. 等级评估法

等级评估法根据工作分析，将被考核岗位的工作内容划分为相互独立的几个模块，在每个模块中用明确的语言描述完成该模块工作需要达到的工作标准。同时，将标准分为几个等级选项，如"优、良、合格、不合格"等，考核人根据被考核人的实际工作表现，对每个模块的完成情况进行评估。总成绩便为该员工的考核成绩。

4. 平衡计分卡(Balanced Score Card，BSC)

平衡计分卡从企业的财务、顾客、内部业务过程、学习和成长4个角度进行评价，并根据战略的要求给予各指标不同的权重，实现对企业的综合测评，从而使得管理者能整体把握和控制企业，最终实现企业的战略目标。

三、描述法

1. 全视角考核法

全视角考核法(360°考核法)，即上级、同事、下属、自己和顾客对被考核者进行考核的一种考核方法。通过这种多维度的评价，综合不同评价者的意见，则可以得出一个全面、公正的评价。

2. 重要事件法

重要事件是指考核人在平时注意收集被考核人的"重要事件"，这里的"重要事件"是指那些会对部门的整体工作绩效产生积极或消极的重要影响的事件，对这些表现要形成书面记录，根据这些书面记录进行整理和分析，最终形成考核结果。

绩效定量管理法正是在不同的时期和不同的工作状况下，通过对数据的科学处理，及时、准确地考核，协调落实收入、能力、分配关系。

四、目标绩效考核法

目标绩效考核是自上而下进行总目标的分解和责任落实过程，相应的，绩效考核也应服从总目标和分目标的完成。因此，作为部门和职位的KPI考核，也应从部门对公司整体进行支持、部门员工对部门进行支持的立足点出发。同时公司的领导者和部门的领导者也应对下属的绩效考核负责，不能向下属推卸责任。绩效考核区分了部门考核指标和个人考核指标，也能够从机制上确保上级能够积极关心和指导下级完成工作任务。

（资料来源：王雯雯. 员工绩效考核体系指标设计制度与图表[M]. 北京：中华工商联合出版社，2015.）

3）分析考评结果

此步骤企业须依照预先确定的标准和一定的评价程序，运用科学的评价方法、按照评价的内容和标准对评价对象的工作能力、工作业绩进行定期和不定期的考核和评价。

4）反馈考评结果

反馈考评结果是绩效评估工作的最后一环，也是最关键的一环，能否达到绩效评估的预期目的，取决于绩效反馈的实施。考评的目的并不终止于考评结果，从绩效管理PDCA循环来讲，可以说是新的绩效管理的开始。绩效管理的4个环节：确定绩效计划（衡量标准）、执行、评估与改进。其中，绩效改进所采取的措施是建立在分析业绩成果基础上的。通过绩效分析形成的考评文字性或数字性的结果挖掘更深层次的原因，提出有价值的综合性绩效改进意见，可以帮助被考评管理人员从客观、有针对性的角度制订绩效改进计划，达到改进被考评者绩效的目的。

5.4 管理人员的培训

5.4.1 人才生命周期

正如一个产品有其产生、形成、发展和衰退的周期一样,组织中的人才也有其生命周期。一般而言,人才生命周期大致可以划分为引入期、发展期、成熟期和衰退期或持续发展期。主管人员培训应根据各个阶段的人才特点采取相应的对策和措施(见图5.2)。

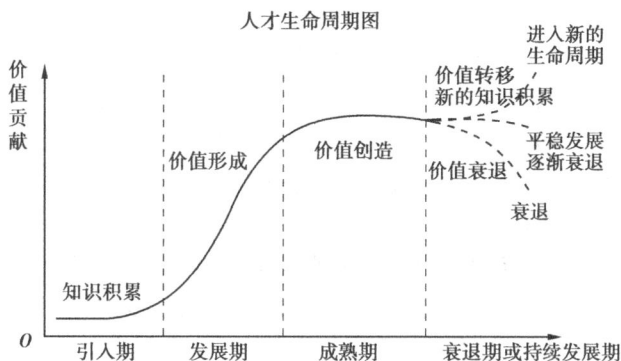

图 5.2 人才生命周期图

1)引入期

在引入期时,员工往往冲劲大、有热情、可塑性强,部分人员也有空想表现,存在人员流动率高等问题,这一阶段企业应大力发掘员工特点,做到人尽其才,并加以培训。在工作中要注意保护员工热情,让他们接触一些公司内的高手,使之明白"天外有天"的道理,尽可能在这个阶段把他们的行为纳入企业规范。

2)发展期

经过磨合以及优胜劣汰的检验,有能力的员工渐渐浮出水面。希望做出成绩,希望得到提升是他们的心愿,这时也会伴生新老员工的矛盾与冲突,企业这时的主要任务是发展人才,留住人才,把其中确有实力的派往重要岗位,并努力降低内耗、促成团结。

3)成熟期

经过前一段时间的考验,有能力的人才脱颖而出,逐步走上领导岗位。这个时段的人才睿智、理性,对企业的各方面游刃有余,但也容易产生骄傲自满的情绪。企业除应给予足够的薪资待遇,为其解决后顾之忧外,也要大力提倡忧患意识和企业远景展望,需要强调的是,企业主要留心一些核心员工的动向,对提出辞职的要尽量挽留。因为百里挑一的员工离去,对企业的影响怎么形容也不为过。从许多企业的兴衰史来看,这也是许多企业无法成长的原因,企业除了多方面创造良好的外部环境,平时还应多作观念上的沟通,激发他们在大环境上的雄心。一方面增强员工的工作素质,提高员工的技能,让他们认识未来竞争靠的是规模与技术的有机结合。另一方面,企业自身也要转变财富分配旧观念,在市场经济条件下,尊重人才最重要的表达方式之一就是提高人才待遇,共享企业进步。台湾富豪蔡万霖曾说过:"我做大富翁没啥了不起,跟我做事的人,每个人都能成为小富翁才是我的骄傲。"

4)衰退期或持续发展期

这一期间的部分人员表现为满足现状、注重形式、刚愎自用或迷恋于声色犬马而不思进取,企业这时应制订员工再培训计划或自省改进方案,重新焕发他们的斗志,并分别给予调整置换。也有部分人才仍保持持续的成长性,其主要特征表现为:具创新力、学习力、忠诚度。创新力是现代经营能力的构成要素,而且也是人才努力工作的原动力之一;学习力是人才保持持续成长、跟上发展步伐的源泉;忠诚度是人才敬业心、责任感的基础,特别在当今人心浮躁的社会,它也是一种稀缺资源。对这种具有综合素质的人才的考察培养应贯穿整个周期,因为他们往往是企业未来的栋梁,企业主可以把他们列入重点培养对象。

根据人才生命周期,可以分析录用人员在初入企业、发展阶段、成熟阶段、衰退期或持续发展期的不同表现,结合企业的发展战略,作为助其进行职业生涯规划及前瞻性管理的依据。他可以帮助诊断员工发展阶段,以及可能出现的问题,使之顺利地为企业工作。

几乎每个企业都会经历创业期、快速发展期、成熟期及衰退期,而每个发展阶段都会有不同的培训需求,企业的管理人员培训要与企业的各发展阶段的特点相适应,既不宜超前于企业发展,也不能被动地陷于"问题—培训"一一对应的模式,即当工作中发现问题再培训,更不能认为培训是一劳永逸的事情。各组织都必须把培训工作看作是一项关系到组织命运、前途的战略性任务。培训是组织的一项长期活动,要建立培训机构、制度和方法。

5.4.2 管理人员培训的目的

培训是一种有组织的知识传递、技能传递、标准传递、信息传递、信念传递、管理训诫行为。为了达到统一的科学技术规范、标准化作业,通过目标规划设定、知识和信息传递、技能熟练演练、作业达成评测、结果交流公告等现代信息化的流程,让员工通过一定的教育训练技术手段,达到预期的水平提高目标,提升战斗力、个人能力、工作能力的训练都称之为培训。

为了高质量、高效率地完成企业各项工作进而达到企业发展的战略目标,各级管理人员的能力至关重要。所以现代企业中管理人员的培训与开发成为人力资源管理中一个非常重要的组成部分。通过对管理人员的培训达到以下目的:

1)传递信息

通过管理培训,要使管理人员了解企业在一定时期内的生产特点、产品性能、工艺流程、营销政策、市场状况等方面的情况,熟悉公司的生产经营业务。

2)改变态度

使管理人员了解组织文化,接受组织的价值观念。

3)更新知识

管理者必须掌握与企业生产经营有关的科技知识。这些科技知识,既可以在工作前的学校教育中获取,更应该在工作中不断地补充和更新,因为随着科学技术进步速度的加快,人们原先拥有的知识结构在迅速地陈旧和老化。

4)发展能力

管理是一种职业,有效地从事这种职业,必须具备职业要求的基本能力,并在职业活动中不断提高。

5.4.3 管理人员的重点及培训方法

1)不同层次管理人员培训重点

(1)基层管理人员的培训重点

基层管理人员的工作重点主要在第一线从事具体的管理工作,执行中、高层管理人员的指示和决策。因此,为他们设计培训内容应着重于管理工作的技能、技巧,如怎样组织他人工作,如何为班组成员创造一个良好的工作环境等。因为"授人以鱼不如授人以渔","鱼"好比是企业的管理职位,而"渔"则是管理人员的组织能力。在观念技能方面,首先应该培养他们在思考问题时,如何改变思维方法,由被管理者转变为管理者,即由被动地执行具体指示转为主动地发布指示。其次,要重视培训他们掌握组织他人工作的技巧。他必须尽力使班组内每个成员之间的相互关系都能融洽,创造一个良好的工作环境,使每一个被管理者都能心情舒畅地工作。

(2)中、高层管理人员的培训重点

中、高层管理人员的培训应注重于发现问题、分析问题和解决问题的能力,用人能力,控制和协调能力,经营决策能力,以及组织设计技巧的培养。中层管理人员对于本部门的经营管理必须十分精通,除了熟悉本部门工作的每个环节和具体工作安排以外,还必须了解与本部门业务有关的其他部门的工作情况。高层管理者的工作重点在于决策。因此,他们所要掌握的知识更趋向于观念技能。例如,经营预测、经营决策、管理会计、市场营销和公共关系等。

2)管理人员培训的方法

(1)课堂式

①讲授法。主要是聘请一些专业人员给学员讲课,着重讲解有关管理的概念、原则、方法和原理及其在企业管理过程中的应用,并通过书面答卷或口头答辩的形式来检测受训者的学习成绩。

②讨论法。讨论或称为研讨,适用于对企业中、高层管理人员的培训。由培训者提出一些问题(企业经营管理过程中的实际问题或相关企业曾经发生过的事件),组织受训者运用概念、原则和原理演讲这些案例,并鼓励每个受训者积极投入讨论。

（2）模拟式

①案例分析法。首先由指导者提出案例或实例，由受训者对案例进行分析和讨论，并提出个人的见解和解决问题的方法。

②经营管理"游戏"。这种培训方式的做法是将受训者分成若干个组，每个组代表一个"企业"。指导者给每个"企业"一定的人力、财力、物力和信息等资源，并提出经营管理或一些管理上的问题。要求各"企业"去完成经营目标解决管理上的问题。例如，指导者提出的企业经营目标为"增加利润"若干万元，要求各"企业"提出达标的方案，其内容应包括：促销的预算、策略和手段（广告、派推销人员……）；开发新产品的可行性，降低成本、费用的具体措施等。

然后，由各"企业"把自己的方案及决策过程讲述一遍，进行交流，促进思考和分析，以提高今后在实际经营中的决策能力和综合分析问题的能力。

（3）工作轮换

工作轮换是属于工作设计的内容之一，指在组织的不同部门或在某一部门内部调动雇员的工作。目的在于让员工积累更多的工作经验。

工作轮换有两种具体形式：

形式一，受训者到不同部门考察工作但不会介入所考察部门的工作。

形式二，受训者介入不同部门的工作。

工作轮换有利于促进管理人员对组织不同部门的了解，从而对整个组织的运作形成一个完整的概念；有利于提高管理人员解决问题的能力和决策能力，帮助他们选择更合适的工作；有利于部门之间的了解和合作。

（4）提升培训

所谓提升是将员工从较低的管理层次暂时提拔到较高的管理层次上，并给予一定的试用期。这种方法既可以使有潜力的管理人员得到宝贵的锻炼机会，又可以使组织能全面考察试用者是否适应和具备领导岗位能力，为今后正式升迁打下良好的基础。

（5）设置助理职务

这种方法可以使助理人员接触到高层次上的管理实务，使他们能近距离观察和吸收直接主管的工作经验和处理事务的方法，从而促进助理成长。另外，设置助理职务可以适当分担高层主管的工作，一方面使高层管理者从繁杂的工作中解脱出来；另一方面可以培训和考查待提拔的管理人员。

（6）临时职务

设置临时职务可以使受培训者进一步体验高层管理工作，并在代理期内充分展示其具有的管理能力，或迅速弥补他所缺乏的管理能力。但在实际操作中应避免"彼得现象"的发生。

【管理链接 5.8 】

彼得原理

彼得原理（The Peter Principle）是美国学者劳伦斯·彼得在对组织中人员晋升的相关现象研究后得出的一个结论。其具体内容是："在一个等级制度中，每个职工趋向于上升到他所不能胜任的地位"。彼得指出，每一个职工由于在原有职位上工作成绩表现好，就将被提升到更高一级职位;其后,如果继续胜任则将被一个不能胜任其工作的职工所占据。层级组织的工作任务多半是由尚未达到不胜任阶层的员工完成的。

在各种组织中,由于习惯于对在某个等级上称职的人员进行晋升提拔,因而雇员总是趋向于被晋升到其不称职的地位。彼得原理有时也被称为"向上爬"理论,这种现象在现实生活中无处不在,如一名称职的教授被提升为大学校长后无法胜任;一个优秀的运动员被提升为主管体育的官员,导致无所作为。凡一切层级制度组织,如商业、工业、政治、行政、军事、宗教、教育各界,都受彼得原理控制。

对一个组织而言,一旦组织中的相当部分人员被推到了其不称职的级别,就会造成组织的人浮于事,效率低下,导致平庸者出人头地,发展停滞。因此,这就要求改变单纯的"根据贡献决定晋升"的企业员工晋升机制,不能因某个人在某一个岗位级别上干得很出色,就推断此人一定能够胜任更高一级的职务。要建立科学、合理的人员选聘机制,客观评价每一位职工的能力和水平,将职工安排到其可以胜任的岗位。不要把岗位晋升当成对职工的主要奖励方式,应建立更有效的奖励机制,更多地以加薪、休假等方式作为奖励手段。有时将一名职工晋升到一个其无法很好发挥才能的岗位,不仅不是对职工的奖励,反而使职工无法很好发挥才能,也给企业带来损失。对个人而言,虽然我们每个人都期待着不停地升职,但不要将往上爬作为自己的唯一动力。与其在一个无法完全胜任的岗位勉力支撑、无所适从,还不如找一个自己能游刃有余的岗位好好发挥自己的专长。

(资料来源:保国华,等.管理学[M].北京:清华大学出版社,2001.)

5.4.4　管理人员培训应注意的问题

1)合理选定受训对象

正确选择受训者首先要考虑受训者是否有学习的动机。其次,要考虑受训者能否接受培训课程内容(指受训者的水平与培训目标和培训课程内容的差距)。第三,要考虑受训者的健康状况、身体特征、工作态度、岗位技能、兴趣爱好等。

此外,企业的培训内容必须按照职工所担任职务的层次来确定,循序渐进地进行,不可跳跃。因为过于超前的培训(低层次职工接受高层次的培训)容易助长一部分职工产生自满情绪而不安心本职工作。

2)采用合适的培训方式

管理人员培训的对象是成年人,培训方式必须与成年人的学习规律相适应。成年人的特点是记忆力相对较差,但理解能力强,并具有一定的工作和社会经验。因此,采用参与式的培训方式是比较合适的,即在培训过程中,培训者应多用实例并创造更多的机会使受训者将自己所了解和掌握的知识和技能表现出来,以供其他受训者参考。适当采用"吊胃口"的方式和其他技巧可提高受训者的学习兴趣,多表扬、少批评能增强学员的学习信心。还应该重视受训者提出的意见和问题,集思广益,有利于增强培训效果。

此外,在培训材料的编排上,尽可能考虑趣味性,深入浅出,易记易懂。充分利用现代化的培训工具,采用视听材料,以增加感性认识。书面材料力求形式多样化,多用图表,简明扼要。

3）建立培训评价机制

为确保培训的质量和效果,须通过培训的评价机制对培训效果进行评价。

①监督指导。培训组织者对培训的组织实施应进行监督与指导,重点做好课程内容先后次序的安排与协调。

②分析和修正评价标准。根据信息反馈,对原定评价标准进行分析和修正,以便客观公正地评价培训效果。

③评价培训效果。培训效果的评价包括两层意义,即培训工作本身的评价以及受训者通过培训后所表现的行为。整个培训效果评价可分为3个阶段:第一阶段,侧重于对培训课程内容是否合适进行评定,通过组织受训者讨论,了解他们对课程的反映。第二阶段,通过各种考核方式和手段,评价受训者的学习效果和学习成绩。第三阶段,在培训结束后,通过考核受训者的工作表现来评价培训的效果。如可对受训者前后的工作态度、熟练程度、工作成果等进行比较来加以评价。

学习要点

1. 人员配备及其重要性。在管理学中的人员配备,是指对主管人员进行恰当而有效地选拔、培训和考评,其目的是为了配备合适的人员去充实组织机构中所规定的各项职务,以保证组织活动的正常进行,进而实现组织的既定目标。人员配备的重要性体现在:人员配备是组织有效活动的保证;人员配备是组织发展的准备。

2. 人员配备的任务是:(1)满足组织的需要。要通过人员配备使组织系统得以运转;适应组织发展的需要;维持成员对组织的忠诚。(2)考虑组织成员的需要。使每个人的知识和才能得到公正评价和运用;使每个人的知识和能力得以不断发展和提高。

3. 人员配备的原则。为求得人与事的优化组合,人员配备过程中必须遵循:(1)因事择人、适应发展原则。(2)因才施用、客观公正原则。(3)合理匹配的原则。①根据各个岗位职责要求配备相应的符合岗位素质要求的人员;②合理配置同一部门中不同岗位和层次间的人员,一是要考虑到能级问题,二是要考虑互补问题。(4)动态平衡的原则。

4. 人员配备的工作内容和程序。在人员配备过程中,一般要进行以下几项工作:(1)人力资源规划:确定人员需要的种类和数量。(2)招聘与甄选:选配合适人员。(3)培训与考核:使人员适应组织发展需要。

5. 管理人员选聘的内容。人是组织活动的关键资源。人在组织中的地位决定了人员配备在管理工作中的重要性。由于每一个具体的组织成员都是在一定的管理人员的领导和指挥下展开工作的,因此管理人员的选拔、培养和考评当为企业人力资源管理的核心。管理人员选聘的内容包括:(1)管理人员需要量的确定。需要考虑的因素有:①组织现有的规模、机构和岗位。②管理人员的流动率。③组织发展的需要。(2)管理人员应具备的素质和知识。作为管理者,除了要具备一般工作人员的素质修养外,还必须具备以下几个方面的素质,才能胜任管理岗位的工作:①具有良好的管理组织能力。②具有良好的人际协调能力。③具有强烈的创新意识。(3)管理人员应具备的知识包括:①基本理论知识;②文化科学基础知识;③专业科技知识;④管理科学知识。

6. 内、外部招聘管理人员渠道与选择。外部招聘是根据一定的标准和程序,从组织外部的众多候选人中选拔符合空缺职位工作要求的管理人员。具体招聘渠道有:(1)现场招聘会;(2)媒体广告招聘;(3)网络招聘;(4)猎头公司招聘;(5)校园定向招聘。内部提升是指组织成员的能力增强并得到充分的证实后,被委以更大责任的更高职务。内部提升的方式有:提拔晋升、工作调换、工作重换和竞聘上岗几种方法。

7. 外部招聘的优点体现在:(1)被聘人员具有外来优势。(2)有利于平息组织内部竞争者之间的紧张关系。(3)能够为组织带来新鲜空气。缺点有:(1)外部人员不熟悉组织的内部情况,也缺乏一定的人事基础,因此需要一段时间的适应才能进行有效的工作。(2)组织对应聘者的情况不能深入了解。(3)外聘人员的最大局限是会对内部员工积极性造成打击。

内部提升管理人员具有以下优点:(1)利于鼓舞士气,提高工作热情,调动组织成员的工作积极性。(2)有利于吸引外部人才。(3)有利于保证选聘工作的正确性。(4)有利于使被聘者迅速展开工作。内部提升制度的弊端主要有:(1)引起同事的不满。(2)可能造成"近亲繁殖"的现象。

8. 管理人员考评的内容及工作程序。管理人员考评的内容包括:(1)专业知识和技能的考核;(2)工作经验;(3)管理能力;(4)指导能力;(5)沟通和协调能力;(6)创新能力;(7)业绩指标;(8)工作纪律。

管理人员考评的程序主要是:制定绩效目标、确定考评标准、分析考评结果和反馈考评结果4个步骤。

9. 管理人员的培训方法:(1)课堂式,包括讲授法和讨论法;(2)模拟式,包括案例分析法和经营管理"游戏";(3)工作轮换;(4)提升培训;(5)设置助理职务;(6)临时职务。

思考练习

1. 人员配备的任务是什么?

2. 人员配备的原则是什么?

3. 人员配备的工作程序和内容有哪些?

4. 管理人员选聘的内容包括哪些?

5. 管理人员的招聘来源和各自的优缺点是什么?

6. 管理人员考评的内容和工作程序是什么?

7. 管理人员培训的重要性体现在哪些方面?

8. 管理人员培训的方法有哪些?

管理实践

训练项目一:管理人员考评

[实践目标]

1. 强化对人员考评知识的理解。

2. 提高分析考核有关因素和问题的能力。

3. 初步培养对人员进行考核的能力。

[实践内容与方法]

1. 阅读下面的案例资料,并收集相关材料。

2.分小组进行案例材料的集中讨论。

3.每位同学写出案例解决方案,以小组为单位写出发言提纲。

4.以小组为单位在班级内组织交流研讨会,个人可以进行补充阐述。

案例资料:

恒立公司员工的绩效管理

恒立公司,成立于2004年,目前公司有员工850人左右。总公司只设一些职能部门,本身没有业务部门;总公司下有若干子公司,分别从事不同的业务。

一直以来,绩效考评工作是公司重点投入的一项工作,公司的高层领导非常重视。人事部具体负责绩效考评制度的制定和实施。人事部在原有的考评制度基础上制定出了《中层干部考评办法》。在每年年底正式进行考评之前,人事部又出台当年的具体考评方案,以使考评达到可操作化程度。

公司的高层领导与相关的职能部门人员组成考评小组。考评的方式和程序通常包括被考评者填写述职报告,在自己单位内召开全体员工大会进行述职,民意测评(范围涵盖全体员工),向科级干部甚至全体员工征求意见(访谈),考评小组进行汇总写出评价意见并征求主管副总经理的意见后报公司总经理。

考评的内容主要包含3个方面:被考评单位的经营管理情况,包括该单位的财务情况、经营情况、管理目标的实现等方面;被考评者的德、能、勤、绩及管理工作情况;下一步工作打算,重点努力的方向。具体的考评细目侧重于经营指标的完成、政治思想品德,对于能力的定义则比较抽象。各业务部门(子公司)都在年初与总公司对于自己部门的任务指标进行了讨价还价的过程。

对中层干部的考评完成后,公司领导在年终总结会上进行说明,并将具体情况反馈给个人。尽管考评的方案中明确说明考评与人事的升迁、工资的升降等方面挂钩,但最后的结果总是不了了之,没有任何下文。

对于一般员工的考评则由各部门的领导掌握。子公司的领导对于下属业务人员的考评通常是从经营指标的完成情况来进行的;对于非业务人员的考评,无论是总公司还是子公司均由各部门的领导自由进行。至于被考评人来说,很难从主管处获得对自己业绩优劣评估的反馈,只是到了年度奖金分配时,部门领导才会对自己的下属作一次简单的排序。

请回答下列问题:

(1)绩效管理在人力资源管理中有何作用? 这些作用在恒立公司是否有所体现?

(2)该公司的绩效管理存在哪些问题? 如何才能克服这些问题?

[实践标准与评估]

1.实践标准:能够根据案例实际问题,运用考评相关知识进行有针对性的分析;提出的解决方法有可行性。

2.实践评估:①个人提出的解决方案作为一次作业,评定成绩。②对各小组与个人在班级交流研讨会上的表现评估打分。

训练项目二:角色扮演——模拟招聘

[实践目标]

1.初步了解招聘流程,熟悉招聘准备工作。

2.训练面试基本方法及技巧,提高应聘心理素质。

[实践内容]

根据模拟企业的部门划分建立组织结构,为各模拟公司招聘各部门的负责人。每个团队小组成员模拟企业招聘小组,每个成员有职位及具体分工,通过小组合作,以模拟企业招聘需求为背景,模拟招聘的过程,进行招聘方案的设计,运用选聘的方法进行选择录用。

[实践步骤]

1.每个招聘组确定模拟企业的相关岗位,制订招聘计划,并对拟招聘的岗位进行工作分析,形成工作说明书,包括拟写招聘广告,具体包括招聘目的、招聘程序、招聘岗位、任用条件、选聘决定办法等。

2.现场进行招聘宣讲以吸引其他小组同学投简历。根据每组的招聘广告,每位学生从非本小组广告中选择一个岗位设计出自己的简历并进行投递。

3.每个招聘小组从收到的简历中进行筛选并确定面试名单。选择面试方法并准备面试材料。

4.各招聘小组进行面试并记录面试成绩,经小组合议后最终确定录用人员并说明理由。

5.实训总结,师生点评。各小组交流实训心得,教师点评,并评选最佳表现小组和个人。

6.以小组为单位递交实训报告,其中需明确每个成员分工并附上所有相关材料,每位同学的应聘简历。每位学生递交一份实训心得报告。

[实践标准与评估]

模拟招聘实训考核表

序号	考核内容	考核项目	考核要点	考核方式	分数
1	过程性考核(70%)	专业知识	专业知识的理解和掌握,行文的可操作性和规范性。	制订招聘计划;简历的制作。	25
2		技能方法	专业技能水平,操作规范和熟练程度。收集资料,获取信息的能力;语言表达自如程度;提出问题,分析并解决问题的能力。	模拟招聘;模拟应聘;答辩环节。	45
3		团队精神	服从团队的安排,积极主动参与小组讨论,配合、协调团队工作。	小组讨论过程;对分配工作的完成情况。	15
4		职业素质	认真负责,积极主动,团结协作。	实训期间表现	15
5	结果性考核(30%)			小组心得交流	40
6				个人简历、实训报告及心得	60

第6章

领导理论与实践

学习目标

1. 掌握领导的含义、本质与作用。
2. 熟知领导者素质与领导理论。
3. 领会领导艺术的内涵。

引例

"红包大战"背后的领导风格

2016年除夕一过,除了春晚是大家热议的话题之外,红包大战也成为网友们集中谈论的焦点议题。这时难免有人会将两大红包平台作一比较。从数据上看,微信显然是优势明显。4.2亿人参与,发了80.8亿的红包。而支付宝很聪明地拿出一个看起来惊人的3 245亿次的"咻一咻"数据。而在绝对人数上,支付宝则是有超过1亿人拿到红包。不过微信的红包都是网友们互相发的,而支付宝红包则是官方和赞助商发出来的。在明眼人看来自然高下立判。当然,支付宝红包作为后来者,想要短时间追赶上微信应该是不太可能,各方都不会对这个结果感到惊讶。与此同时,马云和马化腾作为风口浪尖上的人物又引发了大家的关注。

领导人大而化之有两种类型,一种是孔雀型的,以个人魅力取胜;一种是老虎型的,以发号施令树威。从这种分类来看,马云属于孔雀型。无论在外界如何被误解,无论公司陷入如何的困境,追随的人始终没有放弃掉对他们的信心。无论公司陷入如何的困境,马云的核心成员都只会选择追随。

马云创业的时候,初期的50万元是18名员工一起凑出来的,9年过去后,这18个人中有做到总裁级的孙彤宇,也有还是经理的麻长炜,但没有任何一个人从阿里巴巴流失。这种非常的凝聚力正是史玉柱与马云共有的特征之一。有时使用着极端的管理方式,脑白金战役时,员工们疯狂地工作、疯狂地加班,马云经常会在员工加班的时候动不动就发上几千元的奖金。

马云具备领导力的核心特征:提出大家都认同的愿景,并使用有效的激励手段。从创业的第一天起,马云就宣称,阿里巴巴会成为最伟大的电子商务公司,他也让部将们相信,公司上市时,会得到更多。两三年前,阿里巴巴的员工特别辛苦,待遇也不好。也有人抱怨,宁愿不要期权,多发点工资。马云的解决方案是,要有信心,我把我的股份稀释点给你们。

与马云不同,马化腾要求每个中层管理为自己"备份"副手,腾讯的高层团队里也一直有着这样的配对模式。早期,在创业团队中负责研发的张志东和负责市场的曾李青是力量最突出的一对,2004年上市之后,腾讯进行了一轮大规模的职业经理人引入。

童年时的马化腾生长在当时尚属偏僻之地的海南,观察天象成了他最大的爱好,时至今日,马化腾仍然是一个天文爱好者。有一次去美国参观E3游戏展,看到此前从未见到过的北半球天象,他当时就在路边如痴如醉地观测起来。马化腾痴迷天文直到高中毕业,他还甚至一度准备报考天文专业,不过他后来选择了更加实用的计算机。从某种程度上,这些经历塑造了马化腾后来的一部分性格:不擅长与人交流,但是让他静下心来研究一件事情却是手到擒来。而大学则培养了马化腾的领导力和现实主义的一面,他把自己的研究成功出售给一家公司,并因为获得了5万元报酬而欣喜。由于总是能以中立的态度看问题,同时还能尊重他人的意见,他逐渐成为一些小团队里的主轴,他思维能够迅速从一个产品原型发散到"这个可以怎么用",于是"一下子把别人的兴趣也挑起来了"。

马化腾既没有马云那种强悍的作风、非凡的个人魅力,也不像海归派李彦宏那样洋气十足,一副绅士派头。有一次腾讯公司开晚会,一个女性主持人激动之下拥抱了马化腾一下,当时现场所有人都看到小马哥立刻就窘迫得涨红了脸。

资深互联网人士谢文记得,他第一次见马化腾时,马化腾握着他的手说:"我们通过电话,幸亏我们握手晚了几年,要不然当年就被你们买走了。"在谢文看来,"腾讯是比较自然的一个公司,你跟它打交道不痛苦,人很谦虚,很简单,也不强人所难,那种自傲或者是自得压得非常深。这是马化腾,他们几个创始人带过来的,是人的本色。"在谢眼里,马云是狂人,马化腾则是强人。

管理实践虽然历史悠久,但是把管理作为一门学科进行研究,是最近几百年的事。领导是管理中的一项重要职能,领导水平的高低直接关系着组织的生存和发展。组织目标是否可以实现,甚至组织的成败存亡,最终都取决于领导者的领导行为,因为组织所有的资源和活动都是由人在操作和运营,而在管理的各项职能中,只有领导的主要对象是人。本章主要阐述领导的内涵、领导的理论、领导者素质与艺术3方面的问题。

6.1　领导概述

领导是管理工作中的一项重要职能,贯穿于管理工作的各个方面,但领导不等同于管理。管理的对象包括人、才、物、技术、信息等,而领导的对象主要是人,这就决定了领导对下属的了解至关重要,只有对下属进行充分的了解才能发挥领导的真正作用。

6.1.1　领导的含义

所谓领导,就是一种洞察力、影响力,领导是以实践为中心展开的,由社会系统中的领导主体根据领导环境和领导客体的实际情况确定本系统的目标和任务,并通过示范、说服、命令、竞争和合作等途径获取和动用各种资源,引导和规范领导客体,实现既定目标,完成共同事业的强效社会工具和行为互动过程。对于领导含义的理解,应把握好以下几个方面的内容：

（1）领导对象

领导与组织中的其他人员一定有着必然的联系，这些人就是领导的下属，或者说就是领导的对象，所以领导对下属的了解在领导过程中起着重要的作用，领导在领导过程中要做到知人善任。

（2）领导技能

成功的领导依赖于合适的行为、技能和行动，领导者的 3 种主要技能是技术技能、人际技能和概念技能。技术技能是一个人对某种类型的过程或技术所掌握的知识和能力。例如，会计人员、工程师、文字处理人员和工具制造者所学习到的技能。在操作人员和专业人员层次上，技术技能是工作绩效的主要影响因素。但是当员工升职并拥有领导责任后，他们的技术技能就会显得相对不重要了，作为经理，他们更加依靠下属的技术技能；在许多情况下，他们基本上不参与他们所管理的技术技能实践。实际上，许多企业的高层领导对企业生产的技术细节并不熟悉。人际技能是有效地与他人共事和建立团队合作的能力。组织中任何层次的领导者都不能逃避人际技能的要求，这是领导行为的重要部分之一。概念技能是按照模型、框架和广泛关系进行思考的能力，例如长期计划。在越高的管理职位上，它的作用也就越重要。概念技能处理的是观点、思想，而人际技能关心的是人，技术技能涉及的则是事。领导技能分析表明不同层次的管理者需要的 3 种技能的相对比例是不同的。管理层级越高，工作中技术技能所占的比例越小，而概念技能所占的比例越大。这有助于解释为什么杰出的部门领导者有时无法胜任副总裁的职位，因为他们的领导技能的结构不适合更高管理职位的要求，特别是没有增加概念技能。

（3）领导要提出共同的愿景

在吉姆·柯林斯著名的《基业长青》一书中，作者指出，那些真正能够留名千古的宏伟基业都有一个共同点：有令人振奋、并可以帮助员工作重要决定的"愿景"。愿景就是公司对自身长远发展和终极目标的规划和描述。缺乏理想与愿景指引的企业或团队会在风险和挑战面前畏缩不前，他们对自己所从事的事业不可能拥有坚定的、持久的信心，也不可能在复杂的情况下，从大局和长远出发，果断决策，从容应对。

（4）领导的本质是一种影响力

领导者通过这种影响力对组织的活动施加影响，影响的结果是下属的追随和服从。正是有了下属的追随与服从，领导者的地位才得以确立，领导过程才成为可能。领导影响力是由权力影响力和非权力影响力两部分构成，缺一不可。权力影响力又称强制性影响力。权力是构成一切正式组织的必要条件。一个组织的领导如不拥有某些合法权力，就不能称之为领导，也不能维持正式组织并发挥其作用。

权力影响力在于它对人的影响带有强制性、不可抗拒性。它的产生主要有以下几方面的原因：一是传统因素。传统首先来源于恐惧，其次是服从，从恐惧到服从经过不断的制度化，深入到社会的各个阶级结构与意识形态，从而成为人类社会一种特殊的影响力量。二是权力因素。社会心理学认为，社会权利是形成领导影响力的基础。在现实生活中，权力往往表现为一种"位置"或"地位"力量，即"职权"。由于担任不同的职务，就拥有不同程度的控制权。现代社会所有的组织结构，几乎都有一个完美的金字塔形式，每个人按地位顺序置于一个特定的位置上。权力和控制是从金字塔的顶端逐渐向下延伸,而服从和负责则是从金字塔最基层由下而上的。三是资历因素。资历是资格和经历的合称,在一定程度上能够反映出一个人的实践经验和能力。

非权力影响力,又称自然影响力。它与权力性影响力不同的是,它不是外界赋予的那种奖励和惩罚手段,而是来自于个人的自身因素。其中包括领导者的道德品质、文化知识、工作才能和交往艺术等。

【管理链接6.1】

领导的影响力

1955年12月1日,在美国亚拉巴马州的蒙哥马利市,时年42岁,当裁缝的罗莎·帕克斯黑人妇女拒绝服从汽车司机要她离开座位到公共汽车尾部就座,给白人让座的命令,这个命令符合当时的公共汽车种族隔离惯例。由于冒犯了蒙哥马利的种族隔离法令,帕克斯太太遭到逮捕。这件事引起了当时仍名不见经传的一名教堂牧师马丁·路德·金的注意,他认为这种情况必须得到纠正。随之,他在蒙哥马利市号召联合抵制乘坐公共汽车的群众运动,以非暴力的群众运动形式反对在公共汽车上实行种族隔离政策。马丁·路德·金也因为在为期381天的蒙哥马利市抵制乘坐公共汽车运动中发挥了领导作用,受到广大黑人群众的拥护,使他成为民主权利运动的领袖人物。为此他被冠以反种族隔离斗士,获得了诺贝尔和平奖。这场运动的结果,是1956年最高法院裁决禁止公共汽车上的"黑白隔离",罗莎·帕克斯从此被尊为美国"民权运动之母"。马丁·路德·金,没有人授予他职务权力,他自己也没有刻意追求权力,为什么竟然成为民权运动的领袖呢? 罗伯特·塔克在他的著作《政治领导论》中称这种人为"非委任领袖"。"非委任领袖"不拥有职务权力,但他们仍然可以成为政治领袖领导他人。他人愿意也乐于接受他们的领导,这就是非权力影响力。美国的管理学家哈罗德·孔茨对领导的界定是:"领导可定义为影响力。它是影响他人,使他人愿意达成群体目标而努力的一种艺术和方法。"

(资料来源:张庆武.趣谈领导学[M].兰州:甘肃人民出版社,2006.)

6.1.2 领导与管理的联系与区别

通过以上分析可以看到,领导与管理既有联系又有区别。

1)二者联系

①领导和管理的目的都是协调组织内部人员的活动,目标是实现组织的目标。
②领导和管理都是在劳动分工的基础上,组织内部部门化和层级岗位设置的结果。

2)二者区别

①作用对象不同。管理的对象包括人、财、物、技术、信息等各种资源,是对各种资源的统筹安排和科学利用,包括决策、计划、组织、领导、控制和创新等职能。而领导是管理的职能之一,领导的对象是人,要做到知人善任,通过对下属的了解,合理安排、科学统筹完成组织目标的过程。
②权利来源不同。管理强调组织性、合法性、强制性,是上级对下级的命令行为,而领导除了组织性、合法性、强制性,更多的是建立在个人影响力和专长权的基础上。

6.1.3　领导的作用

领导的作用可以概括为 4 个方面:领导是极其重要的组织发展因素;领导是指挥组织有序运行的重要条件;领导为组织创新提供动力支持;领导通过激励使得组织具备无限活力。

①领导是极其重要的组织发展因素。组织如何发展,选择什么样的发展战略,具备什么样的发展思路,都依靠领导的指挥和带领,因此,领导是极其重要的组织发展因素。组织所处的环境飞速发展,科学技术日新月异,"地球村"之间的交往日趋频繁,导致组织对领导人的要求越来越高,如何判定当今经济形势与各类环境因素,制定出符合组织发展的战略,帮助组织与时俱进,实现组织目标,既是对组织全体人员的考验,更依赖于领导作用的发挥。

②领导是指挥组织有序运行的重要条件。组织结构是静态的流程,组织运行就使其结构动态化。而领导在组织制度的建立、组织冲突的协调、运行机制的健全、运行过程的调控等方面起着重要的作用。

③领导为组织提供核心竞争力支持。领导力是组织群体或社会最重要的组织力、挑战力和制胜力,是主动发挥诸竞争因素效用的组织性动力因素,构成组织群体或社会竞争实力中最精粹的部分,即核心竞争力。其内涵是领导者的端正廉洁、才学智慧、见识谋略、勇气胆魄和快速反应性等素质熔炉的整体,其质量则决定着组织群体或社会竞争的实力、质量、效果与结果。

④领导通过激励使得组织具备无限活力。领导通过激励不仅可以提高员工对自身工作的认识,而且还能够激发员工的工作热情和兴趣,解决工作态度和认识倾向问题,投入自己的全部精力为达到预期目标而努力。兴趣是影响动机形成的重要因素。强烈而稳定的职业兴趣,是保证员工掌握技术、进行创新、充分发挥自身能力的重要心理条件。通过激励可以使员工对工作产生稳定而浓厚的兴趣,使员工对工作产生持久的注意力和高度的敏感性,形成对自身职业的热爱。

【管理链接 6.2】

销售风波

春节前夕,百货大楼内的顾客来来往往,好不热闹。为了迎接春节的到来,商场进了一批新鞋。这时,有位年轻的顾客来到了商场。

顾客:今天我休息,听说商场最近进了一批新鞋,要过节了,看看有什么新样式,来给自己选双新鞋。

销售员关玲(以下简称关):先生,您好! 请问您需要些什么?

顾客:把这双鞋拿给我看。

关:好的。这双鞋是澳洲纯牛皮的,采用先进的一流工艺,流水作业,精工而成。先生,您穿上一定会很漂亮的!

顾客:嗯! 不错,很适合我,多少钱?

关:因为春节要到了,我们 8 折优惠,原价 158 元,现价 126 元。

顾客:价钱还可以,穿上去也挺舒服的,那就买一双吧!

关:好的。但是……(略带迟疑之色)先生,是这样的:由于进货部门的一些疏忽,虽然这双鞋质量绝对没有问题,但在阳光的照射下,略微可以看出皮子上有一小块瑕疵,您看是不是再考虑一下?

顾客:这样呀!(面露犹豫之色)那我就仔细看看!

关:并不是很影响美观的!我想这双鞋过了春节后也许会打折,您看是不是到时再过来看看呢?

顾客:恩!那好!我再来吧!小姐,谢谢你!(他庆幸地走了)

销售员孙:(从另一个柜台走过来)小关,你做得不对呀!

关:我哪里做得不对了?

孙:到手的钱,你就这样地放过了,你说你错在哪了?

关:可是商场讲的是信誉呀!那样做不好吗!

孙:鞋是他看上的,挑过了,关我们什么事?

关:如果顾客回家后发现问题岂不是不好!

孙:你怎么死心眼呀!如果都像你这样,咱们的鞋卖给谁呀?!

关:孙师傅,您不是常教育我们这些新员工要为顾客着想,替商场着想么?在顾客的利益上,尽量想顾客之所想么?

孙:我都卖了30多年的鞋了,还用你教育我(满脸的怒气)!

关:难道我卖给顾客有问题的鞋就对了么?!

孙:你还不服是不是!

关:我哪里有不服,只是就事论事而已!

孙:你做错了事还不承认!

关:你这人怎么这样,强词夺理呀!倚老卖老!

二人言语不和,就这样争吵起来了!后来二人到了经理室,经理给予了处理。

如果你是经理,将会怎样处理呢?销售员关玲错了么?

经理会如何处理?

6.2 领导者素质与领导理论

6.2.1 领导者素质

领导者素质理论是探讨领导者素质与领导绩效之间的相关性,其科学价值在于对实践的指导作用。这主要表现在:第一,领导者素质是培训和考察领导者的依据;第二,领导者素质是领导者自身为之努力的方向。

所谓领导者素质,是指领导者在一定先天禀赋的生理素质的基础上,通过后天的实践锻炼和学习所形成的、在领导活动中经常发挥作用的本质要素。

领导者素质具有时代性、综合性和层次性的特征。

1)领导者素质的时代性

不同的时代对领导者的素质有不同的要求,而领导者的素质既有稳定性的一面,一经形成,便相对稳定地发挥作用,又具有变动性的一面,或是积极地上行变化,或是消极地下行变化。

2）领导者素质的综合性

领导者不是具体解决某方面问题的"硬专家"，而是综合处理多方面问题的"软专家"，所以必须具备解决工作问题和协调人际关系的综合素质。美国管理学家华伦·班尼斯有一个形象的比喻，即领导者必须靠三条腿来支撑：一是坚定的雄心壮志，二是领导工作的才能，三是优秀的领导品质。这是领导者素质的最基本结构。

3）领导者素质的层次性

对于处于不同层级、肩负不同责任的领导者的素质要求是不同的。法约尔曾经提出一个重要论点：管理人员的能力和素质具有"相对重要性"，即随着领导者等级地位的提高，管理能力的相对重要性增强，技术能力的重要性减弱。罗伯特·卡茨认为，领导者必须具备 3 种技能，即技术技能（专业业务能力）、人际技能（处理人际关系的能力）和概念技能（抽象和决策能力）。如果把领导者分为低、中、高 3 个层次，那么 3 种技能的结构比例如下：低阶层是 47∶35∶18；中阶层是 27∶42∶31；高阶层是 18∶35∶47。

从领导理论变迁的历程来看，自 20 世纪开始，管理学家、心理学家们就对领导者素质进行了大量研究，希望发现领导者与非领导者在个性、能力、智力和生理等因素方面的差异，从而比较领导者与非领导者具有哪些人格特质，这称为"领导的特质理论"。

领导特质理论按其对领导特性来源所作的不同解释，可分为传统领导特质理论和现代领导特质理论。

传统领导特质理论认为，领导者所具有的品质是天生的，是由遗传决定的，只要是领导就一定具备超人的素质。

从 20 世纪七八十年代起，人们对领导素质的研究进入一个新的阶段。这一时期，领导者素质的研究有以下 3 个特点：

①试图在新的历史条件下，确定那些被公认为领导者的个体身上所隐含的一系列特质，认为领导者是内在素质和外在风格的统一体。领导者素质的研究不但强调领导者的实质，也强调领导者的外在表现，如形象、魅力和风格等。

②对领导者的研究已从行为实验室进入了化学实验室和自然科学领域，以寻找与领导者素质有关的生物学根源、先天遗传的禀赋因素，以及儿童早期生活环境和经历对其影响。有越来越多的证据表明，领导者素质与先天遗传的因素有关，但不是决定性的。

③领导者素质主要是后天学习和实践的结果。优秀的领导者，特别是高阶层的领导者，绝不是"培养"出来的，而是"实干"和"竞争"出来的，他们的领导素质中共同的财富就是经验。而这种经验只有在工作第一线才能学到，是在不同的岗位上长期历练，从正面和反面学习的结果。

【管理链接 6.3】

斯托迪尔曾经整理了 1904—1947 年有关领导者特质的 120 篇文献，发现有的领导特质与领导有效性有关，如智力、自信、主动精神，关心下级人员的需要，勇于承担责任，以及占据支配和控制地位（有知名度和社会地位）。到 1974 年，斯托迪尔再次对 20 世纪 50—70 年代的 163 篇文献进行分析，发现除上述特质外，还有一些特质不能忽视，如面对复杂的情况善于应变，注意外部环境的动向，有雄心，渴望取得成就，果断，善于与人共事，当机立断，忠诚可靠,充满活力,能承受压力等。此外,还有一些技巧也在领导者身上存在,如聪明灵巧,观点清楚,有创新意识,有交际手段,口才流利,明确团体目标与任务,有组织能力,有说服力,容易相处等。

在关于领导者素质的研究中,美国心理学家吉赛利的研究有较大影响。他于1971年出版的《管理才能探索》一书中认为,有8种素质特征和5种激励特征同能否成为有效的领导者有关。8种素质特征是:①才智、语言和言辞方面的才能;②首创精神,开拓新方向,创新的愿望;③督察能力;④指导别人的能力;⑤自信心,自我评价较高;⑥平易近人,能为下属所亲近;⑦决断能力;⑧男性或女性的成熟程度。5种激励特征是:①对工作稳定的需求;②对金钱奖励的需求;③对指挥别人的权力的需求;④对自我实现的需求;⑤对事业成就的需求。概括地讲,素质研究以领导者的个性、生理和智力等因素为观测点,企图界定有效领导者的标准,以作为选拔领导者的依据。该研究一般从以下5个方面入手:①生理特质,如领导者的体格、心理;②个性特质,如自信、热情、外向、正直、勇敢、独立性和内控性等;③智力的质量,如记忆力、判断力、逻辑能力、反应灵敏程度等;④工作特质,如责任感、首创性和事业心等;⑤社会特质,如沟通能力、指挥协调能力、人际关系处理能力等。

巴斯(Bass)通过研究认为,有效领导者的特性是:在完成任务中具有强烈的责任心,能精力充沛地执着追求目标,在解决问题中具有冒险性和创造性,在社会环境中能运用首创精神,富于自信和特有的辨别力,愿意承受决策和行为结果,愿意承受人与人之间的压力,愿意忍受挫折和耽搁,具有影响其他人行为的能力。领导特质理论系统地分析了领导者应具备的条件,向领导者提出了要求和希望,这对培养、选择和考核领导者也是有帮助的。

这一研究的缺陷主要是:并非所有领导人都具有这一切品质,许多凡人也可能具备其中的大部分或全部品质;同时,对一个人应该具备的任何品质达到多大的程度没有加以说明。另外,不同的研究对哪些品质是领导品质的结论并不一致,对品质同实际的领导情况是什么关系也不一致。

目前,关于领导者素质的研究仍在继续进行,并且取得了很大的成绩,但由于领导类型的多样性和领导情境的复杂性,要开列一个一般的、普遍适用和有效的领导者素质清单是困难的。

(资料来源:傅夏仙.管理学[M].杭州:浙江大学出版社,2009.)

6.2.2 领导理论

在管理思想发展史上,比较典型的领导行为理论主要有以下几种:

1)勒温理论

关于领导作风的研究最早是由心理学家勒温(P. Lewin)进行的,他通过试验研究不同的工作作风对下属群体行为的影响,认为存在着3种极端的领导工作作风,即专制作风、民主作风和放任自流作风。

(1)专制作风

专制的领导作风是指以力服人,靠权力和命令强制让人服从的领导作风,它把决策权力定位于领导者个人手中。其具体的行为特点是从不考虑别人的意见,所有的决策都由领导者自己决定,领导方式主要依靠行政命令、纪律约束、训斥和惩罚来管理,只有偶尔的奖励,同时,领导者很少参加群体的社会活动,与下级保持一定的心理距离,没有感情交流。

（2）民主作风

民主的领导作风是指以理服人、以身作则的领导作风,它把决策权力定位于群体,使每个人作出自觉的、有计划的努力,各施其长,各尽所能,分工合作。其行为特点为所有的政策都是在领导者的鼓励和引导下由群体讨论而决定的,决策是领导者和下级共同智慧的结晶;分配工作时尽量照顾到个人的能力、兴趣和爱好,对下属的工作也不安排得那么具体,下属有较大的工作自由、较多的选择性与灵活性;主要运用个人权力和威信,而不是靠职位权力和命令使人服从,谈话时多使用商量、建议和请求的口气,下命令只占5%左右;领导者积极参加团体活动,与下属无任何心理上的距离。

（3）放任自流作风

放任自流的领导作风是指工作事先无布置,事后无检查,权力定位于组织中的每一个成员,一切悉听尊便的领导作风。实行的是无政府管理。

勒温根据试验认为放任自流的领导工作作风工作效率最低,只能实现社交目标,而实现不了工作目标。专制作风的领导虽然通过严格的管理实现了工作目标,但群体成员没有责任感,情绪消极,士气低落,争吵较多。民主型领导作风工作效率较高,不但实现了工作目标,而且群体成员关系融洽,工作主动积极,有创造性。

2）四分图理论

1945年,美国俄亥俄州立大学商业研究所发起了对领导行为进行研究的热潮。研究工作以斯特格迪尔和沙特尔为核心,并有许多人参加。一开始,研究人员设计了一个领导行为描述调查表,列出了1 000多种刻画领导行为的因素;后来霍尔平(Halpin)和维纳(Winer)将冗长的原始领导行为调查表减少到130个项目,并最终将领导行为的内容归纳为两个方面,即以人为重和以工作为重。

以人为重,是指注重建立领导者与被领导者之间的友谊、尊重和信任的关系。包括尊重下属的意见,给下属以较多的工作主动权,体贴他们的思想感情,注意满足下属的需要,平易近人,平等待人,关心群众,作风民主。

以工作为重,是指领导者注重规定他与工作群体的关系,建立明确的组织模式、意见交流渠道和工作程序。包括设计组织机构,明确职责、权力、相互关系和沟通办法,确定工作目标和要求,制定工作程序、工作方法和工作制度。

图6.1　领导行为四分图

他们依照这两方面的内容设计了领导行为调查问卷,发给企业,由下属来描述领导人的行为。调查结果表明,以人为重和以工作为重并不是一个连续带的两个端点,这两方面常常是同时存在的,只是可能强调的侧重点不同,领导者的行为可以是这两个方面的任意组合,即可以用两个坐标的平面组合来表示,如图6.1所示。由这两方面形成四种类型的领导行为,就是所谓的领导行为四分图。

该项研究的研究者认为,以人为重和以工作为重,这两种领导方式不应是相互矛盾、相互排斥的,而应是相互联系的。一个领导者只有把这两者相互结合起来,才能进行有效的领导。

3)管理方格图理论

在俄亥俄州立大学提出的领导行为四分图的基础上,美国著名行为科学家罗伯特·布莱克(Robert R. Blake)和简·莫顿(Janes S. Mouton)在1964年出版的《管理方格》一书中,提出了管理方格图理论,又称管理坐标理论。他们将四分图中的以人为重改为对人的关心度,将以工作为重改为对生产的关心度,将关心度各划分为9个等分,形成81个方格,从而将领导者的领导行为划分成许多不同的类型,如图6.2所示。在评价管理人员的领导行为时,应按他们这两方面的行为寻找交叉点,这个交叉点就是其领导行为类型。纵轴的积分越高,表示他越重视人的因素,横轴上的积分越高,就表示他越重视生产。

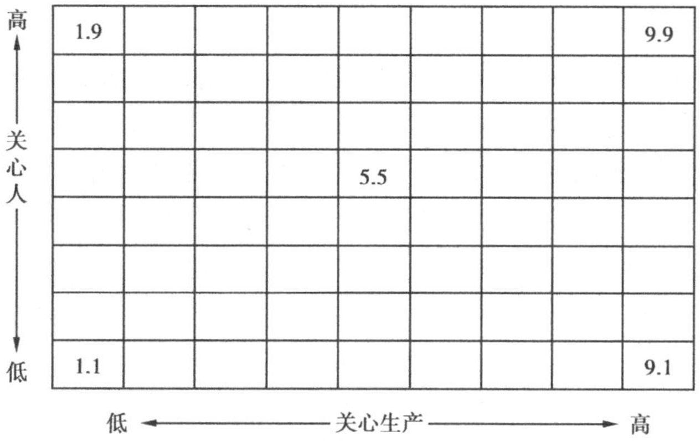

图6.2 管理方格图

布莱克和莫顿在管理方格图中把领导风格分成5种基本类型。

(1.1)型为贫乏型管理。采取这种领导方式的管理者希望以最低限度的努力来完成组织的目标,对职工和生产均不关心,这是一种不称职的管理。

(1.9)型为俱乐部型管理。管理者只注重搞好人际关系,以创造一个舒适的、友好的组织气氛和工作环境,而不太注重工作效率,这是一种轻松的领导方式。

(9.1)型为任务型管理。管理者全神贯注于任务的完成,很少关心下属的成长和士气。在安排工作时,尽力把人的因素的干扰减少到最低限度,以求得高效率。这是一种只关心生产不关心人的领导方式。

(9.9)型为团队型管理。管理者既重视人的因素,又十分关心生产,努力协调各项活动,使它们一体化,从而提高士气,促进生产。这是一种协调配合的管理方式。

(5.5)型为中间型管理。管理者对人和生产者有适度的关心,保持完成任务和满足人们需要之间的平衡,既有正常的效率完成工作任务,又保持一定的士气,都过得去但又不突出。实行的是中间式管理。

到底哪一种领导方式最好呢?布莱克和莫顿组织了很多研讨会。绝大多数参加者认为(9.9)型最佳,也有不少人认为(9.1)型好,其次是(5.5)型。

这种管理方格图理论,对于培养有效的管理者是有用的工具,它提供了一种衡量管理者所处领导形态的模式,可使管理者比较清楚地认识到自己的领导行为,并指出改进的方向。

布莱克和莫顿据此提出一套培训管理人员的方法。

4）领导权变理论

许多管理心理学家认为，管理者的领导行为不仅取决于他的品质、才能，还取决于他所处的具体环境，如被领导者的素质、工作性质等。事实上，领导品质和领导行为能否促进领导有效性，受环境因素的影响很大。有效的领导行为应当随着领导者的特点和环境的变化而变化，即

$$E = f(L, F, S)$$

式中，E 代表领导的有效性；L 代表领导者；F 代表被领导者；S 代表环境。

这种认为领导行为应随环境因素的变化而变化的理论就是领导权变理论。它所关注的是领导者与被领导者及环境之间的相互影响。这方面比较有代表性的理论有以下几种：

（1）费特勒模型

伊利诺大学的费特勒（Fred E. Fiedler）从 1951 年开始，首先从组织绩效和领导态度之间的关系着手进行研究，经过长达 15 年的调查试验，提出了"有效领导的权变模式"，简称费特勒模型。他认为任何领导形态均可能有效，其有效性完全取决于是否与所处的环境相适应。他认为不存在一种普遍"适用的"或"最好的领导方式"。理想的领导方式取决于组织的环境、任务、领导本人、下属的行为及领导对下属的关心等因素。

费特勒以一种"你最不喜欢的同事"（LPC）量表来反映和测定领导者的领导风格。他把领导方式假设为两大类：以人为主（大于 64）和以工作为主（小于 57）。

一个领导如果对其最不喜欢的同事能给予好的评价，则被认为对人宽容、体谅，注重人际关系和个人的声望，是以人为主的领导；如果领导者对其不喜欢的同事批评得一无是处，则被认为惯于命令和控制，是只关心工作的领导。与此同时，经过试验，费特勒把影响领导有效性的环境因素归结为以下几个方面：

①领导者与下属之间的相互关系。它是指领导者得到被领导者拥护和支持的程度，即领导者是否受下属的喜爱、尊敬和信任，是否能吸引并使下属愿意追随他。领导者与下属之间相互信任、相互喜欢的程度越高，领导者的权力和影响力也越大；反之，其影响力就越小。

②职位权力。它是指组织赋予领导者正式地位所拥有的权力。权力是否明确、充分，在上级和整个组织中所得到的支持是否有力，直接影响到领导的有效性。一个领导者对其下属的雇用、工作分配、报酬、提升等的直接决定性权力越大，其对下属的影响力也越大。

③任务结构。它是指下属所从事的工作或任务的明确性。如果所领导的群体要完成的任务是清楚的，组织纪律明确，成员有章可循，则工作质量比较容易控制，领导也可更加有的放矢；反之，工作规定不明确，成员不知道如何去做，领导者就会处于被动地位。

费特勒将这 3 个环境变数任意组合成 8 种群体工作情境，对 1 200 个团体进行了观察，搜集了把领导风格与工作环境关联起来的数据，得出了在各种不同情况下使领导有效的领导方式，其结果如图 6.3 所示。

费特勒的研究结果表明：根据群体工作情境，采取适当的领导方式可以把群体绩效提高到最大限度。当情境非常有利或非常不利时，采取工作导向型领导方式是合适的；但在各方面因素交织在一起且情境有利程度适中时，采取以人为主的领导方式更为有效。

许多情况证明费特勒模型是不错的，但费特勒模型并没有解决一切有关领导效能的问

领导风格及工作环境	序号	1	2	3	4	5	6	7	8
领导风格	以人为主 高 LPC ↑ 低 以工作为主								
工作环境	上下级关系	好	好	好	好	差	差	差	差
	任务结构	明确	明确	不明确	不明确	明确	明确	不明确	不明确
	职位权力	强	弱	强	弱	强	弱	强	弱
	情境有利性	有利	有利	有利	适中	适中	适中	适中	不利

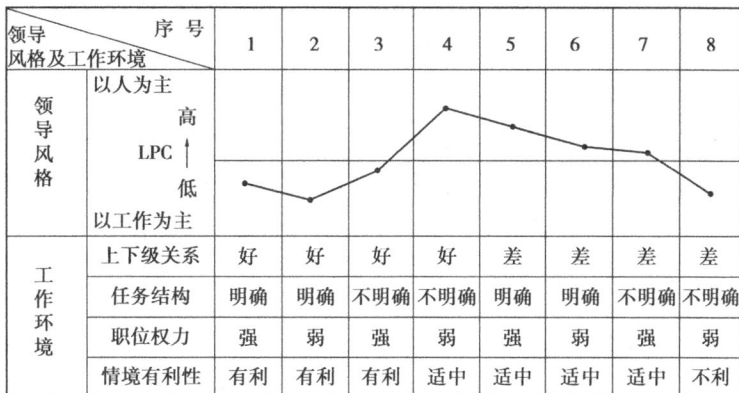

图 6.3 费特勒模型

题。对费特勒模型的主要批评在于:"最难共事者问卷"有问题;情景因素不确切,忽视了领导风格可影响并相互作用于情景;忽视了大多数领导者的领导风格是多维的。

尽管如此,费特勒模型还是有意义的。

首先,费特勒领导方式权变理论将领导行为和情境的影响、领导者和被领导者之间关系的影响联系起来,表明不存在绝对最佳的领导风格,管理者应视具体情况而进行选择。企业领导人必须具有适应力,自行适应变化的情况。

其次,它启发管理者根据条件选配领导人,如在情况最有利或最不利时,应任命以工作为中心的管理者,采取指令型领导方式为好;而处于中间状态工作环境时,则任命以员工为中心的管理者,采用宽松型领导方式为好。

第三,该理论还强调了领导需要采取什么样的领导行为,而不是从领导人的素质出发强调应当具有什么样的领导行为,这无疑为研究领导行为提供了新的方向。

此外,费特勒认为领导者的领导方式是由其个性所决定的,基本上是固定无法改变的。所以他还主张有必要改变环境以符合领导者的风格。费特勒提出了一些改善领导关系、任务结构和职位权力的建议。领导与下属之间的关系可以通过改组下属构成加以改善,使下属的经历、文化水平和技术专长更为合适;任务结构可通过详细布置工作内容而使其更加定型化,也可以对工作只作一般性指示而使其非程序化;领导的职位权力可以通过变更职位、充分授权,或明确宣布职权而增强其权威性。

（2）不成熟—成熟理论

"不成熟—成熟理论"是由美国学者克里斯·阿吉里斯(Chris Argyris)提出的,其目的在于探索领导方式对个人行为和下属在环境中成长的影响。阿吉里斯认为,一个人由不成熟转变为成熟,主要表现在以下 7 个方面:①由被动转为主动;②由依赖转为独立;③由少量的行为转为能做多种行为;④由错误而浅薄的兴趣转为较深和较强的兴趣;⑤由只顾眼前到能总结过去、展望未来;⑥由附属地位转为同等或优越的地位;⑦由不明白自我到能明白自我、控制自我。

阿吉里斯认为,每个人随着年龄的增长,会逐步从不成熟走向成熟,但成熟的进程不尽相同。领导方式是否得当对人的成熟进程有很大影响。如果把成年人当小孩对待,总是指定下属从事具体的、过分简单的或重复性的劳动,使其无法发挥也不必发挥创造性、主动性,这会束缚他们对环境的控制能力,从而阻碍下属的成熟进程;反之,如能针对下属不同的成熟程度采取不同的领导方式,对不成熟的人适当指点,促其成熟;对较成熟的人创造条件,增加其责任,给予更多的机会,便会激励其更快地成熟。

(3)应变领导模式理论(领导生命周期理论)

赫塞(Paul Hersey)和布兰查德(Kenneth Blanchard)提出的应变领导模式理论把注意力放在对下属的研究上,认为成功的领导者要根据下属的成熟程度选择合适的领导方式。

在领导有效性研究中注重下属正是反映了下属决定接受或拒绝领导者这一事实。不管领导者做什么,有效性取决于下属的行为,但在很多领导理论中都没有注意到这一因素的重要性。

赫塞和布兰查德认为,所谓成熟度,是指人们对自己的行为承担责任的能力和愿望的大小。它取决于两个方面:任务成熟度和心理成熟度。任务成熟度是相对于一个人的知识和技能而言的,若是一个人具有无须别人的指点就能完成其工作的知识、能力和经验,那么他的工作成熟度就是高的,反之则低。心理成熟度是指做事的愿望或动机的大小,如果一个人能自觉地去做,而无需外部的激励,则认为他有较高的心理成熟度。

这一理论是建立在管理方格图理论和不成熟—成熟理论基础之上的。如图6.4所示,他们也画出一个方格图,横坐标为任务行为,纵坐标为关系行为,在下方再加上一个成熟度坐标,从而把原来由布莱克和莫顿提出的由以人为主和以工作为主构成的二维领导理论,发展成由关系行为、任务行为和成熟度组成的三维领导理论。在这里,任务行为是指领导者和下属为完成任务而形成的交往形式,关系行为是指领导者给下属以帮助和支持的程

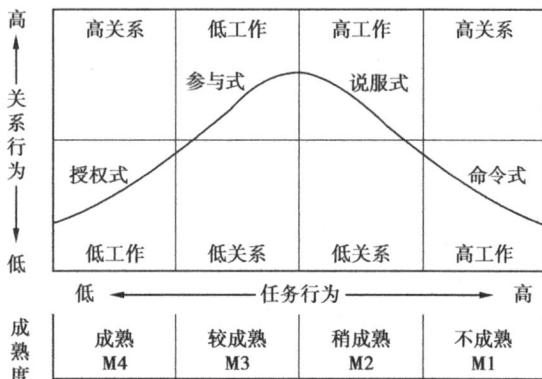

图 6.4　应变领导模式理论

度。他们提出了4种领导方式:命令式、说服式、参与式和授权式。

①命令式(高工作—低关系)。领导者对下属进行分工并具体指点下属应当干什么、如何干、何时干等,它强调直接指挥。

②说服式(高工作—高关系)。领导者既给下属以一定的指导,又注意保护和鼓励下属的积极性。

③参与式(低工作—高关系)。领导者与下属共同参与决策,领导者着重给下属以支持,促其搞好内部的协调沟通。

④授权式(低工作—低关系)。领导者几乎不加指点,由下属自己独立地开展工作,完成任务。

同时,赫塞和布兰查德把成熟度分成4个等级,即不成熟、稍成熟、较成熟、成熟,分别用M1、M2、M3、M4来表示。

M1:下属缺乏接受和承担任务的能力与愿望,既不能胜任又缺乏自觉性。

M2:下属愿意承担任务但缺乏足够的能力,有积极性但没有完成任务所需的技能。

M3:下属具有完成领导者所交给任务的能力,但没有足够的积极性。

M4:下属有能力而且愿意去做领导者要他们做的事。

根据下属的成熟度和组织所处的环境,赫塞和布兰查德提出了应变领导模式理论,认为随着下属从不成熟走向成熟,领导者不仅要减少对活动的控制,而且要减少对下属的帮助。当下属成熟度为 M1 时,领导者要给予明确而细致的指导和严格的控制,采用命令式领导方式;当下属的成熟度为 M2 时,领导者既要保护下属的积极性,交给其一定的任务,又要及时加以具体的指导以帮助其较好地完成任务;当下属成熟度处于 M3 时,领导者主要是解决其动机问题,可通过及时的肯定和表扬以及一定的帮助和鼓励树立下属的信心,因此以采用低工作—高关系的参与式为宜;当下属的成熟度为 M4 时,由于下属既有能力又有积极性,因此领导者可采用授权式,只给下属明确目标和工作要求,由下属自我控制并完成。

应变领导模式理论形象地反映了领导工作行为和下属成熟程度的关系,对领导行为有一定指导作用,但是,不能教条地搬用这个理论,在现实的领导过程中,也不一定要求必须沿着这条曲线进行。

(4)途径—目标理论

加拿大多伦多大学教授罗伯特·豪斯(R. J. House)把激发动机的期望理论和领导行为理论结合在一起,提出了途径—目标理论。根据该理论,领导者的责任是激励下属去获得个人和组织目标。如图6.5所示,领导可通过下列两种方式中的一种激励员工:一是说明下属怎样做可以获得奖励;二是增加下属感兴趣的奖励的分量。第一点要求领导者与下属一起工作,以使其明白何种行为将会得到肯定与奖励。增加奖励分量意味着领导者必须与员工交流以了解何种奖励是员工珍惜的,是工作本身的满足感还是加薪或升职。领导者的工作就是增加员工的个人回报,并使得获得回报的道路更加平坦。

作为权变理论中的一个模型,途径—目标理论有3种权变因素:领导风格和行为、情境权数、满足下属需求的奖励。领导者可以而且应该根据不同的环境因素来调整自己的领导方式和作风。领导方式是由环境因素决定的,环境因素包括两个方面:一是下属的特点,包括下属受教育的程度,下属对于参与管理、承担责任的态度,对本身独立自主性的要求程度等,领导者对于改变下属的特点一般是无能为力的,但可通过改变工作环境来充分发挥下属的特长;二是工作环境特点,主要指工作本身的性质、组织性质等。

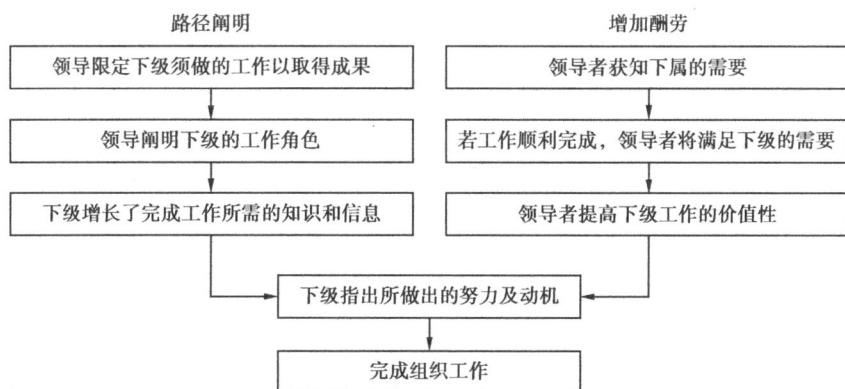

图 6.5 途径—目标理论中领导的作用

途径—目标理论认为,对于一个领导者来说,没有什么固定不变的领导方式,要根据不同的环境选用适当的领导行为。领导行为可分为4类:

①支持型领导。领导行为表现为关心下属福利和个人需求。领导行为公开、友善并容

易接近。领导者创造出一种团队的气氛并平等对待下属。这种领导方式特别适用于工作高度程序化、让人感到枯燥乏味的情境。既然工作本身缺乏吸引力,下属就希望上司能成为满意的源泉。

②指导型领导。对下属行为进行严格定义,领导者经常做计划、安排日程、设定业绩目标和行为准则,强调严格遵守规章制度。当工作任务模糊不清、变化大或下属对工作不熟悉、没有把握、感到无所适从时,这种领导方式是合适的。

③参与型领导。鼓励下属参与任务目标决策和解决具体问题。这种领导经常征求下属意见,在决策时鼓励他们参与,并在下属的工作场所中与他们交谈。他们鼓励群体参与讨论和提交书面意见。当任务相当复杂需要组织成员间高度的相互合作时,或当下属拥有完成任务的足够能力并希望得到尊重和控制时,采用这一方式是比较合适的。

④导向型领导。领导为下属设置明确并具有挑战性的目标。这种领导强调高质量的业绩和不断改进现有业绩。他们对下属很信任并能帮助下属学习如何实现较高的目标。

途径—目标理论的两大情境权变因素:一是群体成员中的特性,如下属的主动性、能力、技巧、需求以及激励等因素。如果下属的能力和技能很低,领导就要考虑提供一些额外的培训,以使该员工改进自己的业绩;如果下属是以自我为中心的,领导则需用奖励来激励。二是工作环境,包括任务结构性的程度、正式授权系统的实质以及工作群体本身。任务结构性包括任务定义的范围及对工作和工作过程的明确描述;正式授权系统包括经理使用合法权力的多少和政策及规章限制员工行为的程度;工作群体特性指下属的受教育程度和他们之间的关系质量。

途径—目标理论中奖励的使用,是指领导者的责任之一就是为下属指明受到奖励的途径和如何增加被奖励的数量以增强满意度和提高工作业绩。在某些环境中,领导要与员工一起工作,以帮助下属获取完成任务及得到奖励的知识和信心。在其他环境中,领导可能要开发出新的奖励来满足下属的特殊需求。

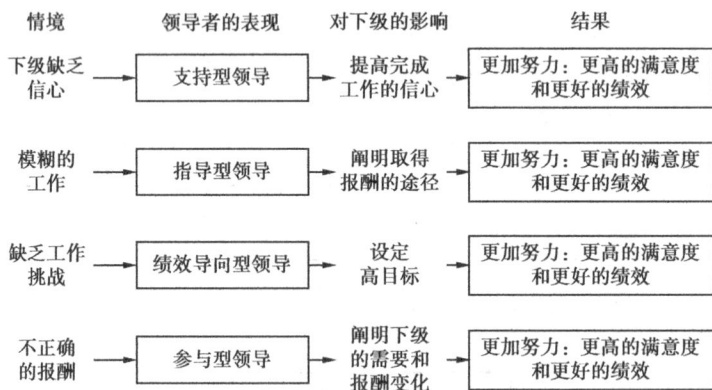

情境	领导者的表现	对下级的影响	结果
下级缺乏信心 →	支持型领导 →	提高完成工作的信心 →	更加努力:更高的满意度和更好的绩效
模糊的工作 →	指导型领导 →	阐明取得报酬的途径 →	更加努力:更高的满意度和更好的绩效
缺乏工作挑战 →	绩效导向型领导 →	设定高目标 →	更加努力:更高的满意度和更好的绩效
不正确的报酬 →	参与型领导 →	阐明下级的需要和报酬变化 →	更加努力:更高的满意度和更好的绩效

图6.6　途径—目标情境和期望的领导行为

图6.6是领导行为如何适应环境的4个例证。在第一种环境中,下属缺乏信心,于是,支持型领导为下属提供社会支持以鼓励他们采取适宜的工作方法,获取报酬。在第二种环境中,工作本身是模糊的,员工的工作表现出缺乏效率。指导型领导向下属发出指示并澄清工作任务,以使他们知道应怎样完成工作从而获得报酬。在第三种环境中,下属未受到来自工作任务的挑战,于是,领导者就可以使用成就导向型的行为为员工设定较高的目标,这样

就向员工清楚地指明了获取报酬的途径。在第四种环境中,领导给予了下属不正确的报酬,因此,参与型领导方式在改变这一不正确的报酬时发挥作用。领导者通过了解下属的需要,从而改变薪酬的方式或结构。在所有4种情况中,将领导行为与环境相结合,由此使下属明确怎样做才能获得报酬,或是使报酬符合下属的需要,这会激励下属更加努力工作。

途径—目标理论分析方法虽然复杂,但其所得出的结论大部分是鼓舞人心的。使用这一模式来精确分析领导风格并预测员工行为是很难的,但是将领导行为与不同的环境相结合以激励员工,却为领导者提供了一个激励员工的新的思维方式。

6.3 领导艺术

6.3.1 领导艺术的含义和特点

1)领导艺术的含义

领导艺术其实也就是一种领导方法,只不过它是一种特殊的领导方法,与一般的领导方法有些区别。

简单地说,领导艺术就是建立在一定的知识和经验基础上,非规范性的、有创造性的领导技能,是实施有效领导的高超手段与方法。

领导艺术体现领导者驾驭领导工作的才能,是领导者的学识、经验、智慧、胆略、作风、气质、品格、方法、能力和创造性思维等多种因素的综合体现,是领导者智慧的体现和升华。

这说明,领导艺术并不神秘,而是领导者在日常生活中进行领导活动,取得成功的一种方法总结。

美国著名领导学专家斯道戈迪尔曾对领导艺术提出了这样的看法:"最有效的领导应该表现出一定程度的多才多艺和灵活性,从而使自己的行为不断变化,充满矛盾的需求。"

因此,领导绝不仅仅是一种程序上的运作,而是一种创造力的表现。沃伦·本尼斯把领导定义为创造并实现梦想。

我国著名科学家钱学森和王寿云也认为:"领导艺术是一种离开数学领域的领导才能,它能从大量事物的复杂关系中判断出最重要、最具有决定意义的东西。"

领导艺术其实也就是一种领导方法,只不过它是一种特殊的领导方法,与一般的领导方法有些区别。

其具体表现是:

①领导艺术的培养离不开领导者的个人素质,一个满足现状、不求上进的人不会成为一个成功的领导者。

②领导艺术与实践密切联系,单靠书本永远培养不出有用人才,实践是领导艺术的基础。

③领导艺术的主要特征是创造性,并且应该是能够给人以美的感受的领导才能。

④领导艺术的表现形式是程序化和非程序化、模式化和非模式化的结合,呆板教条的人

是掌握不了领导艺术的。

⑤领导艺术的主要内容是科学地解决领导工作中的各种复杂矛盾,不只是解决普通的矛盾和问题。

2) 领导艺术的特点

(1) 科学性

领导艺术是领导活动客观规律的生动再现,唯有客观的,才是科学的,任何事物离开了客观性,就失去了科学性。运用领导艺术不是玩弄权术,是对人们在领导工作中符合实际要求、经得起实践检验的先进经验的科学总结与概括;而玩弄权术则是反科学、违反客观规律、损人利己的卑鄙伎俩,登不得大雅之堂,不应该去效法。

(2) 权变性

领导艺术并非一成不变,它无固定模式,完全因人、因事、因地、因时而异。不仅不同的领导者在处理问题上的方法和艺术不同,即使是同一个领导者在处理同类性质问题时,在不同时间、不同地点、不同客观环境下可能采取的方法也不同。比如,同样是要批评某种现象和错误认识,在大庭广众之中的批评与在小范围或者单独交谈中的批评,在方式、方法与艺术上肯定不同;被批评者的性格不同、素质不同,领导者进行批评时的方法也肯定不一样;被批评者与批评者的私人关系不同,在批评方法上也会有区别,等等。这说明领导方法与艺术是一种变动不居的东西,是非规范的,只有用权变理论才能理解和驾驭它。

(3) 个人特性

唯有个性才有艺术。没有个人的特色也就没有艺术,可以说领导者的个人特性决定他独特的领导艺术风格。有些领导者直率豪放,说话风风火火,他在自己的领导工作中就比较讲究效率,对人对事在时间的把握和要求上就比较严格。而有的人性格内向、沉默寡言,遇事爱仔细琢磨,不大注重时效,因此他在领导工作中就显得比较严谨,在领导方法上也就表现为井然有序,原则性强,对人对事的要求就比较注意原则,不放过小节。如电视剧《亮剑》中的师长李云龙的性格就是前者:他带兵打仗,不怕苦,但缺点也很突出,经常惹事。而李云龙的搭档、政委赵刚的个性与领导方法则是后者,最后两人配合默契,成为领导工作中的最佳组合。由于这两种不同个性的人在进行领导工作时的目标一致,虽然个性差异较大,但结果却是殊途同归。

(4) 创造性

这是领导艺术最大的特点。既然是一种艺术,当然就应该有较高的水平,其体现就在于创造性。即与众不同,与过去不同,在某种程度上说,应该是一种独创。中国古代艺术家强调艺术创作"法无定法",就是说艺术创作随创作主体和对象不同而变化。艺术创造的最高境界是"无法而法乃为至法",意即不要受教条主义的束缚。领导方法也应该提倡"法无定法",其最高境界同样也是"无法而法"。毛泽东曾将领导艺术这种生动巧妙的特点概括为"运用之妙,存乎一心"。就是说各人的领导艺术和方法都有各自特色,只有自己知道,"只可意会,不可言传"。好的、成功的领导方法与艺术往往就表现在它的绝无仅有,是开创先河的经验与方法。比如,毛泽东的决策艺术,在某种程度上可以说是"出神入化""高深莫测":不管是红军长征途中的"四渡赤水",还是"文革"中粉碎林彪集团篡党夺权的阴谋,真是神机妙算,堪称决策艺术创造性的楷模。又比如,在珠海,有个策划大王叫何学林,他作的一个策划是世上少有的——世界寻梦园。这是迄今为止世界上最大的也是唯一以种植纪念树为主题的人文自然景观,以其独特新颖的策划和设计,适时大胆地介入绿色与环保的世界潮流和朝阳产业,可以说是一个世界级的新策划。他的这一创意被珠海市折价3 000万元作为知识资本入股这个520亿元的大项目,并且取得了巨大的成功。珠海市的领导者接受了这一策划并作出了相应决策,将给珠海带来巨大的长久的回报。

（5）经验性

领导艺术与领导者的阅历有很大关系,是领导者实践经验的描述、总结和升华。同一领域的领导艺术,具有不同经验的领导者运用起来效果会大不一样。再高超的领导艺术,也难免带有个人经验的痕迹,具有鲜明的个性。

领导艺术源于领导者长期领导实践经验的总结与积累,并非一朝一夕之功。因此,在实际的领导活动中,各人的领导艺术都会带有各自领导实践中经验性的痕迹。如我国原国家领导人李瑞环,不论是在天津担任领导工作,还是在中央担任领导职务,都有许多不同凡响的做法,这与他长期工作在基层,积累了丰富的实践工作经验是分不开的。而在实际生活中,有些人有些做法,有时不完全是合乎某种领导科学理论原理的,而可能是他自己长期实践的总结,这也就是领导艺术具有很强经验性的根本原因。

同时,领导艺术的特点还包含4个要素:一是厚实的科学文化知识,即政治、经济、科技等方面的知识;二是具有丰富的实际领导工作经验和应对突发事件的能力;三是充分发挥主观能动性,熟练运用聪明才智,创造性地解决复杂问题;四是艺术化且有效益的方法,给人以美的感受,有利于调动下属的积极性。

领导艺术是领导者智慧、知识、胆略、经验、品格、作风、能力、方法等诸多因素的综合体现,贯穿于领导活动的全过程。

【管理链接6.4】

李嘉诚的个人角色管理

李嘉诚的言语、目光和笑容,都不免让人产生疑问:早年经受的战乱、苦难,以及随后66年的辛苦工作,这些负面影响究竟是被一种怎样的力量化解,而没有让他成为一个性格极端的人?

是命运? 虽然在很多场合,李嘉诚都会提到自己的一生"蒙上天眷顾"。但他回答说:"性格才是命运的决定因素。好像一条船,船身很重要,因为机器及其他设备都是依附在这条船里面。"

很长时间以来,因为被神化,他的性格都为外界所忽视:李嘉诚是一个性情急躁还是温和的人? 他可曾有脆弱或失去自控的时候?

如果过往的经历可以呈现出李嘉诚的部分性格,那至少可以说明两点:他随时准备自己应付挑战,同时,乐于在高度自控下获得内心自由。关于后者,一种最恰当的阐释是他自身的体验:在参与地皮招标时,他会不停地、很快地举手出价,但当价钱超过市场的规律,他左手想举起时,右手便立即"制止"左手。

早年时,他就明白了,他从来不畏惧改变自己,并永远清楚什么时候该挑战下一级台阶。在其记忆中,第一次强烈的自我改变发生在10岁那年。那时,李嘉诚升入初中,在没有任何人的提醒下,他突然意识到了自己对家庭的责任。这让他一改往日的贪玩,开始发愤,每晚主动背书、默写。这种一夜之间的改变甚至曾令其父不解。

12岁时,因为父亲患肺病,李嘉诚去阅读相关书籍,希望找到救治方法,反而发现自己有着得肺病的一切症状。

当时,李嘉诚不仅需要负担其家族的经济,还需治疗肺病。但那时他已经深知个人角色管理的方法:没有太多选择,除了须将工作处理妥当,还攒钱买下旧书自修。每每回想起,他仍承认,这是他一生最困难的阶段。

早年的经历不仅将他塑造成一个勤奋的推销员,更养成其对于生活细节毫不讲究的习惯:多年之后,他有一天下班较晚,到家后端起桌子上的饭就吃,虽然感觉味道有些臭,却未做声张地吃下了两碗——饭后问明,原来这是两碗给狗准备的饭。但到22岁创立公司时,李嘉诚很容易就完成了一次质变:他告诉自己,光凭能忍、任劳任怨的毅力已经不够。新的挑战是:在没有找到成功的方程式前,如何让一个组织减少犯错、失败的可能?

或许从本质而言,李嘉诚的全部独特之处正在于其永远懂得把握角色变更的时机和方法。在一次演讲中,他谈及个人管理的艺术,就是应在人生不同的阶段不停反思自问:"我有什么心愿?我有宏伟的梦想,我懂不懂得什么是节制的热情?我有拼战命运的决心,我有没有面对恐惧的勇气?我有信息有机会,有没有实用智慧的心思?我自信能力天赋过人,有没有面对顺流逆流时懂得恰如其分处理的心力?"

而其一生中最大的一个疑问是:富有后,感觉不到快乐怎么办?

29岁的一个晚上,李嘉诚坐在露天的石头上回顾自己过去的7年:从22岁创业,到27岁、28岁"像火箭上升一样积攒财富",他在当时已经知道,自己将成为富有人士。但他并不知道,内心的富贵由何而来。

那几年间,他正开始在意自己的衣着、手表,研究玉器。但在那一晚,他意识到:更重要的是自己内心知足,有正确的人生观,而在工作上得到的金钱除了足够家人生活使用外,其他的钱有正确用途,能在教育、医疗等方面帮助别人,生活虽然朴素,亦能令自己感到非常快乐。

(资料来源:李铁红.领导力:中国九位顶级商业领袖的财富兵法[M].北京:人民邮电出版社,2013.)

6.3.2　领导艺术的内容

1)待人艺术

所谓待人艺术,指的是领导者如何发挥下级作用,取得同级配合和上级支持的艺术。

(1)严于律己、宽以待人、与人为善是待人艺术的基础

领导者对自己一定要从严要求,以身作则,要有自省精神和自知之明。领导者一定要宽以待人、与人为善、关爱他人、有宽容精神。

(2)扬长避短是待人艺术的核心

要了解下属的长处和短处,用其所长、避其所短,使之更好地发挥优势,施展才华。

(3)在其位、谋其政是待人艺术的根本

所谓在其位、谋其政,是指上级、同级、下级三者应各在其位、各谋其政、各司其职、各用

其权、各负其责,彼此尊重,互不干涉。

对下级,应尊重其职权,不超越层次指挥;对下级的工作请示,不当审判官,而是当指导员。

对同级,权力不争,责任不让,互相配合,彼此协调,合作共事,共同努力。对上级,自觉服从上级指示,如实反映本级情况,不上交矛盾,不推卸责任,服从而不拍马屁。

【管理链接6.5】

柳传志的驭人术

联想这家创建于1984年11月,当时只有11人的小公司,为何能如此快速地向国际化、多元化发展?这得益于柳传志在坚持自主创新的同时,与时俱进的人才战略。

第一阶段:大船结构　亲情文化

时间记忆:20世纪80年代末至2004年

代表人物:李勤(联想控股常务副总裁、曾任神州数码董事局主席)、杨元庆(联想集团CEO)、郭为(神州数码董事局主席)、马雪征(联想集团原CFO)、朱立南(联想控股常务副总裁、联想投资总裁)、贺志强(联想集团高级副总裁兼CTO)等。

这个阶段,柳传志是想把联想做成"家庭"。"我希望我们公司将来发展成一种类似于日本式的管理模式,而不是英美式或香港式的,也就是希望公司能吸引每个成员,使他们热爱公司,以公司为家。公司呢,也能认真地把职工看成联想家庭的一员。"

柳传志常说"大环境不好就创造一个小环境,小环境也不行就忍着,不做改革的牺牲品"。柳传志构造了一个"不是家族的家族企业"。

第二阶段:因事择人　人本管理

时间记忆:2001年至今

代表人物:陈国栋(联想控股副总裁、融科智地总裁)、赵令欢(联想控股副总裁、弘毅投资总裁)、吴亦兵(联想控股常务副总裁)

2003年,联想控股正式进军地产业,陈国栋挂帅出征。2003年美籍华人赵令欢加入联想控股,出任弘毅投资顾问有限公司总裁。2008年7月,吴亦兵出任联想控股常务副总裁。

三人的安排,充分体现了柳传志"因人设事"的管理思想。三个崭新岗位都是为他们三人量身定做。通过人与事的优化配置与组合,实现人本管理、事得其人、人尽其用。目的还是以公司未来利益为导向,这是评判因人择事、因事择人孰优孰劣的基本标准。

第三阶段:精神感召　磨砺历练

时间记忆:2001年至今

代表人物:刘军(联想集团高级副总裁)、陈绍鹏(联想亚太和俄罗斯区总裁)、乔松(联想集团高级副总裁)、俞兵(曾任联想集团高级副总裁)、夏立(联想大中华区总裁)

2001年联想分拆,柳传志淡出经营一线。分拆之后,柳传志重申"只做制片人,不做导演",他目睹刘军们的成长和成熟,不再像早年间对待杨元庆、郭为那样教育加教训,而是观望,暗地里帮扶。刘军是联想新一茬"少壮派"职业经理人的中流砥柱。

第四阶段:恩威并施　妥协有道

时间记忆:2005年至今

代表人物:IBM、戴尔的高级职业经理人

跨界并购之后,联想的股东结构日趋国际化,先是IBM的高管进入管理层,其后批量引入戴尔的高管。

对于"美国公司"的企业文化、薪酬福利,起初多采取"妥协"之势。逐渐地开始选择坚守、坚持,不以牺牲公司未来为代价。这些出自美国公司的"洋面孔"大多对柳传志怀有敬畏,这也使得柳传志在人事安排的问题上能够作出很多可贵的斡旋与调和。

总之,柳传志之于中国商界的一大贡献,即在于他以自己的方式培养、塑造、影响了一大批经理人。

(资料来源:李铁红.领导力:中国九位顶级商业领袖的财富兵法[M].北京:人民邮电出版社,2013.)

2)处事艺术

(1)忠于职守

领导者要干自己该干的事,不干自己不该干的事。一是不能超越工作层次;二是不能颠倒工作主次。

(2)抓大放小

"抓大"即领导者的根本任务,领导活动中的大事;"放小"即领导活动或领导工作中的日常事务等。在实际工作中,领导者每天都要处理大量事务,但根本任务要抓住不放,要把精力集中在抓大事上。在实际工作中,大量事务会给你压力,妨碍你毕其功于正业。领导者应恪守这样的信条:不做压力的奴隶,而当正业的主人。

(3)强化计划

擅长领导艺术的人,必然计划性强。不应由工作指挥人,而应由人指挥工作。一个能够强化计划,讲究效率的领导者,他每天办事的工作程序总是这样安排的:要件——必办;急件——即办;优先件——尽量办;普通件——抽空办。

3)用权艺术

在现实生活中,任何有成就的领导者,成功的关键就在于能从各种相关因素提供的具体条件出发,审时度势,灵活巧妙地选择和运用恰当的用权方式。

(1)善于运用个人影响力的艺术

个人影响力是指在领导者个人品质和才能基础上形成的一种使人服从的力量和威望,是深受众望的一种统御能力。即领导者在解决问题时不凭借法定职权,而能改变他人行为的影响力。

靠领导者个人的影响力往往比靠职权支配力所产生的效果更好。领导者只有形成了深受众望的影响力,才能充分发挥权力运用的效能,才能取得显著的领导效绩。为此,领导者一要创造卓有成效的工作实效;二要公道正直,为政清廉,信任爱护下属;三要以身作则,身教重于言教,要正人,先正己,己不正,就不能正人,上梁不正下梁歪;四要努力提高领导者自身素质。

(2)相宜授权的艺术

相宜授权,就是领导者为了摆脱事务性工作,发挥下级才干,而委授给下级一定任务,并授其一定的责、权的领导艺术。它不同于领导班子内部成员之间的分工。被授权者有一定的自主权、行动权,但授权者绝对不能撒手不管,对被授权者仍有指挥权、监督权。领导者要大权独揽,小权分散,防止大权旁落,小权包揽。

授权的艺术和技巧:

①"因事择人,视能授权"

领导者委授下级的权、责,要从工作任务出发,以被授权者的品德好坏、才能大小和知识水平高低为依据。授权前,应对被授权者有较深的了解,力求将权力和责任授给最合适的人。

②明确权责范围

授权者必须向被授权者明确所授事项的任务、目标、权力和责任的范围,使被授权者工作时有所遵循。

③委授权责要适度

授权者所要授给下级的工作任务和权责,既不要超出被授权者力所能及的范围,又要使其有紧迫感,还应适当留有余地。

④授权而不放任

授权者要对被授权者实行必要的监督和控制,以防止偏离工作目标,但不能事事干涉,要为被授权者创造完成工作任务的必要条件。当被授权者在工作中发生疏忽和失误时,领导要勇于承担责任,并积极帮助改正。如果确属不能履行职权时,要采取果断措施,把权责收回。

⑤要合理授权

凡涉及整个组织的全局性问题,如企业发展目标、方向、人员任命升迁、重大决策等,不可轻易授权。

不能把领导者自己的全部权力下授;不能把同一权力授予两个人;不能将不属于自己的权力授予下属。

逐级授权,授权时要按组织的层级节制原则逐级进行,只能对直接下级授权,不能越级授权。

【管理链接6.6】

现代商界的"老虎"郭广昌

年少时是寒门农家子,年轻时是名校学子,如今的他跻身全球和国内富豪榜。从创业至今不足20年,是什么力量推动他不断开拓前行,令他执掌的公司成为国内第一家致力于打造国际化专业投资品牌的民营企业的?

从1992年以3.8万元起步,到2009年管理资产总额超过1 000亿元,复星集团的投资涉及医药、房地产、钢铁、矿业、零售、服务业以及战略投资等领域,投资企业超过百家,其中上市公司20余家。2007年,复星在香港交易所主板整体上市。2010年,复星启动国际化战略,先与全球最大股权投资公司之一的凯雷合作成立中国第一家外资合伙制基金公司,后又入股"一站式旅游度假村"概念创始者、在巴黎证券交易所上市的法国地中海俱乐部集团,成为中国企业在欧洲投资的先锋。

根据个人领导特质分析系统的分析结果,郭广昌的"自然本我"是"老虎",主要个性特征是支配性。他胸怀大志,积极自信,竞争性强,有决断力、敏锐的观察力和行事魄力,且勇于冒险。郭广昌的第二个性特质是低耐心性(高耐心性是"考拉"的主要特质),他是个缺乏耐心、积极求变和强调速度的人。郭广昌的另外两个个性特质是:低表达性(高表达性是"孔雀"的主要特质),他较为安静、喜欢思考、富于想象力、注重隐私,在与人熟悉之后,自我表达才会更自然;低精确性(高精确性是"猫头鹰"的主要特质),这解释了他不拘泥于传统、富有创意、思想开放、不拘小节和关注大方向的行事风格。个人领导特质分析系统的分析结果还显示,郭广昌"自然本我"的决策风格是直觉型,他通常会依据经验和现有的事实,在与团队成员互动后很快作出决策;他的工作风格是开拓型、爆发力强、自发性高、富于灵活性、擅长临场发挥,表明他的"自然本我"适合从事一线或开拓性的工作。

郭广昌出生在浙江东阳一个穷困的农民家庭,父亲靠当建筑工人养家糊口。后来他父亲不幸在一次爆破作业中伤了一只手,无法继续在建筑工地干活。于是,之后他在村里一家集体企业当门卫,收入微薄。郭广昌很小就懂事了,父亲不在家时,他常常安慰母亲说,我也是家里的男人,有什么事我也可以扛。初中毕业时,父母让郭广昌报考师范学校,在他们看来,这个决定一举两得:念师范不仅不需要学费,还可以获得师范生补贴;而且,儿子将来当老师,就可以跳出"农门"了。孝顺的郭广昌听从父母的意见,报考了师范学校,并且很快收到了录取通知书。

但拿到录取通知书的那一刻,郭广昌却无法放下心里一直以来的矛盾。他非常愿意减轻父母的经济负担,从这个角度出发,他应该去上师范学校,但是,那样他可能这辈子都得窝在贫困的乡村当一名中学或者小学教师。郭广昌越想越不甘心,尽管他当时只有十五六岁,也说不清楚长大以后究竟要做什么,但他就是觉得,一辈子当乡村教师是他无法接受的。他的心气儿高着呢,至少要上大学。这其实已显示出郭广昌的"老虎"特质:积极自信,且有很强的进取心。

他把想法告诉了父母,母亲非常生气,在她看来,对于农村贫困人家的孩子来说,当老师已是很好的出路,而考大学不仅要再花费好几年时间和学费,而且也未必能考上。父亲则愁容满面,一言不发。尽管如此,郭广昌还是下定决心要上高中、考大学。这件事体现出郭广昌的"老虎"特质,在类似情况下,"老虎"往往会依照自己的意志行事,而不会让他人的想法左右自己,而当时的郭广昌还只是个十几岁的少年。

"老虎"最明显的特质之一是愿意冒险去尝试任何机会,敢为人所不敢为,这一点在郭广昌的创业过程中显现无遗。1992年,郭广昌在TOFEL和GRE考试中取得不错的成绩,并且已从亲朋好友那儿借了留学所需要的钱,但他最终还是决定放弃出国计划,并且辞去了在复旦大学的教职,与梁信军一起开始创业。当然,促使郭广昌冒险创业的,除了"老虎"的天性,还有一个重要的外在因素——邓小平南方视察的改革序幕。而且,当时四通和方正等科技型民营企业已经崛起,在郭广昌看来,这些企业家通过商业实践追求自己的理想,在某种程度上代表了中国一大批知识分子的梦想,这无疑也是郭广昌的梦想。

复星集团的前身广信咨询公司,从事过市场调查以及食品、电子和化工产品的生产。1994年,广信更名为复星,进入房地产开发和生物医药领域。1998年,复星医药(当时名为复星实业)在上海证券交易所上市,同年,复星房地产开发公司成立。从此,复星踏上了投资之路:2000年投资商业零售业,2003年投资钢铁业和金融业,2004年投资黄金产业,2007年投资矿业。在始于2008年下半年的全球金融危机中,许多企业开始收缩业务,以冬眠的方式度过严冬。郭广昌却认为,复星应该抓住资产价格暴跌的机会,加大对上市公司、特别是海外上市公司的投资。他说:"我们要更勇敢一点。"复星"更勇敢"的体现之一:2008年11月—2009年3月,复星国际在美国纳斯达克市场以总计约3.01亿美元购买了3710.19万份分众传媒的美国存托股份,占分众传媒已发行股本总额的28.65%,成为分众传媒的第一大股东;2010年9月,分众传媒以每股21美元的价格向复星国际回购952.381万份美国存托股份,这些股份在22个月内增值1.6倍。这一系列投资决策充分体现了郭广昌敢于冒险的开拓性特质;而具有这种特质的人,在开创性的工作环境中,又最容易成为出色的领导者。

当然,复星的投资之路并非坦途。2003年下半年,国家宏观调控政策出台,钢铁、水泥、电解铝和汽车等行业开始收缩,金融政策骤然收紧。2004年6月,德隆轰然倒塌,接着是另一家民营企业格林柯尔的崩溃,复星意外地成为很多人眼中的"下一个"。越是在这样艰难和危机的时刻,"老虎"主动出击、积极应对挑战的特质就越明显,郭广昌就是一个例证。复星分别委托安永会计师事务所和国务院发展研究中心企业研究所于同年9月发布了《复星集团财务分析报告》和《复星集团的市场地位、竞争力和多元化发展战略的初步研究》。当时的复星不是上市公司,没有公布市场及财务等关键信息的义务,但这两份报告让公众清楚地了解到,复星投资和并购的企业的财务状况都不错,负债额与偿债能力大致匹配。复星此举打消了投资者、媒体和公众的疑虑,顺利渡过了危机。即使在全球范围内,打造专业投资品牌都是一个巨大的难题,而郭广昌和复星却愿意在商业和金融大环境都不那么完善的国内不断挑战。目前看来,在行业选择上,复星似乎还未犯过什么致命的错误,而且投资每个行业的时机也算是恰到好处。如果从个人领导特质分析系统的角度来看,这可以归功于老虎型的人具备敏锐的观察力与分析力,以及看问题能直指核心这一个特质。郭广昌又兼具低耐心性的特质,是着重实践、追求快节奏的行动派,加上乐意冒险、不喜欢一成不变的"老虎"特质,这些足以支持他一路前行。

"老虎"的领导和行事风格在开拓新的业务时尤其能够发挥出优势,而要挑战投资难题,郭广昌需要保持其"老虎"特质。事实也确实如此,个人领导特质分析系统的结果显示:郭广昌应对任务和环境要求调整之后,他的"别人眼里的我"仍然是"老虎";但他的决策风格调整为均衡型,即会在直觉(经验和现有的事实)基础上寻求更多事实依据,在两者之间取得平衡,并以此为依据作出决策,这种决策风格更为客观;他的工作风格则调整为战略规划型,重视规划和策略,具备分析能力且处事较深思熟虑。这些调整表明,随着复星的发展,郭广昌的工作角色将更多地转向战略与规划。

(资料来源:张曼菱,张菱.五型领导者:个性化的领导力提升之道[M].北京:中信出版社,2011.)

4)会议艺术

(1)主持会议的技巧与艺术
①牢牢把握会议议题,引导与会者始终围绕会议议题进行讨论。
②准时开会,不迁就迟到的人。
③保持良好会风,要设法让与会者的精神处于高度集中、专心致志状态。
④主持者讲话要声音洪亮,口齿清楚,有感召力和亲和力。
⑤要简明扼要地归纳总结。

(2)领导者处理会议中冷场、离题、争执的技巧与艺术
①冷场。会议发生冷场时,领导者应及时启发、引导,提出有趣的话题或与会者关心的话题,引起大家的兴趣。
②离题。发生离题时,不能急于提醒和扭转,这样易再冷场,而应运用适当的艺术和方法,引导讨论回到议题上来。

③争执。应适时调停、仲裁,求同存异。

会议中出现上述现象同与会者的心理类型有关,主持会议的领导者要针对各种不同心态的与会者采取相应的措施。

A.揣测型。这种与会者好揣测主持者意图,会上常向主持者发问。这样会减弱讨论气氛,甚至造成冷场。对此,领导者不要作直接回答,而应采取反问或转问的方式,启发大家发表意见。

B.观察型。这种人开会很少开口,常常见风使舵,或看主持者眼色行事,或人云亦云。对这种与会者,主持者可点名告其准备,让其发言,迫其表态。

C.计较型。这种人嘴尖舌快,贪图便宜,钻牛角尖说风凉话,对会议干扰很大。对这种人,领导者不能心慈手软,要严肃认真地据理驳斥,挫其气焰,以保护与会者的积极性。

(3)端正会风技巧与要求

①不开没有准备的会议。

②不开没有明确议题或议题太多的会议。

③不开可开可不开和可以用其他形式代替的会议。

④不开有无关人员参加的会议。

⑤限时发言,不要作离题或重复性发言,不延长开会时间。

⑥不受外界干扰,专心致志开好会。

⑦不开议而不决的会议。

⑧不开成本过高的会议。

(4)决策性会议技巧

这类会议应该充分发扬民主,百家争鸣,使领导能够兼听,切忌"一言堂"。领导者的水平和艺术在于虚心倾听各种意见之后,将其中精华吸收到自己的总结中来,使与会者都感受到自己的意见受到重视。最忌讳的是,与会者发表了很多意见,领导者总结时却发表一通自己的意见,久而久之,会使会议空气窒息,失去活力。会议中出现分歧,这是正常的,完全没有分歧是不正常的。有了不同意见,就要进行充分的争论。争论的结果要议而有决,怎么"决"?办法有两种:一是少数服从多数,少数人可以保留意见,但必须执行决议;二是主要领导者要选择其一,或综合为一。最重要的是,不要议而不决。

(5)执行会议的技巧

这类会议主要说明怎样做,把任务布置下去。这类会议事先要有充分准备,届时不展开自由讨论,必须每会有决,每事落实,为此要明确:什么事?为什么干这件事?哪个单位执行?在什么地方执行?谁执行?什么时间执行?什么时间完成?如何执行?准备采取哪些有效措施?

国外有5个"W"、1个"H"的开会程序:

What——做什么事?

Why——为什么做这件事?

Who——谁来做这件事?

Where——在什么地方做这件事?

When——什么时候完成这件事?

How——如何做这件事?

5）火候艺术

（1）正确把握冷热的火候与分寸

领导工作一定要避免忽冷忽热，要保持"正常温度"。

温度偏高是头脑发热，容易刮热风，催人上马，犯急躁病。

温度偏低是头脑发冷，容易刮冷风，不分青红皂白，下马为贵，缺乏工作热情。

冷问题——热处理；热问题——冷处理。

（2）正确把握快慢的火候与分寸

办事情是快好还是慢好，不能一概而论。快与慢要适度，要有节奏，有的节奏要快，有的节奏要慢。因此，该快则快，该慢则慢，快慢适宜，领导工作往往在快慢之间见艺术。有些问题快不得急不得，如思想问题、干部之间的矛盾与团结问题；有些问题慢不得拖不得，如城市拆危、钉子户事故处理等。

（3）正确把握动静的火候与分寸

看准的事情一抓到底，不要轻易变动；没看准的问题不能轻易动，要静观其变，但不要思想僵化，随着事物矛盾的发展，也要作出适度变动。做到动中有静，静中有动，正确掌握动和静的辩证法。

（4）正确把握争让的火候与分寸

大事要争，小事要让。不能遇事必争，也不能遇事皆让。

该争的不争，会丧失原则；该让的不让，会贻误工作。

领导者必须做到争让适宜，否则会出现所谓阻塞、搁浅现象，这是领导工作的大忌。

（5）正确把握左和右的火候与分寸

领导工作要避免忽左忽右。对工作既不能急于求成，不顾客观条件，单凭主观愿望办事，犯"左"的错误；也不能过于求稳，无所作为，消极观望，贻误时机，犯右的错误。

【管理链接6.7】

斯坦福大学展示的领导技能

加斯·塞隆纳是斯坦福大学商学院院长，在一次访谈会上，他论述了斯坦福商学院在培养新一代领导者时所面临的挑战与压力。

随着全球化步伐的不断加快，企业对领导者提出了一系列新的管理问题。而作为专注于培养企业领导人的斯坦福商学院，面对新兴市场对人才的求贤若渴，他们又会作出什么样的改变呢？

关于这一问题，加斯·塞隆纳认为，随着经济危机席卷全球，以往的领导者的确无法适应新型的环境，现在的雇主需要的是那些具备"领导技能"的领导者，也就是我们所说的"软技能"。加斯·塞隆纳说："融资、供应链管理、会计等都属于'硬技能'——这些技能在工商管理教育中已变得更加标准化——已成为每个人都应该知道的一类保健因素。这几组技能的适用性非常广泛。坦白地说，各家商学院提供的此类课程并没有太大的区别。但是，各种软技能——真正的领导力，与其他人协作以及通过其他人执行任务的能力，仍然供不应求。"

那么，什么才是真正的领导力，什么才是"软技能"呢？

领导者是一家企业的灵魂人物，企业的员工一般对领导者有着非常高的期望，但是有时候领导者的表现却往往不能如员工之意。尤其是随着经济危机的到来，全球市场环境迅速变幻，各种新型的问题与危机随之而来，因此，斯坦福大学商学院认为，所谓的领导技能，就是能够处理各种危机的能力，也就是随机应变的能力。

2003年，美国"哥伦比亚"号航天飞机即将返程时，在美国得克萨斯州中部地区发生爆炸解体，机上的6名美国宇航员以及一位首次进入太空的以色列宇航员全部遇难。"哥伦比亚"号的失事也印证了一点：太过复杂的系统是会出事的，不是今天，就是明天，合情合理。事故之后，人们总会积极地寻找事故原因来避免下次事故，这是人的一种本能，如果因为一次事故而从此放弃航天事业，或者不作检讨和寻找事故原因，听任下一次事故发生，那么这件事情就不是一个国家能够接受的。

美国之前几次航天飞机进入太空都没有问题，所以美国人对航天飞机的安全性就有了信心，认为航天飞机十分可靠，不会发生事故，因此在这次行动的时候特意带上了一位以色列的航天员来学习，但是没想到偏偏就是这个时候发生了灾难。

我们永远不要低估问题的破坏力，我们经常会听到"屋漏偏逢连夜雨""人倒霉了喝口凉水都塞牙"等，这些情况经常会在我们周围发生。在激烈的市场竞争当中，企业就如同一艘在风浪中航行的船，如果想要保持前行途中的安全，那么企业的领导者就一定要履行好舵手的职责，在面对各种问题的时候都应该保持清晰的洞察力，发现问题，及时防范，不要等到最坏的时候再抱怨，"为什么这个问题偏偏在这个时候出现"，对企业来说，这时候处理问题的代价将是高昂的，甚至是毁灭性的。

既然危机是必然存在的，那么我们如何才能对其防范，让它不能对我们产生太大的影响？以下有几点建议：

1. 谨慎的乐观比盲目自信更有意义

任何时候保持乐观心态都是很重要的，它是一种积极、自信的表现，同时也是一种内在的驱动力，但是乐观并不代表盲目的自信。对待危机，领导者一般都存有两种截然不同的态度：一种是消极的态度，认为既然错误是不可避免的，灾难早晚会发生，索性就破罐子破摔，坐吃等死，那么，这样的领导者就很难有所作为；而另一种则是积极的态度，认为差错虽然不可避免，灾难迟早要发生，但是更应该不懈坚持，要全力以赴地准备迎接灾难，时刻提高警觉，防止问题的发生，从容地面对难题。显而易见，第二种态度比第一种态度更加实用和优秀，这种思维方式是谨慎乐观的一种体现。

毫无疑问，人类虽然越来越聪明，但是不可能彻底了解整个世界的所有奥妙，也不能掌握这个世界的所有规律。之前的案例告诉我们，容易犯错误是人类与生俱来的弱点，无论科技多么发达，事故总是会发生，而且我们解决的办法越高明，面对的灾难也就越严重。所以，面对我们自身的缺陷，最好的办法还是思考得全面、周到一些，采取多种措施，防止人为的因素导致灾难的发生。错误是这个世界的组成部分，人天生就是要与错误共存，错误并不总是坏事，错误可以理解为成功的垫脚石，因此，要勇于尝试，敢于犯错，面对错误不逃避、不气馁，更不要试图掩盖它。

不可否认，危机与挫折普遍地存在于我们的生活中，这一点谁都无法改变。但是，尽管如此，领导者也没有必要认为事情一定会向不好的方向发展，从而整天沉浸于悲观的情绪之中。恰恰相反，领导者更应该以此激励自己，激励员工，鼓励团队中的所有成员以积极的态度去面对人生，面对工作，因为悲观和失望只会令事情变得更加糟糕，只有积极、努力地投入到工作和生活中去，事情才能出现转机，美好的愿望和远大的理想才会有可能实现。

2. 面对危机应该去防范解决而非逃避

危机无处不在,人是如此,企业亦是如此。作为企业的领导者在管理企业的过程中总是要面对成百上千甚至更多的员工,这些员工也是形形色色,而且领导者还要处理数不清的内外事务,如果领导者没有能力驾驭这些人和事,那么企业的管理就无法顺利进行,企业就可能遭遇到更多的人为危机。

可以说,在企业经营管理上面,无时无刻不存在着或大或小的危机,而这些危机有的已经表露出来,有的却潜伏得很深。已经表露出来的危机需要管理人员及时地运用人力物力去解决,而潜伏起来的危机则要求领导者加强监控和预防,将其控制在一定的范围之内,让其不能对企业的生存和发展造成危害,也就是我们通常所说的防患于未然。

也许是受到了经济危机的影响,也许是因为积累了很多的经验,现代很多成功的企业家对潜在的危机都十分重视。麦肯锡公司曾经在对《财富》杂志评选的世界五百强公司调查后发现:在受访企业 CEO 中,有54%的人都对如何处理潜在危机日益重视,而这次调查确认的潜在危机分别有:暴力事件、工人罢工、恐怖活动、诈骗、产品质量出现问题引发的官司、道德规范问题、CEO 的接替、金融危机等。

危机就像是无孔不入的寄生虫一般侵扰着企业的正常运转。危机无处不在,这是一种切实存在的现状,企业的领导者如果想要减少或者避免危机的发生,就必须做好监控预防工作。良好的监控是防止一个企业可能出现危机的最好途径,而唯有具备足够的危机意识,认识到危机可能给公司带来的危害以及危机无处不在的现状,领导者才能更积极有效地开展各项工作,防患于未然。

3. 不要忽视任何小危机

不忽视任何细节是有效避免企业遭受重大损失的基本要求。

什么是小的危机?这主要是根据危机的大小来定,这种大小是相对意义上的界定,没有一个绝对的标准。对于个人来说,房子失火或者是一场车祸都足以酿成一场危机事件。不管是飞机失事还是地震海啸,所引起的死亡都会对一个家庭产生巨大的冲击。个人或者小团队危机或许不会对大环境产生威胁,但是如果事态扩大,弥补和恢复危机所造成的危害也将进一步复杂,这就需要领导者能够分清主次和缓急,危机发生后无论怎样解决,无论是大是小,都会对集体产生一定的危害,而小的危机也可能引发一系列大规模的巨大危机。

西方有这么一首民谣:"少了一个钉子,丢了一只马掌;丢了一只马掌,瘸了一匹好马;瘸了一匹好马,阵亡了一位元帅;阵亡了一位元帅,输了一场战争;输了一场战争,亡了一个国家。"

因为少了一个钉子而丢了一个国家,由此我们可以发现,小的疏忽也会带来大的灾难,这是因为危机通常不是孤立存在的,一个危机经常会引发另一个危机,一个看似小之又小的危机经常会引起连锁反应,这就是危机的连带效应,也是领导者必须重视小危机的主要原因。小危机就像是将一块石子丢进了池塘会引起阵阵涟漪一般,对外界会产生一系列的负面影响,所引起的大危机就是能够造成整个池塘的波动。

应付危机的技能,是斯坦福大学商学院教授学员适应新环境的最佳领导技能。一位领导者如果无法有效地应付危机,即使他的"硬技能"再强悍,也无法带领一个企业做大做强。因此,让我们从现在开始,锻炼自己。

(资料来源:武彬. 领导力 [M]. 北京:北京人天书店有限公司,2013.)

学习要点

1. 领导是管理工作中的一项重要职能,贯穿于管理工作的各个方面,但领导不等同于管理。管理的对象包括人、才、物、技术、信息等等,而领导的对象主要是人,这就决定了领导对下属的了解至关重要,只有对下属进行充分的了解才能发挥领导的真正作用。

2. 领导者素质理论是探讨领导者素质与领导绩效之间的相关性,其科学价值在于对实践的指导作用。这主要表现在:第一,领导者素质是培训和考察领导者的依据;第二,领导者素质是领导者自身为之努力的方向。所谓领导者素质,是指领导者在一定先天禀赋的生理素质的基础上,通过后天的实践锻炼和学习所形成的、在领导活动中经常发挥作用的本质要素。

3. 领导者素质具有时代性、综合性和层次性的特征。

4. 在管理思想发展史上,比较典型的领导行为理论主要有以下几种:勒温理论、四分图理论、管理方格图理论、领导权变理论等。

5. 领导艺术就是建立在一定的知识和经验基础上,非规范性的、有创造性的领导技能,是实施有效领导的高超手段与方法。领导艺术体现领导者驾驭领导工作的才能,是领导者的学识、经验、智慧、胆略、作风、气质、品格、方法、能力和创造性思维等多种因素的综合体现,是领导者智慧的体现和升华。

思考练习

1. 领导的内涵是什么?
2. 领导与管理的区别和联系是什么?
3. 简述领导的作用。
4. 领导的理论有哪些,他们的核心思想是什么?
5. 领导艺术的内涵?

管理实践

训练项目——领导情景模拟

[实践目标]

1. 强化领导知识的理解。
2. 培养初步的领导能力。

[实践内容与方法]

1. 车间主任会采取什么举动?
2. 你认为二班年轻人的做法合理吗?
3. 在一个组织中如何采取有效措施解决群体需要与组织目标的冲突?
4. 如果你是这位车间主任,应如何处理这件事?

案例资料:

金工车间是该厂唯一进行倒班的车间。一个星期六晚上,车间主任去查岗,发现上二班的年轻人几乎都不在岗位。据了解,他们都去看电视现场转播的足球比赛去了。车间主任气坏了,在星期一的车间大会上,他一口气点了十几个人的名。没想到他的话音刚落,人群中不约而同地站起几个被点名的青年,他们不服气地异口同声地说:"主任,你调查了没有,我们并没有影响生产任务,而且……"主任没等几个青年把话说完,严厉地警告说:"我不管你们有什么理由,如果下次再发现谁脱岗去看电视,扣发当月的奖金。"

谁知,就在宣布"禁令"的那个周末晚上,车间主任去查岗时又发现,上二班的竟有 6 名不在岗。主任气得直跺脚,质问班长是怎么回事,班长无可奈何地掏出三张病假条和三张调休条,说:"昨天都好好的,今天一上班都送来了。"说着,凑到主任身边劝道:"主任,说真的,其实我也是身在曹营心在汉,那球赛太精彩了,您只要灵活一下,看完了电视大家再补上时间,不是两全其美吗?上个星期的二班,为了看电视,星期五就把活提前干完了,您也不……"车间主任没等班长把话说完,扔掉还燃着的半截香烟,一声不吭地向车间对面还亮着灯的厂长办公室走去……

[实践标准与评估]

1. 实践标准:能够正确地运用各种领导理论分析案例,评价各领导风格的利弊。

2. 实践评估:①对各种领导方式进行讨论,结合案例分析这些案例具备什么样的领导艺术特征。②对各团队与个人在班级交流研讨会上的表现评估打分。

[实践拓展]

根据个人情况,可进一步开展如下训练:

1. 王先生早年是从事一线生产熟练技术工人,由于个人技术的熟练、良好的品德和合作能力,组织上通过对他进行不断的培训,使他终于成为一名颇具管理头脑的中层管理者——生产部经理。上任后,他热情待人,亲自到生产一线与工人商讨技术问题;工人由于疏忽而出现差错,他并不是简单地批评指责,而是主动帮助员工分析解决问题的根源,帮助他们提高技术水平,一段时间之后,员工看到经理经常亲临生产作业现场,帮助员工发现并纠正问题,待人热情,原来工作松懈、偷懒等现象明显减少。请问,是什么权力使王经理产生如此大的影响?

2. 你手下的一位属员不断给你制造许多麻烦。她一直没精打采的,只有在你不断推动之下才勉强完成任务。然而,最近你感到情况发生了变化。她的工作表现改善了,你也越来越少提醒她按时完成任务。她甚至还提出了改进其工作绩效的若干建议。此时,你应当如何做?

3. 有位老师一直认为研究生是不需要课堂闭卷考试的,但学校规定研究生考试必须采取闭卷形式。结果,这位教师在考场上对学生翻阅参考资料采取了默许的做法。作为一位管理者,你将如何对待这种情况?

第7章

激励理论与实践

学习目标

1. 掌握激励的含义、特征和过程。
2. 了解激励的作用。
3. 理解激励的理论。
4. 掌握激励的方式。
5. 学会运用正确的激励方法解决实际问题。

引例

罗森塔尔效应

1968 年，美国的罗森塔尔和雅各市布两位心理学家来到旧金山的一所小学，从一到六年级中各选三个班级，对 18 个班级的学生"认真"地进行发展潜力预测之后，将"有优异发展可能"的学生名单通知了老师。有的学生在老师的意料之中，有的却不然。对此，罗森塔尔解释说："请注意，我讲的是他们的发展，而不是现在的基础。"并叮嘱老师不要把名单外传。

8 个月后，他们对这 18 个班进行了跟踪调查。结果是，名单中的学生成绩比其他同学增长得更快，特别是原来不被老师看好的学生，不仅令老师和家长感到意外，就连他们自己也感到莫名其妙地进步了很多。

其实，这只是一项心理学试验，罗森塔尔提供的名单纯粹是随机抽取的。但是他们通过自己"权威性的谎言"暗示教师，坚定了教师对名单上学生的期望和信心，同时，老师也不由自主地暗示了名单中的学生，偷偷地告诉他们：教授说他们潜力无限、前途光明。接受了暗示的教师用友善和鼓励代替了过去的批评与惩罚，而这些学生也更加自尊、自信、自爱、自强，有了出人意料的发展。这就是教育心理学上著名的"罗森塔尔效应"，也叫期望效应。

任何管理过程都离不开激励，它是管理者在管理活动中应用的一种有效方法，是组织形成可持续发展活力的重要力量源泉。长期的管理实践证明，只要管理者遵循激励原理及其规律性，运用科学、合理的方法，将有效地调动组织成员的积极性和创造性。尤其是当富有挑战性的激励机制付诸实施时，组织成员将迸发出极大的工作热情和潜在力量。因此，研究和掌握激励理论的核心内容，对于提高管理者的领导水平与激励艺术具有重要的意义。

7.1 激励概述

激励与沟通是领导的关键手段,领导者要想取得下属的认同,进而让下属追随与服从,首先必须能够了解下属的愿望并尽可能帮助他们实现。从某种程度上讲,管理者只有懂得什么东西在激励员工,以及激励如何发挥作用,并把它们在各项管理工作中反映出来,他们才有可能成为有效的领导者。人们加入一个组织或者群体,都是为了达到他们个人所不能达到的目标。然而,进入组织的人们不一定会努力工作,贡献他们潜在的能力。他们为组织服务的愿意程度是有高低的,有的强烈,有的一般,也有的消极。如何使组织中的各类成员为实现组织的目标而热情高涨地去工作,尽可能有效地贡献出他们的智慧和才能,这是管理者要研究的激励问题。

7.1.1 激励的含义

"激励"从字面上看是"激发"和"鼓励"的意思。对于激励的科学含义,国外的理论家们从不同的角度提出了自己的见解。其代表性观点有以下5种:

①弗鲁姆(Victor Vroom)把激励定义为:对于个人及低层组织就其自愿行为所作的选择进行控制的过程。激励是诱导人们按照预定的方案进行行动的行为。

②佐德克(Zedeck)和布拉德(Blood)认为,激励是朝某一特定目标行动的倾向。

③爱金森(Atchinson)认为激励是对方向、活动和行为持久性的直接影响。

④盖勒曼(Gellerman)认为,激励引导人们朝着某些目标行动,并花费一些精力去实现这些目标。

⑤沙托(Shartle)认为,激励是被人们所感知的从而导致人们朝着某个特定方向或者为完成某个目标而采取行动的驱动力和紧张状态。

以上几种表达从某个侧面论述了激励的含义,在管理工作中,激励可以被认为是一种心理的力量,它决定了组织中人的行为方向、努力程度、在困难面前的耐力。我们给激励的定义是管理者通过各种手段和方式刺激、激发人的动机,使其产生内在动力,从而调动其积极性并使其努力朝着有利于组织期望的目标前进的一种管理活动。

激励的目的在于从既定的组织目标出发,着眼于成员个人和群体,通过运用某种手段,寻求组织与个人在目标、行动上的内在一致性,从而达到两者之间在行动与效果上的良性循环。

7.1.2 激励的特征

激励是管理者为了特定目的而去影响人们的内在需要或动机,从而强化、引导或改变人们行为的反复过程。它含有激发动机、鼓动行为、形成动力的意义,具有如下特性:

(1)目的性

任何激励行为都具有目的,这个目的可能是一个结果,也可能是一个过程,但必须是一个现实的、明确的目的。所以从这个意义上讲,虽然一般来说激励是管理者的工作,但任何希望达到某个目的的人都可以将激励作为手段。

（2）主动性

激励是对人的需要或动机施加影响,从而强化、引导或改变人们的行为。作为激励对象的人类行为都是由某种动机引起的,而人类有目的的行为的动机都是出于对某种需要的追求。激励活动正是对人的需要或动机施加影响,从而强化、引导或改变人们的行为。因此,从本质上说,激励所产生的人的行为是主动、自觉的行为,而不是被动、强迫的行为。

（3）持续性

激励是一个持续反复的过程,是导向满足某些需要或动机的行为。未满足的需要是产生激励的起点,进而导致某种行为。行为的结果可能使需要得到满足,之后再产生对新的需要的追求。满足了一个需要可能会引起满足更多需要的愿望。激励是一个由多种复杂的内在、外在因素交织起来持续作用和影响的复杂过程,而不是一个互功式的即时过程。

（4）引导性

激励是人们内心对某种需要的追求,所以说在激励过程中内因起着决定的作用。但人不是孤立的,而是生活在特定的社会环境中,这个环境对人的行动也起着影响作用。可以把人的行为（B）看成是其自身的特点（P）及所处环境（E）的函数,即:

$$B = f(P, E)$$

因此,为了引导人的行为、达到激励的目的,领导者既可以在了解人的需要的基础上,创造条件促进这些需要的满足,也可以通过采取措施改变个人行动的环境。

【管理链接7.1】

激励的人性假设

各种激励理论都要以人性的假设为前提。人的本性究竟是什么? 对于这个问题,古今中外学者进行了大量的研究。当前,人性的假设主要经历了"经济人""社会人""自我实现人""复杂人"4种假设。

1. 经济人

"经济人"又称"实利人"或"唯利人"假设。这种假设产生于早期科学管理时期,其来源是西方享受主义哲学和亚当·斯密的劳动交换的经济理论,主要代表人物是泰罗。这种假设认为人性是懒惰的,干工作都只是为了获取经济报酬和物质生活的利益,满足自己的私利。因此,管理上主张用金钱等经济因素去刺激人们的积极性,用强制性的严厉惩罚去处理消极怠工者,即把奖励建立在"胡萝卜 + 大棒政策"的基础上。

2. 社会人

这种假设源于"霍桑实验"及其人际关系学说。"社会人"概念也是由该实验主持者梅奥提出。这种假设认为,人不单单是"经济人",人除了经济利益外,还有以情感为主的社会性需要,并且人的社会性需要是最重要的,人际关系、职工士气、群体心理等对积极性有重要影响。因而在管理上要使员工"参与管理",要重视职工的社会性需求,关心职工,协调好人际关系,实行集体奖励制度。

3. 自我实现人

这一概念最早由人本主义心理学家马斯洛提出。"自我实现人"假设认为,人是自动的、勤奋的,自我实现的需要是人最高层次的需要,只有满足这一需要,才能充分调动个体的积极性。所谓自我实现,是指人的潜能得到充分发挥。只有人的才能得以表现和发展,人才会得到最大的满足。因此,管理上应创设良好的环境与工作条件,以促进职工的自我实现,从而调动职工的积极性。

4.复杂人

这种假设产生于20世纪60—70年代。其代表人物有约翰·莫尔斯(J. J. Morse)和杰伊·洛希(J. W. Lorscn)等。该假设认为,无论"经济人"假设、"社会人"假设,还是"自我实现人"假设,虽然有其合理性的一面,但都不可能适用于一切人。因此,一个现实的人,其心理和行为是很复杂的,是有个体差异的。他不但有各种不同的需要和潜能,而且就个人而言,其需要和潜能也随着年龄的增长、知识能力的提高、角色与人际关系的变化而发生变化,因此,不能把人视为某种单纯的人,实际上存在的是一种具体的"复杂人"。

(资料来源:张剑.管理学[M].北京:中国工商出版社,2008.)

7.1.3 激励的过程

激励的实质是通过影响人的需求或动机达到引导人的行为的目的,它实际上是一种对人的行为的强化过程。因此,研究激励,先要了解人的行为过程。心理学家提出动机支配着人们的行为,而动机又产生于人的需要。需要是人的一种主观体验,是对客观要求的必然反映,人在社会生活中形成的对某种目标的渴求和欲望构成了人的需要的内容并成为人的行为活动积极性的源泉。人的行为受需要的支配和驱使,需要一旦被意识到,它就以行为动机的形式表现出来,驱使人的行为朝一定的方向努力,以达到自身的满足。

从感觉需要出发,在人的心理上引起不平衡状态,产生不安和紧张,导致欲望动机,有了动机就要选择和寻找目标,激起实现目标的行动。当需求得到满足,行为结束。心理紧张消除后,人们又会产生新的需求,形成新的欲望,引起新行为,如此循环往复。该连锁反应的过程如图7.1所示。

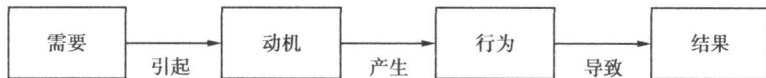

图7.1 激励的过程

【管理链接7.2】

动机的作用

动机是行为的直接原因,对行为具有如下几种作用:

(1)行为发动作用。需要产生动机,动机激发行为。面对多种需要的人们常会有多种动机,而激发的行为却只能有一种,那么是哪一种动机在起激发作用呢?心理学认为,由最强烈的需要所产生的最强烈的动机激发行为,这种动机被称为主导动机。当由这种最强烈需要产生的动机所激发的行为使这种需要被满足之后,它就会消失,或者减弱,或者暂时退居其次,由原来并不十分强烈的其他需要取而代之,产生新的主导动机,开始新的行为。行为发动机制昭示着:管理过程中要引导人们的行为,就必须掌握人们的主导动机。

(2)行为指向作用。动机一旦激发起人的行为,就会使人们朝着特定的目标努力,这就是动机的行为指向作用。因为动机激发的行为是执行决定的行为。一旦目标选定,人们就会向这个方向不断努力。

（3）强化作用，它指动机对行为的调节，具有加强和制止两个方面的作用。在一定动机支配下的行为结果，如果符合行为者本人的期望，这种行为就会得到强化，这种行为也常会反复出现；反之，行为就会减少，直至完全终止这种行为。

由此可见，激励可以说是通过创造外部条件来满足人的需要的过程。人的行为的始点是需要。所谓需要，就是人们对某种事物或目标的渴求和欲望，包括基本需要和各种高层次的需要。当人的需要未得到满足时，心理上会产生一种不安和紧张，这种状态会促成一种导向某种行为的内在驱动力，这就是动机。所谓动机，就是诱发行为指向目标的一种内在状态。当人有了动机之后就会导致一系列寻找、选择和达到目标的行为。如果人的行为达到了目标，就会产生心理和生理上的满足，原有的需要满足了，新的需要又会产生，从而又引起人的新的行为。

7.1.4　激励的作用

激励人们去实现组织的目标，这是管理者的一项主要任务。绝大多数管理者都十分关切员工的激励问题。因为他们深知，通过激励能激发员工的潜能，激发他们工作的热情和兴趣，提高员工工作的主动性、积极性和创造性，提高工作绩效。

1）通过激励能激发员工的潜能

美国哈佛大学教授威廉·詹姆士（William James）在对员工的激励研究中发现，若按工作时间计酬，员工工作能力仅发挥20%～30%，如果他们的动机处于被充分激励的状态，他们的能力就能发挥到80%～90%，甚至更高。这说明激励在激发人的潜能方面，具有显著的功效。

2）通过激励可以激发员工的工作热情和兴趣

激励不仅可以提高员工对自身工作的认识，还能激发员工的工作热情和兴趣，解决工作态度和认识倾向问题。通过激励，使之对员工产生强烈、深刻、积极的情感，并以此为动力，将自己的全部精力投入实现预定目标中。兴趣是影响动机形成的重要因素，通过激励使人对工作产生稳定而浓厚的兴趣，使人对工作产生高度的注意力、敏感性、责任感，形成对自身职业的偏爱。个人的知识、技术和能力，一般也是在浓厚的职业兴趣的基础上发展起来的。因此，强烈而稳定的职业兴趣，也是人们提高技能，保证技术、知识、能力充分发挥的心理条件。

3）通过激励可以提高员工工作的积极性、主动性和创造性

要提高自觉性，主要应解决人们对工作价值的认识问题，认识所从事工作的必要件、重要性和迫切性。人的行为常常带有个人利益的动机，承认和尊重个人利益，让人们看到在实现组织大目标的过程当中，也能实现个人利益和个人目标。个人目标与组织目标的统一程度越高，员工的自觉性、主动性乃至创造性就越能得到充分的发挥；反之便会出现消极怠工，甚至产生抵触情绪。创造性是取得突破性进展的重要保证，是工作积极性得到提升的体现，它能够大大提高工作绩效。

4）通过激励可以提高工作绩效

激励对工作绩效产生相当大的作用。心理学家奥格登（Orgdon）利用"警觉性试验"就说明了这个问题。试验是使用一个可调节发光强度的光源，来记录被测试者辨别光强度变化的感觉，以测定其警觉性，试验中的被测试者分成 4 个小组。A 组，不施加任何激励。B组，告诉被测试者：你们都是经过挑选的，是具有很强的察觉能力的，现在要测试出哪一位察觉能力最强。C 组，告诉被测试者：你们组要和其他组竞赛，看哪一组成绩好。D 组，告诉被测试者：每出现一次错误罚一角钱，每次无错误奖励五分钱。试验的结果如下：运用个人精神激励的 B 组误差次数最少，运用物质奖励的 D 组误差减少一半，而未运用任何激励的 A组误差是 B 组的三倍。以上的试验充分说明激励作为管理手段的重要作用。

7.2 激励理论

在管理学中，激励理论是研究如何预测和激发人的动机、满足人的需要、调动人的生产积极性的理论。有关激励的理论有很多种，大体上可以分为 4 种类型：内容型激励理论、过程型激励理论、强化理论和综合型激励理论。内容型激励理论侧重研究用什么样的因素激励人、调动人的积极性；过程型激励理论着重探讨人们接受了激励信息以后到行为产生的过程；强化型激励理论则强调行为结果对行为本身的作用；综合型激励理论则对已有的激励理论进行概括与综合，试图全面揭示人在激励中的心理过程。

7.2.1 内容型激励理论

内容型激励理论研究的是"什么样的需要会引起激励"这样的问题，它说明了激发、引导、维持和阻止人的行为的因素，旨在了解人的各种需要，解释"什么会使员工努力工作"的问题。如马斯洛的需要层次理论、奥尔德弗的 ERG 理论、赫茨伯格的双因素理论、麦克利兰的三种需要理论等。

1）需要层次理论

需要层次理论是研究人的需要结构的一种理论，是美国心理学家马斯洛所首创的一种理论。他在 1943 年发表的《人类动机的理论》一书中提出了需要层次理论。需要层次理论主要试图回答这样的问题：决定人的行为的尚未得到满足的需要是些什么内容？20 世纪 30年代著名的霍桑试验发现工人的劳动积极性的提高在很大程度上取决于他们所处的环境，既有车间又有工厂外的社会环境，认为工人是"社会人"，而不是简单的"经济人"。马斯洛深化了包括霍桑试验在内的其他关于激励对象的行为科学研究，通过对需要的分类，找出对人进行激励的途径，即激励可以看成对具体的社会系统中未满足的需要进行刺激的行为过程。

马斯洛需要层次理论主要有 3 个基本出发点：

①人要生存，他的需要能够影响他的行为。只有未满足的需要能够影响行为，满足了的

需要不能充当激励工具。

②人的需要按重要性和层次性排成一定的次序,从基本的需要(如食物和住房)到复杂的需要(如自我实现)。

③当人的某一级的需要得到最低限度满足后,才会追求高一级的需要,如此逐级上升,成为推动继续努力的内在动力。

在此基础上,马斯洛认为,每个人都有 5 个层次的需要:生理需要、安全需要、社会或情感需要、尊重需要、自我实现需要。

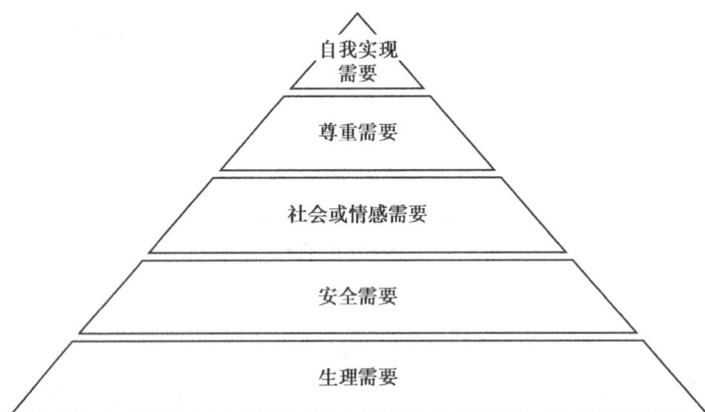

图 7.2 马斯洛需要层次理论

①生理需要。任何动物都有这种需要,但不同的动物,其需要的表现形式是不同的。就人类而言,人们为了能够继续生存,首先必须满足基本的生活要求,如衣、食、住、行等。马斯洛认为,这是人类最基本的需要。人类的这些需要得不到满足就无法生存,也就谈不上其他需要。所以在经济不发达的社会,必须首先研究并满足这方面的需要。

②安全需要。基本生活条件具备以后,生理需要就不再是推动人们工作的最强烈力量,取而代之的是安全的需要。这种需要又可分为两小类:一类是现在的安全的需要;另一类是对未来的安全的需要。对现在的安全需要,就是要求自己现在的社会生活的各个方面均能有所保证,如就业安全、生产过程中的劳动安全、社会生活中的人身安全等;对未来的安全需要,就是希望未来生活能有保障。未来总是不确定的,而不确定的东西总是令人担忧的,所以人们都追求未来的安全,如病、老、伤、残后的生活保障等。

③社会或情感需要。马斯洛认为,人是社会的一员,需要友谊、爱情和群体的归属感,人际交往需要彼此同情互助和赞许。因此,人们常希望在一种被接受或属于的情况下工作,在他所处的群体中占有一个位置,否则就会感到孤独而消沉。

④尊重需要。尊重需要是指人希望自己保持自尊和自重,并获得别人的尊敬,得到别人的高度评价。这种需要可分为两类:一类是那种要求力量、成就、信心、自由和独立的愿望,属于内在需要;另一类是要求名誉和威信(别人对自己的尊敬和尊重)、表扬、注意、重视和赞赏的愿望,属于外在需要。每一个人都有一定的自尊心,这种需要得到满足,就会使人感到自信、有价值、有力量、有能力并适于生存;得不到满足,就会产生自卑感、软弱无能感,从而导致情绪沮丧,失去自信心。

⑤自我实现需要。自我实现需要是指人希望从事与自己能力相称的工作,使自己潜在的能力得到充分的发挥,成为自己向往已久的人物。一个人通过自己的努力,实现自己对生

活的期望,从而对生活和工作真正感到有意义。当人的其他需要得到基本满足以后,就会产生自我实现的需要,它会产生巨大的动力,使人努力尽可能实现自己的愿望。

马斯洛还将这5种需要划分为高低两级。生理需要和安全需要称为较低级需要,而社会需要、尊重需要与自我实现需要称为较高级的需要。高级需要是从内部使人得到满足,低级需要则主要是从外部使人得到满足。

马斯洛的需要层次理论,揭示了人类心理发展的一种普遍特性,得到了实践中的管理者的普遍认可,因为该理论简单明了、易于理解、具有内在的逻辑性。到目前为止,马斯洛的观点仍然是最被广泛传播的一种,作为一种重要的激励理论,它对管理工作具有重要的指导作用。

同时,研究也表明,马斯洛的理论也存在某些不足:①对需要的5个层次的划分似乎过于机械;②需要并不一定依循等级层次递增;③许多行为的后果可能与满足一种以上的需要有关(如适当的薪酬不仅能满足生理和安全的需要,也能满足自尊的需要);④一个人的自我观感会影响需要层次体系对个人动机的激励力。有人满足了低层次的需要后,不一定就会对高层次的需要有所渴求。

2)生存、关系、发展理论(ERG)

美国耶鲁大学的克雷顿·奥尔德弗在马斯洛提出的需要层次理论的基础上,进行了更接近实际经验的研究,提出了一种新的人本主义需要理论。

奥尔德弗认为,人们共存在3种核心的需要,即生存的需要(Existence)、相互关系的需要(Relatedness)和成长发展的需要(Growth),因而这一理论被称为"ERG"理论。生存的需要与人们基本的物质生存需要有关,它包括马斯洛提出的生理和安全需要。第二种需要是相互关系的需要,即指人们对于保持重要的人际关系的要求。这种社会和地位的需要的满足是在与其他需要相互作用中达成的,它们与马斯洛的社会需要和自尊需要分类中的外在部分是相对应的。最后,奥尔德弗把成长发展的需要独立出来,它表示个人谋求发展的内在愿望,包括马斯洛的自尊需要分类中的内在部分和自我实现层次中所包含的内容。

ERG理论假设激励行为是遵循一定的等级层次的。在这点上虽然和马斯洛提出的观点相类似,但它又有两个重要的区别:第一,ERG理论认为在任何时间里,多种层次的需要会同时发生激励作用。所以它承认人们可能同时受赚钱的欲望(生存的需要)、友谊(关系的需要)和学习新的技能的机会(成长的需要)等多种需要的激励。第二,ERG理论明确提出了"气馁型回归"的概念。马斯洛理论认为人的低层次的需要得到满足后,就会上升为更高层次的需要,受高层次需要的激励。可是奥尔德弗认为,如果上一层次的需要一直得不到满足的话,个人就会感到沮丧,然后回归到对低层次需要的追求。

ERG理论比马斯洛理论更新、更有效地解释了组织中的激励问题。当然,管理人员不应只局限于用一两个理论来指导他们对职工的激励工作。但通过对需要层次理论的了解,应看到每个人的需要重点是不同的,当某种需要得到满足后,人们可能会改变他们的行为。

3)双因素理论

双因素理论,又称为激励-保健理论,是美国心理学家赫茨伯格于20世纪50年代所提出。他通过对200名工程师和会计师的访谈,深入研究了"人们希望从工作中得到些什么"。他要求受访者详细描述哪些因素使他们在工作中感到特别满意及受到高度激励,又有哪些使他们感到不满和消沉。赫茨伯格对调查结果进行了分类归纳。

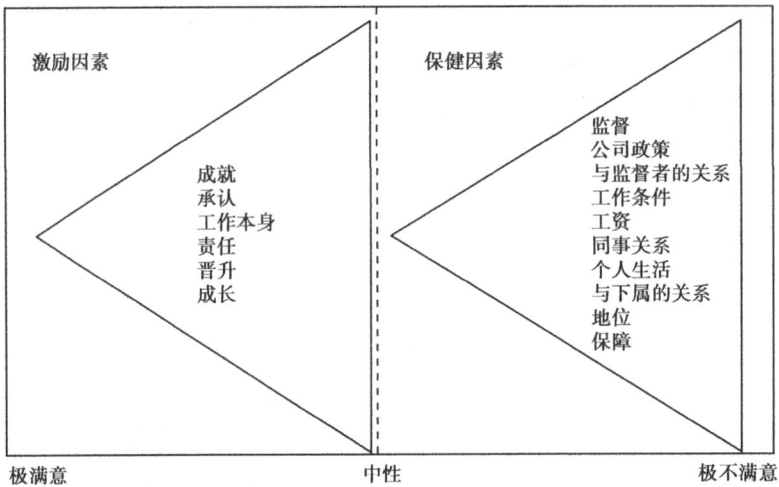

图7.3　赫茨伯格的双因素理论

赫茨伯格在分析调查结果时惊讶地发现,对工作满意的员工和对工作感到不满意的员工的回答十分不同,与满意和不满意相关的因素是两类完全不同的因素。例如"低收入"通常被认为会导致不满,但"高收入"却不一定被归结为满意的原因。图7.3左侧列出的因素是与工作满意有关的特点;右侧列出的因素是与工作不满意有关的特点。一些内在因素如成就、承认、责任与工作满意相关。当对工作感到满意时,员工倾向于将这些特点归因于他们本身;而当他们感到不满意时,则常抱怨外部因素,如公司的政策、管理和监督、人际关系、工作条件等。

这个发现使赫茨伯格对传统的"满意—不满意"相对立的观点提出了修正。传统的看法认为满意和不满意是一个单独连续体相对的两端(图7.4)。但是,赫茨伯格认为,满意的对立面并不是不满意,消除了工作中的不满意因素并不必定能使工作结果令人满意。如图7.4所示,赫茨伯格提出这之中存在双重的连续体:满意的对立面是没有满意,而不是不满意;同时,不满的对立面是没有不满,而不是满意。

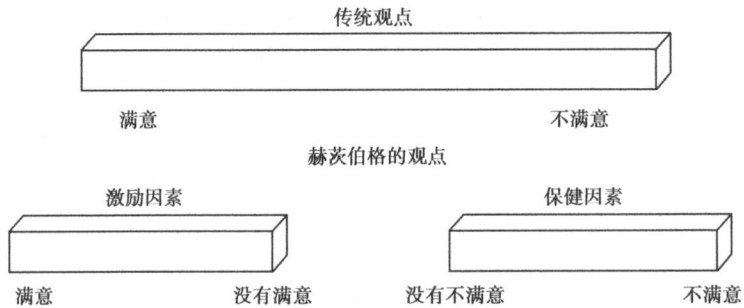

图7.4　满意—不满意观点的对比

因此,赫茨伯格提出,影响人们行为的因素主要有两类:保健因素和激励因素。保健因素是那些与人们的不满情绪有关的因素,如公司的政策、管理和监督、人际关系、工作条件等。保健因素处理不好,会引发对工作不满意情绪的产生,处理得好,可以预防或消除这种不满。但这类因素并不能对员工起激励的作用,只能起到保持人的积极性、维持工作现状的作用。所以保健因素又称为"维持因素"。激励因素是指那些与人们的满意情绪有关的因素。与激励因素有关的工作处理得好,能够使人们产生满意情绪,如果处理不当,其不利效果顶多只是没有满意情绪,而不会导致不满。他认为,激励因素主要包括这些内容:工作表现机会和工作带来的愉快,工作上的成就感,由于良好的工作成绩而得到的奖励,对未来发展的期望,职务上的责任感等。

按照赫茨伯格的观点,在企业管理的过程中,要调动和维持员工的积极性,首先要注意保健因素,以防止不满情绪的产生。但更重要的是要利用激励因素去激发员工的工作热情,努力工作,创造奋发向上的局面,因为只有激励因素才会增加员工的工作满意感。

双因素理论在学术界同样存在着争议,批评意见主要来自于以下5个方面:

①赫茨伯格所采用的研究方法具有一定的局限性。人们容易把满意的原因归于他们自己,而把不满意的原因归因于外部因素。

②赫茨伯格研究方法的可靠性令人怀疑。评估者必须要进行解释,但他们有可能会对两种相似的回答作出不同的解释,因而使调查结果掺杂偏见。

③缺乏普遍适用的满意度评价标准。一个人可能不喜欢他工作的一部分,但他仍认为这份工作是可以接受的。

④双因素理论忽视了情境变量,没有考虑情境变量在其中所起的作用。

⑤赫茨伯格认为满意度与生产率之间有一定的关系,但他所使用的研究方法只考察了满意度,而没有涉及生产率。

【管理链接7.3】

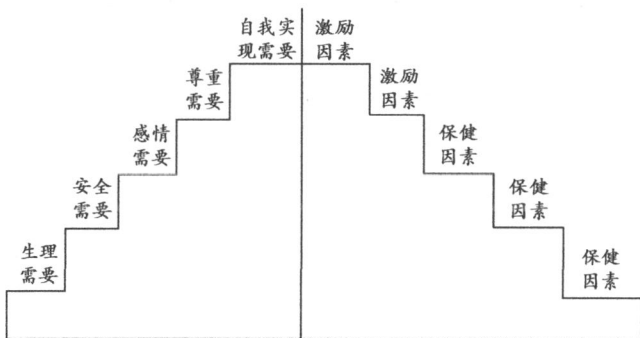

图7.5 双因素理论与需要层次理论对比图

4)三种需要理论

三种需要理论(也称为成就需要理论)是由美国哈佛大学教授戴维·麦克利兰等人在20世纪40—50年代通过对人的需求和动机的研究而提出来的。

麦克利兰认为个体在工作情境中有3种主要的动机或需要:

①成就需要:达到标准、追求卓越、争取成功的需要。

②权力需要:影响或控制他人且不受他人控制的欲望。

③归属需要:建立友好亲密的人际关系的愿望。

麦克利兰认为,具有强烈的成就需要的人渴望将事情做得更为完美,提高工作效率,获得更大的成功,他们追求的是在争取成功的过程中克服困难、解决难题、努力奋斗的乐趣,以及成功之后的个人的成就感,他们并不看重成功所带来的物质奖励。个体的成就需要与他们所处的经济、文化、社会、政府的发展程度有关,社会风气也制约着人们的成就需要。麦克利兰发现高成就需要者的特点是:他们希望得到有关工作绩效的及时明确的反馈信息,从而了解自己是否有所进步;他们喜欢设立具有适度挑战性的目标,不喜欢凭运气获得成功,不喜欢接受那些在他们看来特别容易或特别困难的工作任务。高成就需要者事业心强,有进取心,敢冒一定的风险,比较实际,大多是进取的现实主义者。

权力需要是指影响和控制别人的一种愿望或驱动力。不同人对权力的渴望程度也有所不同。权力需要较高的人喜欢支配、影响他人,喜欢对别人"发号施令",注重争取地位和影响力。他们喜欢具有竞争性和能体现较高地位的场合和情境,他们也会追求出色的成绩,但他们这样做并不像高成就需要的人那样是为了个人的成就感,而是为了获得地位和权力或与自己已具有的权力和地位相称。权力需要是管理成功的基本要素之一。

麦克利兰提出的第三种需要是归属需要,也就是寻求被他人喜爱和接纳的一种愿望。高归属需要者渴望友谊,喜欢合作而不是竞争的工作环境,希望彼此之间的沟通与理解,他们对环境中的人际关系更为敏感。有时,归属需要也表现为对失去某些亲密关系的恐惧和对人际冲突的回避。归属需要是保持社会交往和人际关系和谐的重要条件。

在如何辨别一个人是高成就需要者还是其他类型需要者这个问题上,麦克利兰主要通过投射测验进行测量。他给每位被试者一系列图片,让他们根据每张图片写一个故事。而后麦克利兰和他的同事分析故事,对被试者的三种需要程度作出评估。

在大量的研究基础上,麦克利兰对成就需要与工作绩效的关系进行了十分有说服力的推断。

第一,高成就需要者喜欢能独立负责、可以获得信息反馈和冒险的工作环境。他们会从这种环境中获得高度的激励。麦克利兰发现,在小企业的经理人员和在企业中独立负责一个部门的管理者中,高成就需要者往往会取得成功。

第二,在大型企业或其他组织中,高成就需要者一定也是一个优秀的管理者,原因是高成就需要者往往只对自己的工作绩效感兴趣,并不关心如何影响别人去做好工作。

第三,归属需要与权力需要和管理的成功密切相关。麦克利兰发现,最优秀的管理者往往是权力需要很高而归属需要很低的人。如果一个大企业的经理的权力需要与责任感和自我控制相结合,那么他很有可能成功。

第四,可以对员工进行训练来激发他们的成就需要。如果某项工作要求高成就需要者,那么,管理者可以通过直接选拔的方式找到一名高成就需要者,或者通过培训的方式培养自己原有的下属。

麦克利兰的动机理论在企业管理中很有应用价值。首先,在人员的选拔和安置上,通过测量和评价一个人动机体系的特征,对于如何分派工作和安排职位有重要的意义。其次,由于具有不同需要的人需要不同的激励方式,了解员工的需要与动机有利于合理建立激励机制。最后,麦克利兰认为动机是可以训练和激发的,因此可以训练和提高员工的成就动机以提高生产率。

7.2.2　过程型激励理论

过程型激励理论则研究"激励是怎样产生的"问题,解释人的行为是怎样被激发、引导、维持和阻止的,着重分析人们怎样面对各种满足需要的机会以及如何选择正确的激励方法,过程型激励理论解释的是"为什么员工会努力工作"和"怎样才会使员工努力工作"这两个问题。如弗鲁姆的"期望理论"、亚当斯的"公平理论"等。

1）期望理论

相比较而言,对激励问题进行比较全面研究的,是激励过程的期望理论。期望理论是美国心理学家弗鲁姆在 1964 年出版的《工作与激发》一书中首先提出来的。期望理论的基本内容主要包括弗鲁姆的期望公式和期望模式。

弗鲁姆认为,人总是渴求满足一定的需要并设法达到一定的目标。这个目标在尚未实现时,表现为一种期望,这时目标反过来对个人的动机又是一种激发的力量,而这个激发力量的大小,取决于目标价值(效价)和期望概率(期望值)的乘积。用公式表示为:

$$激励水平(M) = 目标效价(V) \times 期望值(E)$$

式中,M 表示激发力量,是指调动一个人的积极性,激发人内部潜力的强度。

V 表示目标价值(效价),这是一个心理学概念,是指达到目标对于满足他个人需要的价值。同一目标,由于个人所处的环境不同、需求不同,其需要的目标价值也就不同。同一个目标对每一个人可能有三种效价:正、零、负。效价越高,激励力量就越大。

E 是期望值,是人们根据过去经验判断自己达到某种目标的可能性是大还是小,即能够达到目标的概率。目标价值大小直接反映人的需要动机强弱,期望概率反映人实现需要和动机的信心强弱。

这个公式说明,假如一个人把某种目标的价值看得很大,估计能实现的概率也很高,那么这个目标激发动机的力量越强烈。

怎样使激发力量达到最好值,弗鲁姆提出了他的期望模式(图7.6)。

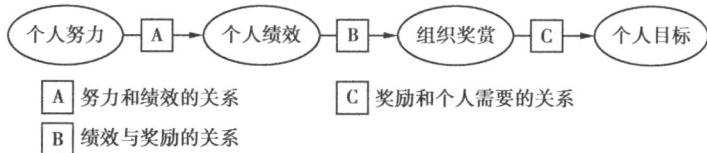

图 7.6　期望模式

在这个期望模式的 4 个因素中包含了以下 3 个方面的关系:

①努力和绩效的关系。个人感觉到通过一定程度的努力而达到工作绩效的可能性。

②绩效与奖励的关系。个人对于达到一定工作绩效后即可获得理想的奖赏结果的信任程度。人们总是期望在达到预期成绩后,能够得到适当的合理奖励,如奖金、晋升、提级、表扬等。组织的目标,如果没有相应有效的物质和精神奖励来强化,时间一长,积极性就会消失。

③奖励和个人需要的关系。如果工作完成,个人所获得的潜在结果或奖赏对个人的重要性程度。奖励什么要适合各种人的不同需要,要考虑效价。要采取多种形式的奖励,满足各种需要,最大限度地挖掘人的潜力,最有效地提高工作效率。

通过对弗鲁姆的期望模式的分析,可以总结出期望理论中所包含的激励产生过程的 4 个步骤:

第一,员工感到这份工作能提供什么样的结果? 这些结果可以是积极的,如工资、人身安全、同事友谊、信任、额外福利、发挥自身潜能或才干的机会等;也可以是消极的,如疲劳、厌倦、挫折、焦虑、严格的监督与约束、失业威胁等。当然,也许实际情况并非如此,但这里我们强调的是员工知觉到的结果,无论他的知觉是否正确。

第二,这些结果对员工的吸引力有多大? 他们的评价是积极的、消极的还是中性的? 这显然是一个内部的问题,与员工的态度、个性及需要有关。如果员工发现某一结果对他有特别的吸引力,也就是说,他的评价是积极的,那么他将努力实现它,而不是放弃工作。对于相同的工作,有些人则可能对其评价消极,从而放弃这一工作,还有人的看法可能是中性的。

第三,为得到这一结果,员工须采取什么样的行动? 只有员工清楚明确地知道为达到这一结果必须做些什么时,这一结果才会对员工的工作绩效产生影响。比如,员工需要明确了解绩效评估中"干得出色"是什么意思,使用什么样的标准评价他的工作绩效。

第四,员工是怎样看待这次工作机会的? 在员工衡量了自己可以控制的决定成功的各项能力后,他认为工作成功的可能性有多大?

2)公平理论

公平理论是美国心理学家亚当斯于 20 世纪 60 年代首先提出的,也称为社会比较理论。这种理论的基础在于,员工不是在真空中工作的,他们总是在进行比较,比较的结果对于他们在工作中的努力程度有影响。大量事实表明,员工经常将自己的付出与所得和他人进行比较,而由此产生的不公平感将影响到他以后付出的努力。

公平理论主要讨论报酬的公平性对人们工作积极性的影响。这一理论认为员工首先考虑自己收入与付出的比率,然后将自己的收入—付出比与相关他人的收入—付出比进行比较。如果员工感觉到自己的比率与他人相同,则为公平状态;如果感到二者的比率不相同,则产生不公平感,也就是说,他们会认为自己的收入过高或过低。这种不公平感出现后,员工们就会试图去纠正它。

人们通常通过两个方面的比较来判断其所获报酬的公平性,即横向比较和纵向比较。所谓横向比较,就是将"自我"与"他人"相比较来判断自己所获报酬的公平性,从而对此作出相对应的反应。纵向比较则是把自己的目前与过去进行比较。

亚当斯提出"贡献率"的公式,描述员工在横向和纵向两个方面对所获报酬的比较以及对工作态度的影响:

$$O_A/I_A = O_B/I_B$$

式中,I 为个人所投入(付出)的代价,如资历、工龄、教育水平、技能、努力等;O 为个人所获取的报酬,如奖金、晋升、荣誉、地位等。

该式简明地表达了影响个体公平感各变量间的关系。从中可以看出,人们并非单纯地将自己的投入或获取与他人进行比较,而是以双方的获取与投入的比值来进行比较,从而衡量自己是否受到公平的对待。若 $O_A/I_A = O_B/I_B$,人们就会有公平感;若 $O_A/I_A < O_B/I_B$,人们就会感到不公平,产生委屈感;若 $O_A/I_A > O_B/I_B$,人们也会感到不公平,产生内疚感。一般而论,人的内疚感的临界阈值较高,而委屈感的临界阈值较低,因此主要是后者对人的影响大。在公平理论中,员工所选择的与自己进行比较的参照对象是一重要变量,可以划分出 3 种参照类型:"他人""制度"和"自我"。

"他人"包括同一组织中从事相似工作的其他个体,还包括朋友、邻居及同行。员工通过口头、报纸及杂志等渠道获得了有关工资标准、最近的劳工合同方面的信息,并在此基础上将自己的收入与他人进行比较。

"制度"指组织中的薪金政策与程序以及这种制度的运作。

"自我"指的是员工自己在工作中付出与所得的比率。它反映了员工个人的过去经历及交往活动,受到员工过去的工作标准及家庭负担程度的影响。

公平理论认为每个人不仅关心自己的工作努力所得到的绝对报酬,而且还关心自己的报酬与他人的报酬之间的关系。他们对自己的付出与所得和他人的付出与所得之间的关系作出判断。他们以对工作的付出,如努力程度、工作经验、教育程度及能力水平等为根据,比较其所得,如薪金、晋升、认可等因素。如果发现自己的付出—所得比和其他人相比不平衡,就会产生紧张感,这种紧张又会成为他们追求公平和平等的动机基础。

当一个人发现自己受到不公平(利己或损己)待遇时,他往往采取以下几种方式消除心理的不公平感:①力求改变自己的报酬;②要求改变他人的报酬;③设法改变自己的投入;④要求改变他人的投入;⑤自我消除不公平感。

在实际生活中,人们到底采用什么样的方法消除不公平感呢?要具体情况具体分析,一般来说,人们根据"彻底"与"少投入"原则作选择。即选择能彻底消除不公平感的方法和用较少投入却能较大程度消除不公平感的方法。

具体而言,公平理论对报酬分配提出4点建议:

①按时间付酬时,收入超过应得报酬的员工的生产率水平,将高于收入公平的员工。按时间付酬能够使员工生产出高质量与高产量的产品,以增加自己收入—付出比率中的付出额,保持公平感。

②按产量付酬,将使员工为实现公平感而加倍努力,这将促使产品的质量或数量得到提高。然而,数量上的提高只能导致更高的不公平,因为每增加一个单位的产品导致了未来的付酬更多,因此,理想的努力方向是提高质量而不是数量。

③按时间付酬,对于收入低于应得报酬的员工来说,将降低他们生产的数量或质量。他们的工作努力程度也将降低,而且相比收入公平的员工来说,他们将减少产出数量或降低产出质量。

④按产量付酬时,收入低于应得报酬的员工与收入公平的员工相比,他们的产量高而质量低。在计件付酬时,应对那些只讲产品数量而不管质量好坏的员工,不实施任何奖励,这种方式能够产生公平性。

公平理论揭示了人们公平心态的激励功能,把一个客观存在却不大为人们注意的问题纳入了科学研究领域。但是这种理论还有待深入研究,这主要因为:其一,公平可以消除人们的不满,但它似乎难以激励人们。因为公平感本身是一种心理平衡感,平衡而无冲突,就失去了动力。这在上述一些实验中可找到证明。其二,公平的主观色彩甚浓,因此实际上很难操作,也就难以利用。其三,有利于自己的不公平感也是激励人们的力量。这点也可从上述实验中看出。实际生活中的"倾斜政策"等调动积极性的原因也在于此。因此公平的激励价值也许存在于尽量减少人们损己的不公平感而扩大人们利己的不公平感的策略之中。

7.2.3 强化理论

强化理论是由美国哈佛大学教授、心理学家斯金纳提出来的。强化理论也叫作行为矫正理论,是斯金纳在对有意识行为特性深入研究的基础上提出的一种新行为主义理论,它是以学习的强化原则为基础的关于理解和修正人的行为的一种学说。此理论认为人的行为具有有意识条件反射的特点,即可以对环境起作用,促使其产生变化,环境的变化(行为结果)

又反过来对行为发生影响。因此,当有意识地对某种行为进行肯定强化时,可以促进这种行为重复出现;对某种行为进行否定强化时,可以修正或阻止这种行为的重复出现。因此,人们可以用这种正强化或负强化的办法来影响行为的后果,从而修正其行为,根据这一原理,采用不同的强化方式和手段,可以达到有效激励职工积极行为的目的。

所谓强化,从其最基本的形式来讲,指的是对一种行为的肯定或否定的后果(报酬或惩罚),它至少在一定程度上会决定这种行为在今后是否会重复发生。

强化包括正强化、负强化和自然消退三种类型。

第一种,正强化,又称积极强化。当人们采取某种行为时,能从他人那里得到某种令其感到愉快的结果,这种结果反过来又成为推进人们趋向或重复此种行为的力量。例如,企业用某种具有吸引力的结果(如奖金、休假、晋级、认可、表扬等),以表示对职工努力进行安全生产的行为的肯定,从而增强职工进一步遵守安全规程进行安全生产的行为。

第二种,负强化,又称消极强化。它是指通过某种不符合要求的行为所引起的不愉快后果,对该行为予以否定。若职工能按所要求的方式行动,就可减少或消除令人不愉快的处境,从而也增大了职工符合要求的行为重复出现的可能性。例如,企业安全管理人员告知工人不遵守安全规程,就要受到批评,甚至得不到安全奖励,于是工人为了避免此种不期望的结果,而认真按操作规程进行安全作业。

惩罚是负强化的一种典型方式,即在消极行为发生后,以某种带有强制性、威慑性的手段(如批评、行政处分、经济处罚等)给人带来不愉快的结果,或者取消现有的令人愉快和满意的条件,以表示对某种不符合要求的行为的否定。

第三种,自然消退,又称衰减。它是指对原先可接受的某种行为强化的撤销。由于在一定时间内不予强化,此行为将自然下降并逐渐消退。例如,企业曾对职工加班加点完成生产定额给予奖酬,后经研究认为这样不利于职工的身体健康和企业的长远利益,因此不再发给奖酬,从而使加班加点的职工逐渐减少。

如上所述,正强化是用于加强所期望的个人行为;负强化和自然消退的目的是为了减少和消除不期望发生的行为。这三种类型的强化相互联系、相互补充,构成了强化的体系,并成为一种制约或影响人的行为的特殊环境因素。

强化理论具体应用的一些行为原则如下:

第一,应以正强化方式为主。正强化比负强化更有效,在强化手段的运用上以正强化为主。采用负强化(尤其是惩罚)手段要慎重,负强化应用不当会带来一些消极影响。当然,必要时也要对坏的行为给予惩罚,做到奖惩结合。

第二,注意强化的时效性。采用强化的时间对于强化的效果有较大的影响。要取得最好的激励效果,就应该在行为发生以后尽快采取适当的强化方法。

第三,因人制宜,采用不同的强化方式。由于人的个性特征及其需要层次不尽相同,不同的强化机制和强化物所产生的效应会因人而异。因此,在运用强化手段时,应采用有效的强化方式,并随对象和环境的变化而相应调整。

第四,设立明确而又适当的目标。对于人的激励,首先要设立一个明确的、鼓舞人心的而又切实可行的目标,只有目标明确而具体时,才能进行衡量和采取适当的强化措施。而太高的目标会使人感到达到的希望很小,从而难以充分调动人们为达到目标而作出努力的积极性。

7.2.4　综合型激励理论

综合型激励理论是指有综合特性的激励理论。波特—劳勒的综合激励模型和罗伯特·豪斯的综合激励模式都属于此种类型。

1)波特—劳勒综合激励模型

波特—劳勒综合激励理论是由美国心理学家莱曼·波特和爱德华·劳勒在 1968 年的《管理态度和成绩》一书中首先提出来的。它是在期望理论的基础上引申出的一个更为实际、更为完善的激励模式。

波特和劳勒以工作绩效为核心,对与绩效有关联的许多因素,进行了一系列相关性研究,并在此基础上提出了一个激励综合模型。如图 7.7 所示,图中涉及 10 种因素,分别由图中 10 个方框表示。

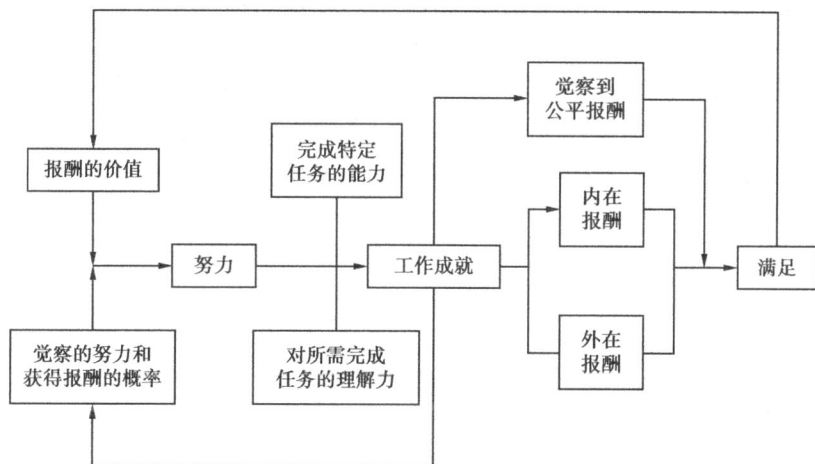

图 7.7　波特—劳勒综合激励模式

在该模式中,突出了 4 个变量,即努力程度、工作成果绩效、报酬和满意感之间的有机联系。把整个激励过程(特别是期望理论和公平理论)联结为一个有机的整体。

从这个图示中我们可以归纳出该模式的 5 个基本点:

①个人是否努力以及努力的程度不仅仅取决于奖励的价值,而且还受到个人觉察出来的努力和受到奖励的概率的影响。个人觉察出来的努力是指其认为需要或应当付出的努力,受到奖励的概率是指其对于付出努力之后得到奖励的可能性的期望值。很显然,过去的经验、实际绩效及奖励的价值将对此产生影响。如果个人有较确切的把握完成任务或曾经完成过并获得相当价值的奖励的话,那么他将乐意付出相当的或更高程度的努力。

②个人实际能达到的绩效不仅仅取决于其努力的程度,还受到个人能力的大小以及对任务了解和理解程度深浅的影响。特别是对于比较复杂的任务,如高难技术工作或管理工作,个人能力以及对此项任务的理解较之其实际付出的努力对所能达到绩效的影响更大。

③个人所应得到的奖励应当以其实际达到的工作绩效为价值标准,尽量剔除主观评估因素。要使个人看到:只有努力完成了组织的任务或达到目标时,才会受到精神和物质上的

奖励。不应先有奖励,后有努力和成果,而应当先有努力的结果,再给予相应的奖励。这样,奖励才能成为激励个人努力达到组织目标的有效刺激物。

④个人对于所受到的奖励是否满意以及满意的程度如何,取决于受激励者对所获报酬公平性的感觉。如果受激励者感到不公平,则会导致不满意。

⑤个人是否满意以及满意的程度将会反馈到其完成下一个任务的努力过程中。满意会导致进一步的努力,而不满意则会导致努力程度的降低甚至离开工作岗位。

综上所述,波特—劳勒的激励模式是对激励系统比较全面和恰当的描述,它告诉我们,激励和绩效之间并不是简单的因果关系。要使激励能产生预期的效果,就必须考虑到奖励内容、奖励制度、组织分工、目标设置、公平考核等一系列的综合性因素,并注意个人满意程度在努力中的反馈。

2)罗伯特·豪斯综合激励模式

罗伯特·豪斯把前述若干种激励理论综合起来,将人们从事工作的内在性激励与外在性激励结合起来,提出了有名的综合激励模式。其代表性的公式是:

$$M = V_{it} + E_{ia}(V_{ia} + E_{ej}V_{ej})$$

M 表示激励水平;V_{it} 表示活动本身提供的内酬效价,它给予的内部激励不受任务完成与否及结果如何的影响,因而与期望值大小无关;E_{ia} 表示活动能否完成任务的期望值;V_{ia} 表示完成任务的效价;$E_{ej}V_{ej}$ 表示一系列双变量的总和,其中 E_{ej} 表示任务完成能否获得某项外酬的期望值,V_{ej} 表示该项外酬的效价。

公式中下标的意思分别是:i 为内在的,e 为外在的,t 为任务本身的,a 为完成的。

运用乘法分配律,可将此公式变为:

$$M = V_{it} + E_{ia}V_{ia} + E_{ia}E_{ej}V_{ej}$$

式中,$E_{ia}V_{ia}$ 表示内激励;$E_{ia}E_{ej}V_{ej}$ 表示各种外激励之和。

上述模型表明,整体激励力量取决于内部和外部两大方面。所以,要提高对职工的激励效果,就必须同时重视对职工内在性激励和外在性激励的提高。

(1)内在性激励的提高

对职工的内在性激励包括工作本身的内在性价值(V_{it})和完成工作给职工所能带来的内在性激励作用($E_{ia}V_{ia}$)。提高工作本身的内在性价值可以有许多办法,如采取工作丰富化和工作多样化等措施,让职工经常体验到一些新的工作,感受到工作的乐趣和挑战性,减少工作的单调乏味感;鼓励职工参与决策计划的制订工作,让他们了解自己所从事的工作在整个组织工作中的位置和作用,提高他们对自身工作重要性的认识,等等。在职工认识到自己所从事的工作的重要性之后,关键的问题是设法保证职工凭自身努力之后,能够达到预期的目标,实现预期的期望。所以,要加强对职工的培训,提高他们完成工作任务的能力,帮助他们克服工作中出现的各种问题和困难,为职工创造完成工作任务的良好条件。同时,根据职工在工作中做出的各种成绩要随时对职工进行强化,使他们明确自己正在不断地朝着目标迈进,从而提高完成工作任务的自信心,加大工作动力。

(2)外在性激励的提高

外在性激励取决于职工对各种外在性报酬的追求。所以,要提高外在性激励水平,必须了解职工所追求的外在性报酬的种类及重视程度,以便对症下药。目前有些企业领导经常深入群众之中,定期或不定期地走访职工家庭,就某些问题向职工进行问卷调查等,在不同程度上都具有这样的目的。另外,要注重奖罚及时兑现,取信于民。职工努力工作并取得了较大成绩之后,要及时地满足他们对外在性报酬的需求,这样才能促使职工继续努力地工作。

7.2.5 当代激励理论的综合

本章所论述的许多理论的观点事实是相互补充的,只有将各种理论融会贯通,才会加深对如何激励个体的理论的理解,如图 7.8 所示。

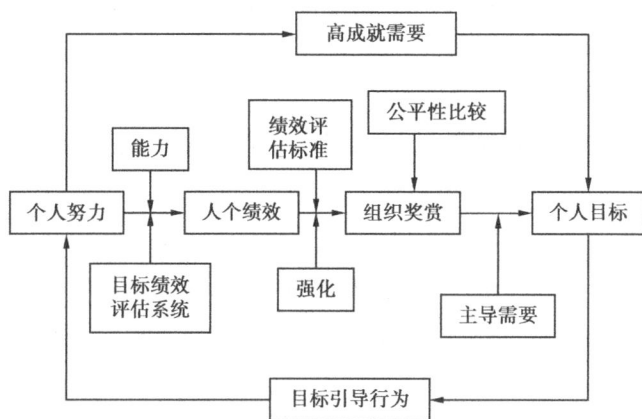

图 7.8 当代激励理论的综合

这一模型,总结了前面所提到的关于激励问题的大部分内容。它的基本构架是简化的期望理论模型。期望理论认为如果个体感到在努力与绩效、绩效与奖赏、奖赏与个人目标的满足之间存在密切联系,那么他就会付出高度的努力,反过来,每一种联系又受到一定因素的影响。对于努力与绩效之间的关系来说,个人还必须具备必要的能力,对个体进行评估的绩效评估系统也必须公正、客观。对于绩效与奖赏之间的关系来说,如果个人感知到自己是因绩效因素而不是其他因素而受到奖励时,这种关系最为紧密。期望理论中最后一种联系是奖赏—目标之间的关系。在这一方面需要理论起着重要作用。当个人由于他的绩效而获得的奖赏满足了与其目标一致的主导需要时,他的工作积极性会非常高。

这个模型包含了成就需要理论。高成就需要者不会因为组织对他的绩效评估以及组织奖赏而受到激励,对他们来说,努力与个体目标之间是一种直接关系。对于高成就需要者而言,只要他们所从事的工作能使他们产生个体责任感、有信息反馈并提供了中等程度的风险,他们就会产生内部的驱动力。这些人并不关心努力—绩效、绩效—奖赏以及奖赏—目标之间的关系。

模型中还包含了强化理论,它通过组织的奖励强化了个人的绩效而体现出来。如果管理层设计的奖励系统在员工看来是用于奖励卓越的工作绩效的,那么奖励将进一步强化和激励这种良好绩效。

最后,在模型中报酬也体现了公平理论的重要作用。个人经常会将自己的付出与所得比率同相关他人的比率进行对比。若感到二者之间不公平,将会影响到个体的努力程度。

7.3 激励方式和艺术

7.3.1 激励的方式

有效的激励必须通过适当的激励方式与手段来实现。按照激励中诱因的内容和性质，可将激励的方式与手段大致划分为三类：物质利益激励、社会心理激励和工作激励。

1）物质利益激励

物质利益激励是指以物质利益为诱因，通过调节被管理者的物质利益来刺激其物质需要的方式与手段，主要包括以下具体形式：

（1）奖酬激励

奖酬包括工资、奖金、各种形式的津贴及实物奖励等。虽然对于一些较高收入水平的人来说，工资、奖金已不是主要的激励因素，但对于相当一部分收入水平较低的人来说，工资、奖金仍是重要的激励因素。

①设计奖酬机制与体系要为实现工作目标服务，这是决定奖酬能否发挥激励作用及其作用大小的最重要的因素。也就是说，奖酬的形式、奖酬与贡献挂钩的办法、奖酬发放的方式等，都要根据有助于促进工作目标实现来设计和实施，而其中的关键又是奖酬与贡献直接挂钩的科学化与定量化。管理者必须善于将奖酬的重点放在管理关注的重点上，以引导下属为多得奖酬而多干工作，从而通过利益驱动实现组织目标。脱离目标与贡献来发放奖酬，就不会产生激励作用，甚至会南辕北辙，起负面作用。

②要确定适当的刺激量。用奖酬手段进行激励，必然涉及刺激量的确定。奖酬刺激量一是表现为奖酬绝对量，即工资、奖金的数量大小；二是表现为奖酬的相对量，即工资奖金在同一时期不同人之间的差别以及同一个人不同时期的差别。奖酬激励作用主要取决于相对刺激量，即同一时期不同人之间的奖酬差别以及个人不同时期奖酬变化的幅度。这正体现了公平理论的要求。要依工作完成情况、人的贡献、总体奖酬水平，公平合理地确定奖酬的增长水平和各人之间的差别。在实践工作中，既要有选择地实行重奖，以期引起轰动和奖励效应，又要防止不适当地扩大刺激量，导致员工产生不公平心理。

③奖酬要同思想政治工作有机结合；奖酬的作用是重要的，但也不能搞金钱万能，必须注意辅以必要的思想工作及其他激励形式尽可能限制物质刺激的副作用。

（2）关心照顾

管理者对下级在生活上给予关心照顾，是激励的有效形式。它不但使下级获得物质上的利益和帮助，而且，能获得受尊重和归属感上的满足，从而，可以产生巨大的激励作用。一个平时不关心下属的管理者，遇有紧急工作时，下属不会积极地给予合作与支持。日本企业的经理重视给员工过生日，就是采用这种关怀激励的方式。对下属的关心照顾，包括员工集体福利,帮助解决员工各种生活困难,以及关心和帮助解决员工各种思想、工作及其他方面的困难。

（3）处罚

在经济上对员工进行处罚是一种管理上的负强化,属于一种特殊形式的激励。运用这种方式时要注意:必须有可靠的事实根据和政策依据令其心顺口服;处罚的方式与刺激量要适当,既要起到必要的教育与震慑作用,又不要激化矛盾;也要同深入细致的思想工作结合,注意疏导,化消极为积极,真正起到激励作用。

【管理实例7.1】

杰克·韦尔奇谈激励

背景与情境:激励员工是领导的重要工作。虽然领导力专家们在许多问题上有分歧,但对这一点却充满共识。比如哈佛大学教授约翰·科特认为:一个复杂企业组织的领导分为3个过程——确定企业经营方向,联合群众,以及激励和鼓舞。而世界上很少能有比通用电气(GE)更复杂的企业组织了。在通用电气董事长兼首席执行官的位置上以领导力著称的杰克·韦尔奇,在接受《华尔街日报》记者访问时,谈到了自己是如何激励员工的。

解决方案:

1. 第一次从事管理工作,你是如何调动员工积极性的?

我非常幸运地成为GE一个新部门——塑料制品部的第一批员工。当我雇用第一名员工时,我们组成了两人团体,我从没把自己看作老板而是同事。而后我们雇用了一个又一个新员工。我们做好了刚刚起步时的一切准备。大家一起去我家共进晚餐,一起过周末,一起在星期六加班。我们没有任何盛大的场面,也不使用备忘录,整个部门就像一个家庭杂货店,大家共同出谋划策,而无等级之分。这就是我们通常所说的"我们的生意"。我想一个企业就应该这样运作。它是思想观念的汇集之所,而不是提供职位之地。

2. 你一般花多少时间处理员工的问题?

至少一半的时间,你看(他掏出一个大笔记本,上面画满了图表,每个部门都有相关的图表,反映每个员工的情况),这是一个动态的评估,每个人都知道自己所处的位置。第一类占10%,他们是顶尖人才;次一些的是第二类,占15%;第三类是中等水平的员工,占50%,他们的变动弹性最大;接下来是占15%的第四类,需要对他们敲响警钟,督促他们上进;第五类是最差的,占10%,我们只能辞退他们。根据业绩评估,每个员工都会知道他们处在哪一类,这样就没有人会对我说:"嗨,以前人们都说我很棒,现在只有你说我很差劲。"

3. 你的评估将决定是否给予他们股票期权作为奖励,是吗?

第一类员工会得到股票期权,第二类中的大约90%和第三类中的50%会得到股票期权。第四类员工没有奖励。图表是最好的工具,哪些人应该得到奖励,哪些人不应该受奖,哪些人应该打道回府,你该如何奖励这些人? 如果你爱惜员工就拥抱他们,亲吻他们,培育他们,给他们一切!

4. 你是如何调动一般员工的积极性的?

让他们明白他们可能上升到第一类或第二类,有机会选择何去何从,他们中最好的才会得到股票期权的奖励。

5. 你是否会给员工制定目标,来提高他们的业务能力?

使员工们意识到他们有潜力不断进步比制定目标更为重要。使公司以最快的速度发展就是我们的目标,我希望员工能够发挥主动性,群策群力,促进公司发展。一些公司与他们的雇员签约,而我不喜欢这样的方式。如果我和你签约,我就成了你的老板,那么来见我之前你会做些什么呢?你会制作50份图表向我证明你已经竭尽全力了,而我一定会要求你做得更多,到了最后只能采取折中的办法。换一种方式,我希望你能充分发挥潜能,提出你最好的建议——我会问:"你需要什么?需要更多的人吗?需要更多的研究和发展?"——你给我的将是许多我没能想到的建议和计划,而我可能会说:"我不喜欢这个想法,我不想这样做,但那个主意非常好。"这样的交流更有成效。

6. 在员工奖励方面,你认为物质奖励和精神奖励哪个更重要?

对一位表现出色的员工进行奖励是管理过程中一个很重要的部分,我主张较大的提升。我不想让人的鼻子总碰着玻璃而穿不过去,我希望他们能得到他们应得的。精神鼓励和物质奖励都是必要的,光有钱不够,而象征性的褒奖也是不行的,两者缺一不可。我遇到过给获得专利的员工只发奖章的老板,我会给他们更多的钱。这家伙有很多钱,但他认为多给钱是愚蠢的,因此只给奖章。而我认为金钱和精神鼓励应该兼顾。

7. 你是如何评价你的高层管理人员的?你也鼓励他们相互竞争吗?

我鼓励他们在工作上相互竞争,但不要有个人恩怨。我们的做法是将奖赏分为两个部分,一半奖励他在自己的业务部门的表现,另一半奖励他对整个公司发展的贡献。如果自己部门业绩很好,但对公司发展不利,则奖金为零。皮之不存,毛将焉附?

(资料来源:华尔街日报. 顶级CEO的原则[M]. 胡林英,译. 北京:中信出版社,2003.)

2)社会心理激励

社会心理激励是指管理者运用各种社会心理学方法,刺激被管理者的社会心理需要的方式与手段。这类激励方式是以人的社会心理因素作为激励的诱因,主要包括以下一些具体形式:

(1)目标激励

它是以目标为诱因,通过设置适当的目标激发动机、调动积极性的方式,员工在管理中的自觉行为,都是追求目标的过程,正是一个个目标引导着员工去采取一个又一个行动,因此,追求目标是满足需要的可行途径,目标成为管理激励中极为重要的诱因。可用以激励的目标主要有三类:工作目标、个人成长目标和个人生活目标。管理者可通过对这三类目标的恰当选择与合理设置有效地调动员工的积极性。

①尽可能增大目标的效价:根据弗鲁姆的期望理论,激发力量的大小取决于效价及概率。管理者在设置目标时,一要选择下级感兴趣、高度重视的内容,使所选择的目标尽可能多地满足下级的需要;二要使目标的实行与相应的奖酬或名誉、晋升挂钩,加大目标实现的效价;三要做好说明、宣传工作,使下级能真正认识到目标的社会心理价值及其实现所带来的各种利益。

②增加目标的可行性。只有通过努力能够实现的目标,才能真正起到激励作用。目标水平要先进合理,要具备相应的实施条件,要具有可操作性,并做好必要的说明解释工作,使下级充分认识到实现的可能性。

【管理链接7.4】

只为今天

一、只为今天,我要很快乐。正如林肯所说的"大部分的人只要下定决心都能快乐"这句话是对的,那么快乐是来自内心,而不是存在于外在。

二、只为今天,我要让自己适应一切,而不去试着调整一切来适应我的欲望。我要以这种态度接受我的家庭、我的事业和我的运气。

三、只为今天,我要爱护我的身体。我要多加运动,善自照顾,善自珍惜,不损伤他,不忽视他,使他能成为我争取成功的好基础。

四、只为今天,我要加强我的思想。我要学一些有用的东西,我不要做一个胡思乱想的人。我要看一些需要思考、更需要集中精神才能看的书。

五、只为今天,我要用三件事来锻炼我的灵魂:我要为别人做一件好事,但不要让人家知道;我还要做两件我并不想做的事,而这就像威廉·詹姆斯所建议的,只是为了锻炼。

六、只为今天,我要做个令人欢喜的人,外表要尽量修饰,衣着要尽量得体,说话低声,行动优雅,丝毫不在乎别人的毁誉。对任何事都不挑毛病,也不干涉或教训别人。

七、只为今天,我要试着只考虑怎么度过今天,而不把我一生的问题都在一次解决。因为,我虽能连续12个钟点做一件事,但若要我一辈子都这样做下去的话,就会吓坏了我。

八、只为今天,我要订下一个计划。我要写下每个钟点该做些什么事;也许我不会完全照着做,但还是要订个这个计划;这样至少可以免除两种缺点——过分仓猝和犹豫不决。

九、只为今天,我要为自己留下安静的半个钟点,轻松一番。在这半个钟点里,我要想到神,使我的生命中更充满希望。

十、只为今天,我要心中毫无惧怕。尤其是,我不要怕快乐,我要去欣赏美的一切,去爱,去相信我爱的那些人会爱我。

(资料来源:赵燕芸,常征,丁岚.卡耐基妙语[M].北京:中国友谊出版公司,1990.)

(2)教育激励

教育激励是指通过教育方式与手段激发动机、调动下级积极性的方式,具体包括:

①政治教育。例如,通过世界观教育、爱国主义教育、敬业爱岗教育等,提高下级的觉悟,激发他们的政治热情和工作积极性。

②思想工作。要通过个别沟通、谈心等多种方式,做深入细致的思想工作,以收到好的激励效果。做好思想工作的关键在于深入探索人的思想规律,提高思想工作的科学化程度,克服言行不一致的空洞的政治说教现象,以求实效。

(3)表扬与批评

表扬与批评既可以看作是指挥手段,也可以看作是激励形式。要讲究表扬与批评的艺术,因为它将直接关系到表扬与批评的效果。主要应注意以下几点:

①坚持以表扬为主、批评为辅。以表扬为主,能够满足人们受尊重的心理需要,易于为下级接受,效果较好;但必要的批评也必须有,放弃了批评,就是对违纪的放纵,就是对权力的放弃。

②必须以事实为依据。无论是表扬还是批评,都必须严格尊重事实。如果失实,都将产生负面作用。

③要讲究表扬与批评的方式、时机、地点，注重实际效果。例如，当众表扬与批评可能对别人的震慑作用大，教育效果明显，但当众批评也会引起受批评者的强烈反感。管理者要根据问题的性质、表扬与批评对象的身份与心理特点，科学地选择适宜的方式。此外，还要注意进行的时机与场合等因素。

④批评要对事不对人。针对某人过失的批评，他会心服口服，但如果因一个过失就批评这个人本身，涉及其人格，甚至更多地在动机上指责，则极易引起受批评者的反感，从而引起对立与冲突，使批评失败。

⑤要限制批评的次数，尽量减少批评的次数，否则，会冲淡教育效果。同时，要一事一评，切不可批评一次，将过去发生的多个问题来个算总账，这样，不但重点不突出，而且还会引起受批评者的反感和抵触。

⑥批评与表扬的适当结合。批评个人的缺点时，应首先肯定其优点与成绩，这样，受批评者觉得受到公正对待，容易接受批评。有时，如有必要，在表扬一个人的时候，也可以提示一下其缺点，这样可使其心悦诚服地克服缺点。

【管理实例7.2】

赞扬莫迟疑

背景与情境：每个对工作尽心尽力的人都需要得到别人肯定。报酬固然重要，但多数员工认为获得报酬只是一种权利，是他们工作付出的交换。正如管理顾问 Rosabeth Moss Kanter 所言，"报酬是一种权利，给予肯定则是一件礼物。"许许多多的研究表明，最能激发员工全力以赴、高水平发挥的是给予他们赞扬与肯定。除应得的薪水之外，人们更需要感到他们在工作中作出了一份贡献，他们的努力有成果并得到企业赏识。

尤其是现在，企业结构日益精练，经理人往往要承受来自上上下下的各方压力和紧张。许多经理人称，他们忙得根本无暇与人交谈。没有交流，他们就失去了本可从员工中获得的宝贵反馈。如果经理人希望将员工的注意力集中到人们工作的正面事项中，而不只是对人们的差错作反应，那么，他们可以使用给予肯定这一工具来引导员工行为。

一声真诚的感谢，既表达了你对员工某种行为或价值的欣赏，如坦诚、正直等，也能大大鼓舞员工继续表现出你所看重的行为，使这种行为渐渐蔚然成风。它所反映出来的不仅是你的工作责任，更看出你掌握全局、着眼整个工作环境的能力。简单而有节制的表彰能展现出如此的力量，部分是因为有人花功夫关注员工所取得的成就，找出有功之士，并亲自及时给予赞扬。

不幸的是，不少经理人对如何赞扬他人茫然所知。尽管每个人都承认赞扬会让他们动力十足，但对于怎样赞扬最富有效果、如何传递赞扬最合宜，人们仍然懵懂不清。造成的结果是，许多公司都渐渐意识到，如果他们的企业文化要鼓励赞扬和肯定，就需要对经理人，甚至员工进行有关表达赞赏的技能培训。

解决方案：

1. 活动与讨论

让每个人都参与进来，能有效地启发他们思考赞扬别人的重要性。我经常要求参加学习的人员回想最近一次他们感到备受赏识的时间、他们给予或从其他员工处得到的最精彩的赞扬，然后与别人分享。由此引发的讨论和分享使整个学习团体达成一个给予赞扬的基本准则。也可以组织小组讨论，分享在各种不同企业中行之有效的赞扬诀窍，或运用脑力激荡法寻找费用低廉的赞扬别人的点子。

2. 研究与统计

通过激励研究或选择此类研究得出的统计数字,对了解给予赞扬的重要性富有说服力。激励研究通常可在报纸和商业媒体上见到。

3. 故事与案例研究

精彩故事甚至胜过相关的研究。故事可以是培训人员的亲身经历,也可以是他们从某经理人或以前培训中的所见所闻。如果是个幽默风趣的故事,就能更好地抓住整个团体的注意力,把握好培训课程的节奏变化。一个完美的故事可作为案例,加深人们对如何给予赞扬的理解。当这种赞扬成为一个企业文化不可或缺的一部分时,制作成音像的案例学习对人们了解赞扬技巧的效果更为显著。

4. 简便的赞扬工具

企业将会发现,向它们的经理人提供一些简便的赞扬工具,将大大增加经理人赞扬其员工的可能性。正规的赞扬项目富有价值,但为了使其发挥更大效力,这些项目需要简单而有所节制,在日常工作中人们可以用来互相传递表达感谢和赏识的信息。与经理人和员工一起分享其他企业的做法。例如,在美国佛罗里达州奥兰多隶属迪士尼(Disney)公司的 Dolphin Hotel 酒店,员工可以用一张简单的便条发送感谢卡。Tektronix Corporation 公司使用一种"你值得好好赞扬一番"的便笺式卡片,谁都可以将其发给任何其他员工。该公司一名员工说:"当人们花时间把他们的名字写在一张纸上发给你,哪怕只是几句动听的话,意义也非同小可。""感谢世界"(World of Thanks)是 AT & T Universal Card Services 公司 40 多个赞扬和奖励项目之一。这种奖励方式是,使用一叠球状彩纸,上面用各种语言写满了"谢谢你"的字样。每个公司员工都可以给其他人撰写感谢信并发给他们。这一项目大受欢迎,4 年时间用了 13 万封这样的便条。

5. 行为模型

教授任何技能最理想的方法就是为这种技能建立一个榜样。在教授赞扬技能时,尽可能将有成效的赞扬技能演示出来非常重要。比如说,可以通过角色扮演的方式说明各种赞扬方式的好与差。

6. 补充训练

让人力资源经理补充赞扬技能的培训。他们可以对员工进行重点培训,在员工中进行调查,以评估公司在提供赞扬方面的进展情况,并找出需要改进的地方。他们可以做赞扬他人的先锋,检验其他公司的"最佳实践"。为一些具里程碑意义的成功举行自发性的庆祝活动,庆祝成功的赞扬故事。向那些为成功作出贡献的人表示感谢和肯定。在公司简报中宣扬此类成功故事。如果你鼓励员工更多地表现出某种行为,看到这一行为时就应作出肯定。这是对于每个员工都屡试不爽的。

(4)感情激励

它是以感情作为激励的诱因,调动人的积极性。现代人对社会交往和感情的需要是强烈的,感情激励已成为现代管理中极为重要的调动人的积极性的手段。感情激励主要包括以下几方面内容:

①在上下级之间建立融洽和谐的关系。管理者对下级的一个重要影响力来源是亲和力。这就要求管理者高度重视与下级的个人关系,使关系融洽或有较深的友谊,以增强亲和影响力。

②促进下级之间关系的协调与融洽。组织中各成员之间的关系也会影响组织目标的实现。它也包括对非正式组织关系的积极引导,以尽可能满足各成员社会交往的需要。

③营造健康、愉悦的团体氛围,满足组织成员的归属感。管理者应注意以维系感情为中心,组织开展各种健康、丰富多彩的组织文化活动,营造愉悦的团体氛围,使每个成员以置身于这一团体感到满意和自豪,造就一种高质量的社会生活,满足其归属感,从而实现有效激励,令其自觉地、心情愉快地为实现组织目标努力工作。

（5）尊重激励

随着人类文明的发展,人们越来越重视尊重的需要。管理者应利用各种机会信任、鼓励、支持下级,努力满足其尊重的需要,以激励其工作积极性。

①要尊重下级的人格。上下级只是管理层次和职权的差别,彼此之间是平等的。管理者应尊重自己的下级,特别是尊重其人格,使下级始终获得受到尊重的体验。

②要尽力满足下级的成就感。要尊重下级自我实现的需要,创造条件鼓励和支持下级实现自己的工作目标,追求事业的成功,以满足其成就感。

③支持下级自我管理,自我控制。管理者要授权给下级,充分信任他们,放手让下级实行自我管理,自我控制,以满足其自主心理。

【管理实例7.3】

向古人学习"收买人心"

背景与情境:出色的管理者善于收买人心、经营人心,能洞悉人性才能所向披靡。人力资本包括4个因素:"心灵资本"（也叫"情感资本"）、"大脑资本"、"组织资本"、"顾客资本"。其中,企业的"心灵资本"体现了所有员工的承诺、责任、诚实、首创精神、力量和灵活性等方面的整体价值。"心灵资本"是人力资本的基础。收买人心的目的就是要让"心灵资本"增值,从而令人力资本和金融资本的价值也随之增长。说到收买人心,中国人在这方面有几千年的历史和经验,管理者想要从中汲取营养,还要向古人学习。

解决方案:

1. "燃烧"你的员工

刘备是收买人心的鼻祖。刘备摔孩子——收买人心,这一歇后语可以证明。《三国演义》中记载了刘备摔阿斗的故事。当阳长坂坡之战是曹操、刘备两军的一次遭遇战,骁将赵云担当保护刘备家小的重任。由于曹军来势凶猛,刘备虽冲出包围,家小却陷入曹军围困之中,赵云拼死厮杀,七进七出终于寻到刘备之子阿斗,赵云冲破曹军围堵,追上刘备,呈交其子。刘备接子,掷之于地,愠而骂之:为此孺子,几损我一员大将! 赵云抱起阿斗连连泣拜:云虽肝脑涂地,不能报也。刘备成功"燃烧"了赵云。这把火点在赵云的心里,再也没有熄灭过。古人有云:动人心者莫过于情。情动之后心动,心动之后理顺。

2. 付出你的时间

有一次,康熙巡视河道,得罪了恶人,恶人要打康熙,魏东亭呆头呆脑地望着,不知如何应付这种突发事件。康熙立即扬起手,"啪"的就是一记耳光打向魏东亭。当晚,康熙休息的时候,将魏东亭找到帐前,拉着他的手对他说:"朕近来对你好像刻薄了一些,是有意要锻炼你一下。你说要弃武就文,目的当然是他日找一条好的出路,这是对的,如果封你一个官职,只是朕一句话就可以了,但这样不能培养你成才。你还需要多一点历练,所以朕对你是严格了一些。你知道吗?朕再三筹划,才不得不把你留在身边。你要吃得起这个亏呀……"康熙一番说明,说得情真意切,魏东亭本来有很多怨气,但经过今次一掌之后,得到皇帝如此交心地讲明白,真是又服又帖,更加忠心了。要收买人心,仅给予物质奖赏是不够的。只有付出你最宝贵的东西,才可收买人心。最宝贵的东西是什么,是你的时间。你肯抽时间和他说明一切,最能让下属有被重视的感觉。

3. 表现你的宽容

唐太宗李世民当政时,刑部尚书张亮被控犯有谋反罪,多数大臣都认为张亮罪在不赦,应当立即杀头。只有殿中少监李道裕认为张亮犯罪证据不足,不应定罪,并且在朝廷上说得慷慨激昂,把倾向治罪的唐太宗一时弄得很没面子。盛怒之下的唐太宗毫不迟疑地就把张亮杀掉了。事后不久,刑部侍郎的职位出了空缺,唐太宗竟建议宰相把这个位子让李道裕来坐,理由是李道裕执法谨慎严格。群臣都知道李道裕曾经当众反对唐太宗的意见,而现在偏偏任命李道裕做这个执法官,此项任命一经公开,朝廷上下无不盛赞唐太宗的仁德和雅量,开明君主的招牌亮得更显耀了。重用你不喜欢的或是和你作对的人,不但能得到当事者的誓死相报,还能赢得开明、宽容的口碑,从而吸引更多人追随。

4. 放低你的姿态

三国时期,曹操手下有个谋士叫贾诩,非常受曹操倚重。贾诩轻易不肯表态,也不结交朋党,而正由于此,曹操对他比较看重。曹丕看中了贾诩的智慧与影响力,某天晚上到贾诩的府上拜访,并当面给贾诩下跪,请贾诩救他。要知道,曹操当时已经官封魏王,曹丕是王子,他能够向贾诩下跪,在那个封建的时代,这可不是普通的礼节。即使是刘备三顾茅庐,也比不上曹丕对贾诩的下跪。曹丕的这一举动赢得了贾诩的忠心。后来贾诩给曹丕出了主意,让曹丕成功地博得曹操的信任,并挤掉更得曹操欢心的曹植,成为了曹操的继承人。有时候,在你放低姿态的一瞬间,很多难以解决的问题便迎刃而解了。

向古人学习收买人心,并不是要将古人的做法照搬套用,其中玄机只可意会,不可言传。"收买人心"这四个字,在汉语里是贬义,不大好听,如果改用好听的字,就是激励人心,就是管理者想办法把下属的积极性调动起来,让他们把储存的潜能发挥出来。现代市场竞争亦如古之兵战。现代管理者必须懂得,管理的关键在于管"心"。

(6)参与激励

它以让下级参与管理为诱因,调动下级的积极性和创造性。下级参与管理有利于集中群众意见,以防决策的失误;有利于下级受尊重心理的满足,从而受到激励;有利于下级对决策的认同感,从而激励他们积极自觉地去推进决策的实施。实施下级参与管理(或称民主管理)主要应注意以下几点:

①增强民主管理意识,建立参与的机制。管理者与被管理者双方都要树立民主管理既是员工政治权利又是现代管理方式的意识,自觉地推进其实施。同时,要建立科学、可行的员工参与管理的制度、结构、程序和方法,从制度方法体系上保证民主管理的实施。

②真正授权给下级,使下级实实在在地参与决策和管理过程。绝不能把民主管理当作摆设,走过场,必须充分发挥员工民主管理的作用。

③有效利用多种参与形式,鼓励全员参与。在我国国有企业中,民主管理的形式主要有职工代表大会、合理化建议制度、目标管理、基层民主管理活动等,要依实际需要加以运用。同时,采取措施鼓励全体人员在各个管理层次和各个管理环节上全面参与管理活动,以最大限度地开发员工的潜能,调动其积极性和创造性。

（7）榜样激励

"榜样的力量是无穷的",管理者应注意用先进典型来激发下级的积极性。榜样激励主要包括以下两方面:

①先进典型的榜样激励。管理者要注意发现和总结先进事迹和先进人物,以他们的感人事迹来激励下级。应用中,要注意事迹的真实性、与下级人员工作的可比性、可学性等,真正令下级服气,感动并激励下级。

②管理者自身的模范作用。管理者号召和要求下级做到的,自己首先要做到,应身先士卒,率先垂范,以影响、带动下级。实践中,一定要实实在在,而不是做表面文章;是始终一贯,而不是一时心血来潮。

（8）竞赛（竞争）激励

人们普遍存在着争强好胜的心理,这是由人谋求实现自我价值、重视自我实现需要所决定的。管理者结合工作任务,组织各种形式的竞赛,鼓励各种形式的竞争,就会极大地激发员工的热情、工作兴趣和克服困难的勇气与力量。在组织竞赛、鼓励竞争的过程中,注意以下几方面:

①要有明确的目标和要求,并加以正确的引导。这样,确保竞赛与竞争能沿着正确的轨道进行,防止偏离组织目标。

②竞争必须是公平的。竞争的基础、条件、起点、过程、结果衡量与对待,都必须是公平合理的。

③竞赛与竞争的结果要有明确的评价和相应的奖励。尽可能增加竞争结果评价或奖励的效价,以加大激励作用。

3）工作激励

按照赫茨伯格的双因素理论,对人最有效的激励因素来自于工作本身,即满意于自己的工作是最大的激励。因此,管理者必须善于调整和调动各种工作因素,千方百计地使下级满意于自己的工作,以实现最有效的激励。实践中,一般有以下几种途径:

（1）工作适应性

工作的性质和特点与从事工作的员工的条件和特长相吻合,能充分发挥其优势,引起其工作兴趣,从而使员工高度满意于工作。既定的一批不同性质的工作岗位同既定的一批不同素质、特点的员工,如果组合好了,就会使大家都对工作满意,积极性高涨;如果组合不好,人的长处与兴趣都会受到压抑,大家都会对工作不满意,工作情绪低落。正因为如此,当有的人将无所作为的废材称为"垃圾"时,有的人则针锋相对地提出:"'垃圾'是放错地方的人才。"可见,科学合理的人与事的配合是有效激励的重要手段。管理者要善于研究人与工作的性质和特点,用人之所长,用人之兴趣,科学调配与重组,实现人与事的最佳配合,尽可能地使下级满意于工作。

(2)工作的意义与工作的挑战性

员工怎样看待自己所从事的工作,直接关系到其对工作的兴趣与热情,进而决定其工作积极性的高低。人们愿意从事重要的工作,并愿意接受挑战性的工作,这反映了人们追求实现自我价值、渴望获得别人尊重的需要。因此,激励员工的重要手段就是向员工说明工作的意义,并增加工作的挑战性,从而使员工更加重视和热衷于自己的工作,达到激励的目的。

(3)工作的完整性

人们愿意在工作实践中承担完整的工作。从一项工作的开始到结束,都是由自己完成的,工作的成果就是自己努力与贡献的结晶,从而可获得一种强烈的成就感。管理者应根据工作的性质与需要以及人员情况,尽可能将工作划分成较为完整的单元分派给员工,使每个员工都能承担一份较为完整的工作,为他们创造获得完整工作成果的条件与机会。

(4)工作的自主性

人们出于自尊和自我实现的需要心理,期望独立自主地完成工作,而自觉不自觉地排斥外来干预,不愿意在别人的指使或强制下被迫工作,这就要求管理者能尊重下级的这种心理,通过目标管理等方式,明确目标与任务,提出规范与标准,然后,大胆授权,放手使用,让下级进行独立运作、自我控制。工作成功后,完全归功于下级的自主运作,这样,下级将受到巨大激励,会对由自己自主管理的工作高度感兴趣,并以极大的热情全身心投入,以谋求成功。

(5)工作扩大化

影响工作积极性的最突出原因是员工厌烦自己所从事的工作,而造成这种现象的基本原因之一就是工作的单调乏味或简单重复。为解决这一问题,管理者应开展工作设计研究,即如何通过工作调整,克服单调乏味和简单重复,千方百计地增加工作的丰富性、趣味性,以吸引员工。工作扩大化旨在消除单调乏味的状况,增加员工工作的种类,令其同时承担几项工作或周期更长的工作。具体形式有:兼职作业,即同时承担几种工作或几个工种的任务;工作延伸,即前向、后向地接管其他环节的工作;工作轮换,即在不同工种或工作岗位上进行轮换。这既有利于增加员工对工作的兴趣,又有利于促进人的全面发展,是重要的工作激励手段。

(6)工作丰富化

工作丰富化指让员工参与一些具有较高技术或管理含量的工作,提高其工作的层次,从而使职工获得一种成就感,使其要求得到尊重的需要得到满足。具体形式包括:将部分管理工作交给员工;吸收员工参与决策和计划;对员工进行业务培训;让员工承担一些较高技术的工作等。

(7)及时获得工作成果反馈

人们对于那种工作周期长、长时间看不到或根本看不到工作成果的工作很难有大的兴趣,而对于只要有投入就能立竿见影看到产出的工作兴趣较浓。这也是人们追求成就感的一种反映。管理者在工作过程中,应注意及时测量并评定、公布员工的工作成果,尽可能早地使员工得到工作的反馈,及时看到他们的工作成果,这就会有效地激发其工作积极性,促其努力扩大战果。例如,在生产竞赛中及时公布各组的生产进度,会对所有员工产生明显的激励作用。

7.3.2　激励的艺术

1)奖励组织期望的行为

美国著名管理学家米切尔·拉伯夫经过 20 年的调查和研究,总结出这样一条规律,即"人们会去做受到奖励的事情",因而把奖励组织所期望的行为称为现代行为管理的基本原则,事实证明,组织中许多不合理的行为都是由奖励不当造成的。根据在激励方面组织常犯的错误,拉伯夫提出,组织应特别注意奖励以下 10 种行为:奖励彻底解决问题,而不是奖励只图眼前见效的行为,以确保组织的长远利益;奖励承担风险而不是回避风险的行为;奖励善于用创造力而不是愚蠢的盲从行为;奖励果断的行动而不是光说不做的行为;奖励多动脑筋而不是一味苦干;奖励使事情简化而不是使事情不必要地复杂化;奖励沉默而有效率的人而不是喋喋不休者;奖励有质量的工作,而不是勿忙草率的工作;奖励忠诚者而不是跳槽者;奖励团结合作而不是互相对抗。

2)善于发现和利用差别

组织激励的一个重要原理是利用利益的差别向组织成员传递组织期望的行为的信息:奖惩分明是自古以来人们所信奉的一条管理原则。利益的差别可以推动竞争,心理学的实验显示,竞争可以增加 50% 甚至更多的心理创造力。利益差别也是体现公平的一个方面。各级主管人员必须坚持物质利益原则和按劳分配原则,通过考核人们的行为及绩效的差别,奖勤罚懒、奖优罚劣,切忌搞平均主义。在利用利益差别激励下属时,必须明确指出下属的贡献或不足,使之心服口服。为了避免员工间的矛盾,应尽量用预先规定的工作标准来衡量人们的实际表现,不要直接进行人与人的对比。

3)掌握好激励的时间和力度

激励要掌握时机,比如,好人好事应及时表扬;下属做了错事,为防止扩大损失,固然应及时制止,但不一定马上进行批评,以防矛盾激化。对于反复出现的积极行为,不能反复表扬,而应当出其不意,使人们有所期待和有所争取。激励要注意力度。奖励、惩罚、表扬、批评都有一个限度,心理学上称为"阈值",低于这个阈值的激励是不起作用的,如轻描淡写的批评、漫不经心的表扬等作用都不大;但是激励力度也不能过分,过度奖励和过度惩罚都会产生不良后果。

4)激励时要因人而异

人们有不同的需要、不同的思想觉悟、不同的价值观与奋斗目标,因此激励手段的选择及应用要因人而异。为此,主管人员在进行激励时,要定期对人们的需要进行调查,分析不同年龄、性别、职务、地位、受教育程度的员工最迫切的需要,实行所谓的"弹性报酬制度"。对不同的人给予不同的激励,在总激励费用不变的前提下,能获得更好的激励效果。

【管理实例7.4】

如何激励一线员工

背景与情境：与很多企业交流时经常听到抱怨："现在的年轻人真难管，一不高兴，工作扔下就走人了，招人还很困难，好不容易招来几个新人，刚到车间熟悉情况，没过几天招呼也不打就自动离职了，真不知该怎么办？"

的确，环境变了。以前企业随便在工厂门口贴个招工启事，马上涌来黑压压的一群人应聘，企业根本不愁工作没人干，而现在，这些一线员工有了更多的就业机会，他们开始选择、比较，哪一家企业更有吸引力？如果企业想要吸引并留住优秀的一线员工，就要认真思考如何激励他们？

解决方案：一要尊重员工。过去企业更多地考虑如何尊重管理人员，对一线操作人员考虑不足。比如，一线人员的工作服与管理人员的不同，质量款式都差很多；食堂也不一样，环境与伙食质量很糟糕。在这种环境下，员工根本没有受尊重的感觉，更谈不上工作热情了，一旦有其他企业做得稍好一点马上走人。二要培养认同感。无论是小孩还是成人都需要被肯定，但是很多人却忽视这一点。同样的，一线员工也需要这样的肯定，哪怕是一句话，拍一下肩膀，他都感觉自己的价值得到了别人/上司的认同，工作会更有干劲。三要建立公平有效的激励机制。领导者要做到以身作则，公平公正对待下属，物质激励等奖惩标准要透明、科学合理，长期激励和短期激励相结合。企业需要重新考虑一线员工的薪酬体系，加入长期激励因素，比如固定的岗位工资，随着工作年限的增长、技能的提高、业绩表现好等不断加薪，乃至晋升，用好的职业发展来吸引和留住核心员工。

5）系统设计激励策略体系

激励策略要优化组合，在空间上相辅相成，在时间上相互衔接，形成"综合治理"的格局及积极的良性循环。人的积极性运动机制的复杂性、影响因素的众多性和交叉性，决定了激励必须采取"综合治理"的方式，也就是要根据影响积极性的各种因素的相互联系和相互制约的特点，以及系统理论的要求，使若干项激励措施同步配套地实行。这是因为各种影响因素同时对人们的积极性起作用，不是受控制的，就是自发的，既有积极的，也有消极的。如果只抓一方面而不顾及其他，就容易产生相互抵消的情况。这就要求主管人员在运用激励手段时，既抓物质的，也抓精神的；既抓内激励，也抓外激励，特别要抓好内激励；既抓组织内的因素，也抓组织外的因素，处理好组织内部条件和外部环境的关系。

学习要点

1. 激励是指管理者通过各种手段和方式刺激、激发人的动机，使其产生内在动力，从而调动其积极性，努力朝着有利于组织期望的目标前进的一种管理活动。

2. 激励的特征包括：目的性、主动性、持续性、引导性。

3. 激励是通过创造外部条件来满足人的需要的过程。这个过程包括需要、动机、行为、结果4个阶段。

4. 绝大多数管理者都十分关切员工的激励问题。因为通过激励能激发员工的潜能，激发员工的工作热情和兴趣，提高员工的工作主动性、积极性和创造性，提高工作绩效。

5. 有关激励的理论有很多,大体上可以分为 4 种类型:内容型激励理论、过程型激励理论、强化理论和综合型激励理论。

6. 内容型激励理论侧重研究用什么样的因素激励人、调动人的积极性。代表性理论有:马斯洛的需要层次论,奥尔德弗的生存、关系、发展(ERG)理论,赫茨伯格的双因素理论,麦克利兰的三种需要理论等。

7. 过程型激励理论着重探讨人们接收了激励信息以后到行为产生的过程。代表性理论有:弗鲁姆的"期望理论"、亚当斯的"公平理论"。

8. 强化型激励理论强调行为结果对行为本身的作用,由美国哈佛大学教授、心理学家斯金纳提出。强化包括正强化、负强化和自然消退 3 种类型。

9. 综合型激励理论则对已有的激励理论进行概括与综合,试图全面揭示人在激励中的心理过程。代表性理论有:波特—劳勒的综合激励模型和罗伯特·豪斯的综合激励模式。

10. 按照激励中诱因的内容和性质,可将激励的方式划分为三类:物质利益激励、社会心理激励和工作激励。

11. 激励是一门艺术。在实践中要掌握好以下要点:奖励组织期望的行为、善于发现和利用差别、掌握好激励的时间和力度、激励时要因人而异、系统设计激励策略体系。

思考练习

1. 激励有哪些特点?
2. 简述激励的过程。
3. 激励的作用体现在哪些方面?
4. 常见的激励理论有哪些?
5. 需要层次理论与生存、关系、发展理论的联系与区别是什么?
6. 公平理论中,员工进行比较的参照对象有哪些?
7. 结合强化理论,列举常见的激励方式。
8. 实际工作中如何恰当地运用激励工作方式?

管理实践

训练项目:唐僧师徒及白龙马需要层次分析

[实践目标]

1. 强化激励理论的理解。

2. 培养激励理论运用能力。

[实践内容与方法]

1. 阅读下面的案例资料,进行相关的需要层次分析。

2. 采取个人分析、团队讨论、班级交流的方式进行。

案例资料:

(1)唐僧

唐僧 18 岁皈依佛门,经常青灯夜读,对佛家经典研修不断,而且悟性极高,20 岁左右便名冠中国佛教,备受唐朝太宗皇帝厚爱。后来被如来佛祖暗中选中去西天取经,并赐宝物三件(袈裟、九环锡杖、紧箍咒)。西行取经遇到九九八十一难,始终痴心不改,在孙悟空、猪八戒、沙和尚的辅佐下,历尽千辛万苦,终于从西天雷音寺取回35部真经,最后被封为旃檀功德佛,为弘扬佛家教化作出了巨大贡献,至今被人们津津乐道,不忘他的历史功绩。

(2)孙悟空

它本是从灵石中蹦出的石猴,后凭借师从菩提老祖修炼的本事,占花果山为王自称"齐天大圣",搅乱王母娘娘的蟠桃盛会,偷吃太上老君的长生不老金丹,打败天宫十万天兵天将,又自不量力地与如来佛祖斗法,被压在五行山下五百多年。后来经观世音菩萨点化,保护唐僧西天取经。

(3)猪八戒

他原来是玉皇大帝的天蓬元帅,因调戏嫦娥被逐出天界,到人间投胎,却又错投猪胎,嘴、脸与猪相似。他会变身术,能腾云驾雾,使用的兵器是九齿钉耙。唐僧西去取经路过云栈洞,猪八戒被孙悟空收服,八戒从此成为孙悟空的好帮手,一同保护唐僧去西天取经。

(4)沙悟净

沙和尚原是天宫玉帝的卷帘大将,因触犯天条,被贬出天界,在人间流沙河兴风作浪。他使用的兵器是一柄月牙铲,武艺高强,不畏强敌。经南海观世音菩萨点化,拜唐僧为师,与孙悟空、猪八戒一起保护唐僧西天取经。他身上有两件宝:一件是菩萨葫芦;一件是9个骷髅组成的项圈。后来,他用9个骷髅作为九宫,把菩萨葫芦安放在其中,成为法船,稳似轻舟,顺利地帮助师徒四人渡河西去。

(5)白龙马

小白龙原来是西海龙王敖闰殿下的三太子。龙王三太子纵火烧了殿上玉帝赐的明珠,触犯天条,犯下死罪,幸亏大慈大悲的南海观世音菩萨出面,才幸免于难,被贬到蛇盘山鹰愁涧等待唐僧西天取经。无奈他不识唐僧和悟空,误食唐僧坐骑白马,后来被观世音菩萨点化,锯角退鳞,变化成白龙马,皈依佛门。

[实践标准与评估]

1. 实践标准:能够正确地运用马斯洛需要层次理论分析唐僧师徒四人及白龙马前赴西天雷音寺取经途中核心的需要层次,并根据人类需要复杂性特征分析唐僧师徒四人及白龙马在不同时期的需要层次变化。

2. 实践评估:①个人分析作为作业评估。②对各团队与个人在班级交流时的表现评估打分。

[实践拓展]

根据个人情况,可进一步开展如下训练:

1. 运用奥尔德弗的生存、关系、发展(ERG)理论对《三国演义》中刘备、孙权、曹操三人在不同历史时期的需要进行分析。

2. 运用马斯洛需要层次理论分析《水浒传》"第十回 林教头风雪山神庙 陆虞侯火烧草料场"中林冲个人心理变化及需要层次逆转。

第8章

沟通理论与实践

学习目标

1. 掌握沟通的含义与过程。
2. 了解沟通的作用与形式。
3. 掌握有效沟通障碍消除的方法。
4. 培养有效沟通的能力。

引例

艾柯卡的说服技巧

美国汽车业"三驾马车"之一的克莱斯勒汽车公司拥有近70亿美元的资金,是美国第十大制造企业,但自进入20世纪70年代以来,该公司却屡遭厄运,从1970—1978年的9年内,竟有4年亏损,其中1978年亏损额达2.04亿美元。在此危难之际,艾柯卡出任总经理。为了维持公司最低限度的生产活动,艾柯卡请求政府给予紧急经济援助,提供贷款担保。

但这一请求引起了美国社会的轩然大波,社会舆论几乎众口一词:克莱斯勒赶快倒闭吧。按照企业自由竞争原则,政府决不应该给予经济援助。最使艾柯卡感到头痛的是国会为此而举行了听证会,那简直就是在接受审判。委员会成员坐在半圆形高出地面八尺的会议桌上俯视着证人,而证人必须仰着头去看询问者。参议员、银行业务委员会主席威廉·普洛斯迈质问他:"如果保证贷款案获得通过的话,那么政府对克莱斯勒将介入更深,这对你长久以来鼓吹得十分动听的主张(指自由企业的竞争)来说,不是自相矛盾吗?"

"你说得一点也不错,"艾柯卡回答说,"我这一辈子一直都是自由企业的拥护者,我是极不情愿来到这里的,但我们目前的处境进退维谷,除非我们能取得联邦政府的某种保证贷款,否则我根本没办法去拯救克莱斯勒。"

他接着说:"我这不是在说谎,其实在座的参议员们都比我还清楚,克莱斯勒的请求贷款案并非首开先例。事实上,你们的账册上目前已有了4 090亿元的保证贷款,因此务请你们通融一下,不要到此为止,请你们也全力为克莱斯勒争取4 100万美元的贷款吧,因为克莱斯勒乃是美国的第十大公司,它关系到60万人的工作机会。"

艾柯卡随后指出日本汽车正乘虚而入,如果克莱斯勒倒闭了,它的几十万职员就得成为日本的佣工,根据财政部的调查材料,如果克莱斯勒倒闭的话,国家在第一年里就得为所有失业人口花费27亿美元的保险金和福利金。所以他向国会议员们说:"各位眼前有个选择,你们愿意现在就付出27亿美元呢?还是将它一半作为保证贷款,日后可全数收回?"持反对意见的国会议员无言以对,贷款终获通过。

(资料来源:赵振宇.管理沟通:理论与实践[M].杭州:浙江大学出版社,2014.)

8.1　沟通概述

著名世界级管理大师彼得·德鲁克说:沟通不是万能的,没有沟通是万万不能的!沟通,对身在职场和将要走向职场的人士是非常重要的。在管理中有一个"双70定律",即:管理者有70%的时间都花在了沟通上,但是工作中70%的失误都是由于沟通不当造成的。这充分说明了管理者们缺少的不是沟通的意识,而是沟通的艺术和沟通的技巧。

8.1.1　沟通的概念

沟通是借助一定手段把可理解的信息、思想和情感在两个或两个以上的个人或群体中传递或交换的过程。目的是通过相互间的理解与认同来使个人或群体间的认知以及行为相互适应。

在沟通的定义里,需要学习和明确沟通的三大要素:

1)明确的目标

沟通必须具备一个明确的目标,才叫沟通,这也是沟通最重要的前提。如果没有目标,那么不是沟通而是闲聊。管理的实质在于通过他人完成工作,而要做到这一点,管理者就需要激活员工,让员工行动起来,围绕绩效目标开展工作。这个过程中,沟通起到了必不可少的作用。无论是目标的制定,还是目标的执行和检查,都需要双方通过沟通的形式达成。没有沟通,双方无法在关键环节达成共识,会导致管理者想的和员工做的不一致,双方无法形成合力。

2)达成共同的协议

沟通结束以后一定要形成一个双方或者多方都共同承认的一个协议,只有形成了共同的协议才叫作完成了一次沟通。如果没有达成协议,那么这次不能称为沟通。是否达成了一个协议也是检验沟通是否结束的标志。

在实际的工作过程中,经常遇到大家一起沟通过了,但是最后没有形成一个明确的、共同的协议,就各自去工作了。由于对沟通的内容理解不同,又没有达成协议,最终造成了工作效率的低下,双方又增添了很多矛盾。为了明确沟通的第二个要素是否具备,在实际沟通中与他人沟通结束的时候,应该通过一些重复或者反问的语言来验证,例如:非常感谢你,通过刚才交流我们现在达成了这样的协议,你看是这样的吗?……这是沟通技巧的一个非常重要的体现,就是在沟通结束的时候一定要有人来对沟通达成共同协议作总结,这是一个非常良好的沟通行为。

3）沟通信息、思想和情感

沟通事实上是人们分享信息、思想和情感的过程，沟通的内容不仅仅是信息还包括更加重要的思想和情感。现代心理学对沟通的常见定义是："沟通是人与人之间、人与群体之间思想与感情的传递和反馈过程，以求思想达成一致和情感畅通。"因此，沟通应该包括信息沟通、思想沟通和情感沟通。其中信息沟通是最容易的沟通，例如：现在是几点了？早上几点钟开会？会议地点在哪里？这样的信息是非常容易沟通的。而思想和情感是不太容易沟通的，在我们工作的过程中，很多障碍使思想和情感无法得到一个很好的沟通。事实上我们在沟通过程中，传递更多的是彼此之间的思想，而信息的内容并不是主要的内容。

8.1.2 沟通的意义

沟通是人类组织的基本特征和活动之一。家庭、企业、国家，都是十分典型的人类组织形态。没有沟通，就不可能形成组织和人类社会。沟通也是维系组织存在，保持和加强组织纽带，创造和维护组织文化，提高组织效率、效益，支持、促进组织不断进步发展的主要途径。对于个人而言，有效的沟通可以帮助我们高效率地把事情办好；更加善于和懂得如何维持、改善群体成员间相互关系，更好地展示自我需要、发现他人需要，最终赢得更好的人际关系和成功的事业。

沟通的意义体现在以下几方面：
①传递和获取信息，并使事务处理更加井井有条。
②满足人们彼此交流的需要。
③使人们达成共识，促成更多的合作。
④能获得有价值的信息，提高工作效率。
⑤使人进行清晰的思考，有效把握所做的事。

8.1.3 沟通在管理中的作用

1）激励

良好的组织沟通，尤其是畅通无阻的向上、向下沟通，可以起到振奋员工士气、提高工作效率的作用。

2）创新

在人际有效的沟通中，沟通者互相讨论、启发，共同思考、探索，往往能迸发出创意的火花。

3）交流

沟通的一个重要职能就是交流信息。顾客需求信息、制造工艺信息、财务信息等都需要准确而有效地传达给相关部门和人员。

4) 联系

企业主管可通过信息沟通了解客户的需要、供应商的供应能力、股东的要求及其他外部环境信息。

8.1.4 沟通的过程模型

沟通过程模型是指信息发送方(可以是个人或群体)借助语言、文字、动作及表情等载体(也称媒介),将知识、思想、情感等信息送达信息接收方(可以是个人或群体)的过程模型。具体过程如图8.1所示。

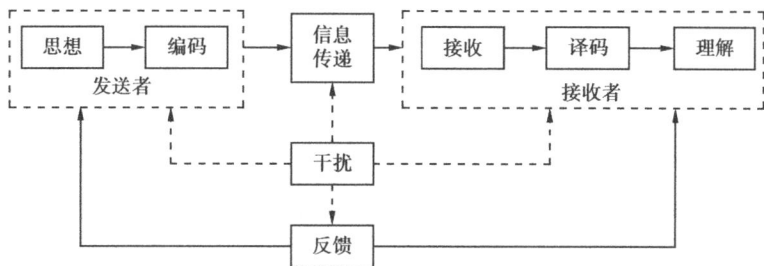

图8.1 信息沟通过程模型

1) 沟通过程的解析

简单地说,沟通就是传递信息的过程。在这个过程中至少存在着一个发送者和一个接收者,即发出信息一方和接收信息一方。信息在二者之间的传递过程,一般经历7个环节。

①发送者需要向接收者传递信息,或者需要接收者提供信息。这里所说的信息是一个广义的概念,它包括观点、想法、资料、情感等内容。

②发送者将所要发送的信息译成接收者能够理解的一系列符号。为了有效地进行沟通,这些符号必须适应所选择媒介的需要。例如,如果传播的媒介是书面报告,符号的形式应选择文字、图表或照片;如果传播的媒介是讲座,就应选择文字、投影胶片和板书等。

③发送的符号传递给接收者。由于选择的符号种类不同,传递的方式也不同。传递的方式可以是口头的,如交谈、会议、演讲、电话等;也可以是书面的,如信件、备忘录等;甚至还可以通过身体动作来表达,如面部表情、手势、姿态等。

④接收者接收符号。接收者根据发送来的符号的传递方式,选择相应的接收方法。例如,如果发送来的符号是口头传递的,接收者就需要仔细聆听,否则,符号就会丢失。

⑤接收者将接收到的符号译成具有特定含义的信息。当信息发送者发出符号后,解释和行动的负担就落在了信息接收者的身上。接收者接收信息并试图通过考虑信息发送者的地位、知识、经验以及权威来分析信息发送者以及他的目的。由于发送者翻译和传递能力的差异,以及接收者接受和翻译水平的不同,信息的内容和含义经常会被曲解。

⑥接收者理解被翻译的信息内容。信息接收者会考虑从信息中所能获得的东西以及信息的重要性。信息接收者赋予被传递的符号以意义并根据其作出行动。

⑦发送者通过反馈来了解他想传递的信息是否被对方准确地接收。一般来说,由于沟

通过程中存在着许多干扰和扭曲信息传递的因素(通常把这些因素称为噪音),这使得沟通的效率大为降低。因此,发送者了解信息被理解的程度也是十分必要的。沟通过程中的反馈,构成了信息的双向沟通。

2)沟通过程要素

沟通过程模型可分为 7 个要素,即发送方、编码、媒介、接收方、解码、反馈和噪音。具体模型可参见图8.2。

(1)发送方

发送方是指信息交流中,一方处于信息输出;另一方是信息接收。信息输出方就是发送方,在沟通过程中处于信息传递的主动地位,是整个沟通的起点。发送方可以是个人,也可以是群体。

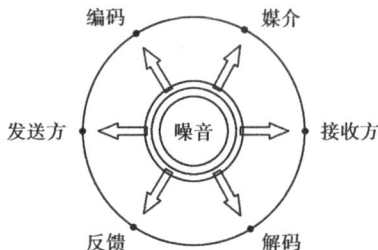

图 8.2　沟通的过程要素

(2)编码

编码就是发送方将信息以接收方能够正确接收并识别的方式表达出来的过程。由于沟通的主体是人或群体,所以信息的表示可以采用的形式非常丰富,可以是语言、文字、图形、动作或表情等。

(3)媒介

媒介即信息的传递方式,也可称为传播渠道、信道、传播方法等,是传播内容的载体。除了最常用的通过语言进行直接交流外,随着时代的发展,各种通信工具也逐步丰富化和多样化,信息还可以通过电话、传真、电子邮件、互联网聊天工具等形式进行传递。

在实际沟通过程中,人们除了要选择适合的通信工具外,还要考虑恰当的时间和环境。比如重要的合同除了口头协议外,还应必须选择书面方式等。

(4)接收方

相对于发送方,接收方是信息送达的对象,在沟通过程中处于被动地位。人们往往借助于听觉、视觉、触觉等的活动感知信息。

(5)解码

解码是接收方把送达的信息经过"翻译",变成自身可理解信息的过程,是编码的逆过程。编码和解码过程类似于电报传输中的加密和解密过程,双方如果要进行信息的准确传递,就必须遵循一定的规则。当然,在实际的沟通中,由于信息双方不同的主观意识和经验背景,接收方解码后获得的信息不一定就是发送方的本意,因此,有必要加强沟通。

(6)反馈

反馈是接收方接收并翻译信息后,向发送方求证理解是否正确的过程。它是沟通过程的最后一个环节。反馈使沟通过程变成一个闭合循环的过程,也使得信息传递双方在发送方和接收方两个角色之间进行不断切换,是双方实现准确信息交换目的的重要环节。

在实际沟通过程中,信息接收方应积极向发送方作出反馈。另一方面,发送方也应该主动向接收方获取反馈,以达到最终信息传递目的。

(7)噪音

对信息的传递有可能造成干扰的一切因素均可称作噪音。噪音越大,信息传递障碍越大,信息传递效率越低。所以,我们要尽量避免噪音的产生,减少或弱化噪音干扰的影响。

在实际沟通过程中,噪音的影响无处不在,我们无法将其彻底消除。常见的噪音源有:不同的文化背景、主观的情绪、个人的价值观和伦理道德观、模棱两可的语言、认知水平的高低等。

8.1.5 沟通的类型

1)按照组织系统划分

按照组织系统划分,沟通可以分为正式沟通和非正式沟通。

(1)正式沟通

正式沟通是为企业组织所设计的规范的沟通形式,以正式的职位和权力等级链关系为基础,在组织之间、管理部门之间、管理者和员工之间的沟通。一般表现为在组织系统内,依据组织明文规定的原则进行的信息传递与交流。例如组织与组织之间的公函来往,组织内部的文件、通知传达,召开组织会议,上下级之间工作的布置、定期情报交换等。

正式沟通的特点是沟通效果好、严肃可靠、约束力强、易于保密、沟通信息量大,并且具有权威性。但沟通速度一般较慢,沟通形式刻板;如果组织管理层次多,沟通渠道长,容易造成信息损失。

在正式组织中,许多信息通常都需要经由多个环节的传递,才能达到最终的依照该项信息采取行动或作出决策的人那里。如果不能在组织内部建立良好的信息传递网络,信息就很难在多人之间进行有效的交流。我们把这个信息传递的网络称为信息沟通网络,是指由若干个环节的沟通路径所组成的总体结构。

在正式组织环境中,信息沟通网络的形态可以表现为5种:链式、轮式、环式、全通道式和Y式。以五位成员间的沟通为例,其网络结构形态可表示为图8.3所示的各种形式。

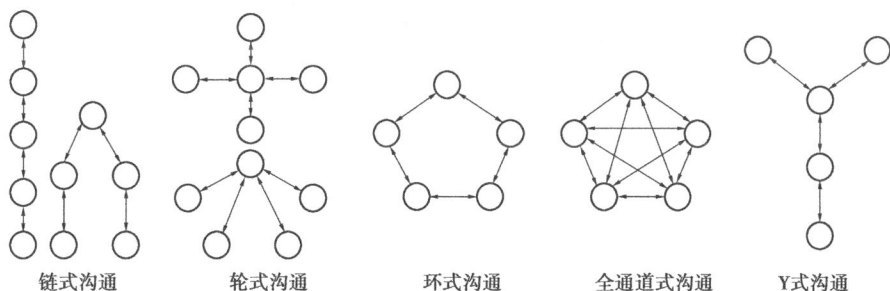

| 链式沟通 | 轮式沟通 | 环式沟通 | 全通道式沟通 | Y式沟通 |

图8.3 五种信息沟通网络形式

①链式沟通。这是一个平行网络,其中居于两端的人只能与内侧的一个成员联系,居中的人则可分别与两人沟通信息。在一个组织系统中,它相当于一个纵向沟通网络,代表一个五级层次,逐渐传递,信息可自上而下或自下而上进行传递。在这个网络中,信息经层层传递、筛选,容易失真,各个信息传递者所接收的信息差异很大,平均满意程度有较大差距。此外,这种网络还可表示组织中主管人员和下级部属之间中间管理者的组织系统,属控制型结构。

在管理中,如果某一组织系统过于庞大,需要实行分权授权管理,那么,链式沟通网络是一种行之有效的方法。

②环式沟通。此形态可以看成是链式形态的一个封闭式控制结构,表示5个人之间依次联络和沟通。其中,每个人都可同时与两侧的人沟通信息。在这个网络中,组织的集中化程度和领导人的预测程度都较低;畅通渠道不多,组织中成员具有比较一致的满意度,组织士气高昂。如果在组织中需要创造出一种高昂的士气来实现组织目标,环式沟通是一种行之有效的方式。

③轮式沟通。轮式沟通属于控制型网络,其中只有一个成员是各种信息的汇集点与传递中心。在组织中,大体相当于一个主管领导直接管理几个部门的权威控制系统。此网络集中化程度高,解决问题的速度快。主管人的预测程度很高,而沟通的渠道很少,组织成员的满意程度低,士气低落。轮式网络是加强组织控制、争时间、抢速度的一个有效方法。如果组织接受紧急攻关任务,要求进行严密控制,则可采取这种网络。

④全通道式沟通。这是一个开放式的网络系统,其中每个成员之间都有一定的联系,彼此了解。此网络中组织的集中化程度及主管人的预测程度均很低。由于沟通渠道很多,组织成员的平均满意程度高且差异小,因此士气高昂,合作气氛浓厚。这对于解决复杂问题,增强组织合作精神,提高士气均有很大作用。但是,由于这种网络沟通渠道太多,易造成混乱,且又费时,影响工作效率。

⑤Y式沟通。这是一个纵向沟通网络,其中只有一个成员位于沟通内的中心,成为沟通的媒介。在组织中,这一网络大体相当于组织领导、秘书班子再到下级主管人员或一般成员之间的纵向关系。这种网络集中化程度高,解决问题速度快,组织中领导人员预测程度较高。除中心人员外,组织成员的平均满意程度较低。此网络适用于主管人员的工作任务十分繁重,需要有人选择信息,提供决策依据,节省时间,而又要对组织实行有效的控制。但此网络易导致信息曲解或失真,影响组织中成员的士气,阻碍组织提高工作效率,如表8.1所示。

表8.1　5种沟通网络效能比较

形态 评价标准	链　式	Y　型	轮盘型	环　型	全通道型
集中性	适中	较高	高	低	很低
速度	适中	快	1.快(简单任务) 2.慢(复杂任务)	慢	快
正确性	高	较高	1.高(简单任务) 2.低(复杂任务)	低	适中
领导能力	适中	高	很高	低	很低
团队成员满意	适中	较低	低	高	很高
示例	命令 链锁	领导任 务繁重	主管对四个部属	工作 任务小组	非正式沟通 (秘密消息)

（2）非正式沟通

非正式沟通渠道指的是以社会关系为基础，与组织内部明文规章制度无关系的沟通渠道。这种沟通不受组织监督，也没有层次上的限制，是由员工自行选择进行的，如员工之间的交谈，议论某人某事，传播小道消息、流言等；非正式沟通传播的信息又称"小道消息"。

非正式沟通渠道虽不是由组织明文规定建立的，但非正式沟通不仅能真实地表露或反映人们的思想动机，而且往往提供了正式沟通难以获得或不便获得的信息，同时，非正式沟通的速度也是正式沟通所无法比拟的。如打一个电话向另外一个部门请教一个问题，只需5分钟就可以解决，但若依照正式沟通的程序来进行，需要层层批准，则可能要花上一整天的时间。

①非正式沟通的优缺点。

非正式沟通是非正式组织的副产品，它一方面满足了员工的需求；另一方面也补充了正式沟通系统的不足，是正式沟通的有机补充。在许多组织中，决策时利用的情报大部分是由非正式信息系统传递的。同正式沟通相比，非正式沟通的优点是：沟通形式灵活，直接明了，速度快，省略许多烦琐的程序，容易及时了解到正式沟通难以提供的信息，真实地反映员工的思想、态度和动机。非正式沟通能够发挥作用的基础，建立团体中良好的人际关系，能够对管理决策起重要作用。缺点主要表现在：非正式沟通难以控制，传递的信息不确切，容易失真、被曲解，并且它可能促进小集团、小圈子的建立，影响员工关系的稳定和团体的凝聚力。如果能够对企业内部非正式的沟通渠道加以合理利用和引导，就可以帮助企业管理者获得许多无法从正式渠道取得的信息，在达成理解的同时解决潜在的问题，从而最大限度地提升企业内部的凝聚力，发挥整体效应。

正式沟通与非正式沟通的区别如表8.2所示。

表8.2　正式沟通与非正式沟通的比较

沟通方式	正式沟通	非正式沟通
优点	1.沟通效果好，比较严肃，约束力强 2.易于保密，可以使信息沟通保持权威性 3.适用于重要的信息和文件的传达、组织的决策等	1.更加灵活（适应事态的变化，省略许多烦琐的程序；并且常常能提供大量的通过正式沟通渠道难以获得的信息，真实地反映员工的思想、态度和动机） 2.更加及时（沟通形式不拘，直接明了，速度很快，容易及时了解到正式沟通难以提供的"内幕新闻"）
缺点	1.较刻板，缺乏灵活性 2.沟通速度慢 注：依靠组织系统层层的传递	1.容易失真（沟通过程难以控制，传递的信息不确切，易于失真、曲解） 2.易于破坏组织团结（它可能导致小集团、小圈子，影响人心稳定和团体的凝聚力）

②非正式沟通网络形式。

与正式沟通渠道一样，非正式沟通渠道也有自己的沟通模式。非正式沟通模式主要有单串型、饶舌型、集合型和随机型,见图8.4。在美国,这种途径常常称为"葡萄藤",用以形容它枝茂叶盛,随处延伸。

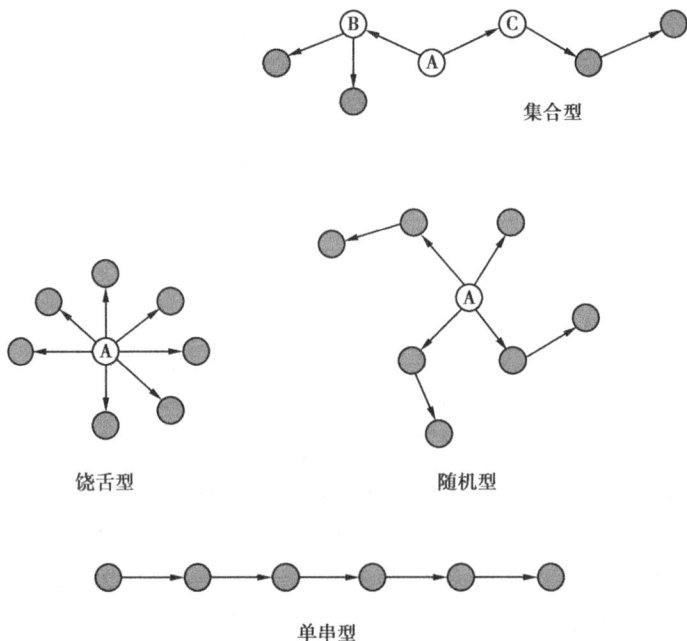

集合型

饶舌型　　　　　随机型

单串型

图8.4　非正式沟通网络

【管理实例8.1】

剑桥大学的"下午茶"制度简介

英国剑桥大学每天下午有两个小时的时间,常常有计划、有组织地安排不同学科的权威教授一起在学校咖啡屋或茶园共进下午茶。在这里,每一名教授都可以随意阐述自己的研究领域、研究方法,同时每一名教授又在吸纳其他领域的研究方法,通过互相学习以及知识的组合,产生出大量的、边缘的学术思想与学术理论。

有人说,剑桥大学60多项诺贝尔奖是喝咖啡喝出来的。20世纪70年代末的一个秋日的下午,坐在剑桥校园那红褐色砖楼里悠然地品着下午茶的F.桑格教授一边听着同行和其他系教授的高谈阔论,一边注视着窗外一栋建筑上快要凋零的爬山虎。虽然爬山虎凋零了,明年春天它还会发芽的,可是核酸的结构会是什么样子呢?该不会像爬山虎那样沿着一个方向向前延伸吧?桑格想着他的研究,并向一起喝茶的教授们说出了自己的想法。物理系一位教授向他建议:"何不用物理的方法来测核酸结构?"这时化学系的教授也插了嘴:"化学的普通方法也可以用,比如荧光染色。"生物系的一位白胡子教授听到了感兴趣的话题,凑了过来:"是啊,革兰氏染色就很有效果。"下午茶喝光,笼罩在桑格研究思路上面的烟雾渐渐淡化,想法越来越清楚,试验设计也出来了。就这样,经过一年多的努力,桑格第二次获得诺贝尔化学奖!荣誉是桑格的,也是大家的,更是剑桥的。荣誉的获得来自剑桥的自由、宽松的研究环境。

有研究表明,每天下午三点左右,是人一天中精神最疲倦的一段时间。剑桥把这段时间用于喝茶、沟通、创意,实在是高明之举。"下午茶"的味道,应该是什么?自由的味道、悠闲的味道、文化的味道、哲思的味道。剑桥的"下午茶"制度,是剑桥精神"活跃的文化融合和高度的学术自由"的体现。参与喝下午茶的,不在于喝了什么,而在于参与者不仅得到了身体的休息、心理的放松,更重要的是增加了人际自然沟通的机会,获得了工作的灵感。

（资料来源:杜慕群,朱仁宏.管理沟通[M].2 版.北京:清华大学出版社,2014.）

2）按照沟通方式划分

按照沟通的方式划分包括语言沟通和非语言沟通。

（1）语言沟通

语言沟通是以语言文字为载体的沟通,又可细分为口头沟通、书面沟通和电子媒介沟通3 种形式。

①口头沟通。

口头沟通是最灵活、最直接的一种沟通形式。

口头沟通最大的优点是快速、简便和即时反馈。在这种沟通方式下,信息可以直截了当、快速地传递并当场得到对方的反应,若有疑问或曲解,当即澄清。此外,口头沟通还有一个优点就是可以附以表情、手势等体态语言或声调、语气等副语言,加强沟通的效果。

口头沟通也有其缺陷。信息以口头方式经过多个层次传递时,信息衰减和失真严重。

②书面沟通。

书面沟通是比较正规的沟通形式,包括备忘录、协议书、信函、布告、通知、报刊、文件等以书面文字或符号进行信息传递的形式。

书面沟通的优点是有形有据、可保存、可核对。此外,书面语言在正式发表之前,可以反复琢磨修改,因此,一般比较周密、逻辑性强,较好地表达作者所要发表的信息。

书面沟通也有自己的缺陷。主要是耗费较多的时间和不能及时反馈。在相同的时间内,口头要比书面所传达的信息多得多。口头沟通可以当场核实对方对信息的理解是否符合发信者的原意,但书面沟通做不到这一点。

③电子媒介沟通。

电子媒介沟通是随着电子信息技术的兴起而新发展起来的一种沟通形式,包括传真、闭路电视、计算机网络、电子邮件等。

电子媒介沟通除了具备书面沟通的某些优点外,还具有传递快捷、信息容量大、成本低和效率高等优点。一份信函要从国内寄往国外,恐怕要数天才能到达收信者的手中,而通过电子邮件或传真,可即时收到。

电子媒介沟通的缺点是看不到对方的表情,在网络上的某些交流中,甚至搞不清对方的真实身份。

（2）非语言沟通

就人际沟通而言,非语言沟通主要是指身体语言沟通和副语言沟通两大类。

所谓身体语言沟通,是指通过面部表情、手势动作、姿势等传达不同的态度、感情和思想。身体语言的含义丰富、复杂,不能过于简单理解。不同类型的人或不同文化背景的人的体态动作所表示的含义可能会有某些差别,我们必须根据以往的经验并结合当前的具体对象和背景去判断,以免造成误解。

所谓副语言沟通,是指非语词的声调、轻重、抑扬、快慢的变化或哭、笑等附带情绪所实现的沟通。

表8.3　各种沟通方式比较

沟通方式	举　例	优　点	缺　点
口头	交谈、讲座、讨论会、电话	快速传递、快速反馈、信息量很大	传递中经过层次越多,信息失真越严重、核实越困难
书面	报告、备忘录、信件、内部期刊、布告	持久、有形、可以核实	效率低、缺乏反馈
电子媒介	传真、闭路电视、计算机网络、电子邮件(E-mail)	快速传递,信息容量大,一份信息可同时传递给多人,廉价	单向传递,电子邮件可以交流,但看不见表情
非语言	声、光信号、体态、语调	信息意义十分明确,内涵丰富,含义隐含灵活	传递距离有限,界限模糊,只能意会不能言传

【管理实例8.2】
境外媒体热评温家宝在线交流:将"E两会"推向高潮

第十一届全国两会召开前夕,温家宝总理于2009年2月28日下午接受中国政府网和新华网联合专访,与网民在线交流,国外和港台媒体反应强烈,并发表评论。

BBC中文网报道称,2009年中国人大和政协"两会"开幕在即,中国两亿多网民自己的"两会"已如火如荼地进行了一个多月,这被称为"E两会"。2月28日,中国总理温家宝在两会前夕做客中国政府网,与网友在线交流。涉及话题不仅包括金融危机、防止腐败、就业住房,也包括"剑桥扔鞋事件""吃菜做饭""打球锻炼"等,将E两会推向高潮。这种媒体参与和民众参政热情在西方极为罕见。

印度教徒报认为,温家宝和网民在线交流,预示这个国家将迎来转变。

法新社报道称,中国总理温家宝28日加入因特网这一时尚,第一次和中国网民在线交流,相较于个人问题,温家宝选择回答较为严肃的话题,例如经济危机、医疗改革和"扔鞋事件"。

香港《成报》认为,全球没有一个国家领导人有如此魅力,能在瞬间吸引来自世界亿万计的网友,整天守候在电脑前,期盼着网络对象实时对话,温家宝做到了。67岁的温家宝,首次参与网上交流长达两个多小时,获30万个提问,网民每秒钟几近输入数十道问题。温家宝与网民既论经济,又谈政治,真情告白。该报说,在温家宝首次与网民网谈后,不少意见认为这是一个突破及好事,更指出网络是未来中国民主政治重要的一环;而香港的网民直言十分感动,希望香港特首曾荫权也作仿效,与网民作真正的对话。

台湾媒体主要报道的是两岸金融合作的问题。台湾联合新闻网报道,继2008年6月,中共国家主席胡锦涛与网友在网络上对话后,中共总理温家宝2月28日通过新华网与中国政府网,网友隔空相会,众多网友参与讨论;其中自称是"高雄农民"的网友,获得温家宝热情回应。

3）按照信息传递的方向划分

按照信息传递的方向划分，沟通可以划分为：上行沟通、下行沟通、横向沟通、斜向沟通、外向沟通等。

（1）上行沟通

上行沟通主要是下属依照规定向上级所提出的正式书面或口头报告，自下而上的沟通。除此以外，许多机构还采取某些措施以鼓励向上沟通，例如意见箱、建议制度以及由组织举办的征求意见座谈会或态度调查等。有时某些上层主管采取所谓的"门户开放"政策，使下属可以不经组织层次向上报告。但是据研究，这种沟通不是很有效，而且由于当事人的利害关系，往往使沟通信息发生与事实不符或压缩的情形。

（2）下行沟通

下行沟通是在传统组织内最主要的沟通流向。一般以命令方式传达上级组织或其上级所决定的政策、计划、规定之类的信息，有时分发某些资料供下属使用等，是一种自上而下的沟通。如果组织的结构包括有多个层次，则通过层层转达，其结果往往使下行信息发生歪曲，甚至遗失，而且过程迟缓，这些都是在下行沟通中经常发生的问题。

（3）横向沟通

横向沟通主要是同层次、不同业务部门之间的沟通。横向沟通的常见形式有部门会议、协调会议、员工面谈、备忘录、主题报告和例行的培训等。在正式沟通系统内，一般横向沟通的机会并不多，若采用委员会和举行会议方式，往往所费时间人力甚多，而达到沟通的效果并不很大。因此，组织为顺利进行其工作，必须依赖非正式沟通以辅助正式沟通的不足。

（4）斜向沟通

斜向沟通是一种特殊形式的沟通，包括群体内部非同一组织层次上的单位或个人之间的信息沟通和不同群体的非同一组织层次之间的沟通。斜向沟通的目的是为了加快信息的传递，有利于促进上行沟通、下行沟通和平行沟通的渠道。这种沟通类型在企业变革出现扁平化和团队管理趋势时尤为重要。

（5）外向沟通

外向沟通是指组织成员旨在向公司外部收集信息和表现形象的沟通活动。在企业组织日益市场化、跨区域和国际化的条件下，外向沟通越来越成为组织重要的沟通形式。外向沟通主要包含三方面的途径：

①公共关系沟通。公共关系沟通是指组织与其关系单位之间的沟通活动。通过公共关系活动，创造和维持认同感，并通过增强组织对于环境的预测力，提高组织效能。

②市场广告沟通。市场广告沟通与公共关系沟通有密切的关系，但更多地集中于有关具体产品或服务的信息交流，而不是直接与总体组织形象有关的沟通内容。

③民意调查沟通。在许多情况下，对公众的民意调查是组织沟通的重要形式，可以提供更充分的有关外部环境特征的信息，从而为企业战略规划提供重要依据。

4）按照是否有反馈划分

按照是否存在信息反馈，沟通可分为单向沟通和双向沟通。

（1）单向沟通

单向沟通是指发送者和接收者两者之间的地位不变（单向传递），一方只发送信息；另一方只接收信息。单向沟通中双方无论语言或情感上都不要信息的反馈。如作报告、发指示、下命令等。

单向沟通的速度快，信息发送者的压力小。但是接收者没有反馈意见的机会，不能产生平等和参与感，不利于增加接收者的自信心和责任心，不利于建立双方的感情。

（2）双向沟通

在双向沟通中，发送者和接收者两者之间的位置不断交换，且发送者是以协商和讨论的姿态面对接收者，信息发出以后还需及时听取反馈意见，必要时双方可进行多次重复商谈，直到双方共同明确和满意为止，如交谈、协商等。

双向沟通的优点是沟通信息准确性较高，接收者有反馈意见的机会，产生平等感和参与感，增加自信心和责任心，有助于建立双方的感情。

表8.4　单向沟通与双向沟通的比较

因　素	结　果
时间	双向沟通比单向沟通需要更多的时间
信息和理解的准确程度	在双向沟通中，接收者理解信息和发送者意图的准确程度大大提高
接收者和发送者的置信程度	在双向沟通中，接收者和发送者都比较相信自己对信息的理解
满意	接收者比较满意双向沟通，发送者比较满意单向沟通
噪音	由于与问题无关的信息较易进入沟通渠道，双向沟通的噪音比单向沟通要大得多

8.2　沟通的障碍

引例

阿维安卡52航班的悲剧

仅仅几句话就能决定生与死的命运？1990年1月25日恰恰发生了这种事件。那一天，由于阿维安卡52航班飞行员与纽约肯尼迪机场航空交通管理员之间的沟通障碍，导致了一场空难事故，机上73名人员全部遇难。

1月25日晚7点40分，阿维安卡52航班飞行在南新泽西海岸上空11 277.7米的高空。机上的油量可以维持近两个小时的航程，在正常情况下飞机降落至纽约肯尼迪机场仅需不到半小时的时间，可以说飞机上的油量足够维持飞机的飞行直至降落。然而，此后发生了一系列耽搁。晚上8点整，机场管理人员通知52航班，由于严重的交通问题，他们必须在机场上空盘旋待命。晚上8点45分，52航班的副驾驶员向肯尼迪机场报告他们的"燃料快用完了"。管理员收到了这一信息,但在晚上9点24分之前,没有批准飞机降落。在此之前,阿维安卡机组成员再没有向肯尼迪机场传递任何情况十分危急的信息。

晚上9点24分,由于飞行高度太低以及能见度太差,飞机第一次试降失败。当机场指示飞机进行第二次试降时,机组成员再次提醒燃料将要用尽,但飞行员却告诉管理员新分配的跑道"可行"。晚上9点32分,飞机的两个引擎失灵,1分钟后,另两个也停止工作,耗尽燃料的飞机于晚上9点34分坠毁于长岛。

调查人员找到了失事飞机的黑匣子,并与当事的管理员进行了交谈,他们发现导致这场悲剧的原因是沟通的障碍。

首先,飞行员一直说他们"燃料不足",交通管理员告诉调查者这是飞行员们经常使用的一句话。当时间延误时,管理员认为每架飞机都存在燃料问题。但是,如果飞行员发出"燃料危急"的呼声,管理员有义务优先为其导航,并尽可能迅速地允许其着陆。遗憾的是,52航班的飞行员从未说过"情况紧急",所以肯尼迪机场的管理员一直未能理解到飞行员所面对的是真正的困境。

其次,飞行员的语调也并未向管理员传递燃料紧急的严重信息。许多管理员接受过专门的训练,可以在各种情境下捕捉到飞行员声音中极细微的语调变化。尽管机组成员相互之间表现出对燃料问题的极大忧虑,但他们向机场传达信息的语调却是冷静而职业化的。

最后,飞行员的文化、传统以及职业习惯也使飞行员不愿意声明情况紧急。如正式报告紧急情况之后,飞行员需要写出大量的书面汇报;同时,如果发现飞行员在计算飞行油量方面疏忽大意,联邦飞行管理局就会吊销其驾驶执照。这些消极措施极大地阻碍了飞行员发出紧急呼救的信息。在这种情况下,飞行员的专业技能和荣誉感不必要地变成了决定生死命运的赌注。

8.2.1 沟通障碍的概念

所谓沟通障碍,是指信息在传递和交换过程中,由于信息意图受到干扰或误解,而导致沟通失真的现象。在人们沟通信息的过程中,常常会受到各种因素的影响和干扰,使沟通受到阻碍。

8.2.2 沟通障碍的来源

沟通障碍主要来自3个方面:发送者的障碍、接收者的障碍和信息传播通道的障碍。

①在沟通过程中,信息发送者的情绪、倾向、个人感受、表达能力、判断力等都会影响信息的完整传递。主要表现在,表达能力不佳;信息传送不全;信息传递不及时或不适时;知识经验的局限和对信息的过滤。

②从信息接收者的角度看,影响信息沟通的因素主要有4个方面:信息译码不准确;对信息的筛选;对信息的承受力;心理上的障碍;过早地评价情绪。

③沟通通道的问题也会影响到沟通的效果。沟通通道障碍主要有以下几个方面:选择沟通媒介不当;几种媒介相互冲突;沟通渠道过长;外部干扰。

8.2.3 沟通障碍的影响因素

1) 个人因素

信息沟通在很大程度上受个人心理因素的制约。个人因素包括个体的个性差异、个体的心理素质和心理品质以及个体对信息的态度等。个体的性格、气质、态度、情绪、见解等的差别,都人浮于事,就会给沟通双方造成一定的心理压力,影响沟通的进行。

①个性因素所引起的障碍会成为信息沟通的障碍。在组织内部的信息沟通中,个人的性格、气质、态度、情绪、兴趣等差别,都可能引起信息沟通的障碍。

②知识、经验水平的差距所导致的障碍。在信息沟通中,如果双方经验水平和知识水平差距过大,就会产生沟通障碍。此外,个体经验差异对信息沟通也有影响。在现实生活中,人们往往会凭经验办事。一个经验丰富的人往往会对信息沟通作通盘考虑,谨慎细心;而一个初出茅庐者往往会不知所措。特点是信息沟通的双方往往依据经验上的大体理解去处理信息,使彼此理解的差距拉大,形成沟通的障碍。

③个体记忆不佳所造成的障碍。在管理中,信息沟通往往是依据组织系统分层次逐次传递的,然而,在按层次传递同一条信息时往往会受到个体素质的影响,从而降低信息沟通的效率。

④沟通过滤与选择性知觉造成的障碍。沟通过滤是指信息的发送者有意操纵信息,使得信息容易被对方接收,对接收方更有利,俗话说的"报喜不报忧"就是信息过滤的典型表现。在营销组织中,信息由下而上沟通时,信息常常被压缩或整合,掺杂进个人的兴趣、爱好、态度、情绪、见解等因素,使得信息被过滤,导致沟通中正确的信息不能被传递或反馈。过滤的主要决定因素是组织结构中的层级数目,层级越多,信息被过滤的可能性越大。

发送和接收信息是一种知觉形式。在接收信息时,人们总是习惯接收部分信息,而摒弃另一部分信息,这就是知觉的选择性。该障碍既有客观方面的因素,又有主观方面的因素。客观因素如组成信息的各部分的作用不一样,对接收人的价值大小有差别等,都会产生选择性知觉。主观因素也与知觉选择时的个人心理品质有关。组织中不同的成员对信息有不同的看法,所选择的侧重点也不尽相同。在接收或转述一个信息时,很多员工只关心符合自己需要的、与自己有切身利害关系或物质利益的有关信息,而不太关心发展战略、组织决策等方面的信息。这些都会导致信息失真,影响沟通的顺利进行。

⑤沟通者的畏惧感以及个人心理品质也会造成沟通障碍。在管理实践中,信息沟通的成败主要取决于上级与上级、领导与员工之间的全面有效的合作。但在很多情况下,这些合作往往会因下属的恐惧心理以及沟通双方的个人心理品质而形成障碍。一方面,如果主管过分威严,给人造成难以接近的印象,或者管理人员缺乏必要的同情心,不愿体恤下情,都容易造成下级人员的恐惧心理,影响信息沟通的正常进行。另一方面,不良的心理品质也是造成沟通障碍的因素。

【管理链接8.1】

知觉选择性

知觉选择性是指个体根据自己的需要与兴趣,有目的地把某些刺激信息或刺激的某些方面作为知觉对象而把其他事物作为背景进行组织加工的过程。

知觉选择性作用于人的客观事物是纷繁多样的,人不可能在瞬间全部清楚地感知到;但可以按照某种需要和目的,主动而有意地选择少数事物(或事物的某一部分)作为知觉的对象,或无意识地被某种事物所吸引,以它作为知觉对象,对它产生鲜明、清晰的知觉映象,而把周围其余的事物当成知觉的背景,只产生比较模糊的知觉映象。知觉的选择性既受知觉对象特点的影响,又受知觉者本人主观因素的影响,如兴趣、态度、爱好、情绪、知识经验、观察能力或分析能力等。知觉的选择性与知觉的其他特性是密不可分的,被选择的知觉对象通常是完整的、相对稳定的和可以理解的。

由于人每时每刻所接触到的客观事物众多,因此不会,也不可能对同时作用于感觉器官的所有刺激信息进行反映,而是主动地挑选某些刺激信息进行加工处理,从而排除其他信息的干扰,以形成清晰的知觉,并迅速而有效地感知客观事物来适应环境。

所以,人们总是有选择地只对自己有重要意义的刺激物作为知觉的对象。知觉的对象能够得到清晰的反映,而背景只能得到比较模糊的反映,这样,我们就可以游刃有余地、清晰地感知一定的事物与对象。

图8.5是说明知觉选择性即知觉中对象与背景关系的两歧图。

图8.5 知觉选择性－两歧图

两歧图1915年由丹麦心理学家 Edgar Rubin 提出,它既可以看成是一只杯子,也可以看成是两张人脸。如果你盯着图中白色部分看就会看到一只杯子,那么图中的白色部分(杯子)就是知觉对象,黑色部分(人脸)就会成为知觉的背景;如果你盯着黑色部分看就会看到两张人脸,那么图中黑色部分(人脸)就是知觉对象,白色部分(杯子)就会成为知觉背景。

(资料来源:刘永芳.管理心理学[M].3版.北京:清华大学出版社,2016.)

2)组织因素

在管理中,合理的组织机构有利于信息沟通。但是,如果组织机构过于庞大,中间层次太多,那么,信息从最高决策传递到下属单位不仅容易产生信息的失真,而且还会浪费大量时间,影响信息的及时性。同时,自上而下的信息沟通,如果中间层次过多,同样也浪费时间,影响效率。

有学者统计,如果一个信息在高层管理者那里的正确性是100%,到了信息的接收者手里可能只剩下20%的正确性。这是因为,在进行这种信息沟通时,各级主管部门都会花时间把接收到的信息自己甄别,一层一层地过滤,然后有可能将断章取义的信息上报。此外,在甄选过程中,还掺杂了大量的主观因素,尤其是当发送的信息涉及传递者本身时,往往会由于心理方面的原因,造成信息失真。这种情况也会使信息的提供者畏而却步,不愿提供关键的信息。因此,如果组织机构臃肿,机构设置不合理,各部门之间职责不清,分工不明,形成多头领导,或因人设事,就会给沟通双方造成一定的心理压力,影响沟通的进行。

3)人际关系因素

人际关系因素主要包括沟通双方的相互信任程度和相似程度。

沟通是传递者与接收者之间交流的过程,不是单方面,而是双方的事情,因此,沟通双方的诚意和相互信任至关重要。在企业沟通中,当面对来源不同的同一信息时,员工往往会选择相信他们最值得信任或者关系最好的那个来源的信息。如果上下级之间互相猜疑,只会增加抵触情绪,沟通当中的积极信息往往会被这种情绪所忽略掉。

沟通的准确性与沟通双方间的相似性也有着直接的关系。在沟通技巧上,双方的特征如性别、年龄、智力、种族、社会地位、兴趣、价值观、能力等相似性越大,信息的传递就会更加顺利,效果也会越好。

4)技能因素

要想沟通取得较好效果,管理者还需要掌握一定的沟通技能,缺乏技能也会成为沟通障碍。

在工作中,下属常常会听到上司的指责,例如工作态度等。而很多管理者其实并不真正清楚下属的情况,就会在沟通中出现一些错误:第一,在批评下属时轻易下结论;第二,在教育和批评下属时,只是针对人,而不是针对事情。这些错误的根源在于管理者沟通技能的缺乏。可见,没有良好的沟通效果就很难有良好的人际关系,管理的绩效也就无从谈起。

8.2.4 沟通障碍的控制

1)明确沟通的目的,缩短管理者与被管理者之间的距离

据日本管理学家实践中证实:信息每经过一个层次,其失真率为 10%～15%;上级向他的直接下属所传递的信息平均只有 20%～25% 被正确理解,而下属向他的直接上级所反映的信息被正确理解的则不超过 10%。所以,管理人员必须清楚,做这个沟通的目的是什么?要下级人员理解什么?在确定沟通目标的同时,要积极了解被管理者的心理状况。根据信息的需求,制订出相互沟通的方式,以解决管理中的问题。在与下属交流沟通的同时,除了要尽力获得原始信息外,还应多注意了解反面信息,并要在沟通和交流中保持信息内容的准确无误。在这些方面,美国企业的一些做法值得借鉴。这些企业管理人员办公室的门总是敞开的,随时欢迎下属来沟通情况,交换想法。同时他们还在组织内部设立了奖励基金,奖励那些善于提出自己想法和意见并有利于组织发展的成员。凭借自身的人格魅力去领导人,而不是用权力去领导人。并且他们善于和组织成员进行私人性的沟通,准确、全面地了解组织成员的思想感情,为组织的管理沟通打下了良好的基础。

2)确定有效沟通的具体渠道,提高沟通效率

作为一个组织,要充分考虑组织的行业特点和人员心理结构,结合正式沟通渠道和非正式沟通渠道的优缺点,设计一套包含正式沟通和非正式沟通的沟通通道,以使组织内各种需要的沟通都能够准确及时而有效地实现。可采取:①定期提交书面报告。由下级定期向上级以书面的形式汇报近期的工作,肯定成绩,找出差距,以便相互交流、沟通,使工作少走弯路。②提出议题,引发沟通。这种方法能及时了解下级的期望和要求,倾听团队成员的意见和关注点。定期的领导见面和不定期的群众座谈会就是一种很好的正式沟通渠道,领导见面会是让那些有思想,有建议的员工有机会直接与主管领导沟通;群众座谈会则是在管理者觉得有必要获得第一手关于员工真实思想、情感时,而又担心通过中间渠道会使信息失真而

采取的一种领导与员工直接沟通的方法。它不仅解决了沟通中存在的障碍,而且缩短了管理者与被管理者之间的距离,使沟通双方都有一种"亲切感"。③随时随地进行非正式沟通。可以在茶余饭后,工作闲暇时间,甚至小型聚餐桌上都可以相互了解、沟通。许多企业近年来采用的郊游、联谊会、聚会等形式,都是非正式沟通的良好方式。这些渠道既能充分发挥非正式沟通的优点,又因为它们都属于一种有计划、有组织的活动,而易于被组织领导者控制,从而大大减少了信息失真和扭曲的可能性。④在沟通中保持互动,对上级和下级提出的要求、意见和建议及时反馈,及时答复,促进沟通的和谐性。

3) 与他人建立和睦的关系是有效沟通的关键

组织中和谐的人际关系是优化沟通环境的前提,平时组织领导者可以多开展一些群众性活动,鼓励工作中员工之间的相互交流、协作,强化组织成员的团队协作意识。另外,组织成员之间也应相互尊重差异,促进相互理解,在此前提下的人际沟通也将会更有效地改善人际关系。组织中民主的文化氛围和科学的领导者作风是良好的沟通环境的核心要素。所以,组织者还应致力于营造一种民主的组织氛围,组织领导者也应适当地改善自己领导风格和管理水平。

摩托罗拉具有鲜明个性特征的沟通方式,就为我们树立了典范。摩托罗拉的每一个高级管理人员都被要求与普通操作工在人格上千方百计地保持平等。所有的员工甚至包括总裁、副总裁都在同一座餐厅排队,等候同样的红烧茄子和狮子头。更能表现摩托罗拉"对人保持不变尊重"个性的是它的"open door"(开放的门),使沟通轻松、充满乐趣。所有管理者办公室的门都是绝对敞开的,任何职工在任何时候都可以直接推门进来,与任何级别的上司平等交流。

【管理实例8.3】

麦当劳的开门沟通方式

麦当劳餐厅遍布在全世界六大洲百余个国家。在很多国家麦当劳代表着一种美国式的生活方式。麦当劳公司的成功与其对工作人员的态度及平时员工间的沟通有非常密切关系。在早期他们就明确提出"选用具有强烈进取精神的人才"。克罗克说:"我要的是全力以赴献身事业的人。如果谁只想挣钱养家过安逸的日子,谁就别到麦当劳来干。"

★海报栏

办公室和餐厅都放置海报栏,用于张贴与工作有关的安全、工作条件和其他事宜的公告和通知,餐厅由餐厅经理,办公室由行政和人力资源部负责控制使用该报栏。任何人希望通过海报栏发布有关信息都要事先征得他/她们的同意。

★意见调查

麦当劳至少会在一年一度向所有工作伙伴全面征询关于他的工作及对营运的意见,并对此保密。这些答案将有助于改善上级的管理。

★合理化建议

在你的工作中,你可能会有些建议、更好的工作方法或建设性的批评。麦当劳欢迎批评和建议,这对我们麦当劳的成功和未来都是重要的,请向你的直接上司转告你的建议。

★开门政策

如果任何工作伙伴对于手册上内容有疑问或对于任何工作条件有担心时,餐厅管理层和办公室管理层会为他们开放并进行个别讨论。只要工作伙伴有意见,鼓励他们运用这一

"开门政策"。同样当你的主管不能解决问题时,总经理会鼓励你使用这一"开门政策",帮助你解决问题。

★问题解决,申诉程序

显然我们麦当劳是一家有进取性及有良好信誉的公司,但我们也认识到每个人总不时会有些与经营或管理有关的难题。这些难题又不能在员工会议、座谈会或专题讨论中解决。如果哪位工作伙伴感到他们有这类问题并期望与他们的主管进行讨论,他们应自由地与他们的主管或总经理进行沟通。当然这种沟通亦应按照一定的程序进行:直属上司,上司的上司、副总经理、总经理。

★座谈会

座谈会是工作伙伴和管理层之间的小型非正式的讨论,目的在于探讨一些意见、建议和问题。这种会每季度一次或在管理层认为必要时召开,对工作伙伴来说这种座谈会是使他们的看法能让公司了解的机会。

★员工大会

员工大会是一种员工与管理层互相沟通的又一种形式,一般的,每3个月至少召开一次员工大会。办公室的职员大会是由公司向办公室职员传递公司经营情况及公司政策等有关信息,开店的数量其其他各市场的情况。餐厅的员工大会是餐厅管理组向餐厅员工宣传公司有关政策,宣布有关解决员工困难、采纳员工提出的建议、落实行动、计划、表彰先进的会议。员工大会的追踪部门是公司的人力资源部。员工大会的目的是更好地上情下达、鼓舞士气、表彰先进。以期用这样一个良好的沟通渠道提高员工对公司的归属,增强麦当劳对员工的凝聚力。

★职前简介

新进管理组成员或公司职员将接受你的直接主管和人力资源部给予的职前简介,旨在使你对公司的概况及工作内容有一个系统了解。

★沟通日

你的餐厅经理或总经理将设有沟通日,以便于确保你的意见和建议得到沟通。当然日常的随时沟通也是你的一种有效沟通方式。

(资料来源:赫星奥·弗雷德·加西亚.沟通的力量[M].王国平,译.北京:电子工业出版社,2014.)

4)在交流、沟通中要体现一种文化

任何组织的沟通总是在一定背景下进行的,受到组织文化类型的影响。企业的行为文化直接决定着员工的行为特征、沟通方式、沟通风格,而企业的物质文化则决定着企业的沟通技术状况、沟通媒介和沟通渠道。在企业内部形成和谐的人际关系;在企业外部上要尊重企业利益相关者,包括受企业行为影响或影响企业行为的任何人、群体和组织,特别是产品用户、供应商,同时还须对政府管理部门和社会大众等进行系统分析和定位,这样才能达到相互沟通、内外和谐,实现利益相关者的双赢。例如我国青岛啤酒打入美国市场成功的秘诀就在于:除青岛啤酒上乘的品质和迎合了美国人的口味、口感之外,最重要的一招是出奇制胜,将东西方文化交流、沟通进行了特别的策划。在促销广告形象宣传上,把代表中华餐饮具的筷子与青岛啤酒合二为一,象征着古老中华的餐饮,在美国造成了轰动效应。使原来就对中国人民使用筷子的技巧、习惯乃至对中国几千年灿烂文化怀有神秘感和浓厚兴趣的美

国人,一下子就爱上了青岛啤酒。目前,在美国市场上近万种各国啤酒中,青岛啤酒销量排名第九位,而且售价是美国市场上两种最高的啤酒之一。这个"中为洋用"的市场促销策划就同如刚柔并济的太极拳推手,将众多庞大的竞争对手推得远远的,它的成功就缘于交流、沟通方式,值得国内其他企业借鉴思考。

5)要进行信息的追踪和反馈

信息传递后必须设法取得积极的、建设性的反馈,以弄清下级是否已确切了解,是否愿意遵循,是否采取了相应的行动等,由此用信息发送者认为有助于接收信息的方式去给出信息。因此,作为管理者要经常检查所沟通信息的落实情况和是否有相反的意见,以进一步化解矛盾、减少抱怨,增进沟通渠道的畅通。俗话讲:"人心齐,泰山移"。管理是一种服务,不是一种控制;激励是靠远景,而不是靠恐吓。从以往成功的沟通案例中可以看出:在企业的管理上,无论是内部沟通,还是外部沟通,都直接关系着企业的发展和壮大。成功的营销策略需要独特的交流、沟通方式。充满亲情和"人本管理"的情商,更需要相互沟通和理解。

8.3 有效沟通的方法和技巧

8.3.1 有效沟通的前提

1)组织沟通环境优化

在管理过程中,要想能实现有效沟通,首先必须进行组织沟通的优化与检查,使组织内沟通渠道畅通,组织成员具备相关知识等。具体如下:

①必须具备沟通知识。首先组织成员必须具备沟通概念的操作性知识,在此理论背景下,他们应有能力把这些沟通知识运用到实践中去,理论背景包括沟通的含义、沟通种类、沟通网络、沟通可利用的各种媒介、一些研究成果和最新观念等。

②营造良好的组织氛围。营造一个支持性的值得信赖的和诚实的组织氛围,是任何改善管理沟通方案的前提条件。管理人员不应压制下属的感觉,而应有耐心处理下级的感觉和情绪。

③制定共同的目标。成员目标一致,能够同心协力为共同的目标而努力,也是许多上下级之间以及不同部门之间消除沟通障碍的有效途径。通过组织成员共同制定行动目标,并定期进行考察,可以有效消除沟通障碍。

2)检查和疏通管理沟通网络

组织要经常检查管理沟通的渠道是否畅通,需要检查的管理沟通渠道包括四类网络:

①属于政策、程序、规则和上下级之间关系的管理网络或共同任务有关的网络。

②解决问题、提出建议等方面的创新活动网络。

③包括表扬、奖赏、提升以及联系企业目标和个人所需事项在内的整合性网络。

④包括公司出版物、宣传栏等指导性网络。组织要定期对组织的管理沟通网络进行检查,发现问题要及时处理和疏通,以实现管理的有效沟通。

3)明确管理沟通的目的

在进行沟通之前,信息发出者要明确进行沟通的目的。只有目的明确,才能在沟通时有的放矢,从而使信息接收者能很好地理解进而达到沟通的目的。但每次沟通的目的不能太多,沟通的范围集中,接收者才能注意力集中,从而使沟通顺利。

4)调整管理沟通风格,提升管理效率

在日常工作中,人们习惯于使用某种沟通方式,用这种方式与人交往,会使人感到得心应手且游刃有余,并逐渐发展成为一个人的沟通风格。如果是每个具有不同沟通风格的人在一起工作,而彼此不能协调与适应的话,那么彼此不仅不能有效沟通,还会造成许多无谓的冲突和矛盾,阻碍管理工作的顺利进行。因此,沟通双方首先彼此要尊重和顺应对方的沟通风格,积极寻找双方利益相关的热点效应。

其次,必须调整自己的沟通风格,以构建良好的沟通氛围。技巧主要有:

①感同身受。站在对方的立场来考虑问题,将心比心,换位思考,同时不断降低习惯性防卫。

②高瞻远瞩。具有前瞻性与创造性,为了加强沟通有效性,必须不断学习与持续进步。

③随机应变。根据不同的沟通情形与沟通对象,采取不同的沟通对策。

④自我超越。对自我的沟通风格及其行为有清楚的认知,不断反思、评估、调整并超越。

5)管理沟通因人而异,慎重选择语言文字

信息发送者要充分考虑接收者的心理特点、知识背景等状况,调整自己的谈话方式、措辞以及服饰表情等,慎重选择语言文字,适用意义准确、对方容易接受的词句;叙事条理清楚,做到言简意赅。

6)建立反馈

许多沟通问题是由于接收者未能把握发送者的意思而造成的,因此沟通双方及时进行反馈,确保接收者能准确理解,这样就会减少这些问题的发生,管理者可以通过以及鼓励接收者积极反馈来取得反馈的信息,这样既加强了沟通效果,又可使管理人员了解和评价自己的沟通能力。

7)避免管理沟通受到干扰

重要的信息应该在接收者能够全神贯注地倾听的时间段进行沟通。如果一个人在忙于工作、正在接听电话或者情绪低落,就不利于其接收信息,因为他有可能听不进去,或者误解。因此在进行管理沟通时应尽量避免外界环境的干扰,如组织召开重大会议时,一般都选择安静的场所,以避免被电话、请示工作打断。

8)应恰当选择管理沟通的时机、方式和环境

组织进行管理沟通时,沟通的时机、方式和环境对沟通效果会产生重大影响。如领导在

宣布某项任务时,应考虑何时、采用什么方式才能增加积极作用,减少消极作用,如人事任命,就宜采用公开的方式通过正式渠道进行传递,相反,有的消息适合通过非正式渠道传播等。管理者应根据要传递的信息,对沟通的时间、地点、条件等都充分加以考虑,使沟通信息的形式与沟通的时机、方式和环境相适应,以增加沟通的效果。

9)在组织中应建立双向沟通机制

传统的组织主要依靠单向沟通,即在组织内从上到下传递信息和命令,下级无法表达自己的感觉、意见和建议。而以建议系统或申诉系统为形式的上行沟通渠道对下级表达想法和建议时有很大帮助,能增进管理沟通的效果。

8.3.2 有效沟通的特征

1)准确清晰

沟通是信息互通的过程,在这个过程中,信息的准确度和清晰度直接影响沟通的效果。所有的工作人员都希望接受准确又简单的指示,一旦信息传递失真或者信息过于琐碎,员工不能及时准确地从中了解工作任务和工作要求,那么这样的沟通也就成了无效沟通,也会因此影响到员工的工作效率。

2)双向、多层面沟通

似乎大部分的企业管理者都会遇到这样的问题:每一次跟下属员工沟通都需要浪费一定的精力,不厌其烦地向下属发布命令,可结果仍是效率不高,这到底是为何? 在这种情况下,往往是因为管理者忽略了下属对信息或工作任务的意见和反馈,这种单向的沟通模式不仅不利于企业上下级的沟通,也严重打击了员工的工作积极性。有效的沟通应该是双向的、多层面的,应该在企业内部提倡上下级之间、各部门之间互相沟通,让每个员工对企业的管理拥有发言权,这能够使员工感受到管理层对员工的重视,进而有利于上下级、同级之间的理解和交流,为企业的良好发展扫清了信息沟通的障碍。

3)高效的沟通

沟通是处理管理过程中出现的各种矛盾的重要工具,如果沟通效率过低就无法及时合理地对内部矛盾进行处理。提高沟通的效率关键在于明确管理中的主要矛盾,也就是需要抓住沟通的方向和目标,对症下药才能避免沟通的盲目性和低效;提高沟通效率还可以通过开放式的沟通来实现,所谓开放式的沟通即是指没有固定模式的沟通,沟通既可以是从上到下的,也可以是从下到上的。随着网络时代的到来,管理过程运用网络手段的企业越来越多,管理层可以通过网络向所有员工发布企业的最新政策,还可以就企业管理中存在的问题同员工在网上进行交流,在网络高速运转的情景下就能提高沟通的效率,节省了需要沟通来解决问题需要的时间,沟通的作用也能得到淋漓尽致的发挥。

8.3.3 有效沟通的技巧

沟通是一门艺术,也是一名优秀的管理人员不可或缺的能力。不论目的是为了自信地演说、轻松地谈判,还是愉快地销售,沟通的技巧都将协助管理者增进传递信息。

卡耐基曾经说过,一个人的成功,约有 15% 取决于知识和技能,85% 取决于沟通——发表自己意见的能力和激发他人。

【管理实例 8.4】

面试员工的沟通技巧

一家著名的公司在面试员工的过程中,经常会让 10 个应聘者在一个空荡的会议室里一起做一个小游戏,很多应聘者在这个时候都感到不知所措。在一起做游戏的时候主考官就在旁边看,他不在乎你说的是什么,也不在乎你说的是否正确,他是看你这三种行为是否都出现,并且这三种行为是否是以一定比例出现的。如果一个人要表现自己,他的话会非常多,始终在喋喋不休地说,可想而知,这个人将是第一个被请出考场或者淘汰的。如果你坐在那儿只是听,不说也不问,那么,也将很快被淘汰。只有在游戏的过程中你说你听,同时你会问,这样就意味着你具备一个良好的沟通技巧。

所以说当我们每一个人在沟通的时候,一定要养成一个良好的沟通技巧习惯:说、听、问三种行为都要出现,并且这三者之间的比例要协调,如果具备了这些,将是一个良好的沟通。

要形成一个双向的沟通,必须包含三个行为,即:有说的行为、听的行为和问的行为。一个有效的沟通技巧就是由这三种行为组成的。换句话说,考核一个人是否具备沟通技巧的时候,看他这三种行为是否都出现。

沟通的过程是一个完整的双向沟通的过程:发送者要把他想表达的信息、思想和情感,通过语言发送给接收者。当接收者收到信息、思想和情感以后,会提出一些问题给对方一个反馈,这就形成一个完整的双向沟通的过程。在发送、接收和反馈的过程中,我们需要注意的问题是:怎样做才能达到最好的沟通效果。

1)有效发送信息的技巧

在沟通过程中,首先,看一看信息的发送。请注意,这里指的信息,包括信息、思想和情感。在沟通中,发送的不仅仅是信息,还有思想和情感。在发送信息的时候,需要注意 4W1H:

(1)选择有效的信息发送方式(How)

当你在工作中要发送一个信息,首先要考虑到用什么方法去发送,而这些发送方法是我们在工作中经常用到的方法。

①发送信息首先要考虑选择正确的方法。

在沟通的过程中,为了达到一个良好的沟通效果,首先要选择正确的方法,因为不同方法之间的差距是非常大的。在任何一次沟通的过程中都会发送信息、思想和情感。

②发送方式要根据沟通内容偏重度来选择。

例如,你的一份报告传给你的同事或交给你的上级,更多的是一种信息的沟通;在和客户一起沟通的过程中,更重要的是为了增加和客户之间的感情和信任,这个时候,信息是次要的,情感是主要的。所以说,在选择方法的过程中,首先要考虑到内容本身是以信息为主还是以思想和情感为主,根据这两个不同内容来选择合适的方法。

在工作中,经常通过哪些方法与别人沟通呢? 通常有电话、E-mail、传真,也有面对面的会议沟通等方式。在具体选择哪一种方式前,可以先分析对比备选方式的优缺点,再最终确定,如表8.5所示。

表 8.5 沟通方式选择对比

发送信息	采用方式	改用其他方式	比较优缺点
举例:开会	电话	亲自通知	电话:快捷,方便;信息量小,传递信息不准确 通知:耽误时间,不太方便,不一定找到本人,但信息传达准确,信息量大,可以做会前简单沟通,便于开会时大家更好沟通、理解、发挥,使对方感到被尊重,受到关心

下面介绍几种常用的信息发送方式:

A. 电子邮件。

现在越来越普及的一种沟通方法就是 E-mail(电子邮件)。电子邮件日益得到了最广泛的应用,已经成为一种非常流行并且常用的沟通方式。现在许多员工上班的第一件事就是打开电脑,看一看自己的电子邮件。那么电子邮件是属于语言沟通还是肢体语言沟通呢? 显然,电子邮件是一种典型的书面语言沟通。

电子邮件的优势:可以传递大量的、准确的信息,甚至很多动画片都可以通过电子邮件来传递。在沟通大量信息的时候,用电子邮件是非常好的一种方法。

电子邮件缺点:一个非常典型的缺点就是不可能很好地传递你的思想和情感。当你和对方要交流的是情感的时候,电子邮件这种方式就不利于去沟通情感。

B. 电话。

使用电话是传统而常见的一种沟通方式。电话的沟通也是语言沟通的一种,但是电话的语言沟通里不仅仅包含要说的内容,也包含了一些说话人说话的抑扬顿挫的语气,这也是一种肢体语言的表现,这种肢体语言能够传递给对方一定的情感和思想。所以说电话包含一定的信息,也包含一定的思想和情感,对信息和思想、情感两者之间都有所包含。

电话与电子邮件的比较。电话包含的信息量比 E-mail 包含的信息量少,有时候可能会更不准确,因为口头语言不如书面语言准确。由于在电话沟通中,对方不可能一下子记住太多的信息,接收方会遗忘,所以说电话是一种对一些短小的信息、简单思想情感传递的有效方式。如:"你是否能够开会""明天你是否来办公室"等,工作中在确认某件事情的时候,用电话是非常好的。同时,电话有一个特别好的优势,就是它的速度快,能够及时地作出某一个决定。当发生紧急情况,首先想到的是拨打 110,119 电话,而不是发 E-mail。

C. 开会或者面对面谈话。

上面两种方式,你认为哪种方式是最好的沟通方式呢? 有一句管理名言说:面对面的方式是最好的沟通方式。当有可能选择的时候首先选择面对面谈话。但是,现在的通信设备发展迅速,很多员工在沟通的过程中,由于习惯,首先会选择电话或者选择 E-mail,而忘了最好的方式是面对面谈话。

【管理实例8.5】

艾森豪威尔与大兵

艾森豪威尔是第二次世界大战时的盟军统帅。有一次,他看见一个士兵从早到晚一直挖壕沟,就走过去跟他说:"大兵,现在日子过得还好吧?"士兵一看是将军,敬了个礼后说:"这哪是人过的日子哦! 我在这边没日没夜地挖。"艾森豪威尔说:"我想也是,你上来,我们走一走。"艾森豪威尔就带他在那个营区里面绕了一圈,告诉他当一个将军的痛苦和肩膀上挂了几颗星以后,还被参谋长骂的那种难受,打仗前一天晚上睡不着觉的那种压力,以及对未来前途的那种迷惘。

最后,艾森豪威尔对士兵说:"我们两个一样,不要看你在坑里面,我在帐篷里面,其实谁的痛苦大还不知道呢,也许你还没死的时候,我就活活地被压力给压死了。"这样绕了一圈以后,又绕到那个坑的附近的时候,那个士兵说:"将军,我看我还是挖我的壕沟吧!"

(资料来源:余世维.有效沟通[M].2 版.北京:北京联合出版社,2012.)

(2)何时发送信息(When)

何时约见客户、何时发出邀请函、何时向上级请示、何时与下属谈心……选择恰当的沟通时间,应充分考虑对方的情绪,要考虑"天时、地利、人和",这一点非常重要。

(3)确定信息内容(What)

发送传递信息内容的两种方式:一种是语言;另一种就是肢体语言。在同别人沟通的时候,你说什么话是很重要的,但只有加入相应的肢体语言,你所要传递的信息内容才会更加确切。只注重语言却不注重肢体语言,沟通效果会非常不好。就像我们每一个人每天都会听到很多的口号,如:欢迎光临。是否让你感觉到真正的欢迎光临呢? 很少感觉到。我们接收到的仅仅是"欢迎光临"这 4 个字带给我们的信息,却没有通过她喊这句话时肢体语言传递给顾客的情感。所以说,在选择具体内容的时候,一定要确定要说哪些话,用什么样的语气、什么样的动作去说,这些在沟通中非常重要。

(4)谁该接收信息(Who)

在发送信息的时候还需要考虑以下问题:

①谁是你的信息接收对象?

②先获得接收者的注意。

③接收者的观念。

④接收者的需要。

⑤接收者的情绪。

(5)何处发送信息(Where)

发送信息时,还需要考虑在什么样的环境和场合下发送给对方。

现在对场地的选择已经越来越引起人们的注重。在实践中很多管理者已经越来越认识到:环境对沟通效果的影响非常大。但在工作中,特别是上下级之间的沟通,通常是在上级主管的办公室中进行,在这样的环境下进行沟通达不到好的效果。

【管理互动8.1】

有效沟通，击败世界五百强竞争对手

小王在韩国晓星公司北京办事处工作，主要工作是销售韩国的钢材到中国。在开发广东美的集团股份有限公司这个客户的时候，碰到了强大的竞争对手韩国三星公司（世界五百强企业）。这两家韩国公司代理销售的都是韩国浦项钢铁公司（当时是世界第二大钢铁公司）的产品，三星香港公司距离美的公司只是半个小时的乘船时间，而小王所在的北京办事处，乘飞机加短途汽车，至少需要大半天时间，更糟糕的是小王对粤语不太懂，所以跟客户的电话沟通比较难，起初晓星公司明显处于劣势。面对这么多困难，开发该新客户不容易。但小王并不气馁，相信通过沟通，真正了解客户的需求，就一定能赢得客户的青睐。

经过多次的电话沟通，小王发现客户还是不能充分相信晓星公司的能力和服务。当时，该客户急需一批韩国钢材（客户需要1 000吨），小王所在的公司希望通过供给这批钢材来建立彼此的合作关系，但是小王所在公司当时能够提供的数量（300吨冷轧优质钢材）并不能满足客户的需求，况且客户认为单独进口300吨需要办理额外的进口手续，很麻烦，不如从当地购买。

在这种情况下，小王说服经理亲自去拜访未曾谋面的客户。当经理和小王到达客户所在地广东顺德时，已经是晚上8点了，在与客户沟通的过程中，小王明显感觉到客户这次不打算从晓星公司进口了，因为300吨钢材进口实在太麻烦，下次再考虑。但小王觉得客户是因为不了解晓星公司，才没有信心采购。于是小王建议在宾馆坐一坐，尽量地向客户介绍晓星公司的背景和提供钢材的能力，同时也注意倾听客户的意见。通过两个小时的谈话沟通，客户最终被小王的诚意打动了，最后说："明天订合同吧"。那一晚，客户全面了解了晓星公司与美的公司合作的能力和诚意，并彻底打消了对晓星公司的疑虑。最终小王的真诚和专业彻底打动了该客户，并赢得了订单。

案例分析提示：上述案例中，小王在开发这个客户的过程中，与客户的真诚交流非常重要，如果小王当时没有与客户进行有效的沟通，很可能这个客户就被三星香港公司抢去了；足见，有效沟通至关重要。

2）有效倾听的技巧

发送信息后，接收方就要去接收信息，即倾听。倾听指的是通过视觉、听觉媒介接收、吸收和理解对方思想、信息和情感的过程。

发送信息和倾听信息哪一个更重要一些呢？《西拉书》中有一段话是这样说的："如果你喜欢倾听，就会获得知识；如果善于倾听，就会变得智慧。"西方还有句名言："上帝分配给人两只耳朵，而只给我们一张嘴巴。为的是让我们多听少讲。"其实在沟通中往往听比说更重要。相对于"听"而言，在现实生活中现代人更愿意用"说"作为唯一的沟通方式，因为它更快、更直接。然而，"说"属于一种知识和能力，唯有"听"更显从容与睿智。在日常生活中，倾听是人与人之间互生信任的催化剂。我们平时虽然听别人说了很多的话，却没有认真去倾听对方真实传递的信息，导致沟通失败。所以倾听是一种重要的非语言性沟通技巧。

（1）倾听的重要性

在信息的输出与接收过程中，倾听的重要性表现在以下4个方面：

①倾听是交谈的前提。不能倾听就无法交谈。在信息输出与接收过程中，说话要根据

思想准确地选择词语,组成语言形式,并以确切的话语为代码发出信息。但如果听话者在接收信息代码和分解理解时出现问题,就无法进行语言反馈,导致有问无答或答非所问的笑话,交谈就不能进行。

②倾听是对接收信息的加工过程。倾听在接收、释义信息代码时,并非一般意义上的信息传递中的"译码",对说话者输出的语言信号不是全盘接收、还原本意,而是要不断地"加工",进行思考调整。在对接收的信息代码还原释义的同时,进行加工整理,由表及里,由此及彼,去伪存真,去粗取精,删去一些虚假的或多余的信息,集中筛选出主要的、有用的信息来进行分析、研究。这样去倾听,才能辨明事情的真与伪,发掘事物的是与非,吃透说话者的真实心理,达到听说的目的。

③倾听能呼应激发对方说话的欲望。交谈的过程是一种双向交流、互动的过程。当对方说话时,接收方心不在焉,不能潜心聆听,便会刺激对方不愿交谈下去。当说话者得不到听的呼应时,便会产生被轻视、受冷漠、不被理解、枉费口舌的感觉,自然也就不会再有谈话的兴趣。而认真倾听别人的谈话,不仅是对说话者的尊重,也是对说话本身的最好肯定。人人都有渴望被人承认,被人尊重的心理,而说话者这种心理的直接体现,就是渴望听者专心倾听他的谈话。只有对方认真专心地听,才能大大提高说话者的说话兴趣,诱发其表达意见的欲望。

④倾听能够随时检验自己的谈话效果。交谈是两方或多方的互言过程,各方语言来往互为诱因,互为前提,你言我语,相辅相成。如果你只顾一味地说,而不能专心地听,就无法随时了解到你的话在对方心灵中产生了何种反应,达到何种效果,也就无法进一步调整自己的语言适应变化。

（2）倾听的原则

在倾听的过程中,我们需要注意倾听的原则:

①适应讲话者的风格。每个人发送信息的时候,他说话的音量和语速是不一样,你要尽可能适应他的风格,尽可能接收他更多、更全面、更准确的信息。

②眼耳并用。倾听不仅仅用耳朵在听,还应该用你的眼睛看。你耳朵听到的仅仅是一些信息,而眼睛看到的是他传递给你更多的一种思想和情感,因为这是需要更多的肢体语言去传递,所以听是耳朵和眼睛在共同地工作。

③理解对方,移情倾听。所谓移情聆听,是指以理解为目的的聆听。真正理解对方应居首位,这是一种完全不同的模式,移情聆听要求听者站在说话者的角度看世界,理解他们的思维模式和感受。移情聆听的本质不是要你赞同对方,而是要在情感和理智上充分而深入地理解对方。移情聆听的重要作用在于能帮助听者获得准确的信息,倾听者不用猜想对方的想法、感受、动机和解释,而是可以透过对方的大脑和内心来获悉真相。移情聆听帮助倾听者理解他人,并同他们进行深入的心灵沟通。

④鼓励对方。在听的过程中,看着对方保持目光交流,并且适当地用肢体语言,如点头示意、眼睛的注视等,表现出有感兴趣的聆听。

（3）有效倾听的步骤

有效倾听一般是指把身体、情感和智力融合在一起,寻找信息的意义和理解的过程。当接收者理解发送者的本来意图时,就称为有效倾听。

①准备聆听。首先,倾听者需要给讲话者一个信号,说明做好准备了,给讲话者以充分

的注意。通常做法是：在听之前给讲话者有一个眼神上的交流，显示给予发出讲话者的充分注意，这就告诉对方：我准备好了，你可以说了。其次，不仅仅做好身体上倾听的准备，还需要做好心理上的准备。准备倾听与你不同的意见，从对方的角度想问题。

②采取积极的行动。积极的行为包括在倾听过程中神情的投入和适当肢体语言的暗示。在讲话者讲话过程中要经常用眼神交流，不要东张西望，应该关注对方；采用频繁的点头，传递鼓励对方去说的信息；也可以身体略微地前倾而不是后仰，这是一种积极的姿态，这种积极的姿态表示着：你愿意去听，努力在听。同时，对方也会有更多的信息发送给你。

③理解对方全部的信息。倾听的目的是为了理解对方全部的信息。在沟通的过程中倾听者没有听清楚、没有理解时，应该及时告诉对方，请对方重复或者是解释，这是我们沟通过程中常会疏忽的地方。

当开始讲述内容前，讲话者可以像很多专业的沟通者那样，在说话之前这样说：在我讲的过程中，诸位如果有不明白的地方可以随时举手提问。这个环节证明了讲话人懂得在沟通的过程中，要说、要听、要问。而不是大家只是安静地单方面听，倾听者不能提问，那样就不是一个良好的沟通。因为沟通的过程是一个双向的循环：发送、倾听、反馈。

（4）倾听的 5 个层次

在沟通倾听的过程中，因为我们每个人的倾听技巧不一样，所以看似普通的倾听却又分为 5 种不同层次的倾听效果。

①听而不闻。所谓听而不闻，简而言之，可以说是不作任何努力地去听。我们不妨回忆一下，在平时工作中，什么时候会发生听而不闻？如何处理听而不闻？听而不闻的表现是不作任何努力，你可以从他的肢体语言中看出，他的眼神没有和你交流，他可能会左顾右盼，他的身体也可能会倒向一边。听而不闻，意味着不可能有一个好的结果，当然更不可能达成一个协议。

②假装聆听。假装聆听就是要做出聆听的样子让对方看到，当然假装聆听也没有用心在听。在工作中常有假装聆听现象的发生，例如：你和客户之间交谈的时候，客户有另外一种想法，出于礼貌他在假装聆听，其实他根本没有听进去；上下级在沟通的过程中，下级惧怕上级的权力，所以做出聆听的样子，实际上没有在听。假装聆听的人会努力作出聆听的样子，他的身体大幅度地前倾，甚至用手托着下巴，实际上是没有听。

③选择性地聆听。选择性地聆听，就是只听一部分内容，倾向于聆听所期望或想听到的内容，这也不是一个好的聆听。

④专注地聆听。专注地聆听就是认真地听讲话的内容，同时与自己的亲身经历作比较。

⑤设身处地地聆听。不仅是听，而且努力在理解讲话者所说的内容，所以用心和脑，站在对方的利益上去听，去理解他，这才是真正的、设身处地地聆听。设身处地地聆听是为了理解对方，多从对方的角度着想：他为什么要这么说？他这么说是为了表达什么样的信息、思想和情感？如果你的上级和你说话的过程中，他的身体却向后仰过去，那就证明他没有认真地与你沟通，不愿意与你沟通。所以要设身处地地聆听。当对方和你沟通的过程中，频繁地看表也说明他现在想赶快结束这次沟通，你必须去理解对方：是否对方有急事？可以约好时间下次再谈，对方会非常感激你的通情达理，这样做将为你们的合作建立基础。

【管理互动 8.2】

在默默聆听中抓住潜逃分子

第二次世界大战后,一个罪大恶极的法西斯分子潜逃在外,一直未落入法网,缉捕工作很艰难,时间也持续了很久。一次,在一个小餐馆里,一位特工人员在等候用餐。

对面坐下了一个男子,一面静静地等候,一面用手指若无其事轻轻地敲点着桌面。礼帽下一副深茶色的眼镜,将他的目光隐隐遮住,样子很平和。

"笃笃,笃笃,笃笃笃,笃",那位特工听着听着,突然心里一动:那男人轻轻的敲点声,竟然如此令他仇恨、恐怖和难以忍受,而他对此又是那样地熟悉。平时对音乐的喜好此时帮了他的大忙,凭着他那颗警惕的心和特殊的感觉,他断定那男子正在发自内心地默默唱着纳粹分子的军歌。这个有顽固残暴本性的人,肯定就是一直被追捕的纳粹分子!结果正如特工分析的一样,纳粹分子由于这点小小的极难被人察觉的疏忽而暴露了原形。

案例分析提示:纳粹分子虽然一言未发,但特工人员凭着职业警觉,用灵敏的耳朵,快速的反应,察知对方隐蔽的深层次心理,分析、推断纳粹分子的非语言行为所传达的信息以及所表达的思想感情。这个事例告诉人们,在社会交往与活动的过程中,要做有心人,就必须带着目的去寻求、去搜集、去打听。不但要察其言色,还要观其行为,甚至度其心理。从倾听对方隐秘方面入手,从中发现他的真正意图。

3)问的技巧

问是一种基本的语言形式,是启动交谈过程的重要语言工具。

《周礼》有"发端曰言,答述曰语"之说。问是交谈的起点,借助提问,可以打开"话匣子",引出交谈。在谈判活动中,恰当的提问可以引导交谈主题,推动谈判进程。提问既是探询信息,征求意见的方法,也是表达姿态,暗示反驳的策略。

(1)问的作用

①引起对方注意或引导对方的思维。在交谈中,恰当、有效地提问,往往是对某句话、某个议题、某些内容的强调,希望引起对方的重视。这种提问的作用,在法庭上最为明显。参加诉讼的律师为了在法庭上引起大家对某种观点、证据或某种事实的充分注意,常常借助发问的方式来达到目的,甚至不惜引出对方相反的回答,然后再予以反驳。这样给人的印象更深刻。

②征询意见、获取信息。沟通中需要彼此交流意愿,沟通信息,谈话各方都需要互知彼此,掌握各种信息、资料,来达到彼此了解、达成共识的目的。而提问便是发掘信息、交换意见的最直接方式。例如,在经贸谈判过程中,谈判者总是要提出诸如主体资格问题、资信保证问题、价格问题、质量问题等来交换意见,获取信息,以便进行价值评价和价值交换。

(2)问的方法

沟通的过程无不是说、听、问。在和别人沟通的时候,80%是倾听,其余20%是说话,而在20%的说话中,问问题又占了80%。要了解对方的相关情况,要了解别人的需求等都需要通过适当地问问题,一个沟通的好坏,与这个人问问题的能力是有密切关系的。但如何去问这些问题呢?即通过什么样的方式来问这些问题,下面简单介绍一下几种问句:

①封闭式问题与开放式问题。封闭式问题是相对于开放式问题而言的,封闭式问题有点像对错判断或多项选择题,回答只需要一两个词。封闭式问题的常用词汇:能不能、对吗、

是不是、会不会、可不可以、多久、多少等。问句中如果带有以上词汇,一般就是封闭式的问题。

开放式问题就像问答题一样,不是一两个词就可以回答的。这种问题需要解释和说明,同时向对方表示你对他们说的话很感兴趣,还想了解更多的内容。要想让谈话继续下去,并且有一定的深度和趣味,就要多提开放式问题。

例如:会议开得好吗? 会议上是如何讨论那几个议题的? 觉得无法用一两个词来回答就是开放式的。那是何时发生的事情? 那项工作怎么停下来了呢? 感觉只能用一两个词来回答那就是封闭式的。尽管它们有着明确的作用,但是如果单纯地使用封闭式问题,会导致谈话枯燥,产生令人尴尬的沉默。

②明确性提问。明确性提问指提问的问题已有明确的答案,被提问者只需要按照事先已经明确规定的内容进行回答即可。有时,为了引起别人注意,讲话者故意先提出问题,自问自答,也叫设问。运用设问,能引人注意,启发思考。如:什么叫自律? 自律就是自己管束自己的行为。

③相关性提问。相关性提问指对两件事情间的相互联系性进行提问。

④选择性提问。选择性提问指提问者提出一系列相互关联的问题,供回答者有所选择地回答。

⑤激励性提问。激励性提问是指提问者运用激励性的语言来提出问题,其目的在于激励对方或给予对方勇气。这是为了加强语气而采用疑问形式表达确定意思的修辞方法。目的是使听者产生联想并有所领悟进而发问。课堂教学离不开"问",一方面是老师问学生;另一方面是启发学生问老师,前者是提问,后者是激"问"。激"问"也常常需要先用提问的方式去激活思维。实践表明:思维最活跃的时候,往往是提出一些富有启发意义的问题的时候。

⑥证实性提问。证实性提问指提问者对讲话人的一些讲话内容所进行的提问。

⑦假设性提问。假设性提问指提问者运用假设性的语言提出问题,让回答者回答 。

【管理实例8.6】

犀利采访——意大利传奇女记者法拉奇

中国读者在20世纪80年代知道了法拉奇这个名字。她是在中国改革开放后较早采访中国领导人邓小平的外国记者之一。

其实从20世纪60年代开始,法拉奇就已活跃在国际新闻界,并因她犀利的提问而知名。从20世纪60年代到80年代,她曾采访过多国领导人,包括巴勒斯坦领导人亚西尔·阿拉法特、以色列强硬派女总理果尔达·梅厄、印度"铁娘子"英迪拉·甘地、巴基斯坦总理阿里·布托、埃塞俄比亚皇帝海尔·塞拉西、伊朗最高领袖霍梅尼、美国国务卿亨利·基辛格等。有人称她是"当代最伟大的政治采访者"。

1980年法拉奇来华采访邓小平。被外交部屡屡压下的采访请求,在她一次一次不懈地努力下得到同意。为了得到和邓小平的独家采访,她不惜住进一个环境很差的宾馆(北京民族饭店),只是为了不让别人认出她来,她要给世界一个惊喜,一个别人想都不敢想,想了也没办法实施的采访的机会。

法拉奇:"明天是你的生日。我想祝贺你。"

邓小平:"啊? 明天是我的生日吗? 我这七十多岁的人了,没什么好祝贺的,是到了走下坡路了,衰退的年龄了。"

法拉奇："我爸爸跟你同岁，要是我跟我爸爸说'你到了衰退的年龄了。'他肯定要打我。"

这一段耳熟能详的对话，被很多人熟知。可以说是套近乎，但是记者需要能巧妙地化解僵硬的气氛。如果受访者是不自然和戒备心严重的，我们就可以料想这次采访肯定以失败结局。真正的采访，要能够打动受访者的心。站在平等的位置上交流，不说大家的立场观点是否一致，但至少要有平等交流的权利。记者无须对位高权重的受访者曲意迎合；受访者也有保持自己隐私的权利，无须对记者咄咄逼人的追问全盘托出。这样的境地下，对于新闻采访而言，怎样挖掘信息变成了很重要的技巧。

法拉奇的风格是举世闻名的：咄咄逼人、尖锐、直率、刻薄、刁钻，丝毫不留情面。她可以让基辛格因为一句她设下的"陷阱"说错话。要知道她采访的对象是个多么难对付的，而且从不单独接受记者采访的基辛格。在看了法拉奇对越南人民军总司令武元甲将军的采访后，基辛格居然回复可以考虑与她对话，同时也提出了苛刻的受访条件：他在接见中将什么也不会告诉法拉奇，而法拉奇得说话，他将根据法拉奇所说的来决定是否接受她的采访。也就是说，法拉奇必须先接受一场小战役考验，只有战胜，才能进入更大的战场。对法拉奇来说这很不公平但也很公平，好比一场高手对决，而她必须先"挨打"，也只有"挨得住打"，她才有与此高手对决并名留青史的机会。

一开场，基辛格就带有敌意，比如面无表情，比如让法拉奇尴尬地站在办公室中间，自己却在办公，比如选高于法拉奇的椅子坐，制造居高临下的局面。法拉奇真的紧张了，但她也从他的虚张声势中看出他的不自信。任何人都和传说中不一样。

法拉奇：基辛格博士，我已经感觉到了。我从来没有采访过一个像您这样避而不答问题或对问题不作确切解说的人，没有人像您这样不让别人深入了解自己。基辛格博士，您是不是有点腼腆？

基辛格：对，我是个相当腼腆的人。另一方面，我觉得我还是相当沉得住气的。您看，有人把我描写成一个苦恼和神秘的人物，也有人把我描写成乐天派，整天嘻嘻哈哈，这两种形象都不准确。哪一个都不是我……我是……不，我不告诉您我是什么样的人。我对谁都不说。

法拉奇：基辛格博士，人们说您对尼克松根本不在乎，说您关心的只是您干的这一行，同任何一位总统都可以合作。

这个问话不仅惹怒总统，还惹恼普通民众。但法拉奇说："我丝毫不怕失去群众，我能使自己做到想说什么就说什么。就像独自骑马领着一支旅行队走进一个狂野的西部神话。"

虽然基辛格在整个采访中都是这种回避的态度，但依然被法拉奇迂回地挖出了不为人知的许多东西。

法拉奇："博士，你简直变得比总统的名气还大，你的窍门是什么？"

基辛格无心以对地反问道："你认为呢？"

法拉奇说："我可不清楚；我正想通过这次采访找到其中的奥秘——我的意思是说，就像一位高明的棋手，你走出了几步绝招？"这一问题问得基辛格飘飘然，竟不知不觉得意扬扬地谈出了不少中美外交谈判中的秘密。

采访披露后，基辛格大为吃惊，连他自己都怀疑怎么会透露了这么多内幕。尼克松也对基辛格十分恼火，无论基辛格打电话还是亲自上门，尼克松都拒绝见他。因为基辛格居然对一个记者说了让他很不高兴的话。在很多事件上基辛格说的是"我如何解决"而不是"我们如何解决"。当然，最后尼克松和基辛格和解了，他们策划的停战实现了，一年后基辛格还当了国务卿，得了诺贝尔和平奖。

多年后,基辛格坦白承认过自己的虚荣心:"因为她已经采访了那么多元首,他渴望在她建造的'领袖万神殿'里占据一席之地。"现在他才明白"一生中做得最愚蠢的事'就是接受法拉奇的采访"。

她还用激将法促使希区柯克对自己多年来一直拍摄恐怖电影的原因作出了解释:"我和耶稣会会士一起学习了三年。他们的一切都吓得我要死,现在我要吓唬其他人,聊以报复。"

这个事例里,广大的电影爱好者倒是要感谢法拉奇,一代电影悬疑大师被"逼"无奈透露的心声很好地解释了为什么希区柯克格调的电影总是那样充满了迷幻色彩。

20世纪60—80年代是法拉奇活跃在世界舞台上的黄金时期。一连串的受访者名单让她当之无愧地成为新闻界的女王。60年代她主动请缨上越南战场采访,在奠边府战役中击败法国的军事英雄武元甲将军,南越总理阮文绍,基辛格,印度历史上第一位女总理英迪拉·甘地,巴基斯坦总理阿里·布托,伊朗国王穆罕默德·礼萨·巴列维,波兰工会主席莱赫·瓦文萨,以色列总理果尔达·梅厄,亚西尔·阿拉法特,霍梅尼,邓小平……基辛格说得对,这的确是"领袖万神殿"。

奥莉娅娜·法拉奇,20世纪新闻采访女王。她开创了崭新的采访方式,以迂回、紧追的形式采访世界政要,留下许多脍炙人口的话语。在新闻史上留下了浓墨重彩的一笔。对于新闻记者来说,法拉奇的每一次采访都提供了一次令人神往的示范:表面上是犀利的提问,本质是在权威面前的平等姿态和独立人格。

(资料来源:克里斯蒂娜德斯特凡诺,从不妥协·法拉奇传[M].陈晗奕,译.北京:新星出版社,2014.)

(3)问的技巧

爱因斯坦曾说过:"提出一个问题比解决一个问题更为重要。"提问、问话是需要讲究技巧的,高明的提问不但使你能达到目的,而且被问的一方也感到很舒畅,愿意回答;反之,愚蠢的提问只能使对方感到失望和可笑。在问的过程中通常需要注意以下技巧:

①因人设问,因时设问。提问也需要切境。所谓切境,即所提问题要符合被问人的年龄、身份、文化素养、性格特征、语言环境。被问的人有的热情爽快、有的性格内向、有的大大咧咧、有的审慎多疑、有的傲慢自信、有的狡黠刁钻,性格不同,气质迥异,如果不顾这些特点,仅用一个腔调、一种方式提问,就会碰壁、闹笑话。

②提问要尊重对方。提问的目的是为了得到对方的回答,因此你的提问必须采取对方乐于接受的方式,而且提问题不宜涉及个人隐私,以免对方对你的提问产生抵触情绪。比如:

有位年轻记者满怀信心地去采访一位有成就的女科学家。他这样提问道:"请问您毕业于哪所大学?"答:"对不起,我没有上过大学。我搞科研靠自学。我认为自学也能成才。"她的回答不免使他有几分尴尬。为了缓和气氛,他忙转移话题,想先谈谈生活,于是说道:"您的孩子在哪儿上学?"不料科学家十分不悦,答道:"我早已决定把毕生精力贡献给自己的事业,因此,我一直独身至今。请原谅,这个问题我不愿意多谈,如果你没有其他问题的话,就谈到这儿吧。我还要工作。"她下了逐客令。

显然,问话者忽视了问话的内容。但如果接着自学这个话题,可能会给对方留下良好印象从而愿意展开深入交谈。

③提问要讲究得体的语言模式。一般来讲,提问的最佳语言模式是陈述句加疑问语

缀。我们比较一下下面两种提问:"你根本没有想出一个主意来,你凭什么认为你能提出一个切实可行的方案呢?""我相信你能提出一个切实可行的方案,这很好,能不能先说一说呢?"

显然,前面一个提问会招来被问人的冷眼,而第二个提问则会激起对方回答的积极性。这样,双方才具备了交谈的前提。

对于如何提问,美国明尼苏达大学拉尔夫·尼科尔博士制订了一套提问技术要点:

A.忌提明知对方不能或不愿作答的问题。

B.用对方较适应的"交际传媒"提问,切不可故作高深,卖弄学识。

C.适当运用幽默语,一开始提问,不要限定对方的回答,不要随意搅扰对方的思绪。

D.力避你的发问或问题引起对方"对抗性选择",即要么避而不答,要么拂袖而去。

【管理链接8.2】

沟通视窗

在语言沟通中,一个循环的过程中包括两个非常重要的因素:说和问的行为。介绍一个非常著名的理论叫"沟通视窗"。这个视窗说明,当我们在说和问不同对待的时候,即说得多或者是问得多,那么就会让别人对你产生不同的印象,影响别人对你的信任。

1."沟通视窗"把关于你的所有信息分为4个区间

(1)公开区:就是你自己知道,同时别人也知道的一些信息。公开区的信息,就是一些个人的信息,如:姓名、性格、居住地、工作单位。

(2)盲区:经常是关于自己的某些缺点,可能是自己意识不到自己的缺点,但是别人能够看到你的缺点。就是你自己也不知道的关于你的信息,但是别人知道。盲区的信息,如:性格上的弱点或者是平时自己不在意的一些不好的行为。

(3)隐藏区:就是关于你的某些信息,你自己知道,但是别人不知道。还有一种隐藏区的信息,别人不知道,只有你自己知道。如:阴谋、秘密。

(4)未知区:就是关于你的某一些信息,你自己不知道,别人也不知道。

2.沟通视窗的运用技巧

任何一个人都有上述4种信息,在他人看来每一个人的这4种信息的多少是不一样的。

(1)在公开区的运用技巧。他的信息他知道,别人也都知道,这样的人我们感觉会是什么样的一种人? 善于交往的人、非常随和的人,这样的人容易赢得我们的信任,容易与他进行合作地沟通。要想使你的公开区变大,就要多说、多询问,询问别人对你的一些建议和反馈,这从另一个侧面告诉我们:多说、多问不仅是一种沟通的技巧,同时赢得别人的信任,是使别人以一个合作的态度与你沟通的重要的保证。在沟通的过程中我们一定要注意沟通是一种技巧,这个技巧就是你在沟通中表现出来的行为。如果要想赢得别人对你的信任,你要多说,同时要去多提问,这两种行为就意味着一个良好的沟通技巧。

(2)在盲区的运用技巧。如果一个人盲区的信息最大,会是什么样的一种人? 是一些不拘小节、夸夸其谈的人,他有很多不足之处,别人都看得见,而他看不到。造成盲区大的原因是他说得太多,问得太少,他不去询问别人对他的反馈。所以,在沟通中,你不仅要多说而且要多问,避免造成盲区大。

(3)在隐藏区的运用技巧。如果一个人隐藏区最大,那么关于他的信息,往往会只有他自己知道,别人都不知道。这是内心很封闭的人或者说是很神秘的人。这样的人我们对他的信任低。我们在和他沟通的过程中,可能合作的态度就会少一些,因为他很神秘、很封闭。我们说为什么造成了在别人看来他的隐藏区最大?是他问得多,但是说得少。关于他的信息,他不擅长主动告诉别人,所以说如果别人觉得你是隐藏区很大的人或者别人觉得你是一个非常神秘的人,原因就是你说得太少了。

(4)在未知区的运用技巧。未知区大,就是关于他的信息,他和别人都不知道,换句话说,未知区大的一个现象就是他不说也不去问,可能是一些非常封闭的人,这种非常封闭的人,关于他的信息,他不去问别人去了解,也不去告诉别人。封闭很可能会使他失去很多机会,能够胜任的工作就会失去了,可能别人不了解他能做这件事情,他也不知道自己能做这件事情。我们说现在竞争变得越来越激烈,每个人都要努力去争取更多的工作机会,争取更多的机会来成就自己的事业,那么这种未知区很大的人,就很可能失去了很多的机会。当竞争越来越激烈的时候,失去了机会就意味着要落后,甚至要被社会淘汰,所以每一个人一定要尽可能缩小自己的未知区,主动地通过别人去了解自己,主动地去告诉别人我能做什么。

4)有效反馈的技巧

(1)反馈的定义

在沟通过程中,最后一个步骤是:信息反馈。什么是反馈?反馈就是沟通双方期望得到一种信息的回流。反馈信息,是人所做的事,所说的话,这一信息旨在使行为有所改变或加强。

(2)反馈在沟通中的作用

沟通如果没有反馈,效果必定大打折扣。完整、高效的沟通必然具有完备的反馈机制作为支撑。通过反馈,一方面可以提高沟通的针对性,减少信息部门的盲目性;另一方面,反馈可以加强信息发送方和接收方之间的心理沟通,使一切危机和问题都可以在初始阶段被及时发现和彻底解决,以赢得时间,防患于未然。

(3)反馈的类型

反馈有两种:一种就是正面的反馈;另一种是建设性的反馈。

①正面的反馈。正面的反馈也叫赞美性的反馈,就是对对方做得好的事情予以表扬,希望好的行为再次出现。赞美性反馈的目的是帮助其他人更充分地发现和利用自己的优势。

②建设性的反馈。建设性的反馈就是在对方做得不足的地方,给他提出改进的意见。要注意建设性的反馈是一种建议,而不是一种批评,这是非常重要的。建设性的反馈是使人注意问题或者潜在问题的信息,本身并不能解决问题,它为解决问题起到跟进作用。

在沟通过程中,没有反馈的信息,沟通就不完善,因为信息过去了却没有回来,是一种单向的行为。所以说,没有反馈就不能称为完整的沟通。反馈,就是给对方一个建议,目的是为了帮助对方,把工作做得更好。

(4)如何给予反馈

①针对对方的需求。反馈要站在对方的立场和角度上,针对对方最为需要的方面,给予反馈。

例如,在半年绩效考核中,下属渴望知道上司对他工作和能力的评价,并期待上司能为自己指明下一步努力的方向。如果作为上司的经理人,在绩效考核之后不反馈,或者轻描淡写地说一下,则会挫伤下属的积极性。

②具体、明确。以下是给予具体、明确反馈的两个例子:

错误的反馈——"小李,你的工作真是很重要啊!"这种表述方式很空洞,小李也不知道为什么自己的工作就重要了,从而不能真正给对方留下深刻的印象。

正确的反馈——"公司公文和往来信函,是一个公司素质高低的表现,代表着一个公司的水平、精神和文化。小李,你的工作很重要。"这种对下属的反馈就不是空洞的、干巴巴的说教,而能起到事半功倍的效果。

③有建设性。经理人容易武断地给下属的意见或想法下结论,比如有的往往带着批评或蔑视的语气说:"你的想法根本就行不通!""小伙子,你还是太年轻了!"等,弄得下级很没趣,结果挫伤了下属主动沟通的积极性。如果能换一种态度,以建设性的、鼓励的口气给下属反馈,效果就会不同,比如"小王,你的意见很好,尽管有些想法目前还不能实现,但是,你很动脑筋,很关心咱们部门业务的开展,像这样的建议以后还要多说啊!"。

④对事不对人。积极的反馈就事论事,忌讳涉及别人的面子和人格尊严,带有侮辱别人的话语千万不要说,比如"你是猪脑子啊,没吃过猪肉还没有看过猪跑?"之类的言语,只能加深双方的敌对和对抗情绪,与最初的沟通愿望适得其反。

(5)如何接受反馈

接受反馈是反馈过程中一个十分重要的环节,在接受反馈时应该做到以下几点:

①耐心倾听,不打断。接受反馈时,一定要抱着谦虚的态度,以真诚的姿态倾听他人的反馈意见。无论这些意见在你看来是否正确和是否中听,在对方反馈时都要暂时友好地接纳,不能打断别人的反馈或拒绝接受反馈。打断反馈包括语言直接打断,比如:"不要说了,我知道了";也包括肢体语言打断,比如不耐烦的表情、姿势等。如果你粗鲁地打断别人对你的反馈,其实就表示着沟通的中断和失败,你了解不到对方更多甚至更重要的信息。

②避免自卫。自卫心理是每一个人本能的反应。对方在向你反馈时,如果仅仅站在自己的立场,根据自己主观意愿选择是否接受,一旦听到对自己不利、不好或不想听的东西,就着急地去辩解和辩论,明智的另一方会马上终止反馈。

③表明态度。别人对你反馈之后,自己要有一个明确的态度,比如理解、同意、赞成、支持、不同意、保留意见、怎么行动等。不明确表示自己对反馈的态度与意见,对方会误解你没有听懂或内心对抗,这样就会增加沟通成本,影响沟通质量。

在反馈的过程中,一定要注意有的情况并不是反馈:第一,指出对方做得正确的或者是错误的地方。反馈是你给对方的建议,为了使他做得更好。第二,对于他人的言行的解释,也不是反馈。例如:我明白你的意思,你的意思是……这不是反馈,这是聆听的一种。第三,对于将来的建议。对于未来和将来的建议也不是反馈。反馈就是对刚才你接收到的这些信息给对方一个建议,目的是为了使他做得更好。

8.3.4　有效沟通的肢体语言

美国心理学家艾伯特·梅拉比安经过研究认为:在人们沟通中所发送的全部信息中仅有7%是由语言来表达的,而93%的信息是用非言语来表达的。因此管理者必须注意自己的肢体语言与自己所说的话的一致性,这样会在很大程度上跨越言语沟通本身固有的一些障碍,提高沟通效率。

肢体语言是交流双方内心世界的窗口,它可能泄露我们的秘密。一个成功的沟通者在强化沟通的同时,必须懂得非语言信息,而且尽可能了解它的意义,磨炼非语言沟通的技巧,注意"察言观色",充分利用它来提高沟通效率。这就要求管理者在沟通时,要时刻注意与员工交谈的细节问题,不要以为这是"雕虫小技"而忽视。

肢体语言又习惯被称为"身体语言",是一种使用身体运动或动作来代替或辅助声音、口头言语或其他交流方式进行交流的一种方式的一个术语。这是"副语言"的一种形式。肢体语言沟通是通过动态无声的目光、表情、手势语言等身体运动,或者是静态无声的身体姿势、空间距离及衣着打扮等形式来实现沟通。

肢体语言在人际沟通中,有着口头语言所不能替代的作用。然而,真正将身体语言有效地运用到人际交往中去却不是一件很容易的事。

肢体语言沟通要有效果,需要做两件事情:一是理解别人的身体语言;二是恰当使用自己的身体语言。

1)理解别人的肢体语言

身体语言比口头语言能够表达更多的信息,因此,理解别人的肢体语言是理解别人的一个重要途径。从他人的目光、表情、身体运动与姿势,以及彼此之间的空间距离中,都能够感知到对方的心理状态。了解了对方的喜怒哀乐,就能够有的放矢地调整我们的交往行为。但是,理解别人的身体语言必须注意以下几个问题:同样的身体语言在不同性格的人身上意义可能不同;同样的身体语言在不同情境中意义也可能不同。这就要站在别人的角度来考虑,要培养自己的观察能力,不要简单地下结论。

2)恰当使用自己的肢体语言

恰当地使用自己的肢体语言,应做到以下几点:经常自省自己的肢体语言;有意识地运用肢体语言;注意肢体语言的使用情境;注意自己的角色与肢体语言相称;注意言行一致;改掉不良的肢体语言习惯。自省的目的是我们检验自己以往使用肢体语言是否有效,是否自然,是否使人产生过误解。以下是几种常见的肢体语言及其含义,如表8.6所示。

表8.6 常见肢体语言及其含义

身体部位	动 作	含 义
头部	抬头上昂	自然、果然、较为自我
	向左倾	享受谈话过程、放松
	向右倾	在思考与判断、紧张
眼神	正视对方	友善、诚恳、外向、有安全感、自然、笃定
	游移不定	紧张、不自信、不诚实、内向、人际敏感度较低

续表

身体部位	动 作	含 义
手	手抓住椅把	不自信、紧张
	手绕衣角或其他东西	不信任、紧张,或者心不在焉、不专注
	双手垫在屁股下面	保守、拘谨,人际交往能力弱
	手挠喉咙、手放在嘴唇上	不认同、准备发言反对
	双手放在背后或环抱双臂	不欣赏、质疑、防备、准备攻击
	跷二郎腿、腿脚抖动	清高、随意、有些自大
腿脚	两脚张开,脚尖朝对方	开放、诚恳
	两腿交叉,向内收回	封闭、不友好
坐姿	往后靠	放松、自我、骄傲
	往前倾	注意、感兴趣、谦虚
	坐在椅边上	不安、厌烦、警觉

8.3.5 有效沟通的态度

每个人在沟通过程中,由于信任的程度不同,所采取的态度也不一样。如果你的态度不是一个端正、良好的态度,那么沟通的效果肯定是不好的。在沟通过程中,根据果敢性和合作性的不同,分为5种不同的态度,如图8.6所示。态度决定一切。如果态度问题没有解决,沟通的效果就不好。

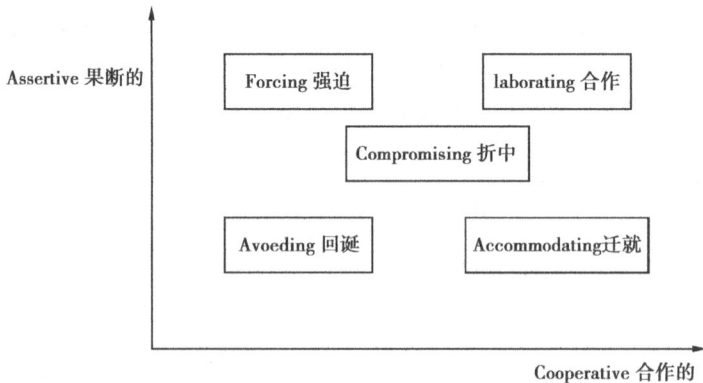

图8.6 有效沟通的5种态度

1)沟通的态度类型

(1)强迫性的态度

强迫性态度,果敢性非常强,却缺乏合作的精神。在工作和生活中,确实有这样的情况,如父母对小孩子、上级对下级,在这种强迫的态度下,沟通实际是不容易达成一个共同的协议。

（2）回避性的态度

在沟通中既不果断地下决定，也不与你主动合作，那么这样一种态度是回避的态度。他总是回避着你，不愿意与你沟通，不愿意作决定，所以得不到一个良好的沟通结果。

（3）迁就性的态度

具有迁就态度的人虽然果敢性非常弱，但是他却能与你合作，你说什么他都会表示同意，那么在平时工作生活中，你有没有遇到对方采取的是一种迁就的态度？通常下级对上级往往采取一种迁就的态度。当你与下级沟通的时候，你要注意：他的态度是否出现了问题，采取的是不是迁就的态度。如果是，那么沟通就失去了意义，得不到一个正确的反馈。

（4）折中性态度

折中性态度果敢性有一些，合作性也有一些，非常圆滑。

（5）合作性态度

合作性在沟通过程中，需要有一个正确的态度：既要有一定的果敢性，勇于承担责任、作决定，同时又要有合作性，这样的态度才是合作性态度，才能达成共同的协议。

2）建立合作态度的技巧

（1）合作态度具体的表现

第一个合作态度的表现，是双方都能够说明各自所担心的问题。你认为这个地方有问题，他也认为这个地方有问题，双方都能够毫无保留地说明自己所担心的问题和所遇到的困难。在平时的工作生活中，是不是对方愿意说出自己的想法来？就像是上级问下级：你觉得我们这个部门还存在哪些不足？那么他是否愿意说出来？只有他是合作的态度，他才会说出所有他发现的问题。合作态度的表现就是，双方都愿意说出所有的顾虑和担心的问题。

第二个合作态度的表现，双方都积极地去解决这个问题，而不是去推卸责任。

第三个合作态度的表现，就是说双方共同研究解决方案。共同研究不是一方告诉另一方，更不是一方命令另一方，而是双方共同研究一个很好的解决问题的方法。

第四个合作态度的表现，大家在沟通的过程中，是论事不对人，即是谈论行为而不谈论个性。

第五个合作态度的表现，是双方最后达成一个双赢的协议，一定是一个考虑到双方利益的协议。

实际上，在沟通的过程中，要想获得一个合作的态度是非常困难的。在平时的工作中，我们经常会和不同的人进行沟通，那么只有我们的态度问题解决了，沟通才有可能成功。

（2）上下级之间要建立合作态度

当我们遇到下级的时候，我们是采取一种强迫的态度呢，还是一种合作的态度？作为公司的领导，如何使沟通中的所有参与者都保持一个良好的合作态度尤为重要。如果对方的态度不是合作的，很有可能不能达到预期的沟通效果。当我们遇到客户、供应商，如果你的态度不停地改变，那么沟通效果肯定是不好的，同时也会让你感觉到工作中有非常大的压力，因为你在不断地调整你的态度。怎样使自己有一个良好的合作态度，这是沟通中非常重要的一点。

学习要点

1. 沟通是借助一定手段把可理解的信息、思想和情感在两个或两个以上的个人或群体中传递或交换的过程。目的是通过相互间的理解与认同来使个人或群体间的认知以及行为相互适应。沟通的定义中有三大要素:明确的目的、达成共同协议,沟通信息、思想和情感。

2. 沟通的过程模型包括7个环节:(1)发送者需要向接收者传递信息,或者需要接收者提供信息。(2)发送者将所要发送的信息译成接收者能够理解的一系列符号。(3)发送的符号传递给接收者。(4)接收者接受符号。(5)接收者将接收到的符号译成具有特定含义的信息。(6)接收者理解被翻译的信息内容。(7)发送者通过反馈来了解他想传递的信息是否被对方准确地接收。

3. 沟通的分类及不同沟通方式的特点。(1)按照组织系统划分,沟通可以分为正式沟通和非正式沟通。(2)按照沟通的方式划分,分为语言沟通和非语言沟通。(3)按照信息传递的方向划分,沟通可以划分为:上行沟通、下行沟通、横向沟通、斜向沟通、外向沟通等。

4. 沟通的障碍主要来自3个方面:发送者的障碍、接收者的障碍和信息传播通道的障碍。

5. 沟通障碍的影响因素包括:(1)个人因素:个人的性格、气质、态度、情绪、兴趣等差别,都可能引起信息沟通的障碍;知识、经验水平的差距所导致的障碍;个体记忆不佳所造成的障碍;沟通过滤与选择性知觉造成的障碍;沟通者的畏惧感以及个人心理品质也会造成沟通障碍。(2)组织因素:如果组织机构过于庞大,中间层次太多,信息从最高决策传递到下属单位不仅容易产生信息的失真,而且还会浪费大量时间,影响信息的及时性。(3)人际关系因素:主要包括沟通双方的相互信任程度和相似程度。(4)技能因素:管理者要想沟通取得较好效果,需要掌握一定的沟通技能,缺乏技能也会成为沟通障碍。

6. 沟通障碍的控制:明确沟通的目的;缩短管理者与被管理者之间的距离;确定有效沟通的具体渠道,提高沟通效率;与他人建立和睦的关系是有效沟通的关键;在交流、沟通中要体现一种文化;要进行信息的追踪和反馈。

7. 有效沟通的前提:组织沟通环境优化;检查和疏通管理沟通网络;明确管理沟通的目的;调整管理沟通风格,提升管理效率;管理沟通因人而异,慎重选择语言文字;建立反馈;避免管理沟通受到干扰;应恰当选择管理沟通的时机、方式和环境;在组织中应建立双向沟通机制。

8. 有效发送信息的技巧:选择有效的信息发送方式(How);何时发送信息(When);确定信息内容(What);谁该接收信息(Who);何处发送信息(Where)。

9. 倾听:指的是通过视觉、听觉媒介接收、吸收和理解对方思想、信息和情感的过程。在倾听的过程中,需要注意倾听的原则:(1)适应讲话者的风格;(2)眼耳并用;(3)理解对方,移情式倾听;(4)鼓励对方。有效倾听的步骤包括:(1)准备聆听;(2)采取积极的行动;(3)理解对方全部的信息。

10. 问的技巧。问是一种基本的语言形式,是启动交谈过程的重要语言工具。问的方法包括:封闭式问题与开放式问题;明确性提问;相关性提问;选择性提问;激励性问题;证实性提问;假设性问题。

在问的过程中通常需要注意以下技巧:(1)因人设问,因时设问;(2)提问要尊重对方;

（3）提问要讲究得体的语言模式。

11.反馈。反馈就是沟通双方期望得到一种信息的回流。在给予反馈时应注意:(1)针对对方的需求;(2)反馈信息具体、明确;(3)反馈有建设性;(4)对事不对人。而接受反馈一方应做到:(1)耐心倾听,不打断;(2)避免自卫;(3)表明态度。

12.有效沟通的肢体语言。肢体语言又习惯被称为"身体语言",是一种使用身体运动或动作来代替或辅助声音、口头言语或其他交流方式进行交流的一种方式的一个术语。运用肢体语言沟通注意的事项:(1)理解别人的肢体语言;(2)恰当使用自己的肢体语言。

思考练习

1.沟通的三大要素是什么?

2.沟通过程模型包括哪些环节?

3.简述沟通的类型及其特点。

4.沟通障碍的影响因素有哪些?

5.如何控制沟通的障碍?

6.有效信息发送的技巧是什么?

7.阐述有效沟通中倾听、问、反馈的技巧?

8.如何有效运用肢体语言进行沟通?

管理实践

训练项目一:竞聘中的沟通

[实践目标]

1.强化对沟通知识的理解。

2.培养分析案例材料中有关沟通问题的能力。

[实践内容与方法]

1.阅读下面的案例资料,并收集相关材料。

2.分小组进行案例材料的集中讨论。

3.每位同学写出案例解决方案,以小组为单位写出发言提纲。

4.以小组为单位在班级内组织交流研讨会,个人可以进行补充阐述。

案例资料:

韩鹏的竞聘

韩鹏,2010年7月,毕业于辽宁工业大学电子工程专业,应聘到了大连MV商业集团公司工作。由于在3个月的试用期内,韩鹏工作富有激情,并且具有较强的交际能力,很快便得到集团领导的赏识。2010年10月,新入职员工进行岗位分配时,按照韩鹏个人的第一志愿,他竞聘到了集团营销部工作,负责集团内部报刊和广告方面的工作。

进入营销部后,韩鹏一如既往地努力工作,善于钻研,经常向部门内部的前辈和其他科室的领导请教工作方法以及业务方面的问题,从而使其业务能力不断提升,工作开展得有声有色,业绩也很突出,受到了营销部主管领导的好评。

随着工作时间的推移,韩鹏觉得目前的机关工作不利于自己以后的职业发展,于是他协调各方面关系,终于得到了集团下属公司领导的认可,也得到了一次工作调动的机会。

2014年2月,韩鹏调至集团下属最大的分公司营业部大连A区营业部担任服务经理助理职务。韩鹏在这个职务上如鱼得水,很快便成为营业部的骨干。2014年10月,韩鹏被任命为营业部服务经理,全面负责营业部的顾客服务工作。一直积极要求上进的他工作更加努力,希望自己能够得到更大的提升。

正在韩鹏希望自己能够有更大的发展空间时,2016年3月,MV集团公司决定拓宽业务领域,成立国际名品经营公司,面向集团内部招聘一名总经理和两名业务经理。韩鹏认为自己的工作能力和经验满足国际名品公司业务经理的要求,决定再一次挑战自己,便报名竞聘业务经理。

2016年3月20日,MV集团国际名品公司岗位竞聘大会在集团总部大楼会议室举行,集团总裁、总部机关各部门的领导和集团各分公司总经理出席了会议。参加业务经理竞聘的除了韩鹏外,还有MV集团大连B营业部的业务经理徐志强和2014年加入MV集团的国内某名牌大学毕业生王嘉实。由于认真准备了演讲稿,加之对自己的沟通能力、应变能力以及工作经验充满自信,韩鹏认为此次竞聘成功的概率很大,至少自己比入职不满三年的王嘉实的工作经验丰富很多,胜算也大得多。

由于竞聘的顺序是按照姓名的拼音排序,所以韩鹏第一个走上了演讲台。整个演讲过程都很顺利,下一个环节是答辩。

为了给自己原来的部下鼓劲,营销部孟总第一个提问:"韩鹏,你在刚才的演讲中提到自己工作能力很强,能讲一讲你是如何提升自己的工作能力的吗?"

"作为入职集团近五年的大学生,我对领导安排的每一项工作都仔细思考,认真执行,同时经常到图书馆借阅各种与工作相关的业务书籍,时常向老领导和经验丰富的员工请教工作方法,从理论和实践两个方面不断提升自己的业务能力,所以即使我不是业务能力最强的一个,但我一定是进步最快的一个!"韩鹏满怀信心地答道。

"你刚才提到零售企业的顾客服务工作十分重要,甚至对公司的经营业绩起到举足轻重的作用,能深入地说一说服务的主要作用吗?"为进一步考查韩鹏的工作能力,集团总裁继续提问。

"我从2014年2月到现在一直从事服务工作,处理的棘手问题很多,我认为服务工作开展的好坏将直接影响公司的经营效益,同时对公司的持续发展起着很重要的作用。就拿我工作的大连A营业部来说吧,两年内我处理的顾客投诉问题我自己都不知道有多少起了,客服部的工作很重要,工作开展也很难,有些顾客如不给予经济补偿就百般纠缠。我们营业部2015年因顾客投诉而给予经济补偿的有28起之多,全年因为顾客投诉造成的经济损失达238 230元!"为了增强说服力,韩鹏在回答过程中还举出了自己工作中的实例,并列出了精确的数据,希望展现出自己对工作的认真和业绩情况的准确把握能力,能得到集团总裁及评委的认可。

"真的有这么多顾客投诉需要经济补偿吗?每年的损失有这么多?"集团总裁似乎半信半疑,在问韩鹏的同时转过脸看了一眼大连A营业部的总经理。

"这些数据是我去年工作中总结出的,它足以说明顾客服务工作的重要性。"韩鹏并没有意识到集团总裁所持疑问的真实意图,依然按照自己的思路回答问题。其实,集团总裁掌握的顾客服务方面的损失数据与他讲的"精确"数据差距很大。

最终,出乎韩鹏意料的是他竞聘失败。

［实践标准与评估］

1. 实践标准：分析案例中存在的沟通问题，并提出解决建议，以提高实际沟通能力。

2. 实践评估：①个人提出的解决方案作为一次作业，评定成绩。②对各小组与个人在班级交流研讨会上的表现进行评价打分。

训练项目二：沟通实战——与陌生人沟通

［实践目的］

1. 突破自我心理障碍，锻炼与陌生人沟通的能力。

2. 熟悉有效沟通的技巧，提高实际交流能力。

［实践内容］

主动寻找一个陌生人，事前准备一个沟通话题，与该陌生人进行一次沟通。并在沟通结束后对本次沟通作自我总结。

［实践步骤］

1. 沟通前选定沟通对象。

2. 针对之前选定的沟通对象，准备沟通话题。要求根据选定的陌生人所在行业、身份或者爱好等调查信息，准备相关话题。并注意在交际沟通过程中个人语言、态度等方面的表现。

3. 沟通结束后，认真根据沟通过程写出沟通记录，并结合沟通中存在的问题进行自我总结。

4. 以班级为单位，交流为本次沟通所做的准备工作以及沟通中的心得体会。

［实践标准与评估］

1. 实践标准：①为此次沟通做好准备。②在沟通中能较好地体现自信、诚恳，能够运用所学技能进行有效沟通。

2. 实践评估：①个人提交的沟通记录和自我总结。②教师和同学对每位同学在班级交流会上的表现进行评价打分。

第9章

控制理论与实践

学习目标

1. 掌握控制的含义、类型、作用。
2. 掌握控制的由来。
3. 理解控制的原则。
4. 掌握控制的程序。
5. 学会运用控制方法。

引例

国宝中药，云南白药

云南白药是著名的国产成药，其创始人是 20 世纪初著名中医外伤科医家、"药冠南滇"的曲焕章先生。他遍游滇南名山，学习神农氏亲尝百草，多方求教积累经验，认真研究明、清以来流传于云南民间的中草药物和配伍，苦心钻研，经数十载临床验证，反复改进配方，终于在 1902 年将百宝丹(云南白药)试制成功。云南白药是伤科要药，功效以治刀枪伤及跌打伤为最，凡疮、疡、痛、疽以及妇科、儿科疾病兼能治疗，具有止血镇痛、消炎散肿、活血化瘀、愈伤调经、排脓祛毒、防腐生肌等功能，由于疗效显著，渐渐闻名遐迩，声誉大振。1916 年，由云南省政府警察厅卫生所检验合格，允许公开出售，驰名西南。1917 年，由纸质包装改为瓷瓶包装，百宝丹开始销往全国。1923 年，在曲焕章先生的精进研究下，药理疗效更为显著和稳定，最终成为"一药化三丹一子"(普通百宝丹、重升百宝丹、三升百宝丹、保险子)的医药组合。这时的云南白药从国内走向中国香港、中国澳门、新加坡、雅加达、仰光、曼谷、日本等国家和地区。1931 年，曲焕章先生在昆明金碧路建盖"曲焕章大药房"，生产和出售百宝丹。1955 年，曲先生的妻子缪兰英女士向政府献出了该药配制的秘方，经昆明市卫生局批准后，交由昆明制药厂生产，正式定名为"云南白药"。

1971 年 6 月云南白药厂成立。在 1993 年 5 月 3 日的现代企业制度改革中，云南白药实业股份有限公司成立。同年 11 月首次向社会公众发行股票 2 000 万股(发行价格 3.38 元/股)，发行后总股本 8 000 万股。1995 年，云南白药被列为国家一级保护品种，作为中药国宝第一号，国家保密配方，秘而不宣。1996 年通过资本运作控股联合了分散在大理、丽江、文山的三家云南白药生产企业。同年 10 月经临时股东大会会议讨论，公司更名为云南白药集团股份有限公司。2002 年"云南白药"商标被评为中国驰名商标。2006 年 5 月 29 日公司实施了股权分置改革,在深圳证券交易所上市交易(股票简称云南白药,代码:000538),是云南首家上市公司。

现在的云南白药集团股份有限公司是国家唯一定点生产云南白药的厂家。公司以云南白药的生产和产品为依托,研究和扩张了云南白药产品立体系列,包括云南白药胶囊、云南白药酊、云南白药伤湿膏等。充分发挥了云南白药散剂、胶囊剂内服、酊剂贴膏外敷、气雾剂喷药、擦浴等方式达到高效、方便、快捷的目的,更适合现代人使用的需要,最大限度地实现其止血愈伤、活血化瘀、消炎消肿、排脓祛毒的功效。同时云南白药还对内腔出血(如肺结核出血、胃出血、肠道出血),以及鼻出血、支气管炎和支气管扩张出血、颅内出血、妇科血症、腹型紫癜等病症具有疗效。根据临床使用和观察,云南白药对某些癌症有缓解和抑制作用,可延长患者的寿命。公司同时发展田七系列产品,总共包括10种剂型70余个产品,是云南省实力最强、品牌最优的大型医药企业集团。在经营范围上公司涉及了化学原料药,化学药制剂,中成药,中药材,生物制品,保健食品,化妆品及饮料的研制,生产及销售,医疗器械(二类、医用敷料类、一次性使用医疗卫生用品),日化用品等领域。

云南白药创可贴、云南白药牙膏、宫血宁胶囊、云南白药养元青洗发护发系列等产品一举成功打入市场,引发强烈的反响。同时公司以云南多彩民族元素为主题特色开发了精油手工皂、护手霜等产品。早在2001年初,云南白药公司看准时机,启动了占到总股本90%比重的重量级资金450万元,在上海投资成立了专门的透皮技术研究有限责任公司,负责突破研究和生产销售云南白药创可贴与云南白药膏。同期的还有公司独家生产的宫血宁胶囊被列入国家基本用药目录,也是国家中药保护品种。其稳定增长的销售趋势,使其成为公司的第二大产品。2003年1月云南白药大药房以"空调环境、夜间服务"的口号进军国内连锁药业销售领域,通过连锁网点的销售渠道模式,实现产品生产和商业销售的联合,获取新的发展空间和利润增长。

在产品质量方面,云南白药不懈努力,保证医药产品质量从种植地道药材开始,持续建立和完善药源基地控制,旗下的云南白药集团中药材优质种源繁育有限责任公司,选址于云南楚雄武定县关坡梁子,种植园区选择优良中药种源种植,包括了作为公司产品生产需要的重要中药原料重楼、三七、红豆杉、云黄连、云当归、岩白菜、黄草乌、金铁锁等种类。从源头上保证中药材原料的质量和供应。公司同时经营化学原料药、中成药、中药材、生物制品、物业管理、农牧业种植、养殖及农副产品加工、销售,推行多元化发展战略。在三七系列中致力于地道药材"云南白药豹七三七产业"项目建设,将优质豹七三七种苗种源繁育基地、新品开发、制造升级、原料及提取物交易、电商O2O等发展成为一体化、现代化、规模化的三七产业。自2003年开始,公司控股的子公司云南白药集团大理药业有限责任公司、丽江药业有限公司、天紫红药业有限公司先后通过国家GMP认证。公司控股子公司云南省医药有限公司、云南白药大药房有限公司、云南白药集团医药电子商务有限公司通过GSP认证。2004年7月公司的合剂、口服液剂型通过国家GMP认证。同年9月文山三七种植基地高水准通过国家GAP认证。随后,公司糖浆剂、软膏剂、搽剂、天紫红饮片车间等先后通过国家GMP认证。

由于云南白药配方保密,对于其中是否含有对人体致毒成分的疑问声音不断。当出现这些声音时,云南白药公司积极面对,坦诚解释,拿出有力的事实说明,化危为安,树立了对公众负责的良好企业形象。曾经在2013年2月5日,香港卫生署发布公报称,云南白药胶囊、云南白药散剂、云南白药膏、云南白药气雾剂和云南白药酊等5个品种含有可能带有毒性的乌头类生物碱(乌头类生物碱带有毒性,如使用不当,将会引致口唇和四肢麻痹、恶心、呕吐及四肢无力等不适症状,严重者会导致呼吸困难和心率失常并危及生命),要求予以回收。根据产品注册资料及中药文献,有关中成药的成分不应包含此类成分,因此发出上述指令。2 月 6 日云南白药公司即刻发表声明迅速回应,回应称:1956 年国务院保密委员会将云南白药处方、工艺列为国家保密范围(战备物资)。尽管云南白药配方中含有乌头碱类物质,但含有乌头碱类成分的药材经过炮制,水解成乌头次碱,进一步水解成苯甲酰乌头原碱,毒性大大降低。炮制前后毒性改变,与原来不同。云南白药通过独特的炮制、生产工艺,在加工过程中,已使乌头碱类物质的毒性得以消解或减弱,乌头碱含量极微,可以安全服用。公司同时还公布了 2010 年至 2012 年三年间的相关统计数字作为事实说明:生产销售云南白药(4g/瓶)1 亿瓶、云南白药胶囊(0.25g/粒)17 亿粒,三年间共监测到涉及云南白药和云南白药胶囊的各类不良反应共计 28 例,主要表现为皮肤过敏、发痒等,未监测到严重不良反应。

经过白药人不断的努力,坚持良心种植、良心制药、多元化立体发展战略。云南白药成为云南大型工商医药企业,荣登中国中成药企业五十强之列。2015 年 8 月云南白药荣登《中国制造企业协会》主办的"2015 年中国制造企业 500 强"榜单,排名第 93 位。

(资料来源:云南白药集团股份有限公司、百度百科、和讯网、财库网、新华网、中国制造企业协会网站等关于云南白药的主题资料)

云南白药通过一系列的控制行为,提升了自己的实力,取得了良好的成绩。恰当的控制,能够帮助管理者寻找差距,找出问题,从而确保组织目标的实现。控制是管理工作的终点,又是新一轮管理工作的起点。无论计划、组织、领导、沟通、激励等过程多么周全,如果没有恰当的控制,组织的决策仍然无法得到有效的实施。

9.1 控制概述

9.1.1 控制的含义

控制是组织为了确保目标的实现而进行的检查、监督及纠正偏差的管理活动。在管理的职能中,决策与计划职能提出了管理者追求的目标,组织职能为管理者提供了完成这些目标的结构和人员的配备,领导与激励职能为管理者提供了有利的环境和激励措施,而控制职能则提供了有关偏差的认识方法以及管理活动与组织决策和计划相符的纠偏措施,从而确保组织目标实现。

9.1.2 控制的由来

在管理活动中,作为决策者的管理者会对管理的所有活动,包括日常惯例性的活动、战略决策以及组织目标或分项目标给予关注,关注这些活动的消耗与回报。在关注时自然而然地产生期待或预期。让我们一起来看下面的示意图 9.1 控制的由来。

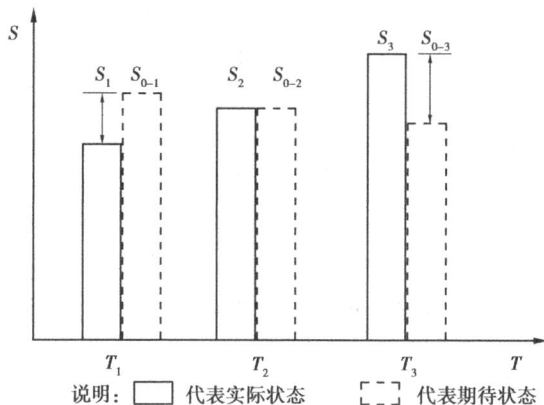

图 9.1 控制的由来

从示意图上可以看到两个维度：一个维度是来自于时间（T）；另一个维度是状态（S）。也就是计划假定或真正投入组织资源、消耗时间、发生管理的一系列活动后所达成目标或结果的综合呈现。

管理者在制订计划或目标时，期待或预期状态 S_{0-1} 同时产生出来。这里值得注意的是期待状态 S_{0-1} 被管理者、团队或个体的参与者认识了解的程度会有差异。可能源自职权大小、职责范围、工作角色等要素的影响。在工作中不同的参与者会有不同的关注和期待。比如在建筑工地上，砌砖的工人会关注和期待尽快地完成自己手上的任务，早一些下班休息，可以按时获取薪资，同时拿到更多的奖金。工程队长则会关注和期待子项目的进度、质量合格，没有返工和监督投诉，手下的工人技术娴熟、消除怠工。项目经理关注工程总体进展顺利、协调好各方关系，或者获得公司充足的资源支持。作为管理者需要去看到这些真实的存在，而不只是仅仅盯住 S_0，如果管理者真的注意到了，就会发现工作中的摩擦或者在心中的抵抗、反对在减少、减轻。那些来自不同角度、观念上的消耗和耗费，经由发现后进行良好的管理沟通，达成彼此的知悉和理解，其实就是在管理活动中落实海纳百川、求同存异的精神。这样的做法，并不是说管理者放弃实现和达到 S_{0-1}，或者轻易甚至是轻率地改变 S_{0-1}，而是在实现管理效果时，更好地体现管理效率。如果，现在管理者正在运营自己的团队或公司，在实行控制中出现了问题与困惑，管理者可以在这个点上去自我审视和检查。也许这就是产生问题的根源。

接下来，当管理活动和投入开始后将产生实际状态 S_1、S_2、S_3 等。在这里需要关注的是对实际状态的评判或认定。通过信息收集处理，结合管理者的素养能力，发挥管理团队协作共事力量，或者使用评价指标体系等来完成对实际状态的评判，尽可能达到真正地认知。

这时，可以看到差异（偏差）的 3 种情形：

①T_1　　$S_1 < S_{0-1}$ 实际状态低于预期状态

②T_2　　$S_2 = S_{0-2}$ 实际状态等于（符合）预期状态

③T_3　　$S_3 > S_{0-3}$ 实际状态优于预期状态

基本上控制工作就是围绕着上述这 3 种情形展开的。对于第一种情形（$S_1 < S_{0-1}$）的出现，当实际状态低于预期时，会引起管理者的等待、紧张、高度重视、坚决调整等不同的控制反应。这依赖于偏差大小、管理者可以接受程度以及实际状态自然波动等因素来采取对应措施，或者不采取任何控制措施，而是等待后续观察决定。就像医生接诊发烧患者，会在问

诊、化验、测量以后综合判断,最终给出相应的干预和诊治方法。

第二种情形即实际状态符合预期($S_2 = S_{0-2}$),管理者觉得一切按照计划较好地推进着,会持续执行原有的方法和步骤,稳定地向下一个时间推移,直至实现目标。在这种状态下,需要管理者关注的是变化要素以及来自这些变化所产生的影响。所以"例行公事"式的持续控制与关注变化要素影响是$S_2 = S_{0-2}$状态时的关键。突发的状态也许会打破这种平衡,管理者需要在沉着冷静和机智中启动有效的应急预案和危机管理来有效地控制。尤其在产生了负面的结果或影响时,开诚布公地承认与道歉,积极地应对会获得意想不到的谅解和支持。树立起负责任的良好公众形象将是最高的回应。比如汽车制造商发现产品某种缺点缺陷时的及时召回,生产企业主动停业整顿行为或无障碍退换等承诺。

第三种情形实际状态优于预期状态($S_3 > S_{0-3}$),也就是超越了原来的预期。管理者相应的会产生放松、高价值感和自豪感,持续地推行工作和延续控制活动。一般会被认为这是一种最佳状态的成功控制。管理者可以在其中总结和发掘导致成功的积极因素,从矿石中提炼出黄金。需要提醒管理者特别注意的是,这种状态需要仔细思量时间因素,是否是以牺牲长远的利益来获取短期的效应;或者是某种未预料的出现临时导致超出预期。其中也包括来自商业竞争中的诱惑陷阱。

【管理链接9.1】

一个游戏的启示

有的人在处于无从选择的状况时,会掏出口袋里的硬币,事先约定好哪一面代表"是",哪一面代表"否",然后放在手掌心里,合掌摇动向空中抛出……

这个游戏是我们熟知的"一个硬币的两面"。放在这里带来怎样的启示呢?

作为管理者在明确目标,熟悉计划和推进计划的活动中,要一直清晰地知道目标,活动指向的方向,以及将把公司、团队、员工带向哪里。就像在整个过程中一直看到和把握着这枚硬币,无论是哪一面呈现,还是它暂时离开手心,管理者一定要清晰地看到全部。当了解这些时,管理者既可以有效地控制,准确地选择在哪里实施,同时也能安心地授权与放权,甚至给予他人更多的工作自由和信任。这样去管理、去控制将是惬意和舒心的。

9.1.3 控制的两个维度

1)时间维度

在控制活动中,管理者需要关注到时间维度(T)。时间是管理者实施控制考虑的重要因素之一,也是组织的宝贵资源。合适时间的控制行为,包括了时间的起点和终点、时间的长度以及允许的宽松时间等方面。时间中蕴含的时机,将使控制行为活动发挥最大的效率,产生重大的效益和效果。

在时间维度(T)上,通过前面的示意图9.1可以看到T_1、T_2、T_3时间点的跟踪控制。这种方式,在实际的控制活动中,可以用来对具体目标、关键事件、预设进度等方面来进行把控。时间维度可以是独立的分割点,就像必胜客提供的每一款披萨,按照尺寸大小来严格设定烘焙时间和条件,以达到最佳口感效果。麦当劳通过给可乐加冰的方式维持一段时间的最佳下咽感觉。时间维度可以是一系列间断的时间或连续时间的控制,比如一个工艺品生产制造企业,在工艺品设计的环节活动中,依赖于设计师的灵感发生,在时间维度上呈现出一系列的不连续状态,作为管理者有效地实施控制将是选择为设计师提供尽可能多的时间跨度,以及排除设计工作之外的干扰。而在工艺品生产环节活动中,如果是流水线作业生产产品,则可以依靠工艺流程或生产流程来完成连续时间控制,以及组织好订单量的产品制造。因此,在控制职能的实施中需要管理者、组织者高度重视时间维度,认真了解和把握控制活动中切入点的时间、时间的延续状态和变动的影响。

2)状态维度

状态维度(State)是管理者实施计划向目标推进过程中是否需要控制、如何控制、选择怎样的方式控制等的依据和基础。在制订目标和计划时,清晰地完成判断状态的指标体系或评判标准,以及设定适合的时间来进行是实现控制职能的良好开启。

目标先于控制,计划先于控制,预防先于控制。选择和使用目标管理(MBO)体系的标准来实施控制。比如在目标实现中使用精益六西格玛工具来精细化管理,达到高质量的控制。在计划中使用的甘特图可以完成对时间事件要素的控制,网络计划图可以处理多因素的跟踪和控制需要。

对于可以衡量的状态,比如销售额、出勤率、成品合格率、门店客流量、费用预算与财务报表以及网页浏览点击量等都可以完成定量评判,只要提供相应的记录或统计信息即可实现。但在管理活动中还有一类状态是无法通过定量标准来评判的,比如员工工作状态、参与创新的积极性与贡献、客户认可度、消费购买动机等只能通过定性方式来了解认识与评判。管理者可以转化成期望达到状态的表述或措辞,来尽可能完成无法定量的评判。同时可以选择自我评价、团队评价以及组织评价结合的方式,分配权重来最终确定状态。

9.1.4 控制的作用

在管理活动中控制职能的发挥,起到了重要的作用,是组织实现目标,落实计划,有效执行的实践和保障。它明确了组织运作围绕目标计划需要关注什么,如何运作;保障组织的基本守则和约定是什么,怎样遵守;什么是组织允许和鼓励的,什么是需要避免和杜绝的;发生哪些会受到限制或惩罚;出现差异和偏差时如何面对和处理等重要问题。关于控制在管理活动实施中的作用如图9.2所示。

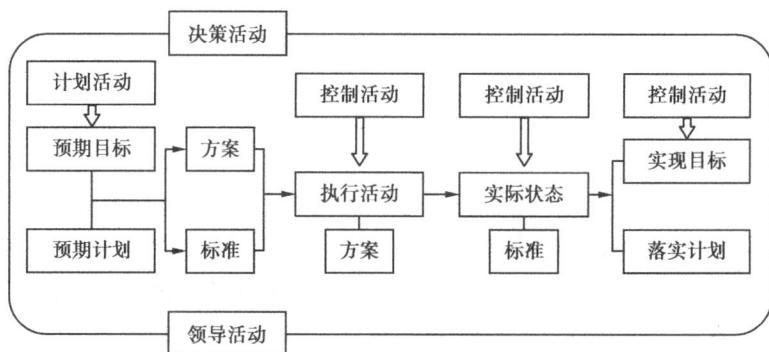

图 9.2 管理活动中的控制

控制有效地监管活动和结果,可以使管理者在时间上把握进程、进度,了解和掌握管理活动实施的状况。

控制便于管理者发现问题、寻找原因,及时作出调整和修正偏差,将活动始终导向目标的达成上。

通过控制形成有效的约定和约束,使每一个参与者清晰工作要求、职责范围和职权界限。明确和实践工作角色的要求,是组织绩效评估的重要依据来源之一。

控制在划定组织的底线和"高压线"的同时,也体现了对参与者的激励效应。在工作中,按时按期、按质按量等方面的超额达到,是参与者、个体或团队高效能的体现,是员工和所有参与者工作价值的高度认可。

9.1.5 控制的类型

从建立在时间维度上的分类来看,控制活动的发生,可以在管理活动开始之前进行,也可以在管理活动进行之中发生,还可以在管理活动结束之后进入下一个环节、流程或循环之前进行。可以将控制分为前馈控制、同期控制、反馈控制3种类型。如图9.3所示。

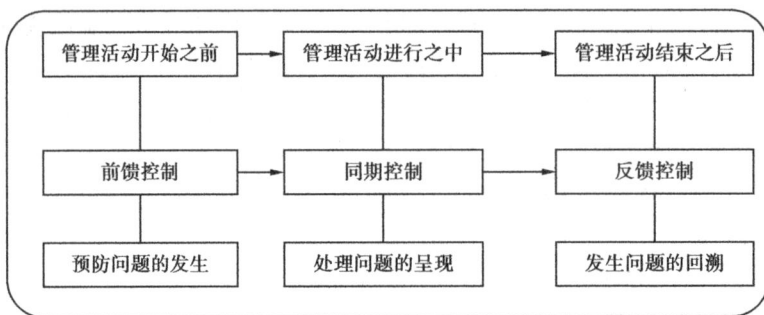

图 9.3　控制的类型

1)前馈控制

前馈控制是预防性控制,发生在实际工作开始之前,活动或结果都未发生和产生。前馈控制能有效规避预期可能出现的问题,获得充足的时间以及其他组织资源。能有效避免组织实际的消耗和耗费。

前馈控制以未来为导向,是管理者主动进入管理活动,深度了解可能出现的偏差和差异,在问题发生之前就采取对应行动,从而防止问题的出现以采取和达到组织目标和效果的有效类型。可以避免来自补救问题时组织资源的损耗。

比如,石油公司的管理者在现有的开采生产耗竭之前就已努力勘探寻找或购买储备的原油基地。公司在规模扩张和转型提升之前,开始招聘人员或给予公司员工引导培训。交通主管部门和负责人的交通预警与提示,给驾乘者提前的准备与选择,有效防止交通拥堵和实现安全驾驶。日常生活中的天气预报、灾害预报等都是管理者有效运用前馈控制的例子。可以看到采取前馈控制的关键是要在实际问题发生之前就看到问题或状态的存在和影响,以便采取有效的管理行动。

对于日常或重复性发生的问题,组织的管理者在管理活动发生之前就能轻松地看到问题或状态的出现,一般可以通过获取有效信息,依照经验、经历、惯例或常规的前馈控制方案或方法来应对解决。法国葡萄酒企业,每年都会对葡萄种植园土壤、水分、湿度、养分等种植条件进行研究监测,同时关注当年的气候、温差、日照等自然条件,并加以种植调节,以期保证当年采摘葡萄原料质量,在葡萄酒的制作中实现口感和品质的稳定。全球顶级的精油生产商,不仅关注精油的成分、质量与纯度,还提供原料的最佳产地、产期保证。例如檀香精油原料来自印度,尤加利产自澳洲,玫瑰来自保加利亚等。通过前馈控制的作用发挥,实现管理的效率和效果,有效规避风险和问题的出现,达到预设的目标。

而对于非常规、即时或突发的状况及问题,除了有预警机制的预备方案面对处理以外,对于管理者来说有一种能力,也是一直被忽视的一种能力,可用来进行预判。由于这种能力无法去寻求事实根据或加以论证,而被忽略或认为是无稽之谈。尤其在严密讲求事实论证的组织中无法使用。这种能力就是直觉。直觉能超越时空条件的限制,是一种极强的预感和判断。是否有这种类似的经历,当准备好了外出,临出门时又回到房间,再次出门,又回到房间。头脑一直提醒要快一些出去,时间不够了。而自己却隐约感觉不对劲,于是停下来查看,原来提供给今天会议的资料还留在餐桌上。这就是直觉,直觉可以超越分析判断。作为管理者当处于无法入手,没有由来的不安状态中,或预感到有什么说不清道不明的不对劲时,请停下来,接受它的出现,细细地去觉察它。这时可以轻轻地闭上眼睛,用心地细细地去觉察它的到来,它指向哪里,从而去明晰它的提醒或指引是什么。对于前馈控制或所有控制活动发生中,当直觉出现时,请允许它的出现,尤其对于时机的把握,直觉将带来出乎预料的效应。

2)同期控制

同期控制,是管理活动中的过程控制。它发生在管理活动开始之时延续至活动结束的整个过程之中。在管理活动推进中予以实施控制,能及时发现问题与状况、查找原因和评估影响,同时指出或调整出现的偏差,使管理活动一直按照预定的计划或目标推进。可以通过及时地调整修正,有效地规避重大的管理失误行为、损失和严重的问题。

在实施同期控制的活动中,管理者通常可以采用观察、比对、检查、视察或面谈、汇报等方式来完成对选定对象、活动或过程的同期控制。上述方法可以根据活动状况或管理者的喜好、习惯、要求等因素,择其一两个重点进行,也可以多种方法交叉使用。每一种方法都有其自身的特点和优势。详见表9.1。

表9.1 同期控制方法对照表

名 称	描 述	特 点
直接观察	进入或介入活动现场直接查看对象的行动或效果	能及时发现问题和纠正偏差,保证每一个环节的质量和效果。可能会引起反感、抵抗或依赖、空白等负面效应。常见的如工长对流水线作业的监管、主管实地检查等
间接观察	通过一定的渠道或介质查看对象的行动或效果	能最大范围地发现问题,减少直接的冲突。需要消耗多一些的时间来调整偏差。可能会忽略一些重要的细节。如办公场所监控设备的监控、隐蔽地点观察等活动

续表

名　称	描　述	特　点
比对	即比较对照,通过原有的标准或体系来了解活动	能较客观地知道活动的状态,减少主观偏见的影响,同时利于发现导致问题的原因。如对照质量标准、产品合格指标等
检查	按照预设的要求或条件对活动进行检审	能及时提醒和了解活动的进展、效果等方面。需要避免流于形式的检查、应付检查的出现,以及造成工作冗杂、效率低下、无端耗损等
视察	组织结构里上层级对下层级活动的了解和控制	能在短时间中了解到主体活动对象的状况,有针对性地解决问题或困扰。由于权力的影响,会出现下层级特意地规避真实状态
面谈	即面对面的谈话	能直接地了解和掌握状况,甚至超出原有范畴和预期的发现。在面谈中容易产生顾虑、害怕等,使真实状态无法获得
汇报	通过书面或口头的方式来提供活动的状况	比较正式地反映活动的发生和进展,尤其是书面汇报。在文字斟酌上,会产生理解的偏差,甚至歧义

这里需要重点提醒关注的是,无论管理活动中选择怎样的方法来进行同期控制,管理者唯一,也是最重要的事项,就是清晰地知道活动的真实状态是什么。这些方法的使用是为了了解和明确真实本身,为发现问题和提供调整奠定基础。除此之外,别无他物。有时,因为各种因素的干扰、顾虑或者事务的繁忙,会使管理者迷失在方法或表象中,而忘却了最初的需要,就是了解事实本身。只有清晰地知道管理活动的实质,管理者才能判断出是否需要控制,解决好选择如何控制和怎样实施控制等重要的后续问题。

"千里之堤,溃于蚁穴",量变到质变的跃迁,小状况叠加效应后的大问题。同期控制在及时发现问题并适时纠正中,可以有效避免组织资源的浪费或造成无法挽回的重大损失。因此在管理活动中,无论计划制订得如何完备,目标清晰无误,管理者都需要适时跟踪检查,确保整个过程的推进。

3)反馈控制

反馈控制是在管理活动结束以后,形成了实际的发生和结果状态下,对所出现问题的有效回顾和回溯。可以从中去查找问题状态出现的原因,从管理活动的失误里总结经验,在出现干扰或影响时的可能应对。在最大范围内去汲取教训、经验,提升和转化为未来管理活动的养分。就像爱迪生发明灯泡时,他承受过别人无数的讥笑和打击:"嗨!傻子,你都试验了一千次,一千次都失败了。"可是他坚定地告诉自己:"现在你已成功知道并排除了一千种不适合的材料,再坚持下去,成功也许就在下一次。"后来在经历了上万次的尝试后,甚至他突发奇想地拔下自己的胡须去试验。最终爱迪生获得了成功。

在管理活动中,所有的参与者都以不同的方式、活动、角色、职责参与其间,在预期与实际将发生或已经产生差异或偏差时,请管理者、领导者认真思量和使用这3种类型的控制。它们在管理活动的不同阶段和发生中将发挥各自的作用,指引着组织、团队、个体按照原定的计划,朝向既定的目标前行。

【管理链接9.2】

接待处的误会

在房地产市场的低迷状态中,某商业综合体项目楼盘延期两月向业主交房。这批物业是精装修小户型商品公寓。公司高层决定除了按照购房合同约定条款支付违约金外,还准备了精美的礼品、礼券表达歉意。同时举行了物业费优惠活动,收缴物业费1年赠送3月,2年赠送6个月和最高3年赠送9个月的活动。

这天接待处来了一对老年夫妇,他们怒气冲冲,开口就骂:"你们这群骗子,老人家也骗,白纸黑字地骗。"说着说着,老妇人哭了出来。接待处的人员一头雾水,分管的经理迅速过来安慰和处理。原来在一个月前,两位老人家接到电话通知接房,他们主要看了自己购买公寓的质量问题。当时人多拥挤,就按照流程办理了全部手续,同时选择3年物业优惠的缴纳方式。接待处开出了收款收据。那张收据上主要信息有:交款单位(业主名房号)、交款方式(现金)、人民币大小写(¥3106)、收款事由(物业费:2015.4—2018.3)以及出纳和公司的签章等。老人指着收据上的收款事由说:"不是说好了每年赠送3个月,3年就是9个月,那天我非但一分违约金没拿到,还把给老伴买药的钱都掏出来缴了费……"。经理迅速叫来负责人员一一核实,原来这张单据以及收缴金额都没有任何问题。按照事先核算好的资料,工作人员将违约金和应交款项、9个月的优惠都考虑进去了。单据上表达的是扣减优惠后的金额,而老人家想要的是3年9个月的时间显示。

如果接待处能事前预测接待量,制订出有效应对拥挤状况的控制措施;如果当时在办理手续流程管理中,接待处能事先备好相关单据,向业主提供违约金额和每户月缴费的说明资料单,而不只是简单地催促签字确认,想快速结束工作,或者在服务中,面对老年顾客的状况,能灵活主动多一些耐心的解释与说明或书面备注重要信息,这样的误会就可以完全避免。

经理对上述状况的发生进行了反思,随后调整完善了接待业务工作,补充了资料和业务流程,以便更好地面对接下来三期物业陆续交接的大量接待需要。

9.2 控制的原则与程序

在管理活动中有效地发挥控制的作用,使执行的计划导向有利于目标与期待发展的方向。当管理者预期到问题和状态可能或即将发生之时,及时地防范和调整,将更加有效地利用组织资源,把握时机或者转化危机。在管理活动进行中,通过有效地控制,可以使日常型活动和常规事务在预定的轨道上有序运行。管理者可以透过控制活动清晰地了解进程与进展状态,适时处理和面对出现的问题。在管理活动结束之时,作为管理者可以回溯在整个过程中的经历与发生,从中汲取到宝贵的经验,转化、提升为未来组织发展的支持与力量。

控制作为管理职能之一,可以实现履行控制所需要实现的最优管理效率与最大管理效果。追溯管理工作的实质其实就是对人的工作,是集合了特定的人的群体的指向活动。通过控制活动,最终实现对组织中的参与者从外部要求、禁止、防范、规范、强制甚至强迫执行或履行,走向向内的过程,有效提升转化、形成自发的状态与力量,将推动控制达到新的高度与境地。

【管理链接9.3】

新中心,新动力,新启航
——云南白药的重大变迁

2008年云南白药集团启动了重大的整体搬迁项目和新基地建设。在邀请国内外知名医药设计公司,参考了云南省内医药公司物流特点的同时,严格按照国家最新GSP标准完成设计。通过与中国九州通医药集团物流总部合作,对云南白药物流中心进行集成建设,运用了当前国内领先的物流管理信息系统,低价采购世界先进的物流设备装配入场,发展壮大第三方物流平台,开拓了医药商业流通领域,集合了区域型、批零兼营并支持3PL(第三方物流)的大型现代化医药物流配送中心的建设。

新的云南白药物流中心,重新整合企业现有的人工拣配货模式,优化企业内部物流,建立自动化物流仓储系统,同企业MES、POS系统相结合,实现药品的入库、仓储、拣配、发货、合理配置药品库存,减少库存资金占用,提高物流服务水平和降低总成本等需要。物流中心内安装有自动化立体仓库堆垛机、立体存储货架、U型在线拣选平台、八层A品拣选平台、八层螺旋输送线、电动叉车、电子标签拣选系统、拣/补货输送设备、复核输送线、复核分拣机、高速滑块分拣机、PDA、指纹识别器、温湿度自动调控设备等大量先进的物流设备。

云南白药新中心的库区全部采用中央空调和温湿度自动实时监控系统,药品分别储存于阴凉库、低温库(冷藏库、冷冻库);所有药品实施批号管理,全过程有货物进出跟踪记录并由计算机完成物流信息一体化管理;自动化系统,能够随时了解作业进度的环境结构,同时提高对订单拣选发货的快速响应程度;整箱与拆零作业的分离,提高作业效率;构建出一个无须专业人员均能进行作业的简单工作环境,有效防止了人为错误的发生,构成零差错系统;推行的标准化作业流程有效确保了对客户服务的专业性和一致性。

建成后的云南白药物流中心可储存药品35万箱,日均出库量为18 000箱,实现年销售额80亿~100亿元。将为客户提供仓储管理、门到门配送、退货管理、流通加工、签单返回、低温储存和冷链控制等物流服务,保证客户的产品能够快速、准确、及时地到达配送终端。这不仅可以给企业带来良好的经济效益,而且通过对药品的合理调配,可以有效降低医药供应链的成本,进一步规范医药市场流通局面,为城乡居民提供更方便、更安全、更快捷的用药途径,具有很好的社会效益。

新中心不仅服务于云南白药集团全资子公司——云南省医药有限公司,同时也实现了产业的扩张,进军现代旅游业——云南白药置业有限公司将发展成为云南白药集团工业旅游的重要组成部分,实现云南白药新型产业整合升级。

(资料来源:云南白药集团股份有限公司、百度百科、和讯网、财库网、新华网等网站中关于云南白药的主题资料。)

通过云南白药新中心的案例资料,在进一步了解该公司的发展和动态后,可以看到在物流环节中几乎覆盖了所有面向控制职能发挥的使用和途径。尤其在现代技术迅速发展与引入更为广泛的今天,作为组织的管理者拥有了更多的控制方法和手段来完成管理活动和事项的监控。在原本科学幻想中描述的全自动化工厂、无人工厂、按钮工厂、智能机器人工厂等开始一部分或绝大多数地出现在身边或视野里。当变化即将或已然来临时,不禁会问:管理者需要把握怎样的原则去实施控制,怎样的控制是面向变化而易于执行的,在控制中需要相信什么、有没有最高的信任可以产生?

9.2.1 控制的原则

1)适时原则

在管理活动中的控制可以发生在任何时间里。在什么时间开始控制,是在活动没有开始之前,还是在推进的进程中,在推进管理活动进程的所有时间中实施,还是在某个或某几个被认为和选择出的关键时间点、时间段里进行。还是等待管理活动结束后来完成控制。在时间维度的学习中,对控制适时原则的把握,就是组织的管理者面对不同的管理事务和活动需处理好以下几个主题:

①选择和决定控制时间的起始点。

②选择和决定控制时间延续的长度。

③选择和决定关键时间点或时间段。

④上述关于时间维度选择和决定的调整变化、依据与执行。

⑤发现和及时把握出现的时机。

因此,在管理活动中履行适时原则,需要管理者全面认识组织的战略目标,知悉计划的内容,清晰地知道目前管理活动发生和推进的状况,并对未来可能的影响和结果作出预期和判断。也就是在控制中,组织的管理者既能总结过去,立足现在,又能看到未来。

2)适度原则

控制职能的实施,需要组织的管理者注意把握适度原则。从控制执行标准和推行态度的程度来看,有的管理活动需要完全监控,严格执行,一丝不苟;有的只需要口头非正式的提醒和修正;有的活动发生了,管理者可能是视而不见,不闻不问。如图9.4所示。

比如,外科医生在进入手术室时必须经过严格的消毒流程和准备工作后才能施行手术。心脏搭桥中要求医师整个过程严格地操作和高度地专注。

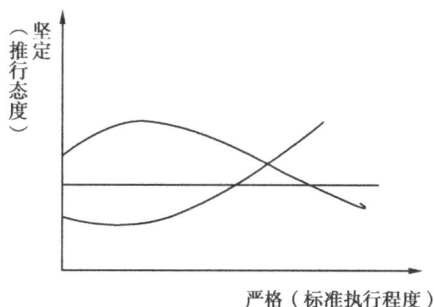

图9.4 控制中的适度

飞机的例行检查和定时定期维修维护的严格执行,波音公司要求完成每一个操作活动的参与者和负责人共同亲笔签字存档,维修维护记录档案保留至整机报废后两年才能销毁等一系列的管理活动都是严格控制的典范。在涉及生命安全或活动会产生重大影响后果的领域里,严格监管控制是至关重要的,也是必要的,要求参与者避免出现丝毫的偏差。

【管理链接9.4】

矿井中的金丝雀

在没有发明瓦斯检测预报系统的时期，可以想象矿井中作业是极其危险的。人们为了解决艰难的生计问题或在短时间中获得比一般职业高的报酬，受到井下作业高收入的诱惑贸然涉险。这些早期的矿工，在每次下井作业前，家人们会像生离死别一样，虽然人们往往以祝福和祈祷的方式代替了眼泪和恐惧的表达。后来人们在偶然间发现有一种鸟类对空气异常敏感，当空气中含有微量的致命气体时它就会焦躁地扑扇翅膀传递危险信号，由于对空气质量的要求极高，这种鸟类会在吸入一定气体后迅速死亡。因为具有这样的特质，矿井中的人们就在每一次下井时将装有金丝雀的鸟笼一起带入。矿井中的人与金丝雀就像出生入死的兄弟，生死相依和同行。人们在利用一段时间后，自发地打开鸟笼，将金丝雀放归自然，让其自由。

在适度原则中，凡是涉及生命安全和重大事项影响的，需要管理者高度重视，每一位参与者认真执行，就像"矿井中的金丝雀"带来的启示一样，必须丝丝入扣，高度负责，严格执行控制标准。

另外，在管理活动中，还有大量以"放松、放宽"为特点的控制，比如设计中心对设计人员的设计活动，公司年度指标下销售人员的行为和表现，赞助商在指定时间段里对主讲人的上台讲演等控制活动都具有宽松的特点。这些需要在一定时间里或特定时间中发挥个体或团队机智、灵感或智慧为特征和代表的管理活动，让参与者呈现最佳状态就是这类型控制的最大诉求和目标。还有在日常事务的活动中，类似复印机中没有打印纸，办公室绿色盆栽需要浇水，工间休息时员工在微信群里以抢红包来相互娱乐，或者在网上漫游等行为，作为管理者非但无须控制，甚至可以参与其中并适时引导，这样不仅可以调节工作节奏和疏解压力，还可以有效地建立和谐的人际关系。

3）信任原则

在控制中往往一直强调作为组织的管理者怎样去实施有效的监督、管制、规范要求、执行或强制推行等措施和手段，以达到组织目标或实现预期的状态。尤其在现代科技迅速转化为生产力的今天，为管理者提供了多种控制方式和途径选择的可能。比如工作区域监控无死角，全天候多角度监督与督促，以确保和维持工作中人的状态，处于最大产出和最高效率。在世界喜剧大师卓别林主演的电影《摩登时代》中不难看到类似的场景和镜头。随着互联网、通信技术的发展和普及，地球进入了"无眠时代"，工作中的人也随着进入了"无眠时代"。这里还推荐去观看另一部名为《机械公敌》的科幻片，片中讲述了未来时代智能机器人普及，人类、机械与意识之间发生的故事。二十四小时开机候命，全球卫星定位系统，全面覆盖的网络通信、智能手机及其他智能设备等在带来资讯便利和无障碍连通的同时，也无时无刻不渗透着控制的身影，侵入个体的时间、空间领域。

【管理链接9.5】

一键控制的背后

国内某工程技术公司为了提高管理效率，层层落实管理责任，提升员工及时反应的能力，彻底转变拖延的工作习惯，在公司内部引入了一个名为"DDO（化名）"的管理软件，要求全体员工在手机上下载并安装使用。公司将个人信息和所有的可能联系方式全部录入该系统数据库，比如办公电话、个人电话、微信号、电子邮箱等。如果公司分管财务、生产、销售的副总需要传递某项事务、信息或指示给上述部门的负责人并要求回应,在以往公司通常通过召开会议、要约见面或秘书传达等方式进行,现在有了DDO,副总只需拿起自己的手机在它的系统里勾选好这些部门负责人的名字,随后选择想要的传递方式与细节就可以及时实现多人同步联络,直接即时监控和查看这些人处理的状态和结果。如果在指定的时间里联络不成功或处理不及时,系统会转化为另外的方式一直持续联络,直到联络通畅并执行为止。比如会使用文字短信、语音播报、微信、电子邮件、电话拨打等预留在系统数据库中的手段。间隔时间和发送频率都可以自主选择确定。

在系统启动使用的初期,一开始大家不甚了解,随后员工们尝到了DDO的苦头,纷纷怨声载道,抵制不断,他们觉得下班了也被工作和任务牢牢拴住,没有丝毫的空间和自由度可言。如果不及时回信息,或在规定时间里未处理好需要的事务,包括下班后没有成功打开浏览公司的文件,就会被上级主管或负责人使用DDO锁定。有一次,销售经理将装有手机的随身包放在汽车后备箱就开车上路。在高速路上手机响起,因为不方便接听,所以他就径直开车没有接电话。手机就这样一直不断地响。最后他被铃声扰得心烦意乱,等不及将车开到高速路休息区,就被逼停在路边的临时停靠带上寻找手机接电话。原来公司副总在20分钟前通过DDO给他发送短信,同时还设定了没有回复拨打对方电话的方式,由于一时疏忽,副总在拨打频率上将间隔10分钟拨打一次设置成1分钟拨打一次,于是就在高速路上演了那一幕……

通过上述的资料内容,不禁引人深思,发人深省。在控制中是否还能建立起对人起码的信任。尊重和相信人本身具有的良知良善、智慧和力量。信任人与人之间除了经济关系以外,还有发自心中的真诚相待。除了高效能的工作外,人还有高低起伏的真实存在。承认人除了面对工作的需要还有休息、休闲的需要甚至空白的出现。信任人能从消极地接受到真正地接受,同时在内心中了解组织,真正地协作,共同付出与分享,到达预定的目标。

作为管理者可以在控制的基础上,尝试和建立以信任为方向的新体系。尤其当组织的规模不断扩张,运作和面对的事务越加繁多,需要关注和操作更多的组织资源,放权和分权成为必然时,构建以信任为基础的新体系,将成为组织未来控制发展的趋势。作为组织的管理者请相信,相信自己的眼光、直觉、判断和能力,并请携带着这份信任,信任组织中的所有参与者和每一个人,信任他们能以共同的方式或独特的方式参与活动,执行计划和实现目标,无论是组织的目标还是个体的目标。

4)自律原则

自律原则,是在构建信任原则基础上的更进一步、更高的升华与实现。在研究系统科学的领域里,有一种强大的功能,被这个领域的研究者命名为"自组织",它的能力是十分强大的,也是广泛存在的。比如一个人吃下食物,起初在入口时,人对这个食物的样子、味道或感觉是清楚地知道的,随后还会产生喜好等一系列选择和行为活动。接下来当下咽后,这个食物是什么,将是什么,除了通过特定的医学手段了解到一些外,人真是无所知了。在这段无所知的重要过程中,食物毫无疑问地被正确分解、储存、消化、吸收、运输、消耗等,而决定这个过程所有有序发生的这种能力就是自组织的能力。自组织的运作遵循着规律来完成一切的运转。"天地有大美而不言,四时有运化而无语"。就像一粒种子落在泥土里,发芽、长出叶子,开始长大成为它自己的样子;花朵在开花的季节里就会盛放一样……

可以看到自组织的能力和痕迹是普遍存在的,只要能意识到。对组织管理者带来的启示是当管理者在自身面对的领域、行业、事务以及活动中能静下心来,透过日常的发生、例行公事或面对突发的状态,能看到其间蕴藏的规律,依循这个规律去活动、执行,自组织的能力就开始启动和发挥出来。每一个领域、行业以及面对参与者"人"这个主题对象时都可以去寻求和发现其间的规律,作为管理者除了具备处理事务和危机的能力外,要主动发展这样的能力。去寻找和发现行业领域的规律,经历和经验实践规律下的控制。

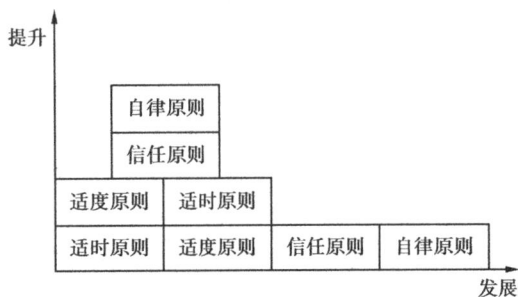

图9.5 控制原则的关联

控制通过要求、标准、规范、约束、监管等外部的发生,发展到信任阶段,再向上提升,寻找和发现活动内部的规律,管理者的控制活动将来到自律的阶段,也是目前所知的控制发展的最高阶段。这时的控制,其实已没有了常规所说的控制,将它转化、内化为组织自己的功能发挥。同时也是实践和实现中国古代思想中道家无为而治的理念。控制的4个原则相互之间的关系和连接如图9.5所示。

9.2.2 控制的程序

通过9.1中对控制的基本了解,接下来请一起来看控制的程序。在通常的情形下,管理者实施控制需要经历怎样的过程,在这些过程中需要重点关注和突破哪些事项和节点。对于控制活动管理者如何围绕目标来有效地实施,一个有效的控制系统它具有怎样的特点与组成。在这个部分中,将会看到和解决上述提出的问题。

1) 控制的一般程序

第一,清晰地完成和制定 S_0 的评价工作

如果控制需要有一个开始,那么就从完成和制定好 S_0 的评价开始。在控制活动中,管理者首先必须清晰地知道计划或目标中期待或预期状态是什么。也即明确地知道 S_0 是什么? S_0 如何评价?是否可以提供定量标准?已知或已有的标准是否可以在此沿用?现有的标准哪些需要调整?如果重新制定,关键的评价要素是什么?这些要素可否定量衡量?如果无法定量,又如何完成?是管理者自己选定?管理者团队选定?员工提议是否允许和采纳?

这些事项是在控制开始时就需要关注和解决的。它的重要性甚至超过采用的技术方法。在控制活动中,提请管理者铭记于心:如果用了一把刻度错误的尺子,无论怎么努力,终将无法丈量出正确的长度。对管理者来说 S_0 评价的工作就是确定好那把丈量的尺子。

上述关于对制定 S_0 评价内容的把握,就是组织的管理者与决策者在制订计划工作和目标决策活动中共同完成的体现。提供的建议是组织在计划和目标的制订工作中就完成好该事项。一旦控制活动开始,就是依循、对照和使用这些评价来完成管理活动的时候。当使用这些评价来控制时,作为组织的管理者还需要特别留意,在真正使用时,这些评价是否适宜。除此之外,还需要重点关注以下几个主题:

·选择或指定 S_0 评价标准的依据,确定对组织的适应性。

·选择适合的制定遵循路线:个体 + 团队 + 组织、团队 + 组织、组织高层级。

·选择或指定定量评价标准。

·通过描述的方式来解决无法定量的领域——定性量化标准的转化工作。

【管理链接9.6】

彼得·德鲁克先生谈关于企业需要设定目标的八大领域和标准

在管理学大师德鲁克先生《管理的实践》著作中,他提到:"管理不仅是企业的管理,而且是所有现代社会机构的管理器官,尽管管理一开始就将注意力放在企业上。"作为管理学研究关注的重要对象,德鲁克先生认为"企业需要设定目标的八大领域——市场营销、创新、人力资源、财务资源、实物资源、生产力、社会责任、利润需求等"。

在评价的方面,他提出宝贵的思想和建议:利润目标的实现其实不是利润本身,而是来自于营销、创新和生产力领域等的综合结果,它只是这些方面活动后的数字体现。因此,在评价时除了关注经济效益指标外,非经济绩效标准是至关重要的,其中包括了员工幸福、社区福利和其他作为财富组成的指标。在管理者的控制活动中,就是尽可能地减少摩擦,有效地利用一切可用于创造的资源,通过生产要素的平衡,获得最大的产出,创造社会财富。

由于企业的本质使然,必须建立多重目标。围绕着企业的目标管理,应该设定 8 个领域的绩效和成果目标:市场地位、创新、生产力、实物和财力资源、获利能力、管理者绩效和培养管理者、员工绩效和工作态度、社会责任等。

(资料来源:彼得·德鲁克.管理的实践[M].北京:机械工业出版社,2006.)

其中在前 5 个领域的大部分目标管理中,牵涉金额、数目等方面,可以在经济学家或会计师那里设立量化分析或数学计算标准。而后面的 3 个领域则截然不同,涉及的是原则、价值观、意识等问题,不太容易量化。而它们却在管理活动中起到了决定性的作用。如果企业的管理者庸碌懒散,没有责任心和担当的态度,挟私偏见,不仅直接影响其管理事务活动,还会造成团队、组织的涣散,加大企业摩擦消耗的程度或带来短视的行为危害,危及市场竞争力,甚至影响企业的生存发展。因此,作为组织的管理者在确定 S_0 的评价工作中,需要予以这些领域高度的重视,同时在控制活动中时时关注其状态。

第二,获取并处理信息,评估状态 S_1、S_2、S_3。

接下来就是透过真正的活动发生,管理者关注所产生的实际状态 S_1、S_2、S_3。当管理者有了上述对 S_0 评价的清晰把握后,采集和获取及时、准确、全面的信息将是这一步的关键。现代信息技术、计算机网络、企业管理信息系统以及其他的信息来源将提供支持。作为管理者所具备的素养,包括客观的甄选、敏锐的觉察、开放的接纳态度和综合的评判能力将会实现对实际状态的真正认知。在这个过程中,需要关注的重点是:

·以开放接纳的态度多渠道获取信息。

·立足并尊重状态事实的客观存在。

·充分发挥个人才智,利用好团队与组织的力量。

·多角度认识发生的状态。

第三,比较状态之间的差异。

当组织的管理者顺利地完成上述两项控制工作以后,就来到了认识差异,面对差异的环节里。通过比较预期状态 S_0 与实际状态 S_1、S_2、S_3 之间的不同来认识差异(偏差)。

当管理者看到预期状态和实际发生状态之间存在着差异之处时,需要进一步分析并查找问题的原因,是什么导致这样情形的出现。尤其在参照评价标准以后,通过对比来认真查找,却无法知道导致差异问题的原因时,管理者需要再次确认所查找中是否存在疏忽与遗漏的状况,而无法看到导致的因素。当上述情况都排除后,管理者需要扩大范围,或者超越标准本身的范围去发现原因和影响因素,以及其他存在。爱因斯坦曾经说过:"问题无法被创造该问题的意识解决"。那么,当原因无法在指(限)定范围内找到时,作为组织的管理者要意识到需要超越既定来解决了。也许有时需要一些时间、耐心,等待原因浮出水面。

在这里需要关注的重点是:

· 确定差异是什么。

· 所使用的对比标准是否恰当。

· 寻找产生差异的原因。

· 超越问题的本身来看待问题。

第四,决定对差异采取的处理方式。

在比较预期状态 S_0 与实际状态 S_1、S_2、S_3 之间时产生了 3 种情形:低于预期,符合预期以及超过预期。这个时候组织的管理者通过综合的判断,对差异的出现选择不同的接受状态:允许、容忍、微调、部分调整、全面调整、杜绝等。如图 9.6 所示。

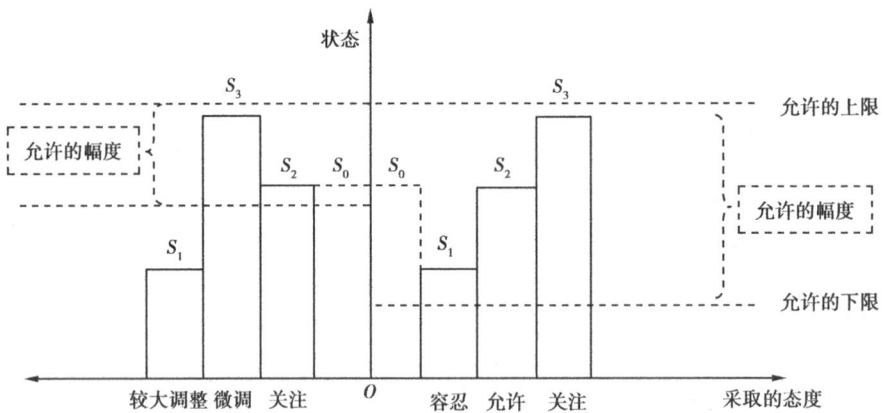

图 9.6 差异处理的态度

在图 9.6 的示意中,可以看到组织的管理者对差异采取的态度,直接决定了后续控制选择的处理方式:

①当差异处于允许的上下限范围之内,管理者采取允许、容忍以及关注的态度,在管理活动中持续执行和延续原有的活动和进程,注意相应的变化,即不采取调整或干预控制措施。

②当差异处于允许的上下限范围之外,管理者采取微调、部分调整或全部调整及关注动态等不同态度与方式,即在管理活动中采取对应的干预控制措施。

特别需要指出的是,在图 9.6 中,图两侧表示的预期状态 S_0、实际状态 S_1、S_2、S_3 都是一致的,却出现了管理者会选择不同的控制面对解决。其中重要的影响和决定来自图示两边的设定——允许的上下限、允许的幅度不同。导致了实际的管理活动中,面对同样的情形,管理者会采用不一样的控制;不同的管理者对同一状态会有不同的处理路径和方法。

在这个过程中,需要关注的重点是:

· 确定允许的上下限。

· 关注时间因素带来的影响。

· 允许的范畴会受到管理者本身主观变化影响。

第五,实施上述关于控制的决定。

在这个环节中,管理者根据所得到的判断,采取适当的控制行为。同时在选择和执行新的控制方法和活动中,需要确实地实施调整控制措施,并及时发现调整中出现的阻碍因素。如果管理者确认调整是必需的和正确的,关注并消除这些障碍因素。必须坚定而有效地执行新的方式来完成管理活动。

在这个过程中,需要关注的重点是:

· 确认调整的必要。

· 选择并确定合适的控制方法。

· 遭遇阻滞,看到并消除它。

· 良好的沟通与激励会很有帮助。

综合上述控制活动一般程序的内容,在发生的各个环节里请关注以黑点标示开头的细节部分。在管理的实践中,围绕目标,组织的管理者将结合与运用其他职能活动,包括计划职能、领导职能、决策职能等的推进为基础和支撑,实施有效地控制,全面完成计划活动的真正执行。图9.7直观地表示了控制活动的过程。

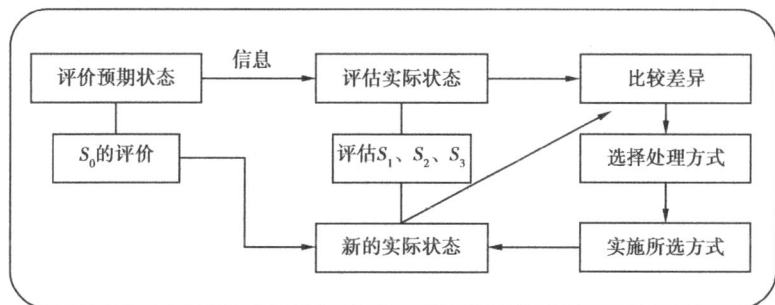

图 9.7 控制的一般过程

2)有效控制系统的特点

当管理者遵照一般的程序去完成控制活动时,除了制订与选择标准评价、对比调整差异以及实施对应的调整方式外,对于组织的管理者还需要对这个过程作出全面的审视和经验的提取,最终优化和完成组织所实行的控制系统,使其更加有效地工作。为持续的、后续的一系列管理活动的开展提供基础。

当然,组织所处的外部环境是开放的变化系统,组织本身也在不断地发展、变化,比如市场的区域覆盖与扩张、员工团队的更替与人事调整、组织资源与利润的波动等都处于变化中。因此,管理者总是在变化的环境中实施管理活动,需要有及时的应对能力与提取经验转化并吸收的实践能力。一个固化的控制系统是不足以面对这些变化的。有效的控制系统,是适于变化的要求,适于行业、领域规律运行的要求,适于市场环境和大环境的要求,同时也适于组织本身需要的要求。

【管理链接 9.7】

斯蒂芬·罗宾斯关于有效控制系统的精辟介绍

罗宾斯先生在他的《管理学》著作中谈到有效控制系统的主题。他认为有效的控制系统都倾向于具有一些相同的特点,在不同的情况下这些特性的重要性各不相同,但是从中可以总结出一些基本特征来说明一个控制系统是有效的。管理者可以经由这些特征提供的线索去查看自己所使用的控制。下面的内容就是这些有效控制系统的基本特征及其描述:

· 准确性——有效的控制系统是可靠的并产生有效的数据。
· 及时性——有效的控制系统能够提供及时的信息。
· 纠正行为——有效的控制系统不仅指出显著的偏差,同时建议采取合适的纠正行动。
· 经济性——有效的控制系统在操作上必须是经济的。
· 灵活性——有效的控制系统是灵活的,它足以根据变化和机会进行调整。
· 可理解性——有效的控制系统能够被使用者所理解。
· 合理的标准——控制标准必须合理和可行。
· 多重标准——多重衡量可以减少重点过窄的倾向。
· 强调例外——由于管理者不能控制所有的事情,控制措施应该仅仅关注那些例外行为。
· 战略地位——由于管理者不能控制所有的事情,所以必须选择那些对绩效有战略影响的要素来实施控制。

(资料来源:斯蒂芬·P.罗宾斯,玛丽·库尔特.管理学[M].7版.孙健敏,黄卫伟,等,译.北京:中国人民大学出版社,2004.)

9.3   控制的方法

正如前面内容中指出的一样,当组织确定了目标,执行计划和开展一系列管理活动,通过控制来指向和实现目标时,需要组织的管理者适时和适当地使用有效的控制方法与手段。同时,有意识地尝试、实践和构建以信任原则、自律原则为指导下的新型控制系统。

在本节的内容里将展开关于控制方法这个主题的学习。同时也会适当超越这个主题的范畴与内容,一起分享管理者在面对窘迫的失控状态时,如何面对、度过。

9.3.1   组织资源的控制方法

从组织资源的角度来看,作为组织管理者在推进计划和实现目标时,需要投入使用各种资源,在通常的状态下,包括了几个大类:财务、物质资源、人力资源、无形资产以及其他类资源(见表9.2)。不同的管理者由于组织职务职级、分工主管或承担角色的不同,将会涉及一个或几个不同领域主题资源的管理活动和控制工作。在财务会计、战略管理、运营管理或人力资源(HR)等领域的专业课程学习中将更加深入系统地学习和掌握上述这些领域的知识。

表9.2　组织的资源和控制方法

资源类型	具体内容	控制方法
财务资源	债务、权益、留存收益、金融资产等	预算、会计稽核、财务报表分析等
物质资源	原材料、机器设备、办公场地或建筑物等有形资产	主要针对数量、质量、生产、安全等方面，使用行业领域标准规范执行与监控、全面质量管理、精益六西格玛等
人力资源	知识技能、经验、操守与素养等	人员甄选、测评等HR开发管理体系方法
无形资产	商标品牌、专利发明、声誉等无形资产	商标专利保护、品牌运营、公共关系(PR)等途径和方法
时间资源	组织时间的长度跨度及其要素、机遇与机会	甘特图、负荷图、网络计划技术(PERT)等计划方法的综合使用和实施
其他类资源	组织结构、组织文化、价值观和信念系统、工作关系等	设立对应的组织结构，开展专题专项管理活动、仪式、传递并强化信息管理、组织沟通等方法

作为组织的管理者需要了解的是,管理者自身也许不是某个领域的专家、研究者、专门人士或持有这些领域的高级执业认证师,最需要管理者清晰和做到的是当面对组织资源时具有有效利用、分配和平衡各类资源使用的能力,能够具有综合考虑短期与长期,局部与整体之间协调实现的能力,使资源发挥最大的效益,这将是管理者及其团队工作成效的最终体现。

同时,作为管理者需要在管理活动中不断虚心学习,积累经验和提升转化为持续工作的能力。与工作中的参与者、各个层级形成有效的沟通和融洽的联系。积极聆听,了解真实,广开言路和充分利用好信息,用发现的眼光和开放的心去处理面对管理环节与各种事务,将会使控制活动与方法更好地发挥其效应,有效地实现组织目标。

9.3.2　组织内部控制与外部控制的方法

作为管理活动,涵盖了组织内部的各部门,所设置的上层级与其他层级之间,也包含了组织内部管理者与组织中的参与者,团队与个体之间的活动。同时也涉及了组织与外部环境之间的连接,比如市场、原材料供应商、渠道成员等重要方面。管理活动中活动的主体是人,即使在科学技术广泛使用和渗透的组织环境中,人以及特定的人组成的群体——组织是重要的部分。控制活动和控制方法的实施将在这些范畴中体现。这里结合不同的控制分类,考虑最佳的控制时机,以及在组织目标计划管理活动中的呈现,有选择地列举和归纳了组织内部控制与外部控制的方法(见表9.3)。

表9.3　组织内部控制与外部控制的方法

	目标计划		时间维度下的控制类型		
	领域	控制方法	前馈控制	同期控制	反馈控制
外部控制	市场(销量、销售额)	工作定额和最低限额、业绩评估与激励、市场分析与预测方法等	√	√	√
	原材料供应商	质量检测检验、批量批号抽检、行业信誉度和协作能力评价、综合服务能力等	√	√	√
	收益与利润	预算、财务分析等	√	-	√
内部控制	组织结构	职权线、授权、分权与员工参与计划等	√	√	-
	组织行为控制	组织制度、章程、奖励惩罚与组织教育培训等	√	√	-
	组织文化与价值观	信息传递、认同强化,以及仪式活动、标杆比较等	√	√	√

随着标准化作业、流程管理和计算机报告分析、信息系统等技术性的实施推进,有效地完善了管理者的控制活动。组织的管理者需要结合涉及领域的工作要求,选择适合的控制方法来实现有效的管理。确保生产安全和推进,提升产品合格率和合格量,为组织甄选所需人才,实现员工满意度和组织凝聚力。通过预算、审计等方式直接了解组织管理活动运行的效果。同时,了解市场的反应与动态、营业额与顾客满意度等方面。

9.3.3　常用的控制方法

在管理活动中,管理者需要从多个角度去实施控制。每一种控制方法都有其特点和适合的时机、条件。在使用中,需要管理者认真地甄选、综合地评判和分析。在9.2节的内容中通过表格形式对同期控制的方法进行了汇总。如果遗忘了,可以抽出一些时间去回顾。

由于管理活动的过程与效果会直接地从财务状况上反映出来,同时也是最易于定量衡量表示。通过直观、定期的查看,利于管理者分析与发现问题及原因。在这个部分中,选择了比较常见的几种控制方法来介绍,包括了预算、审计、财务报告分析等。

1)预算

作为最常用的控制方法——预算,它用数字的形式来表示未来某一确定期间的计划活动,涉及收入、费用或大型的资本支出等方面,同时也是对预期结果的一种数字表达。通常预算中会频繁地使用货币单位。管理者通过制定预算来安排各种活动的开展,清晰地看到资金使用、分配的情况和评价工作达到的效果。预算中的每项活动受到预算编制的指导与控制,明确了管理者使用资金的方向、额度等。每一个管理者可以在自身审批权限的额度范围内有效地执行计划。

预算有其自身的优势,包括了:

· 各项工作计划与成果可用清晰明确的数字表示。

· 可以通过预算来直接或间接地控制管理活动或行为。

· 管理者在其职权和额度审批范围内具有自由的选择。

· 控制状态下的授权与责权利的平衡。

· 预算还可被用于改进时间、空间和材料的利用。

组织的管理者通过预算来控制时需要注意到它的局限,辅助其他的方法来有效地调节,扬长避短。

· 由于预算编制对管理者的制约影响,极易导致组织目标,尤其整体目标的丧失。

· 预算编制过多过细,将对管理者造成束缚而失去自主权和灵活性。

· 相对固定的数字和参考上期状况,难以应对组织环境、条件等变化要素的要求。

· 预算缺乏弹性和灵活性,同时制定时需要消耗时间、人力等资源。

因此,作为组织的管理者在使用预算来控制时,首要的任务是完成好编制工作,理解并结合组织战略来编制预算,更容易获得高层的认可与通过。在制定过程中,接受多方支持与意见,分析工作特点和需要,涵盖必需的内容,避免遗漏,以及可能多的额度(通常审批时会被削减)。在管理活动结束前,作为组织的管理者要及时了解各个预算执行的情况。特别提醒的是管理效果或利润的实现来自于整个管理工作的有效推进,预算只是其中的一个方面而非全部。

预算在管理活动中的成本控制方面发挥着极佳的效果。其实预算包括了 5 种基本的形式,以下是这 5 种基本形式的简要介绍。

① 收支预算。收支预算是很常用的预算形式之一,以货币为单位表示收入和费用支出计划。收入预算包括了对产品销售、外加工收入、专利转让、利息及其他收入。可以用来计划未来的销售。支出预算是对于一定时期中支出的材料费、人员工资、燃料、动力与折旧等的预算。通过支出预算可以有效地控制活动数目以及各项活动分配的资金量。在实际中,需要将不可预见的因素设立恰当的支出费用而作出周全的考虑。

②非货币预算。在单位的选择上,选择使用物理单位来表示的预算:如产品产量(个、件等)、单位产量(件/小时)、工时数(小时/人)、原材料数量(体积、容积、重量、规格单位)等。在非货币预算中主要为了使用的习惯,管理者便于查看与核对。后期需要转化为货币单位也即所需的资金量来使用在其他的预算里,尤其在总预算中将统一成货币单位。

③现金预算。现金是在所有的货币形式中流动性最高的。组织需要一定的现金流来保证流动性的需要。现金预算就是对现金的实际收支作出预测和安排,以避免票据到期支付不出,出现透支现象,实现现金收支的平衡。

④资本支出预算。资本支出预算是在投资活动中使用的预算安排。包括购置厂房、机器设备等投资。这类资金的使用需要考虑资本回收的时间因素,投入时需要结合长期计划工作,需谨慎地进行。

⑤资产负债表预算。组织需要对各种预算作出一个综合统计,通过这样的预算可以编绘出组织的财务情况,显示全部预算是否恰当。包括了资产负债表、资产损益表和现金流量表。其中的资产负债表是对一个会计期末(即人为规定的结算日期)的资产、负债和净值等的预计成果。其编制虽无须作出新的计划或决策,只将分预算汇总,来看会计期末组织资产

与负债的状况,但仍然要以组织目标和业务计划为依据来完成最终的编制。

2)审计

审计也是常用的综合控制方法之一,是对企业或组织的会计记录及财务报表进行审核、鉴定。通过审计工作来判断企业或组织活动的真实可靠,从而为决策控制的实施调整提供依据。审计可以分为财务审计与管理审计,外部审计与内部审计等。

财务审计是以财务活动为中心,检查并核实账目、凭证、财务等,以判断财务表中所列出的综合的会计事项是否正确无误,报表是否可以信赖等。

管理审计是一种对组织或企业所有管理工作及其绩效进行全面系统检查评价和鉴定的方法,可以使管理者更好地认识组织管理工作的效果状态,查找分析问题的原因。由于审计涉及的对象和范围广泛,管理审计除了使用组织内部的人员和力量这种途径外,也会邀请行业领域的专家、团队、专业咨询机构或管理公司来完成。以期获得更专业、客观全面地分析和认识,作为对组织工作的评价分析,为未来组织积累经验,提供有益的参照,改进和完善使其更高效地运行。

外部审计是由外部机构的审计人员,依照国家法律法规和会计准则的规定,对企业或组织的财务报表及财务状况进行独立的评估。审计人员通过抽查企业或组织的基本财务记录,分析评估这些记录是否符合会计准则和记账程序的要求,同时验证其真实性和准确性。作为一种从外部介入的力量和控制活动,可以有效检查和规避企业或组织内部虚假、欺骗的行为,导向到诚实守信、遵纪守法的运行轨道上。由于外部审计的独立性、公正性和无可避免的实行,对企业或组织的行为活动将产生提醒警示、震慑和指导的作用。在实施外部审计时,需要参与的审计人员了解审计对象本身的结构组成、生产经营、业务特点等,同时争取组织成员的配合,减少因抵抗产生的摩擦与阻力。

内部审计是组织自身通过对财务记录的状况,是否健全、真实正确、符合规范等评价,来完成对各部门工作活动的控制方法。通过内部审计可以使管理者发现组织内部存在的问题、原因,检查并改进工作与活动,促进与实现组织控制活动的效果,使组织在分权、放权下可以有序、有效地运行。在实施内部审计时,需要管理者注意的是要认真选择和委派负责审计的人员,这些人员具有公正、坦诚、坚持原则的特质作风,且具备审计技能并值得信赖。同时划拨和保证审计经费的开支,通过集中会议、发送报告等方式做好审计前的工作宣传与动员。

3)财务分析

财务分析也是另一个常用的控制方法。管理者通过组织的会计系统定期收集财务报告,包括资产负债表、收入报告、资金来源以及资金使用报告等,了解组织的盈利能力及偿还当前和长期款项的能力。通常使用利润率、流动性和偿还能力标准来说明并呈现。

流动性指标反映了组织在支付当前款项方面的能力,是组织实力与信誉度的重要体现。通常用流动资产与流动负债的比率来显示。流动性越大,偿付能力就越强。需要管理者注意的是必须根据组织在本行业的地位和市场的历史经验来确立恰当的流动比率,既能及时偿付又能使闲置资金产生收益,以适应、满足组织对资金的多种需要。

偿还能力指标是将债权人对组织或企业资产的权利与组织拥有者或企业主的权利作比较,在两者间保证适当的平衡。尤其需要保证组织所有权的控制与行使。一个常用的偿付能力指标是付出利息前收入之和与利息费用的比率即负债比率。一方面,合理比例的负债,可以使组织拥有更多资金使用的可能;另一方面,可以激励管理者与组织员工高效地工作。

利润率反映了在一定时期里的组织或企业从事某种经营活动的盈利程度及其状况。通常用利润与销售额或全部资金等相互因素的比例关系来显示。其中常用的销售利润率是销售净利润与销售总额之间的比例关系。反映一定时期中组织的生产、产品销售的获利状况,可有效调节控制组织的生产经营活动。而资金利润率则衡量了组织资金利用的效果,是组织或企业在某个时期的净利润与该期占用的全部资金之比。通过与组织中其他经营部门、往期年度情况的横向与纵向比较,为管理者提供有效的信息与决策。

9.3.4 其他控制方法

其实管理是一个过程,控制活动以及控制方法就蕴含在整个管理活动中,蕴含在所有管理的事务和环节里;在管理者与参与者,以及组织其他人的协作与合作共事关系里;在原材料的采供、市场定位与销售、产品生产设计的活动里;在办公室与厂房,流水线与走廊等所有场所里;甚至管理者无从区分什么是控制,什么是管理。控制方法也就是管理者所采用的管理方法、原则、思路与操作实施以后的管理效率和管理效果。

【管理链接9.8】

综合控制方法——平衡计分卡

1992年卡普兰(Kaplan)和诺顿(Norton)发表了一篇题为《平衡计分卡:企业绩效的驱动》的文章,引起了学术界和企业界的广泛关注。

诺顿和卡普兰认为企业的良好发展,是来自于成功地兼顾和平衡企业内部与外部环境要素的结果。企业通过组织生产,向市场提供产品;同时研究消费需求与变化,通过交易与购买行为的发生回收资本、产生利润。管理者除了关注和利用好财务指标之外,必须注重组织其他方面的运作能力。不仅要关注短期目标的实现,还要兼顾长远发展的需要。正是出于这样的考虑,诺顿和卡普兰利用平衡计分卡来兼顾上述的内容。由财务、顾客、内部经营过程、学习和成长4个方面构成,综合地平衡了在组织经营运作方面的重要参与力量。

(资料来源:周三多.管理学[M].3版.北京:高等教育出版社,2011.)

学习要点

1. 控制是组织在设定目标以后,执行计划的一系列活动中的对照和调整。控制不仅是管理目标达成的结果,也是关键时间或时间节点、关键事件上的状态即管理效果和预期的实现。

2. 在管理活动中,作为决策者的管理者会对管理的所有活动与目标给予关注,关注这些活动的消耗与回报,在关注时产生的期待或预期是控制由来的根源。

3. 控制中管理者需要关注两个维度的发生,其中一个维度是时间(T);另一个维度是状态(S)。

4. 时间是管理者实施控制考虑的重要因素之一,也是组织的宝贵资源。合适时间的控制行为,包括了时间的起点和终止点、时间的长度以及允许的宽松时间等方面。

5. 状态(State)是计划假定或真正投入组织资源、消耗时间、发生管理的一系列活动后所达成目标或结果的综合呈现。管理者在制订计划或目标时,期待或预期状态产生出来。这一状态被管理者、团队或个体的参与者认识了解的程度会有差异。当管理活动和投入开始后将产生实际状态,需要通过信息收集处理,结合管理者能力,以及使用评价指标体系来完成对实际状态的评判。

6. 在管理活动中控制职能的发挥,起到了重要的作用,是组织实现目标,落实计划,有效执行的实践和保障。

7. 控制活动的发生,可以在管理活动开始之前进行,也可以在管理活动进行之中发生,以及在管理活动结束之后进入下一个环节、流程或循环之前进行。

8. 控制分为前馈控制、同期控制、反馈控制3种类型。前馈控制以未来为导向,是管理者主动进入管理活动,深度了解可能出现的偏差和差异,在问题发生之前就采取对应行动,从而防止问题的出现,以采取和达到组织目标和效果的有效类型。可以避免来自补救问题时组织资源的损耗。同期控制的实施能及时发现问题与状况、查找原因和评估影响,同时指出或调整出现的偏差,使管理活动一直按照预定的计划或目标推进。可以通过及时地调整修正,有效地规避重大的管理失误行为、损失和严重的问题。反馈控制是在管理活动结束以后,形成了实际的发生和结果状态下,对所出现问题的有效回顾和回溯。可以从中去查找问题状态出现的原因,从管理活动的失误里总结经验,在出现干扰或影响时的可能应对的控制活动。

9. 控制的原则包括了基础的适时原则、适度原则,后期发展到信任阶段,再向上提升,寻找和发现活动内部的规律,管理者的控制活动将来到自律的阶段,也是目前所知的控制原则发展的最高阶段。

10. 控制的一般程序包括以下的步骤:首先,清晰地完成和制定 S_0 的评价工作。接下来获取并处理信息,评估状态 S_1、S_2、S_3。比较两者之间的差异并决定对差异采取的处理方式。最后实施处理差异的决定。

11. 在控制方法上,包括了组织资源的控制方法、组织内部控制与外部控制以及其他控制方法。组织资源的控制方法在通常的状态下,包括了财务资源、物质资源、人力资源、无形资产以及其他类资源的管理控制,以及常用的预算、审计、财务报告分析等。

思考练习

1. 控制有哪些作用?

2. 控制应遵循的原则有哪些? 自律原则在控制中可能实现吗?

3. 简述控制的过程。

4. 控制的由来是什么?

5. 如何评估实际状态? 在确定差异调整时来自管理者本身的影响是什么?

6. 时间维度下管理者控制活动如何进行?

7. 同期控制常用方法的比较? 可以从其中选择自己认为重要的来完成比较。

8. 如何编制好预算? 其优势和局限有哪些方面?

9. 管理者如何实施综合有效的控制? 可以从过程、时间、结果等角度进行。

管理实践

管理实践——综合控制方法的实施

[实践目标]

1. 强化控制知识的理解与运用。

2. 培养综合控制的思维与能力。

3. 在管理活动中,看到问题和状态,能有针对性地实施有效的控制。

[实践内容与方法]

1. 阅读下面的案例资料,进行相关的控制分析。

2. 依据前馈控制→同期控制→反馈控制的顺序,完成公司整个过程中的管理控制工作。

3. 采取个人分析、小组交流、班级发言讨论的方式进行。

案例资料:

音响界的劳斯莱斯——明基音箱曲悦 TreVolo 的诞生与面世

音乐是无国界的语言,滋养着人内在的精神。古代人甚至认为古琴可以与天地沟通,因为化育万物的声音就是从那里发出来的。音响音箱是声音还原的重要设备,是音乐家、演奏者与观众或听众之间最重要的媒介。在市场上有两种截然不同的类别:

1. 迎合大众,简单粗略的所谓震撼感,以为重低音越震撼就是越好,为追求技术与听众的冲击效果,从而扩张、扭曲原来的声音,部分牺牲掉音乐家本身的音乐创作,在音响界,称为音箱性产品。

2. 以还原音乐本身为己任,真实地反映音乐元素本身,这个被称为音乐性产品。

产品的缘起

小提琴手 Marketson,自幼学习小提琴,对于这种最接近人声歌唱旋律的乐器是发自内心地喜爱。他一直醉心演奏,从事着与音乐相关的工作,音乐教学、杂志 CD 乐评、乐团领队等。他还一度拜得名师求艺,不断精进学习。这些经历让他广泛地涉足各种音乐,同时也形成了自己对音乐独特的领悟与见地。

在 2012 年 Marketson 就职于明基 BenQ 公司。作为 IT 公司,加入 BenQ 之后的工作是异常繁忙的。Marketson 更多的时候只能通过重放设备来聆听音乐。对于此时忙碌之余的 Marketson 而言,最快意的事情无外乎是寻到一把好琴拉上一曲:G 弦厚实有力,D 弦和润优雅,A 弦柔美如歌,正弦明亮纯净,四根弦发声均匀,琴声朝气蓬勃。或是遇见一款好音响可以全然放松地欣赏:高中低三频均衡,能灵敏感知基音和泛音。

而此时,Marketson 感到异常地失望和惊讶:当时市面上几乎找不到一款真正意义上做到三频均衡的音箱。作为一名前音乐人,Marketson 认为经典不该被如此轻易辜负,遂向 BenQ 公司建议,与学术单位工业技术研究院合作,研发音响界以“高保真”著称的静电技术音响系统,打造一款真正意义上中高低三频均衡的蓝牙音箱,这就是曲悦 TreVolo 的研发之道——平衡哲学的来源。

推进背景——产品需求 + 市场空白 + 公司资源

明基 BenQ 公司一直致力于成为提供使人类享有更美好生活所需的数字科技整体解决方案领导品牌。以“实现科技生活的真善美(Bringing Enjoyment ‘N’ Quality to Life)”作为愿景,创新研发了一系列多元化数字生活科技产品,包括投影仪、液晶显示器、商用及专业大屏显示器(交互式、数字广告牌)、数字影像产品、移动网络产品及 LED 照明灯饰等。

在此前,作为从电脑领域起家的明基 BenQ 来说,虽一直致力于显示器设备的制造,并建立起相当稳固的市场基础和口碑。但对于同属系统周边的音箱市场,旗下电视、显示器、投影仪等产品在内置音响领域上已有一定的表现,BenQ 对此持有谨慎观察与研究的态度。

在国际 Hi-Fi 领域,静电膜是公认的高保真器件,但因为造价昂贵和技术难度大,一般只出现在顶级音响系统中。且由于技术发展的限制,很难将面积较大的静电膜融入体型小巧的便携式音箱中去。该市场和产品几乎是一片空白,产品需求潜力大,公司敏锐地觉察到其中蕴含的巨大商机。

在理论层面上,如果把音乐信号比作一阵风,这阵风吹过锥盆式扬声器时,因为本身很重,风被减弱扭转变化。这阵风如果吹过静电扬声器,极薄极轻,基本可以忽略,风吹过后依然是原来的那阵风。

在产品层面上,传统锥盆式扬声器大都因自身物理构造导致频段在不同程度上缺失,而大多数厂商都是通过器材音来渲染、弥补,鱼目混珠。

在品质层面上,普通扬声器的失真通常高达 3%,想做到 1% 以下极其困难。而静电扬声器的理论失真率仅为 0.02%,做到 0.5% 以下是比较轻而易举的。

可以说静电薄膜技术在声学性能上的表现是目前最为接近完美状态的,其拥有的超低失真率、超高解析力与临场感的特质,一直被视为重现原音和打造清透聆听感的殿堂级 Hi-Fi 设备。BenQ 公司展开对锥盆式扬声器、静电式扬声器的全方位多番比较,如表 9.4 所示。

表 9.4　锥盆式扬声器与静电式扬声器比较

项　目	特　点
发声原理	①靠静电对于发声震膜的吸引或排斥,控制振膜振动发出声音 ②靠线圈在磁场中产生前后的振动,再带动振膜,共同运动推动空气发声
发声面积	①面积大,是传统喇叭的 10 倍以上,两面皆可发声,能接收较多的音乐信号 ②发声面积小,接收较小的音乐信号
声音特质	①音域开阔自然,中高音清透甜美,细节较为丰富 ②低音丰满,箱体结构易产生箱音,细节较少
瞬间反应	①厚度薄重量轻,基本忽略不计,瞬态极好,细节解析力表现得到惊人提升 ②锥盆结构的固有惯性使音乐信号被损失,特别是瞬间信号
失真	①静电膜是平面驱动,表面变化而造成的失真可避免 ②磁力线圈只推动锥盆的顶端或球顶高音的边缘,各种弯曲会产生声音的失真
谐振	①静电膜在某种程度上就像浸在空气中,相当于铃铛被浸泡在水中,使谐振存在被减少到最低,低到不可测量
	②锥盆结构有很多的谐振,造成声染

备注: ①代表静电音箱;②代表传统锥盆式扬声器

经全方位多番比较和测试后,公司 BenQ 决定支持 Marketson 的建议,并迅速组建了一只以他为首的开发团队,并投入资金以支持研发工作的需要。Marketson 团队接收了这项挑战。

突破的关键点和质量控制环节:

虽然静电扬声器在解析力和中高频表现上远胜于锥盆式扬声器,但是存在着低频量感不足的缺陷。摆在 Marketson 团队面前的困难是:如何最大限度地发挥静电喇叭"中高音通透明亮"的优势前提下,解决静电喇叭"低音不足"这个世纪难题。

Marketson 团队最终决定结合传统喇叭单体,采用"取长补短,互相所用"的均衡之术,达成三频全方位的平衡。其实这个做法此前有大牌音响厂商尝试过,由于这两种音色特性极其不同,最终都以失败而告终。对于当时完全没有开发音频产品经验的 BenQ 而言,这几乎是一次不可能实现的尝试。

步履艰难中的灵感启发与最终的突破

Marketson 团队研发陷入了僵局。对于热衷求新和冒险的 Marketson 而言,最难的并非是同行的冷嘲热讽,也并非是零件供应商因为不看好而婉拒购买洽谈,更不是股东时常的告诫和施压。而是在这样内外都备受煎熬的时刻,重要团队成员因承受不了巨大压力而离开,顿时让整个工作陷入最严峻的考验。一向不在意别人眼光的 Marketson 第一次萌生了退意和怯意。

一天,Marketson 一个人在基地调音室随意拨弄琴弦时,突然灵机一动,既然公司内部缺人,为何不引入外部资源,让产品得以继续推进呢?哪怕要花更多的钱。Marketson 立刻电联他的好朋友,一位拥有超过 30 年音响界资历,曾在日本影音大厂 TDK 服务并担任音质定义与声音品质把关的资深日籍 Audio 金耳朵级工程师,邀请他担任 TreVolo 的研发顾问。此后,拥有 25 年资历、曾任《Home Theater》等专业音响刊物总编辑的美国资深音响评论家 Brent Butterworth 加入。一支由美国、日本与台湾金耳朵级专业人士组成的新团队逐步组建起来,曲悦 TreVolo 的研究渐入佳境。

从 2012 年到 2015 年,三年与时间赛跑,每天 16 小时高强度工作常态,为技术攻关通宵达旦地加班,以任意角度确定声波散射方向。历经 17 520 小时苦心钻研,一款强调音乐性的静电音箱 TreVolo 终于诞生了。曲悦 TreVolo 目前已斩获德国 IF、美国 CESAward 及台湾金点奖等多项殊荣,被专家誉为集听感、设计、工艺于一身的力作。

产品设计细致入微,生产制造精益求精——彰显劳斯莱斯品质与精神

曲悦 TreVolo 内置四颗高品质、高形成的 2.5 英寸低音锥盆单体,搭配高射频的铷磁铁以及一对可以发出更低频率的 4 英寸×2.2 英寸的被动辐射器。同时辅以 Tuesound 高音补偿技术。拓展低音下潜深度,可精确再现 80 Hz 以下的有力低频,实现高中低频段的无缝衔接。让各音域表现尽量臻于完美,消除了一般音箱自带的箱音和共振。

曲悦 TreVolo 搭载的静电膜技术,拥有超强解析力和出色瞬态反应,可以对中高音部分进行如实还原,高音通透清甜,中音圆润饱满,"双功效 + 双低音单元 + 双被动辐射器"设计弥补了静电膜技术在低音上的缺陷,将中国平衡之道的智慧写入产品设计的语言之中。

一台曲悦音箱,由 20 多个器件组成,制造一台大约需要 8.31 个小时。从生产到出厂,需要经历 39 道工序,21 次大大小小的检测调校。成功地完成静电膜技术的便携式处理,全漏网层上的孔位,精心布置,可增加音波扩散角度,让音场更宽广。

为了尊重音乐创作的初衷与梦想,曲悦 TreVolo 团队的探索和实验,最终携带被誉为音响界"劳斯莱斯"的静电薄膜技术——全球首款便携式静电薄膜蓝牙音箱面世。

(资料来源:www.BenQ.com.cn 及天籁之音)

请进行如下分析:

(1)如何控制公司新产品开发的风险?

(2)在产品研究开发的阶段和过程里,管理者如何进行有效的控制?

（3）在生产制造环节里,管理者的有效控制又该如何实现?

（4）在完成上述三项控制活动之后,结合 BenQ 公司的案例进行研讨,并进行课堂的交流分享。

［实践标准与评估］

1.实践标准:透过案例资料的学习,能够全面地运用本章关于控制、控制过程及方法来完成有效控制的活动。

2.实践评估:①个体思考呈现部分,以文字作业来评估。②个人发言状况、小组交流记录、班级讨论分享等环节综合评估。

［实践拓展］

根据个人情况,可进一步开展如下训练:以角色分工课堂模拟完成训练。

1.在邀请外部新成员加入团队时,负责人 Marketson 遇到了公司管理制度、资金上的瓶颈和障碍,为了实现突破研究目标（曲悦 TreVolo）他如何向公司上层解释、争取、认同并通过。

2.如果曲悦 TreVolo 产品在顾客使用中出现了质量问题,作为管理者将如何处理? 关于产品质量控制以及客服方面期待更多的建议。

第10章

创新理论与实践

学习目标

1. 理解创新的内涵和类型。
2. 认识创新的重要性。
3. 把握创新的原则和内容。
4. 掌握创新的过程。
5. 了解创新型组织构成要素。
6. 学会在实践中运用创新。
7. 把握企业家精神的内涵与实践。

引例

给农耕机穿上"橡胶鞋",燧石公司绝处逢生

1932年的3月,正是冬去春来,万物复苏的季节。一天下午,一辆福特牌汽车行驶在俄亥俄州的原野上。车里坐着的正是美国燧石轮胎公司总裁菲利斯通和他的儿子菲利斯通二世,他们当时是在外出视察业务。

一路上,父子俩各有心事。当汽车在路边停下来后,菲利斯通走下汽车,亲切地向田野里正在耕作的农民打招呼。菲利斯通二世跟在自己父亲后面,走路去向那个名叫高登的农民寒暄一番。当两人握手时,菲利斯通二世惊奇地发觉高登的手特别坚强有力,不由得赞叹道:"你的身体真棒,像钢铁般结实!"

"不结实不行呀!"老农民高登的声音像洪钟般响亮。他指着农耕机对菲利斯通二世说:"这玩意儿走在又干又硬的土地上,跟一头难以驯服的野牛一样,又蹦又跳,忽东忽西,如果没有点蛮力气,怎么能控制得住它? 不信,你试试看,小伙子!"年轻的菲利斯通二世有点不服气,决定开农耕机试试。可当农耕机开动起来向前走时,他才发现农耕机在地上震动得十分厉害,走了不到20米他的手臂就受不了啦,于是他赶紧停了下来。菲利斯通二世经过这次试耕,对农耕机产生了深刻的印象。

外出考察归来后,菲利斯通二世的心情还是没有开朗起来。因为此时燧石公司的业务已呈现饱和状态,汽车数量有限,橡胶轮胎的销路不好,再加上同行间的竞争使得销售业绩雪上加霜。父亲语重心长地对菲利斯通二世说:"这行越来越难做了,我们一定要想出新点

子,开辟新思路才行,现在光靠销售轮胎恐怕很难维持下去了。"菲利斯通二世的想法与父亲不谋而合,他认为只有利用橡胶的特性,创造出一些新产品,才能摆脱目前的困境,公司才会有前途。

一天,菲利斯通二世心事重重,烦闷不已,便独自开车去郊外散心。他把车停在一棵大树旁,然后沿着河堤漫不经心地信步而行。河边上有一群小孩正在玩游戏,菲利斯通二世无心观看,他在一个僻静的地方坐了下来,一边思考,一边向着河里投起了石子。菲利斯通二世坐了一会,心里仍觉得十分烦闷,便回到车上,准备开车去兜风。不料,车子发动后,汽车起步非常吃力。他熄火下车查看,原来四个轮胎的气全被那群淘气的孩子放跑了。菲利斯通二世本来就心里烦躁,又加上对这件事的气愤,大少爷脾气突然发作。

不管三七二十一,也不管汽车轮胎有没有气,爬上车去仍旧照开不误。车虽然动起来了,但是干瘪的轮胎行驶在坚硬不平的泥土路上,却颠得十分厉害,让人难以忍受。不过,菲利斯通二世不管这些,仍旧一个劲地向前开,直到车轴被震断,他才将车子停了下来,坐在驾驶室里气喘吁吁地发愣。刹那间,他由发愣转入思考。他非常惊奇,平时很舒适的小轿车,一旦轮胎没有了气,竟是如此这般寸步难行,人坐在车里竟是这样难受!突然,他想起那次开农耕机的亲身经历,若有所思地自言自语道:"难怪农耕机会颠簸得那样厉害,光秃秃的铁轮子压在坚硬的土地上,当然就跟汽车轮胎没气一样了。"

这一联想,激起了灵感的火花,一下子驱散了他心中很久的一个疑团。他豁然开朗,他想如果给农耕机的铁轮子上也装上橡胶轮胎,那么颠簸一定会减少很多。这一突破性发现,为燧石公司开辟了一条广阔的道路。不久,燧石公司成立了一个攻关小组,专门研究了一种适用于农耕机上的低压力轮胎。结果使得当时全美约一百万辆农耕机都穿上了新的"橡胶鞋"。紧接着,菲利斯通二世又提出了"农场橡胶运动"。凡是农用工具,能用到橡胶轮子的地方,都替它装上一个橡胶轮子。

新开辟的市场,使燧石公司的业绩像插上了翅膀一般直线上升。不到三年时间里,燧石公司便成为了国际闻名的大公司。

[资料来源:张尚国.小故事巧管理——经典管理故事500例[M].北京:中国商业出版社,2014.]

市场环境瞬息万变,不进则退,企业如果不能顺势而为,就是坐以待毙,无须多少时日就会被市场淘汰。当企业因此陷入困境时,就要不断创新,采用新方法、运用新技术、创造新产品等以应对新需求。要善于捕捉灵感,不断挖掘创新思维才能使企业起死回生,走上可持续发展之路。

10.1　创新概述

在管理学的研究进程中,很多学者往往会忽略创新这一管理的基本职能。然而,我们看到今天科学技术迅猛发展,市场环境瞬息万变,经济社会形态相较于过去已经发生了翻天覆地的变化。如果我们还按照过去的老思路、老观点,以为那样就可以应付新形势、新变化,那无异于痴人说梦。计划、组织、领导、控制是为了实现组织制定的目标,属于管理的维持职能,其任务是保证系统按照预定的方向和规则运行。但是光有维持职能还不够,还必须不断调整组织以适应动态变化中的组织内部环境和外部环境,这就是管理的创新职能。

10.1.1 创新的含义

创新最早是由美籍奥地利经济学家约瑟夫·熊彼得在1911年发表的德文版《经济发展理论》中提出来的。在他看来,企业家通过技术创新获取竞争优势。一开始,创新的企业可以获得垄断利润,随后其他企业也会相继模仿,这就导致了新的创新出现。新的创新成果会不断削减垄断利润直至达到平衡,然后开始新的一轮循环。同时,熊彼得也谈到了"创造性的毁灭"过程,即在不断地追求创造新事物的同时也会毁坏一些旧规则并建立新规则,而这一切都是由对新的利润源的追寻所驱使的。

在熊彼得的理论中,他将创新定义为:企业对生产要素的重新整合,即把一种从来没有过的生产要素与生产条件的"新组合"引入组织的生产体系,并将创新分为了5个方面:

①生产一种新的产品。

②采用一种新的生产方法。

③开辟一个新的市场。

④实现一种新的组织。

⑤发掘和控制原材料或半成品的一种新的来源。

"创新"这个词现在非常流行,经常被企业管理者挂在口头上,写进工作报告里,但事实上很多管理者对创新的内涵理解并不准确,往往容易将创新仅仅局限于技术创新,或者认为凡是开始一项新项目或者新事业就是创新。德鲁克深刻地指出,创新与上述误解的本质区别在于是否为客户创造出新的价值。什么是价值? 价值并不等同于价格。价值是客户得到的,而价格是客户付出的。

创新是一种思想,以及在这种思想指导下的实践;创新是一种原则,以及在这种原则指导下的具体活动,创新和计划、组织、领导、控制一样都是管理的一种基本职能。

创新是指管理者在组织环境中,在经营理念、管理模式、管理方法、企业制度、组织结构等方面形成的创造性思维,并将其转化为有价值的产品、服务或工作方法的过程。对创新含义的理解,应把握好以下几个方面的内容:

①管理创新的主体主要是管理者,但往往在创新实践中,管理对象也是创新过程中重要的参与者。

②管理创新是组织对内外部环境的主动适应和改变。

③管理创新的目的是提高管理的效率和效果。

④管理创新是一个从创意形成到价值实现的过程。

⑤管理创新不是一般的适应和调整,它有创新活动。

【管理链接 10.1】

什么是创新

创新管理面临的一个问题是人们在理解这个术语时存在差异,经常把它与发明相混淆。

这个词来源于拉丁语"innovare",意思是"创造新的东西"。以下组织和学者对创新提出了较好的观点,即假设创新是把机会转变成新创意,并广泛应用于实践的过程。

● "创新是对新创意的成功开发。"——英国贸易工业部(UK Department of Trade and Industry)创新协会(2004)

● "产业创新包括在推广一种全新的(或改进的)产品或实现一个全新的(改进的)工艺或设备的首次商业应用的过程中所涉及的技术、设计、制造、管理和商业活动。"——克里斯·弗雷曼(Chris Freeman,1982),《产业创新经济学》,2版,Pinter出版社,伦敦

● "……创新不一定必须使技术发展水平的重大进展商业化(突破性创新),它也包括对技术知识的小规模改变(改进或渐进性创新)。"——罗伊·罗斯韦尔和保罗·加德纳(Roy Rothwell and Paul Gardiner,1985),《发明、创新、再创新和用户的角色》,Technovation,第3卷,168页

● "创新是创业者的特殊工具。通过创新,他们把变化作为发展不同业务和服务的机会。它可以作为一种学科,可以学习,也可以实践。"——彼得·德鲁克(1985),《创新与产业精神》,Harper&Row出版社,纽约

● "公司通过创新活动获得竞争优势。它们在最广泛的意义上从事创新。既包括新技术,也包括新的做事方式。"——迈克尔·波特(1900),《国家竞争优势》,Macmillan出版社,伦敦

● "创新的企业都在'条条框框之外'存在。它不仅有好的创意,而且将好的创意、有积极性的员工,以及对顾客需求近乎本能的理解结合起来。"——理查德·布莱森(Richard Branson,1998),DTI创新演讲

(资料来源:乔·蒂德(Joe Tidd),约翰·贝赞特(John Bessant).创新管理:技术变革、市场变革和组织变革的整合[M].4版.北京:中国人民大学出版社,2012.)

10.1.2 创新的重要性

管理包括五项职能:计划、组织、领导、控制、创新。各项管理职能相互渗透、相互交叉,控制的结果可以优化提升下一年度的常规计划,也可能导致新计划的产生,开始一轮新的管理循环,进而不断向前推进实现组织的目标。创新在这个管理循环中处于核心地位,成为推动管理循环过程的推动力。因此对于组织而言,创新至关重要,其重要性体现在3个方面:创新是组织不断发展的基础;创新是组织谋取竞争优势的利器;创新是组织摆脱发展危机的途径。

创新是组织不断发展的基础,是组织获取经济增长的源泉。在最近出版的图书中,鲍莫尔(Baumol)指出:"18世纪以来几乎所有的经济增长本质上都要归因于创新。"三次工业革命的成果大大超过了人类过去几百万年的物质产出,而这全部都是创新的功劳。创新是经济发展的核心,使得物质文化得以空前繁荣。

创新是组织谋取竞争优势的利器。对于企业而言,竞争优势除了企业规模、企业资产、企业调动社会资源等能力以外,更重要的是企业的创新能力。在科技迅猛发展的今天,那些能够充分利用其知识以及技术方面的经验技能,开发新产品、新服务、新流程工艺、开发新市场的企业毫无疑问更有竞争优势。创新是企业走向成功的不二法门,与那些创新能力不足

的企业相比,创新型企业拥有更加强劲的增长力。通过创新,企业可以获得更大的市场份额,并且盈利能力显著提高。

而且创新的重要性也绝不仅仅体现在企业层面,在国家层面更是如此。根据熊彼得的观点,一个国家或地区经济发展的速度和质量,与该国或该地区所拥有创新能力的企业家的数量息息相关。正是由于这种创新精神,才推动了一个国家整体实力的提升。

创新是组织摆脱发展危机的途径。危机指的是这样一种状态,组织在目前的形势下难以为继、举步维艰,不进行改革就无法生存。改革贵在行动,喊破嗓子不如甩开膀子。改革的实践就要通过创新来完成。在组织发展的各个阶段,危机都如影随形。因此每一阶段的创新点都有所不同,初创期组织规模小对于需求反应必须迅速;成长到一定阶段,组织要将重点放在市场份额的扩大和利润的增加上;进入成熟期后,组织要巩固现有的市场地位。组织只有通过不断地创新才能从容渡过难关,发展壮大。

10.1.3 创新的原则

创新的原则就是开展创新活动时所依据的法则和判断创新构思所凭借的标准。

1)遵守科学原理原则

创新必须遵循科学技术原理,不得违背科学发展规律。因为任何违背科学技术原理的创新都不能获得真正的成功。比如,近百年来,许多才思卓越的科学家耗费心思,力图发明一种既不消耗任何能量,又可源源不断对外做功的"永动机"。但无论他们的构思如何巧妙,结果都逃不出失败的命运。其原因在于他们的创新违背了"能量守恒"的科学原理。为了使创新活动取得成功,在进行创新构思时,必须做到以下几点:

(1)对发明创新设想进行科学原理相容性检查

创新的设想在转化为成果之前,应该先进行科学原理相容性检查。如果关于某一创新问题的初步设想,与人们已经发现并获实践检验证明正确的科学原理不相容,则不会获得最后的创新成果。因此与科学原理是否相容,是检查创新设想有无生命力的根本条件。

(2)对发明创新设想进行技术方法可行性检查

任何事物都不能离开现有条件的制约。在设想变为成果时,还必须进行技术方法可行性检查。如果设想所需要的条件超过现有技术方法可行性范围,则在目前该设想还只能是一种空想。

(3)对创新设想进行功能方案合理性检查

任何创新的新设想,在功能上都有所创新或有所增强。但一项设想的功能体系是否合理,关系到该设想是否具有推广应用的价值。因此,必须对其合理性进行检查。

2)市场评价原则

为什么有的新产品登上商店柜台却渐渐销声匿迹了呢? 创新设想要获得最后的成果,必须经受走向市场的严峻考验。爱迪生曾说:"我不打算发明任何卖不出去的东西,因为不能卖出去的东西都没有到达成功的顶点。能销售出去就证明了它的实用性,而实用性就是成功。"

创新设想经受市场考验,实现商品化和市场化要按市场评价的原则来分析。其评价通常是从市场生命观、市场定位观、市场特色观、市场容量观、市场价格观和市场风险观 7 个方面入手,考察创新对象的商品化和市场化的发展前景,而最基本的要点则是考察该创新的使用价值是否大于它的销售价格,也就是要看它的性能是否优良、价格是否优惠。但在现实中,要估计一种新产品的生产成本和销售价格不难,而要估计一种新产品的使用价值和潜在意义则很难。这需要在市场评价时把握住评价事物使用性能最基本的几个方面,然后在此基础上得出结论。

①解决问题的迫切程度。

②功能结构的优化程度。

③使用操作的可靠程度。

④维修保养的方便程度。

⑤美化生活的美学程度。

3)相对较优原则

创新不可盲目追求最优、最佳、最美、最先进。创新产物不可能十全十美。在创新过程中,利用创造原理和方法,获得许多创新设想,它们各有千秋,这时,就需要人们按相对较优的原则,对设想进行判断选择。

(1)从创新技术先进性上进行比较

可从创新设想或成果的技术先进性上进行各自之间的分析比较,尤其是应将创新设想同解决同样问题的已有技术手段进行比较,看谁更加领先和超前。

(2)从创新经济合理性上进行比较选择

经济的合理性也是评价判断一项创新成果的重要因素。所以对各种设想的可能经济情况要进行比较,看谁更加合理和节省。

(3)从创新整体效果性上进行比较选择

技术和经济应该相互支持、相互促进,它们的协调统一构成事物的整体效果性。任何创新的设想和成果,其使用价值和创新水平主要是通过它的整体效果体现出来。因此,对它们的整体效果要进行比较,看谁更加全面和优秀。

4)机理简单原则

创新只要效果好,机理越简单越好。在现有科学水平和技术条件下,如不限制实现创新方式和手段的复杂性,所付出的代价可能远远超出合理程度,使得创新的设想或结果毫无使用价值。在科技竞争日趋激烈的今天,结构复杂、功能冗余、使用烦琐等已成为技术不成熟的标志。因此,在创新的过程中,要始终贯彻机理简单原则。为使创新的设想或结果更符合机理简单的原则,可进行如下检查:

①新事物所依据的原理是否重叠,超出应有范围。

②新事物所拥有的结构是否复杂,超出应有程度。

③新事物所具备的功能是否冗余,超出应有数量。

5)构思独特原则

我国古代军事家孙子在其名著《孙子兵法·势篇》中指出:"凡战者,以正合,以奇胜。

故善出奇者,无穷如天地,不竭如江河。"所谓"出奇",就是"思维超常"和"构思独特"。创新贵在独特,创新也需要独特。在创新活动中,关于创新对象的构思是否独特,可以从以下几个方面来考察:

①创新构思的新颖性。

②创新构思的开创性。

③创新构思的特色性。

6)不轻易否定,不简单比较原则

不轻易否定,不简单比较原则是指在分析评判各种产品创新方案时应注意避免轻易否定的倾向。在飞机发明之前,科学界曾从"理论"上进行了否定的论证;过去也曾有权威人士断言,无线电波不可能沿着地球曲面传播,无法成为通信手段。显然,这些结论都是错误的,这些不恰当的否定之所以出现,是由于人们运用了错误的"理论",而更多的不应该出现的错误否定,则是由于人们的主观武断,给某项发明规定了若干用常规思维分析证明无法达到的技术细节的结果。

在避免轻易否定倾向的同时,还要注意不要随意在两个事物之间进行简单比较。不同的创新,包括非常相近的创新,原则上不能以简单的方式比较其优势。

不同创新不能简单比较的原则,带来了相关技术在市场上的优势互补,形成了共存共荣的局面。创新的广泛性和普遍性都源于创新具有的相容性。如市场上常见的钢笔、铅笔就互不排斥,即使都是铅笔,也有普通木质的铅笔和金属或塑料杆的自动铅笔之分,它们之间也不存在排斥的问题。

总之,我们应在尽量避免盲目地、过高地估计自己的设想的同时,也要注意尊重和珍惜别人的创意和构想。简单地否定与批评是容易的,难得的却是闪烁着希望的创新构想。

以上是在创新活动中要注意并应切实遵循的创新原理和创新原则,这都是根据千百年来人类创新活动成功的经验和失败的教训提炼出来的,是创新智慧和方法的结晶。它体现了创新的规律和性质,按创新原理和原则去创新并非束缚创新思维,而是把创新活动纳入安全可靠、快速运行的大道上来。

在创新活动中遵循创新原理和创新原则是提升创新能力的基本要素,是攀登创新云梯的基础。有了这个基础就把握了开启创新大门的"金钥匙"。

【管理链接 10.2】

创新与发明的区别

创新常常被一些人与发明相混淆。实际上,创新的范畴要远比发明宽泛。发明是一种创新,但创新绝不仅仅只是发明。如果说发明可能是新知识、新理论创造基础上一种全新技术的出现的话,那么创新既可能是这种全新技术的开发,也可能是原有技术的改进,甚至可能仅是几种未经改变的原有技术的一种简单的重新组合。美国管理学家德鲁克在《革新与企业家精神》中曾以集装箱的产生为例,指出:"把卡车车身从车轮上取下,放到货船上,在这个概念中并没有包含多少新技术,可这是一项创新",这项创新缩短了货船留港的时间,"把远洋货船的生产率提高了三倍左右,或许还节省了运费。如果没有它,过去四十年中世界贸易的迅猛扩大就可能不会发生"。

(资料来源:周三多. 管理学[M]. 北京:高等教育出版社,2010.)

10.1.4　创新与维持之间的关系

作为管理的基本职能,维持与创新对组织的发展都至关重要,缺一不可。

维持是保证组织在当前环境下得以生存的基本手段,也是组织中绝大部分管理人员所从事的主要工作,对于中基层管理者而言更是如此。组织根据市场环境以及自身发展情况和特点制定了组织在一定时期所要实现的目标,组织中的管理者根据计划所制定的标准,指挥协调整个计划实施过程,从而保证计划的有效完成,达到预期结果,这就是维持职能。没有维持,组织的目标就难以实现,计划就无法落实,一切工作就可能偏离原先预设的轨道,组织中各个部门、各个成员就可能各自为政,最终使得组织分崩离析。所以,维持对于组织生命的延续至关重要。

但是,仅有维持远远不够。因为组织身处一个动态变化的内外部环境中,组织外部的宏观和微观环境对于组织的活动内容、活动形式、活动要素都会产生直接和间接的影响,组织系统内部的各个组成部分也会相应发生变化。这一系列变化所产生的连锁反应,对组织最初设立的目标、组织的资源、制订的计划等都产生了不同的影响。组织如果不能及时有效地根据组织内外部环境变化的要求,进行变革,势必会被环境淘汰。这种为适应组织内外部环境变化所进行的变革就是管理的创新职能。

任何组织,生存是其第一要义。只有维持现有的状态,才能进行变革,实现发展。但是,客观情况却是组织都有其生命周期,任何组织都不是长生不老的。我们把组织从无到有、从小到大、从弱到强、由盛转衰这一过程称为组织的生命周期。通常情况下,组织的生命周期分为创业、成长、成熟、再发展、衰退等 5 个阶段。

组织的存在必须为社会所接受,而社会之所以允许一个组织的存在,是因为组织具有一定的社会价值。当然,组织在提供社会价值之前需要从社会中获取一定的资源,通过组织自身的努力,从而为社会所容纳和认可。当组织获取的资源小于组织创造的价值时,也就是投入小于产出时,组织在竞争中就越有优势,相应地,组织的生命周期也会得以延长。在组织的创业期,由于组织自身所掌握资源较少,能力相对较弱,所能提供的社会价值有限。但随着组织的成长和成熟,组织自身的综合能力大步提升,可以产出的社会价值也更多。到了组织的衰退期,组织僵化,应变能力不足,提供的产品与服务不再满足市场需求,组织也就逐渐被社会所淘汰。

由此不难看出,组织的生命力取决于组织提供的价值被社会认可的程度,而组织的价值被社会认可的程度又取决于组织从社会获取资源的能力、组织利用社会资源的能力和组织应变的能力。由于,社会的价值标准总是在不断变化的,社会提供的资源也在变化,如果组织不能因此作出调整,积极作出应对,提供新的产品、服务,重新对资源进行整合,那么组织组织必然会加速迈入衰退期。组织对于内外部环境变化所作出的反应,对资源进行的整合,提供新的社会可以接受的价值,这就是创新的内涵。

综上所述,作为管理的两个基本职能:维持和创新,对组织的生存发展具有举足轻重的作用,它们是相互作用、相互联系、不可或缺的。创新是在维持基础之上的发展,维持则是创新的逻辑延续;维持是为了实现创新的成果,创新则是为了更高层次的维持提供依托和框架。任何管理工作,都必须围绕组织的维持和创新职能而展开。只有创新没有维持,组织就会表现出无序的混乱状态,而只有维持没有创新,组织就会缺乏活力,不能对内外部环境的变化作出积极的回应,并最终被社会所淘汰。总而言之,好的管理就是灵活运用维持和创新,从而实现组织的目标。

【管理链接10.3】

管理创新面临的三大挑战是什么

1.创造和维持是一种有利于创新发展的文化。这包括一个有形的组织空间,在这一空间中可以实验、评估和检验要发展和维持创新的价值观和行为。

2.培养可以在这种环境中蓬勃发展的人才。这样的人必须作为有着共同目标的组织的一部分,能够质疑、挑战和提出想法,而不会被日常的运营环境所限制。

3.商业企业看重的是利用最少的资源获取最大的利益,因而管理这类创新必须具有可重复的、一次到位的流程方法。

——帕特里克·麦克劳林(Patrick McLaughlin),Cerulean 公司执行董事

1.对长期创新活动的水平进行精细的控制,使之能够与既有业务单元保持联系,并最终使创新得以孵化和发展。

2.在公司中要有各种类型的愿意花时间从事创新相关活动的员工。

3.把握应用导向的创新与基础创新之间的平衡。

——沃特·塞曼(Wouter Zeeman),CRH Insulation Europe

1.创新往往被看成是一个技术驱动的问题,换句话说,是那些奇怪的"科学"人员和"工程"人员研究的领域,因此只是那些人的事,而与"我们"更广泛的群体无关。挑战在于正视这个问题,鼓舞人心并改变人们的观念,使创新成为"我们"大家的事。

2.提高认识。上述人群并没有充分理解创新是什么,以及如何将创新应用于现实生活,因此需要提高认识。

3.在我看来,管理要么是一个错误的词,那么就是一件错误的事。管理暗示着命令和控制,尽管很重要,但往往不适合应对领导创新挑战。领导创新更多的是需要鼓舞人心、建立信心和承担风险。大部分高层管理人员是风险规避者。因此固化的管理背景对领导创新来说不一定是最佳的选择。

——约翰·特里加斯基斯(John Tregaskes),Serco 公司技术经理

1.文化——鼓励人们挑战我们做事的方法,并产生创造性的想法。

2.在金融服务环境中,要在创新与必要的风险管理和控制之间达到平衡。

3.要确保一个领域的创新不会导致对另一个领域的负面影响,或产生局部优化现象。

——约翰·吉尔伯特(John Gilbert),瑞士联合银行流程优化主管

1.高管层对创新的期望必须一致。必须明确定义创新的本质、突破性创新与渐进性创新,以及4Ps创新模型中的4个创新维度。首要问题是什么?

2.对于包含渐进性创新(做得更好)和突破性创新(做得不同)的项目组合,应该如何在两者之间寻求平衡?

3.在前期获得充分的、专业的人力资源与财务资源。

——约翰·泰斯马尔(John Thesmer),丹麦 Ictal Care 公司执行董事

1.在股东们不断向公司施压要求获得短期业绩时,企业要为有长远发展空间的项目募集研发资金。每个行业都需要不断地创新,以此来保证今后的竞争力,因为技术变革的速度正在不断加快。但是公司在追求这一目标时,却发现可用的资金越来越少。在管理中,如何才能"花更少的钱办更多的事"已经成为这个行业的主要挑战。我相信,在这一点上我们并非特例。

2. 一个企业的文化中不应该有对风险偏好者的惩罚。在许多组织中,对管理者的评价方式几乎完全是根据一些基本的衡量标准,例如销售额或销售量。所有人都认同采用新技术有助于在长期内改善这些数据,但是在短期内,新技术可能会使这些指标落后。有时技术试验会失败,一个组织必须认识到这一点,并且引导它的团队和管理者走上一条鼓励适当冒险又不失掌控大局的道路。

3. 内部研发与利用外部创新之间要保持适当平衡。随着创新的范围和规模的逐渐扩大,很难想象会有哪一个公司完全独立地进行创新。但是哪些要素应该在内部保留,哪些要素可以从外部获取呢?从来就不乏学者撰写有关这个话题的论文与著作,但是该领域的管理者比任何时候都渴望获得针对该问题的有效的、实际的指导意见。

——罗布·佩罗尼(Rob Perrons),美国壳牌勘探有限公司

[资料来源:乔·蒂德(Joe Tidd),约翰·贝赞特(John Bessant).创新管理:技术变革、市场变革和组织变革的整合[M].4 版.北京:中国人民大学出版社,2012.]

10.1.5　创新的类型

根据不同的划分标准,创新可以分成不同的类型。

1)部分创新和整体创新

根据创新的涉及范围和创新对组织的影响程度来考察,可以将创新分为部分创新和整体创新。

(1)部分创新

部分创新指的是在组织的目标与性质不变的前提下,对组织内部的部分内容、部分生产要素及其组合方式、部分技术进行的创新或改造。

(2)整体创新

整体创新则往往会改变组织的目标和使命,涉及组织的发展战略和运行方式,影响组织的社会价值,是对构成组织的各要素组织结构、组织流程及组织与环境之间的关系进行动态的、全面的变革的过程,以促进组织整体功能不断升级优化。

2)被动型创新和主动型创新

根据组织创新的积极主动性及其与环境之间的关系,可以将创新分为被动型创新和主动型创新。

(1)被动型创新

被动型创新是指当组织外部环境的变化对组织自身的存在和发展造成了某种不利影响时,为了抵消这种不利影响和可能造成的新的损失,组织被迫对自身的部分或整体进行调整。

(2)主动型创新

主动型创新是指组织主动观察内外部环境的变化,敏锐地预测到环境在未来可能为组织带来的机会或存在的问题或风险,主动作出应变策略,调整战略战术,以期组织可以发展

壮大或者渡过危机。

3）创业期创新和发展中创新

根据组织在不同生命周期中的创新，可以将创新分为创业期创新和发展中创新。

（1）创业期创新

创业本身就是一种创新，组织在创业期中逐渐摸索出组织的使命、目标，对本组织进行合理定位，这都需要具有创新意识和创新精神。

（2）发展中创新

创业难，守业更难，当组织经过创业期后，就要面临如何在瞬息万变、竞争对手如林的市场环境中稳固提升自己在市场中的地位。一个组织在市场环境中，有如逆水行舟，不进则退，只有通过不断创新才能保持或继续扩大自身的竞争优势，在市场竞争中更胜一筹，实现组织的可持续发展。

4）自发创新和有组织创新

根据创新的组织程度不同，可以将创新分为自发创新和有组织的创新。

（1）自发创新

自发创新是指组织针对内外部环境的变化，结合自身特点而进行的自发调整活动，其特征是具有非计划性和不确定性。

自发创新包括两方面的含义：一方面是指组织自发地应对组织所处的环境，并对环境的变化作出自发的反应，因而进行的创新；另一方面是指组织内部的部门或个人根据自己的意愿进行的创新，主要是指没有受到组织的指令而进行的创新。从自发创新的这两种情况来看，这些创新最终仍需要得到组织的认可和人财物方面的支撑，否则很可能不了了之，很难取得创新的成果。

（2）有组织的创新

有组织的创新是指组织对创新高度重视，将创新活动制度化和常规化。组织管理人员按照组织创新活动的制度规定，有计划、有组织地开展创新活动。有效的管理要求有组织的创新，有组织的创新能培养创新精神，激励创新行为，形成创新习惯，使创新活动有计划、有目的、有组织地进行，避免了创新的盲目化，容易取得创新的成功。

有组织创新包括两方面含义：一方面组织的管理人员根据创新的客观要求和创新活动本身的客观规律，制度化地研究外部环境状况和内部工作，寻求和利用创新机会，计划和组织创新活动，取得和应用创新成果；另一方面，组织中的管理人员需要积极引导并充分利用组织自身的资源，保证组织的创新活动有秩序地展开。

自发创新通常是组织局部的，涉及面较小，并且极有可能遭到保守势力的反对和扼杀而失败，同时由于缺乏组织的有力支持，自发创新活动的顺利进行难以得到有效保障，这会使创新结果充满不确定性；而有组织创新容易得到其他部门及组织领导的支持、配合与协作，进而减少了变革过程中的阻力，使其容易取得成功。因此，管理者的职责之一就是及时意识到变革的必要性，对出现的自发式创新认真进行评估，积极予以支持，使这种自发创新变为有组织的创新。

10.2　创新的内容

创新包括两个部分：创新主体和创新客体。创新的主体：人类。这里人类包含两层含义，一是指个人（如：自然人的发明创造，像爱迪生等）；二是指团体或组织（如：国家创新体系的建立，组织的研发部门等）。创新的客体：客观世界。包括自然科学、社会科学以及人类自身思维规律。

10.2.1　目标创新

目标是指根据组织的使命而提出的组织在一定时期内所要达到的预期成果。目标是使命的具体化，是一个组织在一定的时间内奋力争取达到的、所希望的未来状况。

如果把组织发展看成一列正在轨道上奔驰前进的列车，每一列列车最开始都有一个明确的目的地，当自然环境或人为因素导致前面路况发生变化，如泥石流或山洪暴发，又或者列车自身内部发生突发事故，都会导致原来目的地的相应调整。组织发展亦是如此，当组织所处的市场环境和内部环境发生变化，或者处于组织生命周期的不同阶段，组织都要根据内外部环境发展的特点，将组织的发展方向、目标以及与其他社会组织的关系进行相应的调整，每一次的调整都是一种创新。

10.2.2　环境创新

每一个组织都是在特定的市场环境中生存发展的，瞬息万变的内外部环境可能会促进组织的发展，也可能会制约组织的发展。组织与环境的关系，不仅仅是简单的适应与被适应的关系，组织应该在适应环境的同时，积极地加以引导、改造，甚至创造有利于自身发展的生存环境。例如：组织履行社会责任，向社会宣传自己的组织文化，使社会大众接受组织的价值观、理念，提升大众对组织的认可度和品牌知名度，从而创造一个有利于组织发展的环境；积极加强企业的技术创新，节能减排，使人的生存环境得到提升，提高组织的社会效益。

10.2.3　制度创新

所谓企业制度创新，就是指随着生产力的发展，要不断对企业制度进行变革，因而通常也可以称为企业制度再造。企业制度创新对企业来讲是极其重要的，因为企业本身就是一种生产要素的组合体，企业对各生产要素的组合，实际上就是依靠企业制度而组合起来的。正是因为如此，所以不少人在谈到企业的定义的时候，往往都认为企业就是一个将各种生产要素按一定制度而组合起来的经营主体。由此可见，企业制度对于企业来说，是极其重要的。

现代企业制度创新是为了实现管理目的，将企业的生产方式、经营方式、分配方式、经营观念等进行规范化设计与安排的创新活动。制度创新是把思维创新、技术创新和组织创新活动制度化、规范化，同时又具有引导思维创新、技术创新和组织创新的功效。它是管理创新的最高层次,是管理创新实现的根本保证。企业制度创新的目的是建立一种更优的制度安排,调整企业中所有者、经营者、劳动者的权力和利益关系,使企业具有更高的活动效率。

企业制度包括产权制度、经营制度、管理制度。

①产权是一个古老的概念,也是一个发展的概念。现代企业产权制度就是人类社会经济长期发展的结果。从私有财产的出现到市场经济的确立过程中,产权一直被视为仅仅是一个法律上的概念,指的是财产的实物所有权和债权,它侧重于对财产归属的静态确认和对财产实体的静态占有,基本上是一个静态化的范畴。而在市场经济高度发达的时期,这一法律意义上的产权概念已经日益深化,其含义比原来宽泛得多,它更侧重于从经济学的角度来理解和把握,侧重于对财产实体的动态经营和财产价值的动态实现,它不再是单一的所有权利,而是以所有权为核心的一组权力,包括占有权、使用权、收益权、支配权等。

所谓产权制度就是制度化的产权关系或对产权的制度化,是划分、确定、界定、保护和行使产权的一系列规则。"制度化"的含义就是使既有的产权关系明确化,依靠规则使人们承认和尊重,并合理行使产权,如果违背或侵犯它,就要受到相应的制约或制裁。就企业而言,产权制度是决定企业其他制度的根本性制度,主要指企业生产资料的所有制,其创新应往寻求生产资料的"个人所有"和"共同所有"的最适组合的方向发展。

②经营制度是有关经营权的归属及其行使条件、范围、限制等方面的原则规定,表明企业的经营方式,确定谁是经营者,谁来组织企业生产资料的占有权、使用权和处置权的行使,谁来确定企业的生产方向、生产内容、生产形式,谁来保证企业生产资料的完整性及其增值,谁来向企业生产资料的所有者负责以及负何种责任。合理、合法、符合企业当前发展和要求的企业经营制度可以显著提升企业的整体运营效率,因此企业在不同的发展阶段应该适时改革旧的经营制度,开展经营制度的创新,建立并施行与企业发展规律和特点相适应的经营制度。企业经营制度的创新应是不断寻求企业生产资料最有效利用的方式。

③管理制度是对企业管理活动的制度安排,是对其所采取的管理模式和管理方法的具体化描述,包括对公司经营目标和理念、发展战略、管理组织以及各业务职能领域活动的规定。企业管理制度是企业员工在企业生产经营活动中共同须遵守的规定和准则的总称,企业管理制度的表现形式或组成主要体现在企业在计划、组织、领导、控制和创新等基本职能执行过程中产生的具体制度类管理文件。

在企业的各项管理制度中,最核心和最重要的是分配制度。分配制度即劳动产品在社会主体中如何分割、配给制度的总称。企业分配制度主要表现在绩效考核及对成员的激励方面,分配制度是否科学合理是决定成员满意度高低及成员对组织向心力和凝聚力大小的重要影响因素。分配制度的创新在于不断地追求和实现报酬与贡献的更高层次上的平衡。

企业的产权制度、经营管理制度和管理制度这三者之间关系错综复杂,牵一发而动全身。通常情况下,产权制度决定企业的经营制度,但两者的关系并非一成不变,当产权制度不变的情况下,经营方式可以随着企业的发展而不断调整。同样,当经营制度不变的情况下,管理制度、规则和具体方法也可以随着企业内外部环境的变化而相应调整。反过来,管理制度的改变积累到一定程度,会要求企业的经营制度作出相应的调整;经营制度的不断调整又必然会引发企业的产权制度的变化。总而言之,企业管理制度的变化会反作用于经营制度,经营制度的变化同样也会反作用于产权制度。

企业制度创新是对企业利益相关者之间不断进行责、权、利的调整、平衡和优化的过程,成功的制度创新可以最大程度地发挥组织各类成员的作用,在使组织得到跨越式发展的同时,利益相关者都能在创新的过程中获益。

10.2.4　组织创新

组织创新是指随着生产的不断发展而产生的新的企业组织形式,如股份制、股份合作制、基金会制等。换句话说,就是改变企业原有的财产组织形式或法律形式,使其更适合经济发展和技术进步。组织创新是企业管理创新的关键。现代企业组织创新就是为了实现管理目的,将企业资源进行重组与重置,采用新的管理方式和方法,新的组织结构和比例关系,使企业发挥更大效益的创新活动。

企业的组织创新是通过调整优化管理要素人、财、物、时间、信息等资源的配置结构,提高现有管理要素的效能来实现的。作为企业的组织创新,可以有新的产权制、新的用工制、新的管理机制,公司兼并和战略重组,对公司重要人员实行聘任制和选举制,企业人员的调整与分流等。

组织创新的方向就是要建立现代企业制度,真正做到"产权清晰、权责明确、政企分开、管理科学"。企业的组织创新,要考虑企业的经营发展战略,要对未来的经营方向、经营目标、经营活动进行系统筹划;要建立以市场为中心的市场信息、宏观调整信号及时作出反应的反馈应变系统;要不断优化各项生产要素组合,开发人力资源;在注重实物管理的同时,应加强价值形态管理,注重资产经营、资本金的积累等。

组织创新的主要内容就是要全面系统地解决企业组织结构与运行以及企业间组织联系方面所存在的问题,使之适应企业发展的需要,具体内容包括企业组织的职能结构、管理体制、机构设置、横向协调、运行机制和跨企业组织联系6个方面的变革与创新。

10.2.5　技术创新

技术创新是组织创新中最核心的内容,以至于很多人都将创新等同于技术创新。技术创新指的是生产技术的创新,包括开发新技术,或者将已有的技术进行应用创新。技术创新体现在3个方面:要素创新、要素组合方法创新和产品创新。

1)要素创新

要素创新包括材料创新和设备创新两个方面。

（1）材料创新

材料是构成产品的物质基础,也是生产手段的物质基础,还是生产工艺和加工方法的对象。材料费用在产品成本中占很大比重,材料的性能在很大程度上影响产品的质量。材料创新是指开辟新的材料来源、开发和利用成本更低的替代性材料、提高材料的质量、改进材料的性能等。随着市场上产品更新速度的加快,一方面需要研发人员加快产品的创新速度;另一方面也需要在材料上进行持续创新。

（2）设备创新

企业在生产过程中需要通过设备来实现产品生产,设备的更新换代对于企业的生产效率有着决定性的影响。通过不断地对生产设备进行创新,对于提高产品质量、提高生产效率、降低残次品率、节能减排以及劳动力的有效使用等方面都有着显著的意义。

设备创新主要表现在这几个方面：①通过利用新的设备，减少手工劳动的比重，来提高企业生产过程的机械化和自动化的程度；②通过将先进的科学技术成果用于改造和革新原有设备，以延长其技术寿命，提高效能；③有计划地进行设备更新，以更先进、更经济的设备来取代陈旧的、过时的老设备，使企业生产建立在现代先进的技术基础上。

2）要素组合方法创新

要素组合包括生产工艺和生产过程组织两个方面。

①生产工艺是企业对原材料进行生产加工的方法，包括生产工艺的改革和操作方法的改进。生产工艺创新包括两方面内容：一是在生产设备不变的情况下，改进生产流程，合理利用人财物，使得生产效率得到提高；二是在生产设备改进的情况下，改变生产工艺，提高生产效率。生产工艺创新与生产设备创新相辅相成，生产设备的更新换代要求生产工艺与之对应变化，而生产工艺的不断完善又必然加速生产设备的升级。

②生产过程组织是指为提高生产效率，缩短生产周期，对生产过程的各个组成部分从时间和空间上进行合理安排，使它们能够相互衔接、密切配合地设计与组织工作的系统。在企业中，任何生产过程的组织形式都是空间组织与时间组织的结合。企业必须根据其生产目的和条件，将两者有机地结合，采用适合自己生产特点的生产组织形式，以此缩短生产周期，提高生产效率。

3）产品创新

企业通过自己生产的产品来证明自己的社会价值，通过销售自己的产品来盈利。可以说产品就是企业的生命，是企业赖以生存的基础。

产品创新包括连续创新、非连续创新、动态连续创新。

①连续创新。此种模式下的创新产品同原有产品相比，只有细微差异，对消费模式的影响也十分有限。消费者购买新产品后，可以按原来的方式使用并满足同样的需求。

驰名世界的专门生产刮胡刀的美国吉列公司有一次在美国作了一项大范围的市场调查，这次调查让他们得出了一个令人吃惊的结果：全美国8 360万名30岁以上的妇女中，有6 490万人为了保持美好形象，要不时刮除腿毛和腋毛，占这一年龄段妇女的77%。在这些有刮腿毛和腋毛习惯的妇女中，多数靠电动刮毛刀和脱毛剂除毛，只有2 300多万人靠各种男用刮胡刀除毛，但就是这2 300多万人，一年花费在"除毛"上的钱就高达7 500多万美元。无疑，这是一个非常有潜力的市场。更令人惊奇的是，目前尚未有企业去开发占领这一广阔的市场。市场上根本就没有适应妇女这一需求的专用刮毛刀。根据这一情况，吉列公司立即组织人力精心设计了适用于妇女的专用刮毛刀。其实这一产品仅是在男用刮胡刀的基础上改进而成，刮毛刀的刀架色彩鲜艳，压印了雏菊图形，握柄则改为弧形，以适合妇女使用。吉列公司推出的这一新产品很快就占领了整个美国市场。

②非连续创新。非连续创新是指引进和使用新技术、新原理的创新。它是创新的另一个极端，要求消费者必须重新学习和认识创新产品，彻底改进原有的消费模式。比如，汽车、电子计算机、电视机等都是20世纪典型的非连续创新。

③动态连续创新。动态连续创新是指介于连续创新和非连续创新之间的创新，它要求

对原有的消费模式加以改变,但不是彻底打破。比如,洗衣机、微波炉、VCD 等产品的产生就属于动态连续创新。

企业开发新产品要消耗大量的资源,如果没有取得企业所希望的成果,不仅不会促进企业的发展,反而还可能给企业带来难以弥补的损失,这也就构成了一定的风险。因此,企业的创新活动既需要合理组织,更需要明确方向。换句话说,企业产品创新活动需要专门的战略来指导。要有效地制定指导战略,就要先从分析市场需求和产品创新的特征这一基础性工作入手。

产品在企业中的决定性地位决定了产品创新是企业技术创新的核心和主要内容。其他的创新都围绕产品创新进行展开,并且最终结果也都会在产品创新身上体现。

【管理链接 10.4】

影响产品成功的因素

在关于新产品开发的 200 多项系统的研究中,许多采用了库珀在著名的 NewProd 研究项目中采取的分类方法。例如,一项研究对中国 84 家公司的 126 个研发项目进行了调查,试图更好地了解所有权制度对产品成功的影响,以及在新兴经济体和较成熟经济体中影响产品成功的因素有何不同。

该研究发现,以下是影响成功的最显著因素,按照重要性由高到低排列如下:

- 产品优势——例如独特的特性或更高的质量。
- 市场调研水平——对市场细分、趋势和竞争性产品的把握。
- 概念开发和评估——开发和评审。
- 市场潜力——较大的市场潜力和关于竞争者的情报。
- 市场信息——顾客需求和关于竞争者的情报。
- 技术协同——胜任的技能和关于竞争者的情报。
- 营销协调——技能和资源。
- 市场测试——顾客反馈、分析和学习。
- 预备开发和计划——界定、跨职能整合以及明确的时间表和里程碑的议定。
- 市场推广——促销、配送和销售能力。
- 技术水平——设计和测试。
- 强大的财务和管理支持。

这些并无令人惊奇之处,因为上述因素在大部分研究中都被强调。然而,随着产品、技术和市场类型的变化,不同因素的准确排名和相对重要性也会有所变化。

[资料来源:Jin. Z. ,Z. Li,Firm Ownership and the Determinations of Success and Failure in New Product Development[J]. International Journal of Innovation Management,2007,11(4),539-640.]

10.2.6　市场创新

市场创新指的是管理人员把一种或多种社会需要转化为有利于企业自身发展的机会这样一种过程,它既体现在对现有各种生产要素和市场资源的重新配置上,也体现在各种新的生产要素和市场资源的引入和应用上,其目的是使顾客和社会的需求得到更高的满足。其创新的主要领域有:产品创新领域、需求创新领域、顾客创新领域。

实现市场创新的四条基本途径:

①创造企业在市场上的持久竞争优势。

②谋求占有更大市场份额的创新策略。

③开拓一个全新的、尚未被人们所认识的市场。

④营销手段的创新,其关键在于服务创新(指一切能增加产品附加值、便利消费者的新举措)。

人们一般把开辟一个新的市场和控制原材料的新供应来源归纳为市场创新。事实上,完整地说,市场创新是指组织从微观的角度促进市场构成的变动和市场机制的创造以及伴随新产品的开发对新市场的开拓、占领,从而满足新需求的行为。

市场创新不同于工艺创新和产品创新,属于较为广义的创新范畴。在现实生活中,创新一词常被人们理解为某项技术上的发明创造,这种把"创新"仅限于技术范畴的狭隘理解,妨碍了人们广泛运用"创新"这一锐利武器。因此,我们应该拓宽创新的视野,将创新理解为一个远远超出"技术"范畴的、综合性的经济概念。如在销售过程中的一种"创新"——分期付款方式的出现,就是经济意义的创新,对开辟新的细分市场意义重大。分期付款,也就是用未来的收入购买现在的商品。这种购买方式,使目前暂无购买力的消费者有了购买力;使看似"没有购买力"的细分市场有了巨大的购买力。它不仅为企业拓展了新的细分市场,有效实现了市场创新,而且加速了商品的实现过程,促进了商品经济的发展,并实现了经济类型由"供给导向型"向"需求导向型"的重大变革,极大地改变了人类整个经济的面貌。

10.3 创新的过程和组织

创新过程是一个管理者思维不断转变的过程;是一个将知识、技能和物质转化成顾客满意的产品的过程;是知识的产生、创造和应用的进化过程;是一个信息传递、交流、加工的过程;是企业提高技术产品附加价值和增强竞争优势的过程。

企业创新过程涉及创新构思产生、组织与制度的改变、研究开发、技术管理、工程设计与制造、用户参与及市场营销等一系列创新活动,这些活动相互联系,有时要循环交叉或并行操作,有时又可能会互相冲突。

10.3.1 激发创新的因素

创新从何而来?激发创新的不仅仅是一时的灵感,还有很多其他因素,而想要有效控制创新过程,尽量减少创新活动之间的冲突,就需要深入了解引发创新的不同因素。

【管理链接 10.5】

创新从何而来

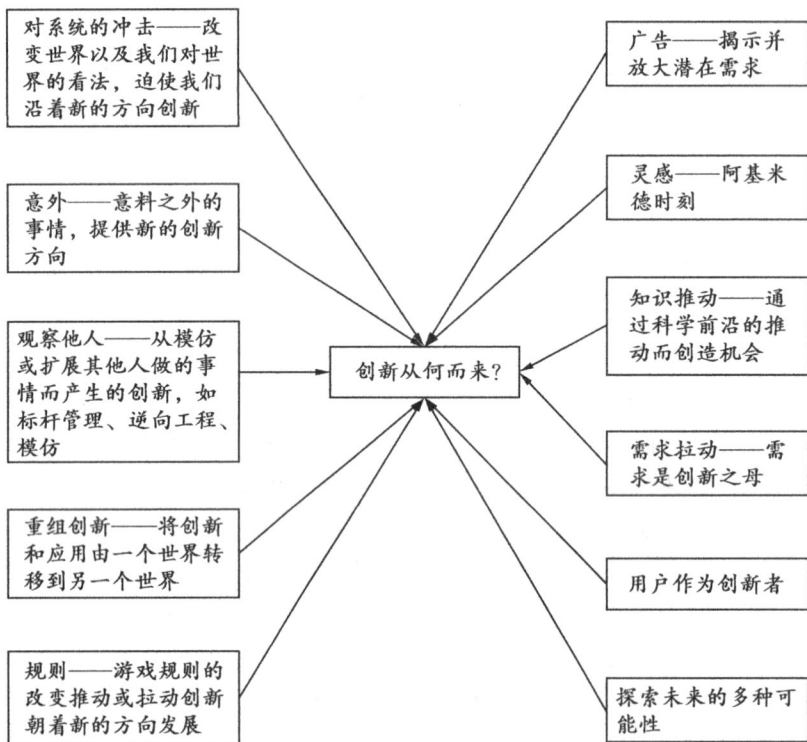

对系统的冲击——改变世界以及我们对世界的看法,迫使我们沿着新的方向创新

意外——意料之外的事情,提供新的创新方向

观察他人——从模仿或扩展其他人做的事情而产生的创新,如标杆管理、逆向工程、模仿

重组创新——将创新和应用由一个世界转移到另一个世界

规则——游戏规则的改变推动或拉动创新朝着新的方向发展

创新从何而来?

广告——揭示并放大潜在需求

灵感——阿基米德时刻

知识推动——通过科学前沿的推动而创造机会

需求拉动——需求是创新之母

用户作为创新者

探索未来的多种可能性

[资料来源:乔·蒂德(Joe Tidd),约翰·贝赞特(John Bessant).创新管理:技术变革、市场变革和组织变革的整合[M].4 版.北京:中国人民大学出版社,2012.]

1)结构因素

①有机式组织。有机式(弹性)组织,也称适应性组织,有机式组织是一种松散、灵活的具有高度适应性的形式。它因为不具有标准化的工作和规则条例,所以是一种松散的结构,能根据需要迅速地作出调整,是激发和培养创新思维的沃土。

②丰富的资源。组织所掌握或者可以调动的资源越丰富,组织的变革能力就越强,组织就越容易对环境作出反应。丰富的资源是组织创新活动必不可少的重要保障。

③良好的沟通。沟通是协调各个体、各要素,使组织成为一个整体的凝聚剂;沟通是领导者激励下属,实现领导职能的基本途径;沟通也是组织与外部环境之间建立联系的桥梁。良好的沟通可以克服创新过程中出现的障碍与冲突。

④内部控制少。把不利于组织创新的各项检查、规则、条例等减少到最低程度。

⑤强调系统的开放性。时刻监控系统内外部环境,寻找创新机会、发现问题,并能快速作出反应。

2)人力资源因素

①工作保障。鼓励员工创新,即使创新失败也不因此影响员工的升迁途径和绩效考核。做好工作保障,让员工没有进行创新的后顾之忧。

②重视在职教育。员工入职后,加强在职培训,重点培养员工的创新意识、创新观念,建立学习型组织,加强知识在组织内的更新和分享。

③创新带头人。培养一批企业创新带头人,积极鼓励管理骨干、研发人员和一线员工成为创新带头人,这是组织创新的原动力。

3）文化因素

①接受模棱两可。过于专一或走极端都会限制人创造性的发挥。

②接受风险。大胆尝试,勇于创新,把失败看作学习的机会。

③容忍冲突。鼓励部下提出不同的意见,充分讨论,民主决策。

④容忍不切实际。不抑制员工提出自己的假设和想法。

⑤注重结果甚于手段。针对创新目标,寻找和勇于尝试各种途径。

⑥企业文化多元化。单一的企业文化不利于激发创新思维。

【管理链接 10.6】

技术创新的源泉

1. 意料之外的事件——意外的成功、意外的失败、意外的外部事件。

2. 不协调的事件——现实状况与设想或推测的状况不一致的事件。

3. 基于程序需要的创新。

4. 产业和市场结构上的改变。

5. 人口统计数据(人口变化)。

6. 认知、意义及情绪上的变化。

7. 新知识,包括科学和非科学的新知识。

(资料来源:彼得·德鲁克.创新与企业家精神[M].蔡文燕,译.北京:机械工业出版社,2009.)

10.3.2　抵制创新的原因

创新思维一般都会超越时代的步伐和一般人循规蹈矩的认知,因此创新思想要想得到真正的实施,必然要冲破重重的障碍。在当前这个科技日新月异的时代,组织不创新就会被淘汰。即使是这样,一项创新在实施时仍然面临各种阻挠,究其原因无非是害怕创新为企业和个人带来的不确定结果。

组织内抵制创新的因素包括:组织文化、组织战略、组织结构、领导类型、组织发展阶段、行业特点等。其中作为组织成员中的人是这些因素中最为活跃的一个。组织成员抵制创新的原因有以下几个方面:

1）个人利益

个人利益是个人物质生活和精神生活需要的满足。在组织变革阶段,个人利益与组织利益容易发生矛盾。创新必然会打破原有的组织结构,既得利益会被触碰,人们害怕失去现有的一切,包括金钱、待遇、地位、权力等。

2）缺乏了解

缺乏了解的根源是组织内部信息的交流出现问题,组织成员间缺乏有效沟通,决策者与实践者相互脱节,闭门造车拍脑袋决策。如果组织成员对于创新的思想不理解不接受,便没法发自内心认真贯彻执行,在具体操作细节上也会敷衍了事。即使创新方案能使得组织成员效用最大化,人们也会因为缺乏必要的了解而做出抵制它的行为。

3）安于现状

人在一个稳定的环境中,待得越久越容易安于现状,不思进取。这是人的一种惯性和惰性,此时人们处于一种舒适期,要他们作出改变异常困难。

4）评价差异

每个人都存在主观认识,这也就表现为对于同一件事情会有截然相反的评价。这可能是由于人们在信息不对称的情况下作出的判断有所不同,也可能是因为地位不同看到的角度自然有异,组织的不同成员间在创新实施后各自的处境也会有所差异,这些都会产生人们对于创新的评价差异。不过这种由于认知不同造成的评价差异并不一定就是不好的,因为每个人都有可能是正确的。

5）团体的心理压力

组织成员所在的团体对于创新都有不一样的反应,有些团体抗压性低,不能承受变革所带来的不确定性。不确定性并非就是坏事,可能创新后组织成员的待遇、处境都会得到提升,但一想到可能遭受的负面影响,这些抗压性低的组织团体就会如坐针毡难以忍受。同时,创新变革后人际关系也会发生相应的变化,由此也可能导致抵触情绪。另外,创新的时机也很重要,如果创新的提出到实施时间非常短,人们一时很难接受,这种时间上的紧迫性也会导致人们对创新做出抵制行为。

10.3.3 创新的过程

创新是一个与企业的生存和成长密切相关的过程,可以视为所有企业需要经历的基本过程。一般而言,企业的创新过程分为这样几个阶段:寻找机会、提出构想、迅速行动、坚持不懈。

1）寻找机会

创新是对原有秩序的破坏。原有秩序之所以要被打破,是因为其内部出现了不协调的情况。这些不协调对系统的发展提供了有利的机会或造成了某种不利的威胁。创新活动正是从发现和利用旧秩序内部的这些不协调现象开始的,不协调为创新提供了契机。旧秩序中的不协调既可能存在于系统内部,也可能产生于系统外部。

①就系统外部来说,有可能成为创新契机的变化主要有:

A. 技术水平的变化。有可能影响企业资源的获取,生产设备和产品的技术水平的变化。

B. 人口资源的变化。有可能影响劳动力市场的供给和产品销售市场的需求变化。

C. 宏观经济的变化。经济蓬勃发展的情况下,企业市场不断扩张,而当经济基本面出现状况时,企业所面临的需求则大幅下降。

D. 文化与价值观念的转变。可能改变消费者的行为习惯和消费偏好,或者改变劳动者对于工作待遇的态度。

②就系统内部来说,引发创新的不协调现象主要有:

A. 生产经营中的瓶颈。可能影响劳动生产率的提高或劳动积极性的发挥,因而始终困扰着企业的管理人员。造成失调的原因可能出在原材料采购环节,关键技术研发环节,也可能出在生产加工和物流配送等环节。

B. 衍生品的大获成功,旧有产品经过改良后打开销路,新产品市场开发阶段获得好评,结果大范围投入市场后销量低于预期等,这些意外的成功或者失败,都可能使企业跳出原先的思维模式,从而成为企业创新的一个重要源泉。

2)提出构想

当意识到企业中出现的不协调后,还要透过现象看本质,并通过逻辑分析预测未来的变化趋势,预估可能造成的积极或者消极影响。在此基础之上,要把握好机会或将威胁转换为机会,提出具体的创新构思,制订详细的具有可操作性的行动计划,充分进行可行性分析,综合使用多种决策手段解决问题,从而化被动为主动。

3)迅速行动

坐而言,不如起而行。创新贵在"新",一旦在创新思想层面达成共识,剩下的就是迅速行动。也许最初的构思不够完美,在实践中考虑有所不周,但是时机稍纵即逝,如果自己没有加以把握,很可能一步落后步步落后。没有行动力的思想就不配称为创新思想,创新思想在行动中逐渐完善,如果为了追求完美以致延误了时机,则会后悔莫及。

4)坚持不懈

构想经过尝试才能成熟,而尝试是有风险的,绝大部分的创新是不可能一击即中的,失败在所难免。创新的过程就是不断尝试、不断试错、不断完善的过程。因此,创新者在开始行动后,为取得最终的成功,就必须坚定不移地执行,决不可半途而废,否则就会前功尽弃。要在创新中坚持下去,创新者就必须有足够的自信心,有较强的抗压性,能够正确对待创新过程中出现的失败。不要轻易肯定或者否定某个决策,拐大弯必须缓行,要变革就要有耐心忍受阶段性的失败,准备付出能接受的成本,还要重新训练团队。行百里者半九十,坚持不懈就是胜利。

【管理链接10.7】

管理创新的五大重点

1. 构建共同的愿景。

2. 把握企业先机。

3. 开展资产运作。

4. 再造工作流程。

5. 回归人本管理。

创新成功的标准

1. 有利于提高企业的经济效益。

2. 有利于降低企业的交易成本。

3. 有利于促进企业管理的优化。

4. 有利于开拓市场,帮助竞争。

5. 有利于卓越的企业家的形成。

10.3.4　创新型组织

创新现在越来越多地依靠团队协作,以及跨专业的知识碰撞。创新型组织成功的秘诀就在于消除僵化的官僚主义、臃肿的组织结构、沟通的不畅,组织的领导者必须具有创新意识以及较强的执行力,才可以在组织中将其推广。一般而言,创新型组织的构成要素主要包括:共同的愿景、领导力和创新的意愿、弹性的组织结构、紧密的团队合作、意见领袖、全员参与、渴望变革的组织文化以及合理的奖惩制度。

共同愿景又称共同远景,是指企业员工所共同持有的意象和景象,是企业所追寻的目标。建立共同愿景是凝聚全体员工最有力的措施。共同愿景建立在企业员工共同价值观之上,因而具有凝聚力、向心力和感召力,组织在此基础上统一目标、齐心协力,必然可以将创新进行到底。

领导者是处于组织变化和活动的核心地位,并努力实现愿景的人。所谓领导力,就是一种特殊的人际影响力,组织中的每一个人都会去影响他人,也要接受他人的影响,因此每个员工都具有潜在的和现实的领导力。在组织中,领导者和成员共同推动着团队向着既定的目标前进。强有力的领导者将自己创新的意愿通过感召、沟通、说服员工,并最终付诸实施。

官僚主义是导致组织人浮于事、结构僵化的罪魁祸首,而弹性组织结构一词本身就是官僚主义的反义词。所谓弹性组织结构就是提倡组织机构中摒弃工作人员一成不变、各司其职的传统管理模式,而代之以人尽其用、组织形式适应任务更为自由灵活的新型组织结构。

在弹性组织结构中,组织的项目类型能够应付各种不稳定的、复杂的因素。弹性的组织结构具有高度的灵活性,一般以团队为基础,个体的技能水平很高,内部规则和固定结构都很少,主要以任务为导向。弹性的组织结构是一种与创新型项目团队紧密相关的组织形式。优点是能够应付高水平的不确定性且具有创造力,对激发创新极为有利。缺点是组织可能由于一些未解决的冲突而不能按照预期有效地协同工作,由于缺乏正式的结构或标准而缺乏对组织和任务的有效控制。

团队是有效组织的基本组成模块,是创新的重要主体。组织所面临的任务日益复杂,超越了个体的认知能力,需要通过团体合作来完成。团队管理已经在发展中逐渐跨越组织内部界限,事实上在处理组织间的问题时也是如此。团队间的紧密合作既能够汇聚解决诸如产品研发和流程改进等创新任务所需的不同知识储备,也能够消除一些深层次观点方面的差异。

【管理链接10.8】

高绩效团队具有的特征

1. 一个明确的、共同的、鼓舞人心的目标。

2. 以结果为导向的结构。

3. 有能力的团队成员。

4. 统一的承诺。

5. 合作氛围。

6. 卓越的标准。

7. 外部支持和认可。

8. 有原则的领导。

9. 恰当地使用团队。

10. 参与决策制定。

11. 团队精神。

12. 接受适当的改变。

［资料来源：乔·蒂德（Joe Tidd），约翰·贝赞特（John Bessant）.创新管理：技术变革、市场变革和组织变革的整合［M］.4版.北京：中国人民大学出版社，2012.］

意见领袖又叫舆论领袖，是指在人际传播网络中经常为他人提供信息，同时对他人施加影响的"活跃分子"，他们在大众传播效果的形成过程中起着重要的中介或过滤的作用，由他们将信息扩散给受众，形成信息传递的两级传播。创新的不确定性和复杂性使得很多极有前途的创新项目在付诸实施之前就已经失败。能否顶住压力迎难而上，就需要一位意见领袖对组织内的其他人员进行正面影响，说服他人从而获得大家的支持。

价值正是基于从始至终为人类梦想而努力的理念和实践，企业家不再以现实产品和服务为定位，在德鲁克的观点中创新是企业家的标志。他认为企业家精神就是大幅度提高资源的产出；创造出新颖且与众不同的东西，改变价值；开创新市场和新的顾客群体；视变化为常态，总是积极寻找变化，对变化作出反应，并将它们视为机遇而加以利用。然而创新不仅仅只为企业家所独有，创新是一个集研发、设计、营销、服务为一体的系统工程。企业家和意见领袖都可能是组织的创新带头人，企业家通过言传身教将创新意识推广到组织的每一个成员意识中，由此产生的创新潜能则是巨大的。虽然每个个体的创新意识、创新成果有限，但是全员参与之后量变会产生质变。

组织文化是组织在长期的生存和发展中所形成的为组织所特有的且为组织多数成员共同遵循的最高目标价值标准、基本信念和行为规范等的总和及其在组织中的反映。组织文化规定了组织成员行为的准则与价值取向，它对成员行为的产生有着最持久、最深刻的影响。而企业家在组织文化的推动方面起着举足轻重的作用，他们往往是组织价值观的人格化和组织力量的集中表现，他们可以昭示组织内提倡什么样的行为，反对什么样的行为，怎样使自己的行为与组织目标的要求相互匹配。富有创新意识、渴望变革的组织文化会孕育出创新型企业。

奖惩制度是对劳动者在劳动过程中的一定行为给予奖励和惩罚的规定的总称。通过奖励组织成员的创新意识、创新行动，树立典型，鼓舞带动其他组织成员的创新活动；通过惩罚组织成员的安于现状、不思进取、好逸恶劳的行为，从而给组织内的其他成员予以警示。合理的奖惩制度，可以有效激励员工的创新活动。

10.4　创新——企业家精神的灵魂

　　企业家"entrepreneur"一词是从法语借来的,其原义是指"敢于承担一切风险和责任而开创并领导一项事业的人"。美国经济学家熊彼特认为,创新是经济发展和进步的动力,市场经济长期活力的根本在于创新,而创新则来源于企业家精神,来源于企业家开发新的产品,创造新的生产方式。企业家是不断在经济结构内部进行"革命突变",对旧的生产方式进行"创造性破坏",实现生产要素重新组合的人。法国经济学家萨伊认为,企业家是冒险家,是把土地、劳动、资本这三个生产要素结合在一起进行活动的第四个生产要素,他承担着可能破产的风险。彼得·德鲁克也认为,企业家是革新者,是勇于承担风险、有目的地寻找革新源泉、善于捕捉变化,并把变化作为可供开发利用机会的人。

　　企业家精神是企业家这个特殊群体所具有的共同特征,是他们所具有的独特的个人素质、价值取向以及思维模式的抽象表达,是对企业家理性和非理性逻辑结构的一种超越、升华。彼得·德鲁克认为企业家精神就是:①大幅度提高资源的产出;②创造出新颖而与众不同的东西,改变价值;③开创了新市场和新顾客群;④视变化为常态,他们总是在寻求变化,对其作出反应,并将其视为机遇而加以利用。简而言之,企业家精神的本质就是有目的、有组织的系统创新。其中,创新就是企业家精神的灵魂。

10.4.1　企业家精神的内涵

　　企业家精神主要体现在以下几个方面:

1）创新精神

　　与一般的经营者相比,创新是企业家的主要特征。

　　企业家的创新精神体现为一个成熟的企业家能够发现一般人所无法发现的机会,能够运用一般人所不能运用的资源,能够找到一般人所无法想象的方法,能够开拓一般人所无法察觉的市场。创新精神具体体现在前文熊彼特对于创新界定的5个方面:
　　①生产一种新的产品;
　　②采用一种新的生产方法;
　　③开辟一个新的市场;
　　④实现一种新的组织;
　　⑤发掘和控制原材料或半成品的一种新的来源。

2）冒险精神

　　一个企业经营者,要想获得成功,成为一名杰出的企业家和创新实践者,必须要有冒险精神。对一个企业和企业家来说,不敢冒险才是最大的风险。冒险精神的具体体现:
　　①企业战略的制定与实施;

②企业生产能力的扩张和缩小；

③新技术的开发与运用；

④新市场的开辟和旧市场的扩张；

⑤生产品种的增加和淘汰；

⑥产品价格的提高或降低。

3) 创业精神

企业家的创业精神就是指锐意进取、艰苦奋斗、敬业敬职、勤俭节约的精神。创业精神的具体体现：

①积极进取；

②克服因循守旧的心理；

③企业家的顽强奋斗；

④敬业敬职的职业道德；

⑤勤俭节省的精神风貌。

4) 包容精神

企业家的包容精神是指企业家具有海纳百川、有容乃大的心境，愿意与人友好相处，愿意与他人合作的态度和精神。包容精神的体现：

①尊重同行和下属；

②尊重人才；

③善于使用人才，敢于起用人才；

④虚怀若谷，善于听取别人意见，尤其是批评自己的意见；

⑤发扬民主精神，避免独断专行；

⑥与竞争对手求同存异，合作共赢。

日本索尼公司是一家创新能力极强的公司，公司的研究人员早在20世纪70年代初期就发明了镭射唱片，但在1976年时却放弃商品化生产。因为他们按原有唱片尺寸(12寸)做出的镭射唱片可以连续录音18小时，所以一直在研究这18小时的音乐要如何安排？同时经过计算，一张唱片至少要卖200美元才够本，而这么高的价位，市场是很难接受的。

在3年后的1979年，荷兰的飞利浦公司写信给索尼，告知他们也开发出镭射唱片，希望能和索尼谈一下标准尺寸的问题。索尼没有回绝飞利浦，他们不动声色，想看看飞利浦葫芦里到底卖什么药。为此，飞利浦派了一组人员来到日本，索尼人请他们先谈开发镭射唱片的经验，飞利浦的工作人员就拿出一张只有4.5寸的镭射唱片进行解说，索尼人员大吃一惊，问这个尺寸是怎么决定的。

飞利浦人员告诉索尼，镭射唱片研究小组的召集人是交响乐迷，他曾问过他的朋友柏林爱乐交响乐团指挥卡拉扬一张唱片的播放时间最好多长。卡拉扬回答："如果你不能将贝多芬第九交响曲放在一面上，就不够长。"所以，他们才决定做成4.5寸的大小。没想到，贝多芬在150年前所作的曲子竟然决定了现代镭射唱片的大小。索尼也因为没有放弃和飞利浦面谈合作的机会，而可以共享在镭射唱片市场开发出来的丰厚利润。

【管理链接10.9】

中国企业家精神的崛起

2000年,中国国有企业和非国有企业的收入基本持平,约为4万亿元人民币。2013年,国企总收入相比2000年增加5倍,而非国有企业的收入增加17倍。

中国的企业家精神不仅仅局限在商业领域,也体现在政府和普通民众当中。中国总理李克强倡导"大众创业、万众创新",使之成为中国国家经济战略的主导议程。不过,世界其他地方却用不同眼光看中国。中国被说成是大型企业驱动的国有经济模式,一些企业占据垄断优势,对非公有制企业十分排斥。无可否认,国有经济现在依然是中国经济的主力,但西方媒体全然无视中国经济的另一面——日益壮大的私营经济和逐渐崛起的企业家群体。

改革开放造就20世纪80年代第一批企业家。他们基本不懂现代商业管理,一些人甚至没进过高校,但他们是敢于创业的先锋。20世纪90年代初,很多官员下海经商,失败意味着不能再拾起"铁饭碗"。20世纪90年代中后期,互联网企业家开始出现,如今的阿里巴巴、腾讯和百度都是那个时代应运而生的。

今天的中国有很多具有企业家理想的"80后"和"90后"。他们不仅来自北上深等大城市,也来自二线甚至更小的城市。他们当中很多人不会成功,但有些人会很幸运,与前辈们不同,这些年轻人不惧怕失败。

诚然,一些中国商人依旧投机取巧、不守规矩、违背道德。不过,我们确实看到越来越多的企业家踏实地拓展业务,以合法的方式成功。我们生活在这样一个时代:企业家精神快速传播,企业家日益年轻化,而且数量急剧增长。这批新一代的中国企业家有活力、能创新、效率高,这些都是中国下一阶段发展的核心推动力。

(资料来源:美国《福布斯》双周刊网站,2016年4月5日)

10.4.2 成熟企业中企业家精神的实践

创新是一种思想,以及在这种思想指导下的实践。企业家精神无论是在初创型企业,还是在大型机构,抑或是国有企业中原则都是一样的。但是现在很多人都认为大企业不具有创新能力。诚然,翻开全球近20年互联网发展史,诞生了一大批创新型企业,如微软、谷歌、Facebook,中国国内的豆瓣、阿里巴巴、淘宝等。

毫无疑问,认为大企业缺乏创新能力的想法是错误的。比如花旗银行就是金融业创新的典范。通用公司虽然在计算机领域铩羽而归,但是在飞机发动机、精细无机塑料和医疗电子设备三个领域却是成功的创新者。

认为企业规模大会抑制创新或者企业家精神的发展,这种观点本身就是错误的。的确,大企业发展到一定阶段,容易形成人浮于事、机构臃肿、官僚作风盛行,这确实不利于企业创新,但是研究表明恰恰是小企业最没有创新意识和企业家精神。规模大小并不是企业家精神的障碍,真正的问题是企业现有的运行模式。尤其是过往成功的企业,成功有个明显的副作用,就是以为过去的经验同样适用于未来,而这种思维惯性是最不利于创新的。

那么我们如何才能避免这种惯性思维对于创新的影响呢?

第一,要使组织中的每个人都认识到创新对其发展有利,创新才是使得企业基业长存的不二法门,是管理者职业生涯发展的有力保障。

第二,要通过宣传,使组织中的每个人都深刻理解创新的重要性,以及创新的紧迫性。

第三,要制订一份切实可行的且详细的创新计划。

虽然在某些管理理论中认为企业家是天生的,迥异于他人。但是实践证明企业家是可以通过后天努力习得的。对于现有企业来说,企业家精神亦是可以通过培养来提高的。

①纯粹的竞争对手少之又少,真正的挑战是识别并抓住各种新的机遇。人们往往只能看见事物的表面,而潜藏在表面之下的部分却被人们所忽略。企业管理者往往容易终日被困于事务性工作,无法脱身以至于没有精力思考和观察内外部环境的变化。当然,公司中的事务性工作很重要,需要严肃对待,及时处理。但是如果只关注这些,机遇就会溜走。因此,培养企业家精神的第一步就是适度放权,善于寻找机遇。

②衡量创新绩效。对于任何一家重视培养企业家精神的企业都需要衡量创新绩效。想单纯通过构建模型衡量创新对于企业的影响很难,因为在某些领域我们不太容易确定具体衡量指标及其相对重要性。如何将定性与定量的衡量方法有效结合,一直是企业家们在不断努力探索的方向。

第一,将创新带来的实际结果与预期目标加以对比,建立一个可以反馈的系统。

第二,将所有创新实践进行汇总,然后进行系统分析。

第三,根据组织的创新目标、绩效、在市场中的位置以及组织的整体表现来对创新实践进行评估。

③创新由人来完成,而人是在组织中工作的。为了培养员工具有创新意识,就必须构建一种有利于创新的组织结构。因此,应该以创新为核心,确保激励手段、薪资待遇、人事安排和政策执行都有助于培养企业家精神。

首先,我们要变革原有的组织结构,使其向扁平化和弹性化发展,有利于信息的流通。为避免创新压力过重,创新项目要分开建立。其次,用新的方式衡量员工的绩效,因为创新所带来的绩效和成熟产品的绩效大相径庭。最后,必须明确创新小组中的每个人的责任、权利与利益。

④要使创新项目成功运作,组织结构必须合理,人员关系处理得当,报酬和奖励适中。除此以外,还要有合适的人来负责创新项目。这就涉及创新型组织中的选人用人问题。在创新型组织中,选人用人更偏向于风险型决策,要重点考察其企业家精神方面的特质。

【管理链接 10.10】

创新实践中的禁忌

1. 不要将企业的日常经营部门与创新部门混在一起,也不要将创新项目放到现有的管理部门中。

2. 脱离原有领域的创新,大多无法成功。

3. 通过收购小企业来实现自身创新的企业,大多徒劳无功。

(资料来源:彼得·德鲁克,创新与企业家精神[M].蔡文燕,译.北京:机械工业出版社,2009.)

10.4.3　公共机构中企业家精神的实践

企业家精神除了应用在商业机构,在公共机构中也被广泛应用,尤其在非政府组织(NGO)中最为明显。例如,阿拉善 SEE 生态协会成立于 2004 年 6 月 5 日,是由中国近百名知名企业家出资成立的环境保护组织。协会是会员制的非政府组织,同时也是公益性质的环保机构,奉行非营利性原则,充分体现了这群优秀的企业家们强大的社会责任感。

在市场经济中,商业组织发挥了巨大作用,然而有些社会问题是单纯靠商业组织无法解决的,于是就需要公共机构来共同解决。公共机构为充分实现自身功能,同样必须具有生产力,并能够创造出经济效益和社会效益。然而,公共机构大多不以营利为目的,这样要想在市场环境中得以延续发展,就更加需要学会如何创新,如何运用企业家精神有效管理自己,实现自身的使命。

然而,正是因为公共机构对于利润的不加重视,往往使得规模成为衡量公共机构是否成功的标志,于是规模大小也就成为了他们的奋斗目标。只追求规模的最大化,而不是规模的最优化,组织规模一旦扩张,复杂就会随之到来,于是创新举步维艰。

在公共机构中创新遭受阻碍,主要有3点原因:

①公共机构依靠预算拨款,而非根据实际成绩获取报酬。往往公共机构游说能力越强,公关能力越出色,所获得的预算就越多。因此,公共机构的重点往往是如何获取预算拨款以及其他个人或组织提供的资金,而不是更好的服务。在市场竞争激烈的环境中,由于不需要创新成果在市场的变现来维持组织发展,因此导致创新意识不强,缺乏创新实践。

②公共机构的维持发展依赖众多因素。商业企业销售产品,提供服务,赢得市场认可,获取报酬,即可做大做强。然而,公共机构本身不以营利为目的,社会导向性突出,于是公共机构的存在就要受到政策、法律法规的多重影响。尤其对于社团组织、非政府组织,我国在审批上极为谨慎,而且在实际运营中,又受到很多操作层面的掣肘。

③从事公共机构服务的人员中,很多具有献身某种崇高理想的信念,在这种理想信念的背景下往往容易忽视现实,很少考虑投入产出比,使得资源不能得到有效配置,造成理想主义与实事求是的思想相背离,这样创新就更加无从谈起。

那么我们如何才能克服这种窘境呢?

第一,明确自身的使命,为自己的服务范围设置边界。清醒地知道自己为何存在,要成就何种事业?重点关注组织目标,不断创新实现目标的具体方法。

第二,使用具象的语言,而不是抽象的语言表述组织目标。要让目标切实可行,而不能假大空。有了一个切实可行的具体目标,就便于做出明确的行动方案,在实践中也有了控制的标准。

第三,设置合理的目标。如果事先做过充分的可行性研究,在实践中也没有出现意料之外的事件,而最终结果与预期目标差距过大,则意味着预期目标的设定就有问题。尤其是多次实践之后,目标仍然难以实现的时候,应该适时对目标进行调整。

第四,勇于实践。机会总是留给有准备的人的,公共机构和企业一样也应该锐意进取、大胆创新,而不是畏首畏尾,不断在实践中摸索,创新就会不期而遇。

10.4.4　创业型企业中企业家精神的实践

从创新程度而言,创业型企业属于创新程度较高的类型。创业型企业是指处于创业阶段,高成长性与高风险性并存的创新开拓型企业。创业型企业的最初往往起源于一种逃离大型组织的官僚机构并获得独立的愿望。因此,背景、心理状况以及工作经验和技术经验,对于一个创业者来说都是影响创业决策的重要因素。

【管理链接 10.11】

影响创业决策的因素

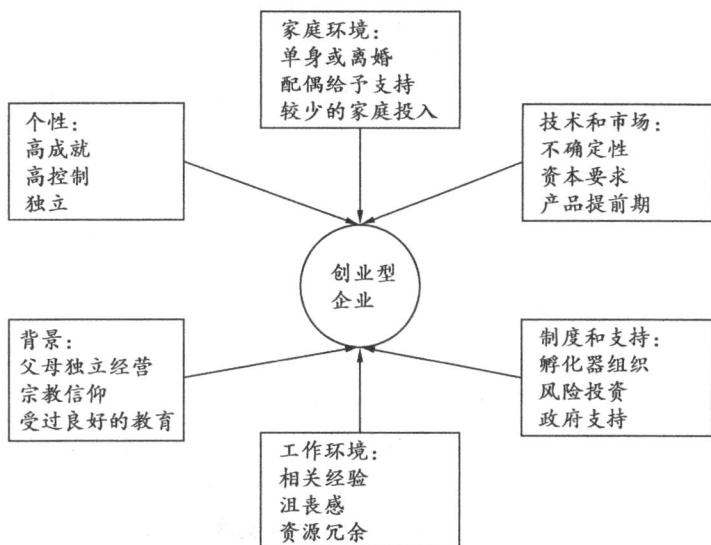

[资料来源:乔·蒂德(Joe Tidd),约翰·贝赞特(John Bessant).创新管理:技术变革、市场变革和组织变革的整合[M].4版.北京:中国人民大学出版社,2012.]

万事开头难,对于创业型企业而言,一切都是新的,核心在于如何管理这个新生事物。既存的组织,都有其自身的问题,而新生组织,一切都是问题。彼得·德鲁克提出,创业型企业在创新管理上应具有以下4个要件:

①以市场为导向。

②具有财务前瞻性,特别是对现金流和未来资本需求的规划。

③核心管理层早于企业成立前就已确定。

④创业型企业的创始人必须清楚自己的角色和工作范围,明确自己与合伙人或者其他团队成员之间的关系。

创新,尤其是技术创新往往偏爱新兴行业,对于传统行业敬而远之。要知道没有传统的行业,只有落后的行业。创新者要具有在新兴行业看到曙光,在落后行业看到机遇的能力。这就要求创业者一定要关注市场,市场中充满了大量的机遇,之所以很多企业没有看到商机,是因为他们离顾客太远。试想一个从不为顾客着想的产品,如何能获得顾客的青睐?

有时候,产品的质量不尽如人意,或者服务没有到位,引发用户的不满。表面上的埋怨,其实是另一种需求。产品或者服务的提升就在于消解用户的埋怨,满足用户的潜在需求。

以市场为导向,除了要求企业在产品投入市场前进行充分的调研之外,还要求企业主动进行试验。

创新型企业在诞生伊始几乎都面临同一个难题,就是资金不足,如何融资成了创新型企业生死存亡的头等大事。于是,为了解决这一难题,风险投资应运而生。

【管理链接 10.12】

风险投资的 4 种方式

对美国约30家大公司的风险投资研究发现了两个重要维度,它们构成了风险投资的4种不同方式。这两个重要的维度是所有权的归属和融资,既涉及公司中哪个部门、什么人对风险投资负责。例如,采用一个中心式的风险投资单元,还是分散式的项目? 又涉及风险企业如何融资和获得资源? 采用集中投入的融资方式,还是临时专项资金的方式? 这两个维度形成了 4 种不同的方式,每一种方式都有不同的管理问题。

1. 机会主义式——没有专门的风险投资制度设计和资源。这种方法依赖于支持性的组织氛围,以鼓励本地开发和评估基于一个个项目的提案。例如,Zimmer Medical Devices 公司采纳一名外科手术医生关于新的髋关节修复技术的提案,成立了研究所,培训 6 000 多名外科手术医生来掌握这种新的伤害最小的手术方法。

2. 授权式——没有正式的公司所有权,但提供充分的流程和资源方面的支持。当新的风险企业可以作为既有业务部门的一部分时,最适合采用这种方式。例如:谷歌提供时间、资金和奖励,以鼓励和支持那些扩展核心业务的新创意的开发。

3. 支持式——组织所有权是明确的,但没有特别的资金支持。这种方式适用于公司有充足的资源从事风险投资,但是缺少专门的技能或支持时。例如杜邦发起了"Market Driven Growth"计划,包括为期 4 天的商业计划培训和研讨会,并允许高层管理人员参与和指导。

4. 生产制作式——既有正式的公司所有权,又有充足的风险资金。这要求公司对风险企业有大量的资源投入,因而也要有大量潜在的项目以使这种方式可行,例如 IBM 的"Emerging Business Opportunities"计划和卡吉尔(Cargill)的"Emerging Business Accelerator"计划。在这种情况下,目标就是建立新的企业,而不仅仅是开发新产品和服务。

(资料来源:Wolcott. R. C. ,M. J. Lippitz. The Four Models of Corporate Enterpreneurshi[J]. MIT Sloan Management Review. 2007,74 - 82.)

风险投资是一项高风险的活动,因为与之相关的不确定性非常高。而且,涉及股权安排以及最后如何退出方面,创始人和投资方经营理念方面多有矛盾,所以创新型企业在选择是否风险投资和风险投资的比重时一定要慎之又慎。

初创型企业,往往缺乏对财务的适当关注,并且缺乏正确的财务政策。尤其是对于快速成长中的企业,缺乏财务前瞻性的危险也就更大。比如,当年史玉柱的巨人集团主要就是因为现金流的问题导致了企业的崩盘。一旦遭受这种财务危机,初创企业需要克服重重困难,遭受巨大痛苦,才能渡过难关,而像史玉柱这样东山再起的企业家少之又少。

事实上,大部分财务危机是可以提前预防的。企业成长需要资源配置,从财务安全的角度上来说,就意味着初创企业的成长需要增加财务资源而不是从中抽取资金。创新型企业由于成长迅速,现有的资本结构往往无法满足企业发展壮大的需求。所以,创新型企业需要适时调整自身财务系统,来适应企业的快速成长。

在经历了上述磨难,创新型企业依然挺立过来,但是发展却不见起色。这很有可能是企业的核心管理层出现了问题。随着企业发展壮大,管理人员数量激增,如何管理一个日渐庞大的企业,需要一个稳定高效的核心管理层。所以在企业建立之初,就应该提前为以后扩大规模预备好核心管理人员。

但实践中,初创型企业又很难负担一个高效率的核心管理层,如何解决这一矛盾? 这就需要创新型企业的创始人处理好合伙人和主创团队之间的关系。如果创新型企业在它真正需要高效的核心管理团队时,还没有组建好这一团队,那么企业早在这一切发生前,就已经丧失了自我管理的能力。所以说,创始人必须学会成为一个管理团队的领导,而不是成为一个有众多随从簇拥的明星。

10.4.5　企业家精神的战略层面

企业家精神不仅体现在企业内部的政策制定和实践上,同时也体现在外部市场发展战略的实践中。

1)一战而定

百战百胜虽然厉害,但换一个角度来看,也说明一百场胜利也没有最终消灭敌人。既然解决不了问题,那要这么多胜仗意义并不大,反而消耗过多资源。历史上百战百胜,一败而亡的例子不胜枚举,最出名的莫过于刘邦和项羽。项羽武功盖世,之前屡战屡胜,刘邦是屡败屡战,但是乌江一战项羽功败垂成,一败而亡,之前的胜利全部化为乌有,付诸东流。兵法中追求的是先胜后战,不战而屈人之兵,不求百战百胜,而是要抓住机会一战而定。

不要以为行动才有机会,要知道行动必有代价。企业家在作出决策时切忌盲动,等待时机果断出手要比在时机不成熟时忙中出错、自乱阵脚强上百倍。

一击即中、一战而定的战略,可以使得企业在一个行业中立于不败之地,占有领导地位。一战而定的战略不应该是发起进攻时的号角,而应该是最终胜利前的冲锋。不谋万世者,不足谋一时;不谋全局者,不足谋一域。采用此种战略的企业家不谋一时,而志在万世。

但是此种战略风险极大,因为对手不会给你发动第二次进攻的机会。因此,养兵千日,用兵一时,在终极一战之前养精蓄锐,发展壮大自己是决战时获胜的不二法门。这中间有两项重要的工作:一是准备;二是等待。准备是自己的事,积蓄实力,操练兵马,鼓舞士气。等待,是等待敌人犯错,等待时机出现。

一战而定战略最为精确的注解莫过于战国名将李牧。李牧是赵国将领,奉命驻守代郡、雁门郡,抵御匈奴。李牧体恤士兵,优待下属,训练严格认真,但颁布一条军令:不许出战!胆敢出战者一律斩首。此后数年,匈奴袭扰频繁,但由于军令如山,无人应战,匈奴倒也没能占得便宜。赵王认为李牧胆怯,就换了主将。然而,换将之后出战频繁,损失惨重,不得已赵王又请李牧出山,并许以不再干涉军事部署。李牧官复原职,又是绝不应战,养兵数年,兵强马壮,士气高涨,而匈奴常年松懈,军心涣散。于是李牧认为时机已到,可以出战,并最终击破东胡,降服林胡,匈奴单于落荒而逃。此后数年,匈奴不敢再犯赵国。

企业家在市场竞争中亦是如此,一些企业不急于求成,投入大量的研发资金,培养大量研发人员,潜心研发数年,厚积薄发,一旦研发成功,抓住市场机会,定会逆转竞争形势,取得战略上的突破与全局上的胜利。

2)出其不意,直击要害

兵法有云:避敌主力,诱敌深入,集中优势兵力,各个击破。伤其十指,不如断其一指。出其不意、直击要害战略与一战而定战略紧密联系,因为一战而定就是要一击即中,而目标就是对方的要害。

公元前206年,刘邦率领起义军攻下咸阳,秦王朝被推翻。项羽依仗力量强大,自封为西楚霸王,把巴、蜀、汉中41县划归刘邦,封他为汉王。刘邦听从谋士张良的计策,在进驻南郑(今陕西汉中)途中,把经过的栈道(在险要的山岩上用木架修成的道路)全都烧了,表示以后不打算再回关中,以消除项羽对他的疑忌。同年8月,刘邦抓住有人起兵反对项羽的机会,出兵进关。他采用大将韩信的良计,派出几百名军士去修复栈道,装出要通过栈道进击的样子。其实,明修栈道是为了迷惑对方,暗里进兵陈仓才是真正的目的。在派人明修栈道的同时,刘邦亲自率领大军绕道从故道(今陕西凤县西北)出兵,在陈仓(今陕西宝鸡市东)打败了秦降将章邯的军队。随后,汉军乘胜追击,又重新进入咸阳,为战胜项羽、建立汉王朝奠定了基础。

市场从来不缺时机,但如何能在转瞬即逝的时机中抓住竞争对手的致命弱点发动进攻,这在很大程度上取决于企业家平时对市场的细致观察与深入调研,企业创新重点应放在自身的竞争优势上,以核心竞争力攻击对方要害,必能一举击破。

3)以强示弱

以强示弱战略,就是企业在发展中韬光养晦,不图虚名,默默无闻,使自己看起来不起眼,假装谦卑,让对方骄傲,轻视自己。轻视就不会防备,不加防备就可以发动突然袭击,扮猪吃老虎。

古代"扮猪"扮得最像,"吃虎"吃得最彻底的,首推越王勾践。勾践于国破家亡之际,不殉节以谢先王,还厚着脸皮归降吴王夫差,囚禁于石屋之内,受辱于强梁之下,身为奴,妻为婢,赤膊跣足,蓬头垢面,扫牛栏,拾马屎,尝夫差之粪而取怜,甘言阿谀以求赦,这种"扮猪"精神,确是常人所不能忍者。一旦获释归越,便卧薪尝胆,十年生聚,十年教训,阴谋复仇,行谋臣文种七策。这一套连环的"釜底抽薪",最终把吴王夫差扳倒。越王勾践也成为春秋五霸之一。

企业家采取此种战略往往是由企业在市场上的竞争地位决定,这类企业一般处于市场补缺者或市场追随者地位,企业竞争优势不明显,或者创新还未取得突破性成果,为避免与实力强大的竞争对手发生正面冲突而主动示弱,以求获得充足的发展时间和空间,慢慢壮大自身实力,等待时机成熟,再图跨越式发展。

4)创造需求

创造需求胜于满足需求,因为创造需求本身就是一种创新。创造需求本质上是创造用户未被满足的效用。智能手机的问世就是最好的例子,手机行业经过数轮洗牌,过去的王者诺基亚除了活在人们的记忆中,在现实市场份额中几乎可以忽略不计,而苹果和华为通过不断创新,创造用户未被满足的效用成为受人尊敬的伟大企业。

有一个关于诺基亚衰落的经典故事是这样讲的:苹果iPhone刚推出时,诺基亚工程师们对其进行了全面测试,并得出结论——这部手机一点都不坚固,一定没有未来……

2007年乔布斯推出第一代iPhone,当时诺基亚稳坐市场第一的宝座。将时间再推迟两年,诺基亚依然是智能手机市场的第一名,份额达到惊人的39.3%,然而在随后的几年里,诺基亚进入了"加速坠落期",苹果则成为智能机市场的老大。

然而市场竞争态势瞬息万变,根据市场研究公司Kantar Worldpanel ComTech(简称"KWC")发布的最新数据显示,在2015年12月至2016年2月期间,苹果iPhone手机在中国市场的智能手机销售份额两年来首次遭遇下滑,幅度为3.2%,最终停留在22.2%。而华为在中国市场的智能手机份额是24.4%。中国还并非唯一一个出现苹果产品市场份额下滑的国家,在美国、德国、法国、英国、西班牙等国家,苹果销售也遭遇了滑铁卢,究其原因,这跟苹果自身创新能力的下降密不可分。

而 2016 年 4 月 6 日,向来将自主创新作为核心竞争力的华为,在伦敦正式发布了备受期待的新旗舰 P9 系列新机。P9 最大的创新点是通过徕卡独家授权的双摄像头和压感触屏等技术,创造了智能手机用户未被满足的需求。外国知名科技博客 The Verge 评论说,华为 P9 的发布,代表了中国手机厂商越来越从模仿苹果的道路上退出,而成为了创新的引领者,中国厂商有能力研发出独特并且高端的旗舰手机。

由此可见,在残酷的市场竞争中,企业发展犹如逆水行舟,不进则退,连进步得比竞争对手稍慢,也将成为不可承受之痛。

社会进步是来自于创新,而非为稳定。对于失败者而言,创新带来了灭顶之灾;但是对于成功者而言,创新带来了意外之财。企业家创造财富,但财富只是企业家在追求理想过程中社会对他们认可的表示,而企业家精神才是社会的巨大财富,是创新的灵魂。

【管理链接 10.13】

华为的创新投入

华为副董事长兼轮值 CEO 郭平 2016 年 4 月 1 日发布了华为 2015 年年报,报告显示,华为运营商、企业、终端三大业务在 2014 年的基础上持续有效增长,实现全球销售收入 3 950 亿元人民币(608 亿美元),同比增长 37%;净利润 369 亿元人民币(57 亿美元),同比增长 33%。

任正非对华为研发投入的基本标准是不低于当年销售收入的 10%。2014 年,华为投入研发的经费为 408 亿人民币(相当于 65 亿美元),占当年销售收入的 14.2%。2015 年,华为研发投入 596 亿元人民币(92 亿美元),占销售收入的 15%。过去 10 年,华为研发投入累计超过 2 400 亿元人民币(约 370 亿美元)。

2014 年华为与台湾科技企业前五名投入研发经费的比较

企　业	研发投入(亿/新台币)	研发投入(亿/美元)
台积电	568	16
鸿海(富士康是其子公司)	489	14
联发科	433	13
台联电	137	5
纬创	134	5
华为	408	65

以上数据显示,华为研发经费,超过台湾台积电+鸿海+联发科+联电+纬创的总和!

2014 年华为与大陆 A 股市场投入研发经费的比较

企　业	研发费用支出(亿/人民币)
A 股 154 家化工企业	56.2
A 股 166 家机械设备企业	172.7
A 股 67 家医药行业上市公司	53.56
14 家机床业	20
华为	408

2014 年 A 股 154 家化工企业研发费用支出总额 56.2 亿元。其中：中国石化（600028.SH）以 12.9 亿研发支出排各公司首位，对应净利润为 474.3 亿元。

2014 年 A 股 166 家机械设备企业研发费用支出总额 172.7 亿元。其中：三一重工（600031.SH）以 12.9 亿研发支出排各公司首位；中联重科（000157.SZ）、振华重工（600320.SH）分别位第二和第三位。

2014 年 A 股 67 家医药行业上市公司的研发费用支出，总计约为 53.56 亿元。

有报道称"十二五"期间，国家拨款给数控机床的研究经费总规模或将达到百亿元。即平均一年 20 亿元，不到 4 亿美元。

也就是说，华为的研发经费比 A 股 154 家化工 + 166 家机械设备 + 14 家机床业 + 67 家医药近 400 家企业的总和还多几十亿元。

联想 10 年累计研发费用仅为华为一年的 2/3。根据 21 世纪经济报道，"根据 2006—2015 财年财报显示，联想历年的研发支出中，仅 2015 财年的研发收入占比达到 2.6%，其余年份均低于 1.9%。过去 10 年，联想累计投入研发成本 44.05 亿美元。"尚不及华为 2014 年一年的研发支出。

2014 年，华为加入了 177 个标准组织和开源组织，担任 183 个重要职位，在 IEEE-SA、ETSI、WFA、TMF、OneM2M、OMA、OASIS 和 CCSA 等组织担任董事会成员。

华为在全球拥有 76 000 名研发人员，其中有 1 万名博士，在全球设立了 16 家研发中心，还与领先运营商成立 28 个联合创新中心，分布在美国、英国、日本、加拿大、瑞典、德国、法国、俄国、印度等国。2014 年，华为累计共获得专利授权 38 825 件，累计申请中国专利 48 719 件，累计申请外国专利 23 917 件，90% 以上专利为发明专利。

（资料来源：中国标杆学习俱乐部，2016-04-02）

学习要点

1. 创新是管理的一个基本职能。创新指管理者在组织环境中，在经营理念、管理模式、管理方法、企业制度、组织结构等方面形成的创造性思维，并将其转化为有价值的产品、服务或工作方法的过程。

2. 创新原则：遵守科学原理原则，市场评价原则，相对较优原则，机理简单原则，构思独特原则，不轻易否定，不简单比较原则。

3. 创新的重要性：创新是组织不断发展的基础；创新是组织谋取竞争优势的利器；创新是组织摆脱发展危机的途径。

4. 创新与维持之间的关系：创新是在维持基础之上的发展，维持则是创新的逻辑延续；维持是为了实现创新的成果，创新则是为了更高层次的维持提供依托和框架。

5. 根据不同的划分标准，创新可以分成不同的类型。根据创新的规模和创新对组织的影响程度来考察，可以将创新分为局部创新和整体创新；根据创新和环境之间的关系，可以将创新分为防御型创新和进攻型创新；根据组织在不同生命周期中的创新，可以将创新分为创业期创新和发展中创新；根据创新的组织程度不同，可以将创新分为自发创新和有组织创新。

6. 创新包括两个部分构成：创新主体和创新客体。创新的内容包括：目标创新、环境创新、技术创新、制度创新、组织创新、市场创新等。

7. 激发创新的因素:结构因素(有机式组织、资源丰富、良好的沟通、内部控制少、强调系统的开放性等);人力资源因素(工作保障、重视在职教育、创新带头人等);文化因素(接受模棱两可、接受风险、容忍冲突、容忍不切实际、注重结果甚于手段等)。

8. 技术创新的源泉:意外的成功或失败、企业内部的不协调、行业和市场的变化、过程改进的需要、人口结构的变化、人们观念的转变、新知识的产生。

9. 抵制创新的原因:个人利益、缺乏了解、安于现状、评价差异、团体的心理压力。

10. 创新的过程:寻找机会、提出构想、迅速行动、坚持不懈。

11. 创新型组织的构成要素:共同的愿景、领导力和创新的意愿、弹性的组织结构、紧密的团队合作、意见领袖、全员参与、渴望变革的组织文化以及合理的奖惩制度。

12. 企业家的本质就是有目的、有组织的系统创新。创新,也就是企业家精神的灵魂。

13. 企业家精神的内涵:创新精神、冒险精神、创业精神、包容精神。

14. 企业家精神在成熟企业、公共机构和创业型企业中的不同实践。

15. 企业家战略分为:一战而定;出其不意,直击要害;以强示弱;创造需求。

思考练习

1. 创新的定义是什么? 创新与维持之间的联系和区别是什么?

2. 创新的原则有哪些?

3. 创新对组织而言有何重要性?

4. 根据不同划分标准,创新可以分为哪几种类型?

5. 创新包括哪几项主要内容?

6. 激发创新和抵制创新的原因是什么?

7. 创新的过程有哪些?

8. 技术创新的源泉是什么?

9. 创新型组织的构成要素是什么?

10. 创新和企业家精神的关系是什么?

11. 企业家精神的内涵有哪些?

12. 企业家精神在不同类型企业的实践有何区别?

13. 企业家战略有哪些?

管理实践

训练项目:案例分析

[实践目标]

1. 强化对创新知识的理解。

2. 培养初步的创新思维与能力。

[实践内容与方法]

1. 阅读下面的案例资料,进行相关的创新分析。

2. 理论联系实际。

3. 采取个人思考、团队学习、班级交流与研讨的方式进行。

案例资料：

1912 年秋天，亨利·福特召集公司有关人员开了一个意义重大的会议，会议讨论的核心议题是：如何提高生产效率才能满足急剧增长的市场需求。1909—1910 年，福特汽车公司 T 型车共销售 18 644 台，1910—1911 年的产量猛然飙升到 34 528 台，然而面对急剧扩大的市场，亨利和他的伙伴们为雪片般不断飞来的订单伤透了脑筋。

"仅靠一味地扩大厂房面积和增添机器设备来扩大生产是不现实的，当年弗兰德斯把 T 型车的年产量提高到一万辆就不是用这种传统的笨办法。"亨利注视着在座的每一个人。几经讨论，会议决定由索伦森和努森两个人全面负责亨利汽车公司的生产流水线试点工作。

1913 年春天，世界上第一条汽车生产流水线在高地工厂的发电车间建成，工作效率和产品质量立即有了显著提高。以装配飞轮磁石电机为例子，以前采用常规方法的时候，一个工人要做完装配的全部工序，即使他很辛勤地工作，一天从早到晚劳动 9 个小时，也只能装配 35～40 台机器，也就是平均每 20 分钟组装一台。现在，他所做的全部工作被分解成了 29 道工序，每道工序由专人负责，这样装配一台机器的时间就减少到了 13 分 10 秒。在 1914 年，公司把流水线的高度提高了 8 英寸，装配的时间又降到了 7 分钟。再后来，由于工人工作熟练程度的进一步提高，使用的时间又降低到了平均每台只需要 5 分钟。

这个实验的成功表明，流水线作业是一种效率极高的生产方式。因此，福特公司又开始试验在其他生产部门也采用这种生产方式。到最后，一整部汽车都可以在流水线上装配完成了。

到这一年的夏天，工厂里的所有车间全部安装了自动生产流水线。产品的生产工序被分割为一个个环节，工人之间的分工更细致，产品的质量和产量都大幅度提高。川流不息的传送带，把整个工厂都联系在一起，以流水线生产作业为特征的"福特制"就这样正式诞生了。这种首创的生产方式不仅对于福特汽车公司，而且对于整个资本主义世界的生产方式所产生的影响都是巨大的。

（资料来源：张尚国. 小故事巧管理——经典管理故事 500 例［M］. 北京：中国商业出版社，2014.）

请分析：

（1）管理的创新职能在这个案例中体现在什么地方？创新内容包括哪些？

（2）本案例中激发创新的原因有哪些？

（3）讨论分析案例中创新的整个过程，你认为主要包括哪几个部分？

［实践标准与评估］

1. 实践标准：能够正确地运用创新知识分析和解决企业创新实践问题。

2. 实践评估：①团队得分：以团队成员在班级案例交流讨论会上集体表现作为评估标准。②个人得分：以团队基础分、个人课堂发言和上交的作业作为评估标准。

［实践拓展］

根据班级和个人学习情况，可进一步开展如下拓展训练：

在钟表行业，瑞士钟表曾经是一头"霸道"的大象，精工舍不过是一只小山羊，跟在大象屁股后面上山，等到达山顶时，鲜草已尽。但就是这只"小山羊"最终敢于对抗"大象"，其成功的秘诀就在于另辟蹊径。

1891 年，服部金太郎创建了"精工舍"，按照美国的样品加工时钟。1913 年，金太郎研制出了日本第一代手表——月桂牌 12 型手表。从此，精工舍走上了快速发展之路。

虽然经历了战争的打击,精工舍还是在20世纪50年代后期发展成为精工集团,并迈开了超越"钟表王国"瑞士的步伐。当时,瑞士年产各类钟表1亿只左右,畅销150多个国家和地区,市场占有率高达50%～80%。精工手表,当时不仅销路不佳,形象也不好,有人甚至给它一个"精工不精"的评价。如此一只瘦弱的山羊,如何超越得了大象呢? 精工人意识到自己必须另辟蹊径,可"蹊径"在哪里呢?

1960年,正当他们一筹莫展之际,恰逢奥运会在罗马举行。当时,运动会上所有的计时器都是瑞士生产的,其中"欧米茄"计时表已经17次独占奥运会计时权。奥运会是认识瑞士钟表的一个机会,因此,精工集团派出了一个秘密考察团。考察中,精工人了解到,用于比赛计时的"欧米茄"几乎都是机械钟表,石英表只有几部。考察结束后,他们一致认为自己已经找到了"蹊径",这就是石英钟表!

有了明确的目标,精工很快研制出了高性能的石英计时器。他们研制的951-Ⅱ型石英表重3千克,平均日差0.2秒。现在,你看到"3千克"几个字,一定觉得太大了,可是你知道吗? 在那之前的石英钟表简直可以用一辆卡车来形容,裁判得开着"车"去计时,相比之下,带个951－Ⅱ型石英表不过是提一个大公文包罢了。

1963年1月,精工集团向国际奥委会提出申请:希望能为1964年东京奥运会提供跑表、大钟、精密计时设备。1963年5月,国际奥委会作出回复:请精工集团全面协助。在1964年,精工钟表夺下了由"欧米茄"霸占17次之多的奥运会计时权,让瑞士人大吃一惊。但瑞士这头"钟表大象"并没有意识到问题的严重性,他们只是想当然地认为:"奥运会在东京举办,他们不过是占尽了天时地利人和罢了。"1970年,精工石英电子表研制成功。1974年,精工石英电子表被投放市场。石英电子表的优势非常明显,"表中之王"劳力士月误差100秒左右,而石英电子表月误差却不超过15秒。

瑞士人这时才真正意识到问题的严重性,但为时已晚。20世纪70年代后期,精工手表已经是世界销量第一,瑞士钟表被赶到高档手表那块小小的空间中求生存。但精工人并不满足于占领中低档手表市场。1980年,精工收购瑞士"珍妮·拉萨尔公司",把手伸进了瑞士本土。"精工·拉萨尔"手表的诞生,标志着精工钟表已经进入到世界高档钟表行列。

(资料来源:张尚国.小故事巧管理——经典管理故事500例[M].北京:中国商业出版社,2014.)

请案例小组讨论分析:

(1)精工舍这只"小山羊"最终敢于对抗瑞士钟表这头"霸道"的大象,其成功的秘诀是什么?

(2)在这个案例中,激发精工集团创新的源泉是什么?

(3)在精工舍的创新过程中,体现出了什么样的企业家精神?

参考文献

[1]斯·马奇,赫伯特·西蒙.组织[M].邵冲,译.北京:机械工业出版社,2008.

[2]理查德·L.达夫特.管理学[M].韩经纶,等,译.北京:机械工业出版社,2003.

[3]斯科特·普劳斯.决策与判断[M].施俊琦,王星,译.北京:人民邮电出版社,2004.

[4]马克斯·巴泽曼.管理决策中的判断[M].杜伟宇,等,译.北京:人民邮电出版社,2007.

[5]邢以群.管理学[M].北京:高等教育出版社,2007.

[6]罗宾斯.管理学[M].9版.孙建敏,等,译.北京:中国人民大学出版社,2008.

[7]单凤儒.管理学基础[M].3版.北京:高等教育出版社,2008.

[8]斯蒂芬·P.罗宾斯,大卫·A.德森佐.管理学原理[M].毛蕴诗,译.大连:东北财经大学出版社,2005.

[9]陈国生,现代企业管理案例精析[M].北京:对外经济贸易大学出版社,2008.

[10]王凤彬,李东.管理学[M].4版.北京:中国人民大学出版社,2009.

[11]乔忠.管理学[M].3版.北京:机械工业出版社,2012.

[12]杨淑萍.管理学案例与实训[M].成都:西南财经大学出版社,2013.

[13]魏文静.人力资源管理实用必备全书[M].北京:经济科学出版社,2012.

[14]大卫·A.德森佐,斯蒂芬·P.罗宾斯.人力资源管理基础教程[M].8版.大连:东北财经大学出版社,2007.

[15]刘秋华.管理学[M].北京:高等教育出版社,2013.

[16]张庆武.趣谈领导学[M].兰州:甘肃人民出版社,2006.

[17]谭劲松.现代领导方法与领导艺术[M].杭州:浙江大学出版社,2008.

[18]傅夏仙.管理学[M].杭州:浙江大学出版社,2009.

[19]邱需恩.领导学[M].北京:中国人民大学出版社,2009.

[20]李铁红.领导力:中国九位顶级商业领袖的财富兵法[M].北京:人民邮电出版社,2013.

[21]张曼菱,张菱.五型领导者:个性化的领导力提升之道[M].北京:中信出版社,2011.

[22]武彬.领导力[M].北京:北京人天书店有限公司,2013.

[23]李永清.现代管理学导论[M].北京:化学工业出版社,2010.

[24]宋一凡,管理学[M].哈尔滨:哈尔滨工业大学出版社,2007.

[25]孙晓红,闫涛.管理学[M].大连:东北财经大学出版社,2009.

[26]余敬,刁凤琴,成中梅.管理学[M].武汉:中国地质大学出版社,2006.

[27]吴晓鸥.管理学[M].西安:西北大学出版社,2006.

［28］曾旗. 管理学原理［M］. 武汉：武汉理工大学出版社，2006.

［29］李丽娟. 管理学原理［M］. 北京：北京理工大学出版社，2010.

［30］王建军. 企业管理学：修订版［M］. 西宁：青海人民出版社，2008.

［31］康青. 管理沟通［M］. 4 版. 北京：中国人民大学出版社，2015.

［32］杜慕群，朱仁宏. 管理沟通［M］. 2 版. 北京：清华大学出版社，2014.

［33］王建华. 沟通技巧［M］. 北京：电子工业出版社，2009.

［34］乔迪·格里克曼. 这样沟通最有效：10 种沟通技巧帮助你提高工作效率［M］. 王瑶，译. 北京：电子工业出版社，2015.

［35］约翰·巴尔多尼. 卓越领导者的沟通技巧［M］. 吕莉，译. 北京：电子工业出版社，2014.

［36］杜慕群. 管理沟通案例［M］. 北京：清华大学出版社，2013.

［37］张振刚，李云健. 管理沟通：理念、方法与技能［M］. 北京：机械工业出版社，2014.

［38］乔·蒂德，约翰·贝赞特. 创新管理［M］. 陈劲，译. 北京：中国人民大学出版社，2012.

［39］彼得·德鲁克. 德鲁克经典管理案例解析［M］. 高增安，等，译. 北京：机械工业出版社，2009.

［40］彼得·德鲁克. 创新与企业家精神［M］. 蔡文燕，译. 北京：机械工业出版社，2009.

［41］张尚国. 小故事巧管理［M］. 北京：中国商业出版社，2014.

［42］周三多. 管理学［M］. 北京：高等教育出版社，2010.

［43］罗宾斯. 管理学［M］. 9 版. 孙建敏，等，译. 北京：中国人民大学出版社，2008.

［44］傅家骥. 技术创新学［M］. 北京：清华大学出版社，1998.